改革开放40年与中国法学教育发展

中国法学会法学教育研究会 编

法律出版社
LAW PRESS·CHINA

总　序

人类文明的历史上，还没有哪一个时代像中国的改革开放 40 年一样，在历史长河中掀起如此巨大的浪花——它不仅深刻改变了一个国家的面貌与精神气质、使数亿人摆脱了贫困，还极大地改变了世界格局。

1978 年，在那一年年底，中共中央一次全体会议——十一届三中全会扭转了中国的前进方向，开辟了一个时代。回首过去，我们发现，一些观念从那时开始在中国出现，一些声音从那时开始逐渐响起，一些人物开始登上历史舞台。从这一年开始，随着“加强社会主义民主，健全社会主义法制”历史性任务的提出，“法制”两个字进入了人们的视野；政法机关开始恢复重建；法律院系开始蓬勃发展。一部部法律从庙堂走进了人们的生活，一次次裁决推动着国家前进的脚步。从“有法可依、有法必依、执法必严、违法必究”到“科学立法、严格执法、公正司法、全民守法”，从“法制”到“法治”，从法治观念的形成到“依法治国，建设社会主义法治国家”写入《宪法》，再到“法治国家、法治政府、法治社会一体建设”，人们对法治的认识步步深入，中国的改革不断向前推进，结出丰硕的果实。在中国共产党的带领下，这个励精图治的古老国度，再一次创造了改革的奇迹。

40 年发生了无数故事，40 年产生了许多事物。为了纪念这难忘的 40 年，法律出版社组织编辑出版了一批“纪念改革开放 40 周年”主题图书。这些图书，将 40 年来颁布的重要法律及其释义甄选汇集，将法学领域有代表性的学术论文萃取精编，将有关政法机关的重建、法律院系的重生与发展进行展现，将一批被时代改变命运的人物再度唤起。我们希望从法律与法律人的视角，重新审视过去的40年，认真体会这不平凡的40年。

如江河东下，逝者如斯。岁月总会过去，人事总有代谢，但一个不平凡的时代留下的深刻痕迹，永远不会磨灭。“不忘初心，牢记使命”，习近平总书记在党的十九大报告中向全党发出的号召，使我们有理由期待，下一个40年，中国将更加惊艳！

法律出版社编辑委员会

2018年10月

目录

目录

中国法治40年：历程、轨迹和经验*

张文显**

2018年，是中国改革开放40年，也是中国厉行法治40年。回顾40年法治历程、分析40年法治轨迹、总结40年法治经验并进行理论概括，对于保持法治定力、全面推进依法治国、加快建设法治中国、实现法治强国的伟大目标，具有重大的现实意义和深远的历史意义。

一、中国法治40年的历程

1978年，中国共产党召开了十一届三中全会，结束了长达10年的“文化大革命”。这次全会作出两项最重要的决定：一是把党和国家工作的重心由以阶级斗争为纲转移到以经济建设为中心；二是发出了“加强社会主义法制”的号召并提出了“有法可依、有法必依、执法必严、违法必究”的法制工作方针。从此，中国开始修改宪法和制定新的法律，法治建设步入恢复重建、持续发展、形成中国特色的光明大道。以十一届三中全会为起点，中国特色社会主义法治经历了三大历史阶段，实现了三次历史性飞跃。

（一）法制创建新时期（1978～1997年）

这一时期，我国的法制建设以恢复重建、全面修宪和大规模立法为引领，主要有以下重要历史节点和重大事件：

---

* 本文原载《吉林大学社会科学学报》2018年第5期。

** 中国法学会党组成员、学术委员会主任，吉林大学哲学社会科学资深教授，浙江大学法理研究中心主任。

1.“一日七法”

中共十一届三中全会召开时，虽然“文化大革命”从形式上已经结束，但中国仍处于“无法可依”的状态，国家法律几乎是空白。因此，当务之急是制定一批法律，迅速恢复法律秩序和以法律秩序为支撑的社会秩序。正如1978年12月13日邓小平同志在中共中央工作会议闭幕会上的讲话中所指出的：“现在的问题是法律很不完备，很多法律还没有制定出来。往往把领导人说的话当做‘法’，不赞成领导人说的话就叫做‘违法’，领导人的话改变了，‘法’也就跟着改变。所以，应该集中力量制定刑法、民法、诉讼法和其他各种必要的法律，如工厂法、人民公社法、森林法、草原法、环境保护法、劳动法、外国人投资法等，经过一定的民主程序讨论通过，并且加强检察机关和司法机关，做到有法可依，有法必依，执法必严，违法必究。”在党中央的领导下，1979年7月1日，第五届全国人大第二次会议一天之内通过了7部法律，即《刑法》《刑事诉讼法》《地方各级人民代表大会和地方各级人民政府组织法》《全国人民代表大会和地方各级人民代表大会选举法》《人民法院组织法》《人民检察院组织法》《中外合资经营企业法》，被法学界称为中国法治史上著名的“一日七法”。以“一日七法”为先导，我国陆续制定了《民法通则》《行政诉讼法》等一大批重要法律，形成了中国特色社会主义法律体系框架。

2.“九·九指示”

有了《刑法》《刑事诉讼法》等法律，能否确保法律实施，能否发挥它们在恢复和重建法律秩序和社会秩序中应有的作用，在当时的情况下却是一个大大的问号。为此，中共中央于1979年9月9日发出了《关于坚决保证刑法、刑事诉讼法切实实施的指示》（中发〔1979〕64号文件，以下简称《指示》）。《指示》指出：《刑法》和《刑事诉讼法》的颁布，对加强社会主义法制具有特别重要的意义。它们能否严格执行,是衡量中国是否实行社会主义法治的重要标志。《指示》严肃地分析和批评了党内严重存在的忽视社会主义法制的错误倾向,指出:“我们党内,由于建国以来对建立和健全社会主义法制长期没有重视,否定法律,轻视法律,以党代政、以言代法、有法不依,在很多同志身上已经成为习惯;认为法律可有可无,法律束手束脚,政策就是法律,有了政策可以不要法律等思想,在党员干部中相当流行。”“各级党委要坚决改变过去那种以党代政、以言代法,不按法律规定办事,包揽司法行政事务的习惯和作法。”《指示》要求各级党委要保证法律的切实实施,充分发挥司法机关的作用,切实保证人民检察院独立行使检察权,人民法院独立行使审判权,使之不受其他行政机关、团体和个人的干涉。这是改革开放初期,我们党着手清除法律虚无主义,纠正以党代政、以言代法、有法不依等错误习惯的重要文献,意志坚定、观点鲜明、意义重大,堪称前所未有。

3. 世纪审判

在社会主义法制恢复重建初期,发生了中国现代历史上最重大的法律事件,即对林彪、江青反革命集团的大审判。这次审判历时近4个月,对林彪、江青反革命集团制造国家和社会动乱的严重罪行进行了彻底清算。1980年11月22日,《人民日报》发表题为《社会主义民主和法制的里程碑》的特约评论员文章。文章指出:“对林彪、江青反革命集团的审判,是我国民主和法制发展道路上的一个引人注目的里程碑,它充分体现了以法治国的精神,坚决维护了法律的权威,认真贯彻了社会主义民主和法制的各项原则。”这篇文章明确指出了对林彪、江青反革命集团这一历史性审判中蕴含的现代法律原则:审判独立、司法民主、实事求是、人道主义和法律平等。这是“文化大革命”结束之后,党中央机关报对现代法律原则的第一次重要概括,充分体现了现代法治精神。

4. 全面修宪

中国共产党在领导人民推翻"三座大山"的革命历史中,就有过新民主主义的立宪实践。1931 年颁布了《中华苏维埃共和国宪法大纲》,1941 年颁布实行了《陕甘宁边区施政纲领》,1946 年颁布了《陕甘宁边区宪法原则》。中华人民共和国成立前夕,中国人民政治协商会议第一届全体会议通过了具有临时宪法作用的《中国人民政治协商会议共同纲领》,为中央人民政府和地方各级政权机构的建立提供了临时宪法依据,为中华人民共和国宪法的诞生作出了重大的历史性贡献。

中华人民共和国成立之初,党中央和中央人民政府就启动了制定宪法的程序,毛泽东主席高度重视《宪法》的制定工作,担任宪法起草委员会主席,并亲自起草宪法文本。1954 年 9 月 20 日,第一届全国人民代表大会通过了《宪法》。这部《宪法》以"根本法""总章程"为定位,以人民民主原则和社会主义原则为支点,构建了中国历史新纪元的宪法框架,构筑了中国社会主义制度的"四梁八柱"。但是,由于种种历史原因,从 20 世纪 50 年代后期开始,这部宪法的作用逐渐削弱,以致在"文化大革命"中被束之高阁、弃之不用。宪法权威的丧失导致民主法制衰败。在"文化大革命"中制定的 1975 年《宪法》是在国家处于非常状态下制定的,是一部有严重错误和缺点的宪法。1978 年《宪法》虽然恢复和坚持了"五四宪法"的一些好的规定,删除了"七五宪法"中一些错误的规定,但由于政治上、理论上很多是非问题尚未澄清,致使其保留了"七五宪法"的一些错误提法和规定。虽然 1979 年和 1980 年全国人大两次修改宪法,但是修修补补未能从根本上解决"七八宪法"的问题、缺点和错误。所以,1980 年,中共中央决定全面修改"七八宪法"。经过 29 个月的艰苦努力,1982 年 12 月 4 日,第五届全国人大第五次会议通过了全面修订后的《宪法》。

30 多年来的发展历程充分证明，现行宪法及其修正案有力地坚持了中国共产党领导，有力地保障了人民当家作主，有力地促进了改革开放和社会主义现代化建设，有力地推动了社会主义法治国家建设进程，有力地维护了国家统一、民族团结、社会稳定。我国宪法确立的一系列制度、原则和规则，确定的一系列大政方针，具有显著优势、坚实基础、强大生命力。

5. 全民普法

由于旧社会缺乏法治传统，加上 20 世纪 50 年代后期“要人治不要法治”的法律虚无主义盛行，特别是受“文化大革命”的“无法无天”观念的影响，我国民众普遍缺乏法律常识和法治观念，所以在法制恢复重建之初，党和政府就启动了全民法制宣传教育活动。1985 年 11 月 22 日，第六届全国人大常委会第四次会议通过《全国人民代表大会常务委员会关于在公民中基本普及法律常识的决议》。至今，我国已经先后制定了 7 个“五年普法规划”。我国的法制宣传教育既注重普及法律常识、掌握法律知识、树立法律意识，又强调增强法治观念、树立法治理念、弘扬法治精神；既要求公民学法尊法守法用法，又要求国家公职人员特别是各级领导干部牢固树立法治观念，自觉依法办事，依照法定职权和法定程序行使国家权力，并自觉接受党的监督、法律监督、舆论监督和人民群众的直接监督，逐步学会运用法治思维和法治方式处理改革、发展、稳定的问题，提高依法执政的能力和水平。中国的全民普法运动既是中国历史上、也是人类历史上规模空前和影响深远的法治启蒙运动，是一场关于先进的思想观念和文明的生活方式的宣传教育运动。在法律宣传教育过程中，法律所包含的权利义务观念、自由平等观念、民主法治观念、公平正义观念、诚实信用观念等先进的思想观念逐渐深入人心，法律所追求的那种理性地行使权利、履行义务、平等协商谈判、和平理性解决矛盾纠纷等文明的生活方式正在蔚然成风。

(二)依法治国新阶段(1997~2012年)

在中国法治的历史上,1997年是一个难忘的国家记忆。1997年召开的中共十五大划时代地提出“依法治国,建设社会主义法治国家”,开启了依法治国新阶段,使中国法制建设发生了质的变革。在这个阶段,主要有以下历史节点和重大事件。

1.确立依法治国基本方略

1997年9月,中共十五大召开。江泽民同志在十五大报告中明确提出,要“进一步扩大社会主义民主,健全社会主义法制,依法治国,建设社会主义法治国家”。同时精辟地指出了“依法治国,是党领导人民治理国家的基本方略,是发展社会主义市场经济的客观要求,是社会文明进步的重要标志,是国家长治久安的重要保证”。这是中国共产党首次将依法治国作为治国理政的基本方略,首次深刻阐述依法治国的本质特征和重大意义。1999年3月15日,第九届全国人大第二次会议通过《宪法修正案》(第12~17条),将“依法治国,建设社会主义法治国家”纳入宪法,使依法治国成为党领导人民治理国家的基本方略,建设社会主义法治国家成为国家建设和发展的重要目标之一。这标志着我国迈向了社会主义法治建设新阶段。此后,2002年,中共十六大进一步把“依法治国,建设社会主义法治国家”上升到政治文明的范畴。2007年,中共十七大号召“全面落实依法治国基本方略,加快建设社会主义法治国家”。2012年,中共十八大强调“全面推进依法治国”。

依法治国的本质是人民在党的领导下,依照宪法法律管理国家事务和公共事务,依法治权。依法治国的重心是依法行政,建设法治政府。根据中共十五大的决策部署,1999年,国务院颁布了《关于全面推进依法行政的决定》;2004年,又发布了《全面推进依法行政实施纲要》,明确提出了此后10年全面推进依法行政的指导思想和具体目标、基本原则和要求、主要任务和措施,提出了建设法治政府的路线图和时间表。

实行依法治国,必然要推进司法改革。中共十五大首次提出"推进司法改革,从制度上保证司法机关独立公正地行使审判权和检察权"。根据中共十五大的决策部署,在党中央领导下,最高人民法院、最高人民检察院以维护司法公正、提高司法效率为目标,从人民最不满意的突出问题和关键环节入手,以加强权力制约和监督为重点,积极稳妥地进行了司法改革。2002年,中共十六大进一步提出"司法体制改革"命题,要求"推进司法体制改革,按照公正司法和严格执法的要求,完善司法机关的机构设置、职权划分和管理制度"。2007年,中共十七大进一步强调要"深化司法体制改革"。

2. 确立依法执政基本方式

如同出台依法治国基本方略一样,提出依法执政基本方式也是中国法治新阶段的标志性事件。形成"依法执政"理念,确立依法执政基本方式,是党的思想理论和执政理念的一次重大飞跃。它反映了党对国家和政权运行规律的深刻认识,对从专制到民主、从人治到法治发展规律的深刻认识;反映了党对现代政党制度、政党政治和执政党执政规律的深刻认识;反映了党对自己从领导人民为夺取国家政权而奋斗的党到成为领导人民掌握全国政权并长期执政的党这一历史地位的根本性转变的深刻认识,是中国共产党执政意识的强化;反映了党对自己半个多世纪执政经验和教训的科学总结,对苏联、东欧社会主义国家共产党执政教训的科学分析,对苏联、东欧等社会主义国家曾发生大面积破坏法制的政治现象的深刻分析和反思;反映了党对自己如何担当起执政党的使命、如何巩固党的执政地位、如何提高党的执政能力、如何执政兴国等根本性问题的深刻认识和理性自觉;反映了党对立党为公、执政为民执政理念与实现这一执政理念的方式和途径的深刻认识;反映了党对依法执政与依法治国关系的深刻认识,即依法执政是依法治国的必然要求,依法执政是依法治国的前提和关键;反映了党对依法执政是严格执法和公正司法的政治基础和根本保证的深刻认识。

在正式提出依法执政基本方式之前,中共已经采取一系列举措实践着依法执政的理念。1982 年 9 月,中共十二大通过的《中国共产党党章》规定:“党必须在宪法和法律的范围内活动。”1986 年 7 月 10 日,中共中央发布《关于全党必须坚决维护社会主义法制的通知》(以下简称《通知》)。《通知》要求各级党委正确认识和处理与国家权力机关、行政机关、司法机关的关系,支持国家机关依法行使职权;从中央到基层,所有党组织和党员的活动都不能同国家的宪法、法律相抵触,都只有模范地遵守宪法和法律的义务,而没有任何超越宪法和法律的特权。《通知》对于提高各级党委和全体党员的法治观念、依法规范领导机关和领导干部的行为、推进社会主义法制建设发挥了极其重要的作用,为形成依法治国基本方略和依法执政基本方式奠定了良好的理论基础、政治基础和工作基础。

进入 21 世纪之后,中共十六大报告首次正式提出“依法执政”概念。2004 年 9 月 19 日,中共十六届四中全会通过了《中共中央关于加强党的执政能力建设的决定》,把加强依法执政的能力作为加强党的执政能力建设的总体目标之一,并就依法执政的内涵作出了科学规定。2006 年 6 月 29 日,中央政治局举行了以科学执政、民主执政、依法执政为内容的集体学习会。在会上,胡锦涛同志强调指出:“依法执政是新的历史条件下马克思主义政党执政的基本方式。依法执政,就是坚持依法治国、建设社会主义法治国家,领导立法,带头守法,保证执法,不断推进国家经济、政治、文化、社会生活的法制化、规范化，以法治的理念、法治的体制、法治的程序保证党领导人民有效治理国家。要加强党对立法工作的领导，推进科学立法、民主立法，善于使党的主张通过法定程序成为国家意志，从制度上法律上保证党的路线方针政策贯彻实施，使这种制度和法律不因领导人的改变而改变，不因领导人看法和注意力的改变而改变。依法执政最根本的是依宪执政。要牢固树立法制的观念，各级党组织都要在宪法法律范围内活动，全体党员都要模范遵守宪法法律，带头维护宪法法律权威。要督促和支持国家机关依法行使职权，做到依法行政，依法推动各项工作的开展，切实维护公民的合法权益。”至此，依法执政的科学内涵和基本要求非常清晰地展现出来，标志着依法执政基本方式的确立，意味着我们党开启了依法治国基本方略与依法执政基本方式有机结合的治国理政的新境界。

3. 形成中国特色社会主义法律体系

1997 年，中共十五大提出到 2010 年形成中国特色社会主义法律体系。2011 年 3 月 10 日，在第十一届全国人大第四次会议上，时任全国人大常委会委员长吴邦国在作全国人大常委会工作报告时庄严宣布：一个立足中国国情和实际、适应改革开放和社会主义现代化建设需要、集中体现党和人民意志的，以宪法为统帅，以宪法相关法、民商法等多个法律部门的法律为主干，由法律、行政法规、地方性法规等多个层次的法律规范构成的中国特色社会主义法律体系已经形成，包括 1 部宪法、236 部法律、690 多件行政法规、8600 多件地方性法规，国家经济建设、政治建设、文化建设、社会建设以及生态文明建设的各个方面均实现有法可依。我国用 30 多年的时间，走完了西方发达国家 300 多年的立法进程，堪称人类法治文明的奇迹。中国特色社会主义法律体系的形成，是我国依法治国、建设社会主义法治国家历史进程的重要里程碑，也是世界现代法制史上最具标志性事件，其意义重大而深远，其影响广泛而深刻。

（三）全面依法治国新时代（2012 年）

以中共十八大为历史节点，中国特色社会主义进入新时代，中国法治也跨入新时代。中共的十八大以来，以习近平同志为核心的党中央在全面推进依法治国、加快建设中国特色社会主义法治体系和社会主义法治国家的伟大实践中，创造性地发展了中国特色社会主义法治理论，创立了具有鲜明时代特征、理论风格和实践特色的习近平新时代中国特色社会主义法治思想，为坚持和开拓中国特色社会主义法治道路奠定了思想基础，为推进法治中国建设提供了理论指引。

1. 明确定位“法治小康”

中共十八大提出全面建成小康社会，即实现全面小康。中共十八届三中全会、四中全会、五中全会、六中全会不断明晰和丰富全面建成小康社会的目标和各项要求，其中就包括“法治小康”的目标和任务。全面建成小康社会，在法治领域就是要达到依法治国基本方略全面落实，中国特色社会主义法律体系更加完善，法治政府基本建成，司法公信力明显提高，人权得到切实保障，产权得到有效保护，国家各项工作法治化。这是对我国法治建设目标的首次精准定位。

2. 提出法治新十六字方针

2012 年，中共十八大报告提出：“要推进科学立法、严格执法、公正司法、全民守法，坚持法律面前人人平等，保证有法必依、执法必严、违法必究。”法学界称为“法治新十六字方针”，以区别于“有法可依、有法必依、执法必严、违法必究”的“法制十六字方针”。新十六字方针体现依法治国新布局，为全面依法治国基本方略的形成奠定了理论和实践基础。在新十六字方针中，科学立法是全面推进依法治国的前提，严格执法是全面推进依法治国的关键，公正司法是全面推进依法治国的重点，全民守法是全面推进依法治国的基础。

3. 建设法治中国

“建设法治中国”是习近平同志在中共十八大之后不久发出的伟大号召。2013年，《中共中央关于全面深化改革若干重大问题的决定》提出要推进法治中国建设。2014年，中共十八届四中全会进一步向全党和全国各族人民发出“向着建设法治中国不断前进”“为建设法治中国而奋斗”的号召。“法治中国”概念是我们党在法治理论上的重大创新，也是对新时代中国法治建设的科学定位，具有深厚的历史文化底蕴、丰富的实践经验基础和强大的导向定位功能，构成我国新时代法治建设的时代主题。“法治中国”以其无可比拟的包容性、凝聚力、感召力而成为中国特色社会主义法治理论体系和话语体系的统领性概念。在实践上，“建设法治中国”，其要义是依法治国、依法执政、依法行政共同推进，法治国家、法治政府、法治社会一体建设。

4. 全面依法治国

中共十八大之后，习近平同志深入各地开展调研，探索新的历史时期和新的发展阶段中国特色社会主义的战略布局，在完善“五位一体”总体布局之后提出了“四个全面”的战略布局，并把依法治国放在总体战略布局之中统筹安排。他强调指出：全面建成小康社会是我们的战略目标，全面深化改革、全面依法治国、全面从严治党是三大战略举措，对实现全面建成小康社会战略目标一个都不能缺。“没有全面依法治国，我们就治不好国、理不好政，我们的战略布局就会落空。”所以，“要把全面依法治国放在‘四个全面’的战略布局中来把握，深刻认识全面依法治国同其他三个‘全面’的关系，努力做到‘四个全面’相辅相成、相互促进、相得益彰”。“党的十八大提出了全面建成小康社会的奋斗目标，党的十八届三中全会对全面深化改革作出了顶层设计,实现这个奋斗目标,落实这个顶层设计,需要从法治上提供可靠保障。”全面依法治国是中国特色社会主义的本质要求和重要保障。“我们要实现经济发展、政治清明、文化昌盛、社会公正、生态良好,必须更好发挥法治引领和规范作用。”根据习近平同志的这一战略思想,2014 年 10 月,中共十八届四中全会通过了《中共中央关于全面推进依法治国若干重大问题的决定》,对新时代社会主义法治建设作出了战略部署。中共十八届四中全会以后,“全面依法治国”作为“四个全面”之一成为标准概念,标志着我国法治建设站在了新的历史起点上。

5. 建设中国特色社会主义法治体系

2014 年 10 月召开的中共十八届四中全会是中国共产党执政历史上首次以法治为主题的中央全会,全会通过的《中共中央关于全面推进依法治国若干重大问题的决定》(以下简称中共十八届四中全会《决定》)是中国社会主义法治建设史上、也是世界社会主义历史上第一部就法治建设的根本性、全局性、长远性和前瞻性问题作出全面部署的纲领性文献。中共十八届四中全会《决定》的最大亮点是提出了全面依法治国的总目标,就是建设中国特色社会主义法治体系,建设社会主义法治国家。其中,建设中国特色社会主义法治体系既是总目标,又是总抓手。

“中国特色社会主义法治体系”是习近平同志提出的最具原创性和标志性的概念之一,明确提出“法治体系”概念和建设中国特色社会主义法治体系命题,具有重大的理论创新、制度创新和实践创新意义。全面依法治国,涉及立法、执法、司法、守法、法治监督、法治保障、法学教育、法学研究,涉及统筹推进依法治国、依法执政、依法行政、依法自治,涉及一体建设法治国家、法治政府、法治社会、法治经济、法治军队,涉及协调发展国家法治、地方法治、社会法治、行业法治，因而迫切需要一个符合法治规律、传承法治文明、思想含量丰富的统领性概念，“中国特色社会主义法治体系”就是这样一个统领性概念。习近平同志指出：“提出这个总目标，既明确了全面推进依法治国的性质和方向，又突出了全面推进依法治国的工作重点和总抓手。”其重大意义在于：第一，向国内外鲜明宣示我们将坚定不移走中国特色社会主义法治道路。第二，明确全面推进依法治国的总抓手。全面推进依法治国涉及很多方面，在实际工作中必须有一个总揽全局、牵引各方的总抓手，这个总抓手就是建设中国特色社会主义法治体系。依法治国各项工作都要围绕这个总抓手来谋划、来推进。第三，建设中国特色社会主义法治体系、建设社会主义法治国家是实现国家治理体系和治理能力现代化的必然要求。

建设中国特色社会主义法治体系，是贯穿《决定》全篇的一条主线，也是深化全面依法治国的“牛鼻子”，对深化全面依法治国具有纲举目张的作用。在全面依法治国和建设法治中国的进程中，要继续以建设中国特色社会主义法治体系为主题、主线，“在中国共产党领导下，坚持中国特色社会主义制度，贯彻中国特色社会主义法治理论，形成完备的法律规范体系、高效的法治实施体系、严密的法治监督体系、有力的法治保障体系，形成完善的党内法规体系”。

6. 开启全面依法治国新征程

中国共产党第十九次全国代表大会是中国特色社会主义进入新时代之后中国共产党召开的十分重要的会议。如果说中共十八大之后我们已经进入新时代，那么，以中共十九大为起点，我们踏上了新时代的新征程。中共十九大明确了从现在到 2020 年、从 2020 年到 2035 年、从 2035 年到 21 世纪中叶一个时段、两个阶段的法治建设目标，为依法治国和法治中国建设指明了前进方向、基本任务、实践路径。中共十九大把坚持全面依法治国上升为新时代坚持和发展中国特色社会主义的基本方略是对法治建设意义非常重大的理论创新和实践创新。1997 年,中共十五大首次把依法治国确立为党领导人民治理国家的基本方略,中共十八大把法治明确为治国理政的基本方式,中共十九大进一步把坚持全面依法治国上升为新时代坚持和发展中国特色社会主义的基本方略,从国家治理的局部性方略到坚持和发展中国特色社会主义的全局性方略,凸显了法治在“五位一体”总体布局和“四个全面”战略布局中的地位,提升了法治在推进国家治理现代化和建设社会主义现代化强国中的基础性、支撑性、引领性作用。

二、中国法治 40 年的轨迹

以中共十一届三中全会作出“加强社会主义法制”历史性决策为起点,在 40 年发展历程中,中国法治留下了辉煌的历史轨迹,显现出中国特色社会主义法治发展的鲜明特征和规律。

(一)从“法制”到“法治”

“法制”,就是法律和制度。董必武曾经说过:“现在世界上对于法制的定义,还没有统一的确切的解释。我们望文思义,国家的法律和制度,就是法制。”这一阐释简洁而明了,普遍而广泛。在许多情况下,人们对于“法制”的理解和运用都是在“法律制度”“法律和制度”的意义上进行的。

改革开放初期,面对法律几乎“荡然无存”的局面,法制建设的重心是加快立法,做到有法可依。中共十一届三中全会强调指出:“为了保障人民民主,必须加强社会主义法制,使民主制度化、法律化,使这种制度和法律具有稳定性、连续性和极大的权威。”之后,在法律体系基本形成的情况下,法治建设经历了从法制到法治的发展。主要体现为:

从“法制”概念到“法治”概念。20 世纪 70 年代,中共十一届三中全会之后,在法制领域和法学体系中,最流行的概念就是“法制”“法制建设”。中共十五大之后,最流行的概念演进为“法治”“依法治国”“全面依法治国”。虽然“法治”与“法制”这两个概念表面上只有一字之差,其内涵和意义却大不相同:第一,“法治”突出了实行法治、摒弃人治的坚强意志和决心,针对性、目标性更强。第二,“法治”“法治国家”意味着法律至上,依法而治、依法治权。第三,与“法制”比较,“法治”意味着不仅要有完备的法律体系和制度,而且要树立法律的权威,保证认真实施法律,切实依照法律治理国家和社会。第四,法制是静态的,法治则是动态的,法治包容了法制,涵盖面更广泛,更丰富。

从“方针”到“方略”。改革开放初期,中共十一届三中全会把社会主义法制建设作为党和国家坚定不移的基本方针。中共十五大在社会主义法制基本方针的基础上提出依法治国基本方略。从建设法制的方针到依法治国的方略,显现出中国法治理论和实践发生了深刻变化。方针,指一种方向、一种目标,是具有全局意义和长远目标的指导思想,但比较抽象,如党在社会主义建设时期的路线方针、对敌斗争方针等。方略,则是指具有统领性、战略性、高层性的方式方法和策略,如文献中常提到的“建国方略”“治国方略”“基本方略”等。如果说“方针”是远景规划和奋斗目标,“方略”则是实现规划和目标的重要举措和基本抓手。把方针具体化,使法制建设有了抓手,促进理想成为现实,抽象变为具体。

从“法制国家”到“法治国家”。1996 年 2 月 8 日,在中共中央第三次法制讲座上,在听取专家关于“依法治国,建设社会主义法制国家的理论与实践”的讲解之后,江泽民同志在总结讲话中明确提出要依法治国,建设社会主义“法制国家”,并对依法治国和建设法制国家的重大意义进行了阐述。一个月后，第八届全国人大第四次会议把“依法治国，建设社会主义法制国家”作为奋斗目标写入《国民经济和社会发展“九五”计划和2010年远景目标纲要》。此次会议的其他文件，例如政府工作报告、全国人大常委会工作报告等也都将“建设社会主义法制国家”作为主要内容。1997年9月，中共十五大召开。根据法学法律界的建议和依法治国的实践逻辑，中共十五大报告把此前的提法修改为“依法治国，建设社会主义法治国家。”用“法治国家”代替“法制国家”，这不仅是提法上的变化，而且是一次新的思想解放，标志着中央领导集体和全党认识上的飞跃。

从“健全社会主义法制”到“健全社会主义法治”。改革开放初期，面对无法可依、制度残缺的局面，党中央作出“健全社会主义法制”的决策，1982年修宪时沿用了“健全社会主义法制”的提法。2018年，现行宪法第5次修改将原序言中的“发扬社会主义民主，健全社会主义法制”修改为“发扬社会主义民主，健全社会主义法治”。这一字“千金”的修改，从宪法上完成了从法制到法治的根本转型，反映出我国社会主义法治建设历史性的跨越和进步。作出这样的修改，有利于推进全面依法治国，建设中国特色社会主义法治体系，加快实现国家治理体系和治理能力现代化，为党和国家事业发展提供根本性、全局性、稳定性、长期性的法治保障。

（二）从“依法治国”到“全面依法治国”

中共十五大将“依法治国”作为党领导人民治理国家的基本方略。中共十八大提出“全面推进依法治国”。中共十八届四中全会以“全面推进依法治国”为主题，对新时代的法治建设作出了全面、全新部署。中共十八届四中全会后，习近平同志提出了内涵更丰富、表述更精致的“全面依法治国”概念。中共十九大报告进一步把“全面依法治国”作为新时代坚持和发展中国特色社会主义的基本方略之一。

从"依法治国"到"全面推进依法治国"再到"全面依法治国",命题的变化表明党依法治国的思路越来越清晰、越来越精准。

(三)从建设"法治国家"到建设"法治中国"

中共十八大以后,习近平总书记明确提出"法治中国"的科学命题和建设法治中国的重大历史任务。中共十八届三中全会把"推进法治中国建设"上升为党中央的正式决定。中共十八届四中全会《决定》要求"全党同志必须更加自觉地坚持依法治国、更加扎实地推进依法治国,努力实现国家各项工作法治化,向着建设法治中国不断前进",号召全党和全国各族人民"积极投身全面推进依法治国伟大实践,开拓进取,扎实工作,为建设法治中国而奋斗!"

法治中国是"法制国家""法治国家"概念的"升级版"。法治中国比法治国家的内涵更加丰富,思想更加深刻,形态更加生动,意义更具时代性。建设法治中国,不仅要建设法治国家,还要建设法治社会、法治政府;不仅要推进依法治国,还要推进依法执政、依法行政;不仅要推进法治硬实力建设,还要推进法治软实力建设,弘扬社会主义法治精神,建设社会主义法治文化,培育社会主义法治理念。从法治国家到法治中国的转型,意味着我国法治建设的拓展、深化和跨越。在"中国梦"这一雄壮的交响乐中加入法治中国乐章,具有极为重要的现实意义和深远的历史意义。

(四)从建设"法律体系"到建设"法治体系"

在中共十四大提出建设社会主义市场经济法律体系之后,中共十五大进一步提出到 2010 年形成中国特色社会主义法律体系。2011 年 3 月 10 日,在第十一届全国人民代表大会第四次会议上,全国人大常委会工作报告庄严宣告中国特色社会主义法律体系已经形成。法律体系形成之后,法治建设如何推进?这是摆在全党和全国人民面前的重大课题。习近平同志经过调研和论证,提出建设中国特色社会主义法治体系。中共十八届四中全会正式将“建设中国特色社会主义法治体系,建设社会主义法治国家”作为全面推进依法治国的总目标、总抓手。从“法律体系”到“法治体系”的升级,体现了我们党对法治建设规律认识的重大突破。

(五)从“以经济为中心”到“以人民为中心”

中共十一届三中全会果断地、历史性地把党和国家的工作重心从以阶级斗争为纲转向以经济建设为中心,与此同步,中国的法制建设也转向了以经济建设为中心,服务经济发展大局,服务改革开放,服务商品经济、市场经济建设,为经济发展“保驾护航”成为法制的核心价值,在法的价值体系中效率自然就居于优先位阶。江泽民同志在中共十五大报告中指出:“全面建设小康社会,最根本的是坚持以经济建设为中心,不断解放和发展社会生产力。”中共十七大之后,党的指导思想与时俱进,党中央明确提出要坚持以人为本,新的发展方式归根结底是“以人为本”,让人们生活得更幸福、更有尊严,绝不能以牺牲环境和浪费资源、扩大社会矛盾、增加历史欠账为代价求得快速发展。

中共十八大之后,党中央更加明确地提出“以人民为中心”的发展思想,统筹推进“五位一体”总体布局、协调推进“四个全面”战略布局,这是统揽全局、指导全面的思想。在法治领域,树立“以人民为中心”的发展思想,就是要倍加关注人民对民主法治、公平正义、人权保障、产权保护、安定有序、环境良好的美好向往,以满足人民对美好法治生活的向往为宗旨;就是要坚持法治为了人民、依靠人民、造福人民、保护人民,把实现好、维护好、发展好最广大人民根本利益作为法治建设的根本目的,把体现人民利益、反映人民意愿、维护人民权益、增进人民福祉、促进人的全面发展作为法治建设的出发点和落脚点,落实到依法治国全过程、各方面。

(六)从“法律之治”到“良法善治”

1978 年至 1997 年,我国法制建设的基本方针是“有法可依、有法必依、执法必严、违法必究”,总体而言,这是一种形式法治意义的“法律之治”。中共十八大提出“科学立法、严格执法、公正司法、全民守法”,从理论和实践上都向形式法治与实质法治的结合前进一大步。中共十八大以来,中国共产党明确提出“法律是治国之重器,良法是善治之前提”。习近平同志强调指出:“人民群众对立法的期盼,已经不是有没有,而是好不好、管用不管用、能不能解决实际问题;不是什么法都能治国,不是什么法都能治好国;越是强调法治,越是要提高立法质量。”“要抓住提高立法质量这个关键,深入推进科学立法、民主立法,完善立法体制和程序,努力使每一项立法都符合宪法精神、反映人民意愿、得到人民拥护。”这些论断揭示了社会主义法治的价值要义,明确倡导良法善治。中共十九大报告进一步提出“以良法促进发展、保障善治”,这是对新时代中国特色社会主义法治作为形式法治与实质法治相统一的法治模式的精辟定型。中国法治不仅应当是形式上的法律之治,更应当是实质上的良法之治。所谓良法,就是反映人民意志、尊重保障人权、维护公平正义、促进和谐稳定、保障改革发展、引领社会风尚的法律,就是体现民意民智、符合客观规律、便于遵守和执行的法律。良法善治的理论和实践超越了工具主义法治和形式主义法治的局限,是现代法治理论的重大创新,也是我国法治建设的质的飞跃。从“法律之治”到“良法善治”的一个突出表现,就是从法律体系到法治体系、从义务本位到权利本位的飞跃。

(七)从“法制建设”到“法治改革”

从 1978 年到 21 世纪第一个 10 年,在法治领域,总的提法是法制建设,而且总体上也是按照“建设”来规划部署的。中共十八大以来,习近平总书记多次指出,“全面推进依法治国是一个系统工程,是国家治理领域一场广泛而深刻的革命”。全面推进依法治国是一项长期而重大的历史任务,也必然是一场深刻的社会变革和历史变迁。在中共十九大报告中又一次强调指出:“全面依法治国是国家治理的一场深刻革命。”这场革命的目标,就是要彻底实现从专制政治到民主政治、从人治到法治的革命,完成新民主主义革命和社会主义革命应当完成而没有彻底完成的历史任务。

既然全面依法治国是一场广泛而深刻的革命,就必须以革命的勇气和革命的思维,大刀阔斧地推进法治领域的改革,坚决破除一切妨碍依法执政、依法治国、依法行政、依法治军、依法办事的体制机制弊端和思想观念。中共十八大以来,以习近平同志为核心的党中央始终把全面依法治国作为全面深化改革的重要方面和重大任务,作为国家治理领域广泛而深刻的革命而强力推进。党中央直面法治建设领域的突出问题,回应人民群众期待,坚持改革方向,提出对依法治国具有重要意义的一系列改革举措;“对依法治国具有重要意义的改革举措,纳入改革任务总台账,一体部署、一体落实、一体督办”;要求坚定不移地推进法治领域的改革。中共十八届三中全会出台了20多项重大法治改革举措,中共十八届四中全会出台了190项重大法治改革举措,其中许多法治改革举措是涉及利益关系调整和权力格局变动的“硬骨头”,是躲不开、绕不过的“深水区”,是多年来想都不敢想、想了也不敢做、做了也未做成的老难题。党中央以改革思维和改革方式推进法治建设,大力解决立法不良、有法不依、执法不严、司法不公、监督疲软、权力腐败、人权保障不力等突出问题;要求各级党政机关和领导干部必须从党和国家事业发展全局出发,全面理解和正确对待中央提出的重大法治改革举措,深刻领会法治改革的重大现实意义和深远历史意义,自觉支持改革、拥护改革、积极参与改革,做法治改革的促进派。实践充分证明，法治改革是加快推进法治中国建设的强大动力和必由之路。

（八）从“常规建设”到“加快推进”

改革开放以来，我国法制建设有序推进，取得了很大成就。但是，常规的、按部就班的法制建设难以适应全面深化改革、全面依法治国、全面从严治党的迫切要求，难以适应人民群众日益增长的多样化、高质量法治需要，难以跟进国家治理现代化的前进步伐。为此，党中央以时不我待、只争朝夕的姿态加快推进法治改革和法治建设，提出一系列“加快”措施。例如，“加快建设社会主义法治国家”，“加快完善体现权利公平、机会公平、规则公平的法律制度，保障公民人身权、财产权、基本政治权利等各项权利不受侵犯，保障公民经济、文化、社会等各方面权利得到落实，实现公民权利保障法治化。增强全社会尊重和保障人权意识，健全公民权利救济渠道和方式”，“加快推进反腐败国家立法，完善惩治和预防腐败体系，形成不敢腐、不能腐、不想腐的有效机制，坚决遏制和预防腐败现象”，“加快保障和改善民生、推进社会治理体制创新法律制度建设。依法加强和规范公共服务，完善教育、就业、收入分配、社会保障、医疗卫生、食品安全、扶贫、慈善、社会救助和妇女儿童、老年人、残疾人合法权益保护等方面的法律法规。加强社会组织立法，规范和引导各类社会组织健康发展”，“贯彻落实总体国家安全观，加快国家安全法治建设，抓紧出台反恐怖等一批急需法律，推进公共安全法治化，构建国家安全法律制度体系”，“用严格的法律制度保护生态环境，加快建立有效约束开发行为和促进绿色发展、循环发展、低碳发展的生态文明法律制度，强化生产者环境保护的法律责任，大幅度提高违法成本”，“加快建设职能科学、权责法定、执法严明、公开公正、廉洁高效、守法诚信的法治政府”，“加快建立失信被执行人信用监督、威慑和惩戒法律制度。依法保障胜诉当事人及时实现权益”,“加快建立符合职业特点的法治工作人员管理制度,完善职业保障体系,建立法官、检察官、人民警察专业职务序列及工资制度”,“加快完善和发展中国特色社会主义军事制度”,“加快建设中国特色社会主义法治体系,建设社会主义法治国家,推进科学立法、严格执法、公正司法、全民守法”,“加快建设法治经济和法治社会,把经济社会发展纳入法治轨道”,“加快重点领域立法,坚持立改废释并举,深入推进科学立法、民主立法,加快形成完备的法律规范体系”,“加快形成引领经济发展新常态的体制机制和发展方式”,“加快形成有利于创新发展的市场环境、产权制度、投融资体制、分配制度、人才培养引进使用机制”,“加快形成统一开放、竞争有序的市场体系,建立公平竞争保障机制,打破地域分割和行业垄断”,等等。

(九)法学教育从“恢复重建”到“繁荣发展”

法学教育是实施人才强法战略的基础,高校是法治人才培养的第一阵地,高校教师是构建和发展中国特色社会主义法治理论体系和法学理论体系、为依法治国提供学理支撑的主力军,因此,法学教育是中国特色社会主义法治体系的重要组成部分。

中国的法学教育历史悠久,源远流长。早在上古时代的“造律”和“治狱”活动中就产生了法律教育萌芽,经历了从兴起走向鼎盛,又从守成转而衰微的漫长演变过程。20 世纪 50 年代开始,我国的法学教育全面衰败,“文化大革命”期间,仅剩下北京大学法律系和吉林大学法律系,年招生规模在百人左右。改革开放 40 年来,随着中国法治和中国高等教育前进的步伐,我国法学教育历经恢复重建、快速发展、改革创新,已经形成了具有一定规模、结构比较合理、整体质量稳步提高的教育体系。截至 2017 年,我国开设法学本科专业的高校有 627 所。据 2018 年 3 月的数据,全国法学一级学科硕士点 195 个,23

个单位设有27个法学二级学科硕士点,法学硕士单位共计218个;法学一级学科博士点49个,二级学科博士点1个;法律硕士点242个。在校法学本科生31万余人,法学硕士研究生1万人左右,法律硕士研究生1万余人,法学博士研究生约1100人。无论是法学院校的规模,还是法学专业学生人数,均已居世界首位。

在规模发展的同时,法学教育的质量也在稳步提高。经过40年的探索与实践以及对域外法学教育经验的借鉴,法学教育的"中国特色"已经形成,集中表现为:以法学本科教育为起点和基础,实行多元化研究生教育的高等法学教育体系;法学的素质教育、基本教育、特色教育、拓展教育有机结合的人才培养模式;普通高校的法学专业教育与专门学校的法律职业教育相衔接;国家统一法律职业资格考试(原国家统一司法考试)与法学专业良性互动。中国的法学教育已经跻身世界法学教育之林,法学教育的中国模式与法学教育的美国模式、欧洲模式呈三足鼎立态势。一个基本适应我国法治人才需要和法治中国建设需要、具有中国特色的法学教育体系初步形成。

(十)从人治到法治

40年的中国法治轨迹,总括而言,就是从人治到法治。法治与人治是两种互相对立的治国方略。这种对立在古代和近代,其内容和表现形式不尽相同。在古代中国,法治论强调把社会关系纳入法律的轨道,用带有权威性、强制性的法律规范或严刑峻法治理社会;而人治论则强调"为政在人"(《中庸》),"法者,治之端也;君子者,法之原也"(《荀子·君道》)。在古希腊,法治论强调法律的理性及其一般指引作用,人治论则强调圣贤的智慧及其对解决具体问题的个别指引作用。在现代社会,法治与人治的对立主要表现为民主与专制、主权在民与主权在君、法律与当权者个人独断意志的对立。20世纪中国各界关于法治与人治的历次讨论,已在理论上明确了法治与人治这两种治国方略的界限不在于是否承认法律运行中人的因素，而在于从主体上，法治是众人之治（民主政治），人治是一人（或几人）之治（君主专制或贵族政治）；法治依据的是反映人民大众意志的法律，人治则依据统治者个人或少数人的意志。法治与人治的分界线是：当法律与当权者的个人意志发生冲突时，是法律高于个人意志，还是个人意志凌驾于法律之上，是“人依法”，还是“法依人”。

在这个问题上，我们有极其惨痛的教训。中华人民共和国成立初期，我们党是高度重视法制的。然而，从20世纪50年代后期开始，领导人的看法和注意力改变了，不再那么重视宪法和法律了，把法律作为办事的参考，甚至直截了当地提出“要人治不要法治”。在这种错误思想影响下，我国宪法法律在全党全国全民中得不到应有的重视，社会主义法制建设跌入低谷，宪法被虚置，成为一纸空文，法制的衰败最终导致了“文化大革命”那样的悲剧。

改革开放初期，邓小平同志就强调指出：“要通过改革，处理好法治和人治的关系。”后来，他又尖锐地指出：要保持党和国家长治久安，避免“文化大革命”那样的历史悲剧重演，必须从制度上解决问题，搞人治危险得很，“还是要靠法制，搞法制靠得住些”。从领导岗位上退下来以后，邓小平同志仍然关切地告诫全党“还是要靠法律制度”。在从人治到法治的革命进程中，江泽民同志十分鲜明地强调：“我们绝不能以党代政，也绝不能以党代法。这也是新闻界讲的究竟是人治还是法治的问题。我想我们一定要遵循法治的方针。”

中共十八大以来，习近平同志深刻地阐述了厉行法治、摒弃人治的历史规律和深远意义。他指出：“法治和人治问题是人类政治文明史上的一个基本问题，也是各国在实现现代化过程中必须面对和解决的一个重大问题。综观世界近现代史，凡是顺利实现现代化的国家，没有一个不是较好解决了法治和人治问题的。相反，一些国家虽然也一度实现快速发展,但并没有顺利迈进现代化的门槛,而是陷入这样或那样的'陷阱',出现经济社会发展停滞甚至倒退的局面。后一种情况很大程度上与法治不彰有关。"他还指出:"历史是最好的老师。经验和教训使我们党深刻认识到,法治是治国理政不可或缺的重要手段。法治兴则国家兴,法治衰则国家乱。什么时候重视法治、法治昌明,什么时候就国泰民安;什么时候忽视法治、法治松弛,什么时候就国乱民怨。""人类社会发展的事实证明,依法治理是最可靠、最稳定的治理。"基于对人治教训的深刻分析和对治国理政规律的深刻把握,以习近平同志为核心的党中央采取一系列重大举措,推动党、国家和社会告别人治传统而步入法治的光明大道。

三、中国法治40年的基本经验

40年的法治建设不仅取得了历史性成就,为实现法治现代化、建成社会主义法治强国打下了坚实基础,而且积累了一系列宝贵经验,形成了一整套科学理论。

(一)坚持和拓展中国特色社会主义法治道路

中国特色社会主义法治道路是中国特色社会主义道路在法治领域的具体体现。习近平同志指出:"中国特色社会主义法治道路,是社会主义法治建设成就和经验的集中体现,是建设社会主义法治国家的唯一正确道路。""中国特色社会主义法治道路是一个管总的东西。具体讲我国法治建设的成就,大大小小可以列举出十几条、几十条,但归结起来就是开辟了中国特色社会主义法治道路这一条。""在坚持和拓展中国特色社会主义法治道路这个根本问题上,我们要树立自信、保持定力。"

改革开放40年来,我国的法治建设、法治改革和全面依法治国之所以能够取得历史性成就,根本原因在于我们坚定不移地走中国特色社会主义法治道路。中国法治 40 年始终贯穿一条红线，这就是坚持和拓展中国特色社会主义法治道路。

坚持中国特色社会主义法治道路，“核心要义”是坚持党的领导，把党的领导贯彻到依法治国各方面和全过程，坚持中国特色社会主义制度，贯彻中国特色社会主义法治理论。这三个核心要义，集中反映了党的领导、人民当家作主、依法治国有机统一的本质特征和制度优势，明示了中国特色社会主义法治道路的基本内涵和基本内容，确定了中国特色社会主义法治道路的根本性质和根本要求，描绘了这条道路的鲜明特征和鲜明标识。在中国特色社会主义法治道路的三个核心要义中，党的领导是根本，中国特色社会主义制度是基础，中国特色社会主义法治理论是指导思想和学理支撑。

在坚持中国特色社会主义法治道路的同时，还要与时俱进，不断推进理论创新、制度创新、实践创新，不断丰富三个核心要义的具体内容，不断拓展中国特色社会主义法治道路。中共十八大以来，以习近平同志为核心的党中央全面推进依法治国、加快法治中国建设，以新的理论和实践全面拓展了中国特色社会主义法治道路，使中国法治发生历史性变革，呈现出一系列新特征新局面。

（二）坚持依法治国与以德治国相结合

法治与德治的关系问题，历来是治国理政的基本问题，是法学和政治学的基本论题。中共十五大以来，党中央总结古今中外治国理政的成功经验，明确提出了坚持依法治国与以德治国相结合的思想。2001 年，在全国宣传部长会议上，江泽民同志深刻指出：“我们在建设有中国特色社会主义、发展社会主义市场经济的过程中，要坚持不懈地加强社会主义法制建设，依法治国；同时也要坚持不懈地加强社会主义道德建设，以德治国……我们要把法制建设与道德建设紧密结合起来，把依法治国与以德治国紧密结合起来。”中共十六大报告将依法治国与以德治国相结合确定为党领导人民建设中国特色社会主义必须坚持的基本经验之一,并把依法治国纳入政治文明的范畴,把以德治国纳入精神文明的范畴,表明依法治国属于政治建设和政治文明的范畴,以德治国属于思想建设和精神文明的范畴。党中央关于依法治国与以德治国相结合的深刻论述,突破了法治、德治水火不容的僵化思维定式,阐明了一种现代法治和新型德治相结合的治国理政新思路。按照这种新思路,依法治国与以德治国不仅不是彼此对立、矛盾的,而是相互补充、促进的。

中共十八届四中全会《决定》和习近平同志在十八届四中全会上的讲话进一步明确提出依法治国与以德治国相结合是中国特色社会主义法治的基本原则,强调"必须坚持一手抓法治、一手抓德治";同时,更加深入地阐述了依法治国与以德治国的关系,指出:国家和社会治理需要法律和道德共同发挥作用,既重视发挥法律的规范作用,又重视发挥道德的教化作用,实现法律和道德相辅相成、法治和德治相得益彰。习近平同志深刻指出:"发挥好法律的规范作用,必须以法治体现道德理念、强化法律对道德建设的促进作用。一方面,道德是法律的基础,只有那些合乎道德、具有深厚道德基础的法律才能为更多人所自觉遵行。另一方面,法律是道德的保障,可以通过强制性规范人们行为、惩罚违法行为来引领道德风尚。要注意把一些基本道德规范转化为法律规范,使法律法规更多体现道德理念和人文关怀,通过法律的强制力来强化道德作用、确保道德底线,推动全社会道德素质提升。"同时,"发挥好道德的教化作用,必须以道德滋养法治精神、强化道德对法治文化的支撑作用。再多再好的法律,必须转化为人们内心自觉才能真正为人们所遵行。'不知耻者,无所不为。'没有道德滋养,法治文化就缺乏源头活水,法律实施就缺乏坚实社会基础。在推进依法治国过程中,必须大力弘扬社会主义核心价值观,弘扬中华传统美德,培育社会公德、职业道德、家庭美德、个人品德,提高全民族思想道德水平,为依法治国创造良好人文环境”。正是遵循了依法治国与以德治国相结合的思想路线和决策部署,我国的法治建设和道德建设才能呈现出相得益彰的良好局面。

(三)坚持依法治国与依规治党有机统一

坚持依法治国与依规治党有机统一,是以习近平同志为核心的党中央在治国理政新实践中探索出来的新经验、概括出来的新理论。依法治国与依规治党有着内在联系,治党与治国相辅相成,依法执政与依规执政高度契合,缺一不可。中国共产党既是国家、社会和人民的领导党,又是执政兴国的执政党,坚持依规治党,从严治党,切实解决党自身存在的突出问题,才能使党始终成为中国特色社会主义事业的坚强领导核心,才能为治国安邦奠定根本政治前提。这是对党的执政规律、治国理政规律的新认识。坚持依法治国与依规治党有机统一,使中国共产党领导的法治中国从根本上区别于“法治美国”“法治英国”等西方法治模式和法治发展路径。

基于对依法治国与依规治党有机统一关系的深刻认识,我们党采取了一系列措施统筹推进依法治国和依规治党。一是把党内法规制度体系纳入中国特色社会主义法治体系之中,以“宪法为上”,以“党章为本”,加快形成完善的党内法规制度体系。二是注重党内法规同国家法律的衔接和协调,共同发挥在治党治国中相辅相成的作用。三是提出思想建党和制度治党紧密结合、同向发力,以包括党内法规和宪法法律在内的制度来管党治党,保证从严治党,将制度建设贯穿全面从严治党的始终和党的各项建设之中。四是同步推进国家治理体系现代化和中国共产党治理体系现代化,提高党科学执政、民主执政和依法执政的本领。五是以实行党的纪委与国家监察委合署办公这一国家监察体制改革为牵引,探索职能相近的党政机关合并设立或合署办公，推进党和国家治理体制改革，推进国家治理体系和治理能力现代化。

(四)坚持法治与自治良性互动

在一个现代化国家，公民和社会自治始终是国家法治的根基所在，因为普遍的法律秩序只有在社会排除政府的任意性干预的前提下，才成为可能和必要。对社会进行高度行政化的控制曾经是国家与社会之间关系的主要特征，国家通过公共权力对社会实行直接管控，社会事务基本都由国家来实施，政府包办一切。这种单一的治理模式造成社会活力不足、创造力缺乏、生产效率低下、公共服务短缺等问题，甚至蜕变为赤裸裸的专制。依法自治为公民、社会组织等各类社会主体通过自我协商、平等对话、参与社会治理、依法解决社会问题留出了广阔空间。自治是指个人或团体管理自身事务并对其行为负责的一种治理形态，它既是社会治理的一种高级形式，也是社会生活的一个价值目标。中共十八届三中全会通过的《中共中央关于全面深化改革若干重大问题的决定》提出，正确处理政府和社会关系，加快实施政社分开，推进社会组织明确权责、依法自治、发挥作用，并要求放宽社会组织准入门槛，实现依法自治管理。中共十八届四中全会《决定》提出，建立健全社会组织参与社会事务、维护公共利益、救助困难群众、帮教特殊人群、预防违法犯罪的机制和制度化渠道；支持行业协会、商会类社会组织发挥行业自律和专业服务功能，发挥社会组织对其成员的行为导引、规则约束、权益维护作用；深入开展多层次、多形式法治创建活动，深化基层组织和部门、行业依法治理，支持各类社会主体自我约束、自我管理。两个决定开辟了社会依法自治的崭新局面。根据民政部 2017 年 3 月 17 日登记数据，全国共有社会组织 80.7 万个，其中社会团体约 37.4 万个，基金会 6397 个，民办非企业单位约 42.8 万个。一个上下分权、自我管理、互动良好、运转有序的社会自治格局正在快速形成。社会组织的整体实力不断提升，已成为政府职能转移的主要承接者、社会政策的重要执行者和社会服务的重要提供者，成为我国社会主义现代化建设不可或缺的重要力量。

在支持社会组织自治的同时，大力推进社会组织依法自治。一是加快社会组织立法，为社会组织的成立和运行提供明确的法律依据。二是建立联合执法机制，加大对社会组织违法违规行为的查处力度。三是推进社会规范（社会软法）建设，完善各种“民间法”、行业协会规范、市民公约、乡规民约、团体章程等“软法”性质的社会规范，形成具有多层位阶和效力的软法体系。中共十八届三中全会和四中全会都提出要发挥市民公约、乡规民约、行业规章、团体章程等社会规范在社会治理中不可替代的作用，发挥各种社会规范在法治社会建设中的积极作用。在总结包括“枫桥经验”在内的社会治理经验的基础上，中共十九大报告进一步明确了新时代社会治理的思想和方略，提出“打造共建共治共享的社会治理格局”。加强社会治理制度建设，完善党委领导、政府负责、社会协同、公众参与、法治保障的社会治理体制，提高社会治理社会化、法治化、智能化、专业化水平。加强社会心理服务体系建设，培育自尊自信、理性平和、积极向上的社会心态。加强社区治理体系建设，推动社会治理重心向基层下移，发挥社会组织作用，实现政府治理和社会调节、居民自治良性互动。加强农村基层基础工作，健全自治、法治、德治相结合的乡村治理体系。这些思想和方略，必将使法治、德治、自治更为有效衔接，把社会治理水平提升到新的高度，推动国家治理和社会治理、国家法治与社会自治良性互动。

（五）坚持以依宪执政和依宪治国统领依法治国和法治中国建设

宪法是国家的根本法，具有最高的法律地位、法律权威、法律效力，具有根本性、全局性、稳定性、长期性。我国宪法以国家根本法的形式，确认了中国共产党领导中国人民进行革命、建设、改革的伟大斗争和根本成就，确立了工人阶级领导的、以工农联盟为基础的人民民主专政的社会主义国家的国体和人民代表大会制度的政体，确定了国家的根本任务、领导核心、指导思想、发展道路、奋斗目标，规定了中国共产党领导的多党合作和政治协商制度、民族区域自治制度以及基层群众自治制度，规定了社会主义法治原则、民主集中制原则、尊重和保障人权原则等，反映了我国各族人民共同意志和根本利益，科学地界定了根本法的内涵。宪法是“治国理政的总依据”“全面依法治国的总依据”“国家各种制度和法律法规的总依据”。正因为宪法是总章程、根本法、总依据，所以，坚持依法治国首先要坚持依宪治国，坚持依法执政首先要坚持依宪执政。

1982 年《宪法》即现行宪法公布施行后，根据我国改革开放和社会主义现代化建设的实践和发展，在党中央领导下，全国人大于 1988 年、1993 年、1999 年、2004 年先后 4 次对其个别条款和部分内容作出了必要的、也是十分重要的修正，共通过了 31 条宪法修正案，主要内容涉及国家的指导思想，国家的发展目标，多党合作、政治协商、统一战线，依法治国、建设社会主义法治国家，经济体制改革、土地制度改革、实行社会主义市场经济，完善社会保障制度，国家尊重和保障人权，私有财产保护等。4 次宪法修改体现了党领导人民进行改革开放和社会主义现代化建设的成功经验，体现了中国特色社会主义道路、理论、制度、文化的发展成果，有力推动和加强了我国社会主义民主法治建设。

2018 年，在中国特色社会主义进入新时代的历史方位和时代背景下，在党中央的坚强领导下，第十三届全国人大第一次会议对现行宪法进行了第五次修改，通过了 21 条修正案。新宪法修正案确立了科学发展观、习近平新时代中国特色社会主义思想在国家政治和社会生活中的指导地位，实现了国家指导思想的又一次与时俱进；明确规定中国共产党的领导是中国特色社会主义最本质的属性，丰富了国体内涵；对国家主席任期作出新的规定，从制度上完善了被实践证明科学有效的党中央总书记、国家主席、军委主席三位一体的领导体制；提出“推动物质文明、政治文明、精神文明、社会文明、生态文明协调发展”，“把我国建设成为富强民主文明和谐美丽的社会主义现代化强国”，这一修改使“五大建设”对应“五大文明”并对应富强、民主、文明、和谐、美丽中国，使中国特色社会主义事业总体布局更加完善，为实现两个百年奋斗目标提供了可靠的宪法保障；充实完善了政治协商、统一战线、民族关系的内容，把“致力于中华民族伟大复兴的爱国者”纳入统一战线，把“和谐”作为民族关系元素，使统一战线和民族关系更具新时代特征；把“坚持和平发展道路，坚持互利共赢开放战略”，“构建人类命运共同体”写入宪法，顺应了和平、发展、合作、共赢的时代潮流；增加倡导社会主义核心价值观的内容，以法治体现道德理念、强化宪法对道德建设和文化建设的促进作用，有利于巩固全党全国各族人民团结奋斗的共同思想道德基础；对监察委员会的性质、功能、职权、机构设置等作出规定，为成立监察委员会和制定《监察法》，构建党统一指挥、全面覆盖、权威高效的监督体系，提供了坚实的宪法依据；把“健全社会主义法制”修改为“健全社会主义法治”，反映出从建设法律体系到建设法治体系的历史性跨越和进步，有力推进全面依法治国总目标的实现；把全国人大法律委员会更名为全国人大宪法和法律委员会，使全国人大履行宪法监督职权职责有了更为明确的制度保证和组织保障。

现行宪法及其历次修改为法的立改废释提供了宪法依据，为跟进宪法修改，我国一系列法律、法规进行了相应的修改完善，同时，依据宪法新制定了一系列法律、法规,既加快形成了中国特色社会主义法律体系,又推进了社会主义法治现代化。我国宪法以其科学理论、制度优势和强大权威,统领和引领着全面依法治国和法治中国建设的航程。

（六）坚持法治与改革双轮驱动

1978年以来,中国特色社会主义事业有两大主题,一是改革开放,二是法治建设。这是当年邓小平同志确立的工作方针,他反复强调:一手抓改革,一手抓法制。两大主题有着内在的、相辅相成的必然联系:一方面,改革开放的伟大实践产生了对法律的需要,推动了法治的建设和发展;另一方面,法治适应了改革开放的需要,为改革开放保驾护航。正如习近平同志指出的,改革与法治如鸟之两翼、车之双轮,共同推动小康社会建设,是小康社会必不可少的动力支持与保障力量。"我们要让全面深化改革、全面推进依法治国如鸟之两翼、车之两轮,推动全面建成小康社会的目标如期实现。"同时,要坚持在法治下推进改革,在改革中完善法治,使改革因法治而得到有效推进,使法治因改革而得到不断完善;坚持改革决策和立法决策相统一、相衔接,把改革决策同立法决策结合起来,将改革和法治同步推进。

特别是中共十八大以来,我们一方面运用法治思维和法治方式深化改革,发挥法治对改革的引领和推动作用,确保重大改革于法有据,做到在法治的轨道上推进改革,以法治凝聚改革共识、以法治引领改革方向、以法治规范改革进程、以法治化解改革风险、以法治巩固和发展改革成果;另一方面,把法治改革纳入全面深化改革的总体部署,立法主动适应改革的要求,加强重点领域立法,修改和废止不适应改革要求的法律,完善中国特色社会主义法治体系,同步推进立法体制、执法体制和司法体制改革。我们把科学立法作为处理改革和法治关系的关键环节，坚持立法决策和改革决策相统一，实现立法和改革相衔接。在全面深化改革总体框架内全面推进依法治国各项工作；坚定不移地推进法治领域各项改革（共计 230 多项重大改革举措）；以改革思维和改革方式推进依法治国和法治中国建设，坚决破除束缚全面推进依法治国的体制机制障碍，彻底解决立法不良、有法不依、执法不严、司法不公、监督疲软、权力腐败、人权保障不力等法治领域的突出问题。

（七）坚持统筹推进国内法治与国际法治

统筹国内国际两个大局是我们党治国理政的基本理念和基本经验。习近平同志指出："我国已经进入了实现中华民族伟大复兴的关键阶段。中国与世界的关系在发生深刻变化，我国同国际社会的互联互动也已变得空前紧密，我国对世界的依靠、对国际事务的参与在不断加深，世界对我国的依靠、对我国的影响也在不断加深。我们观察和规划改革发展，必须统筹考虑和综合运用国际国内两个市场、国际国内两种资源、国际国内两类规则。"中共十八届五中全会通过的《中共中央关于制定国民经济和社会发展第十三个五年规划的建议》和 2016 年第十二届全国人大第四次会议通过并发布的《国民经济和社会发展第十三个五年规划纲要》提出，全面建成小康社会必须遵循的六大原则之一就是"坚持统筹国内国际两个大局"。改革开放以来我国法治建设的成功经验之一，就是坚持统筹国内法治和国际法治两个大局。20 世纪 90 年代开始的中国加入世界贸易组织的谈判，为我国法律与世界规则衔接、融入法律全球化提供了前所未有的契机。世贸规则倒逼国内法制改革，我国立法机关和行政机关开展大规模修法和法规规章清理工作，涉及 3000 多部法律、法规和部门规章，19 万件地方性法规和规范性文件，推进法律透明化、国际化，统筹运用国内和国际两个规则体系有效维护和发展了我国的合法利益，为中国的改革开放和繁荣富强营造出良好的外部法治环境。

中共十八大以来，以习近平同志为核心的党中央审时度势，统筹推进“两个法治”，使国内法治和国际法治、全球治理相得益彰。我国以构建人类命运共同体为目标，以推动全球治理体系和治理规则变革为动力，秉持共商共建共享的全球治理观，建设国际法治，推进国际关系法治化。“推动各方在国际关系中遵守国际法和公认的国际关系基本原则，用统一适用的规则来明是非、促和平、谋发展。”维护国际法和国际秩序的权威性和严肃性，反对歪曲国际法，反对以“法治”之名行侵害他国正当权益、破坏和平稳定之实。积极参与并尽可能主导国际立法，参与和支持国际执法、国际司法、国际仲裁，参与国际法律服务，积极开展法律外交，国内法治与国际法治的契合达到前所未有的程度。

（八）坚持全面推进与重点突破相协调

中共十八大提出“全面推进依法治国”，坚持“全面推进科学立法、严格执法、公正司法、全民守法”。中共十八届四中全会作出“全面推进依法治国”的重大决定。习近平同志指出：“全面推进依法治国是一项庞大的系统工程，必须统筹兼顾、把握重点、整体谋划，在共同推进上着力，在一体建设上用劲。”在全面推进依法治国过程中，党中央注重统筹推进、协调发展，例如，坚持国家、地方、社会三个层面的法治建设一齐抓；统筹推进国内法治、国际法治、全球法治；“依法治国、依法执政、依法行政共同推进”，“法治国家、法治政府、法治社会一体建设”；统筹立法体制改革、执法体制改革、司法体制改革、监察体制改革；在坚持党对依法治国全面领导的同时，发挥人民的主体地位，调动人大、政府、政协、司法机关的积极性，法治建设呈现“党政与人民共同推进”“自上而下与自下而上互动”的良好局面。

在全面推进依法治国的过程中，以习近平同志为核心的党中央善于牵住“牛鼻子”形成“纲举目张”的态势。正如习近平同志所指出的:在推进“四个全面”的过程中,“我们既要善于注重总体谋划,又要注重牵住‘牛鼻子’,比如,既对全面推进依法治国作出系统部署,又强调以中国特色社会主义法治体系为总目标和总抓手”。提出建设中国特色社会主义法治体系这个总抓手,“对于全面推进依法治国具有纲举目张的意义”。

在全面推进依法治国的过程中,始终把“关键少数”作为依法治国的重中之重,要求各级领导干部做尊法学法守法用法的模范,提高运用法治思维和法治方式的能力,努力以法治凝聚改革共识、规范发展行为、促进矛盾化解、保障社会和谐;牢固树立宪法法律至上、法律面前人人平等、权由法定、权依法使等基本法治观念,彻底摒弃人治思想和长官意志,做到在法治之下而不是法治之外,更不是法治之上想问题、作决策、办事情,绝不搞以言代法、以权压法;努力营造办事依法、遇事找法、解决问题用法、化解矛盾靠法的法治环境。

在全面推进依法治国的过程中,注重重点突破“瓶颈”问题。例如,制约司法公正、司法公信和司法能力的体制机制问题,始终是我国依法治国的薄弱环节,是法治国家建设的“瓶颈”。中共十八大以来,以习近平同志为核心的党中央倾力推进司法体制改革,中央全面深化改革领导小组先后42次审议司法改革方案,出台涉及司法体制改革的文件多达53件。在司法体制改革中,以建设公正高效权威的社会主义司法制度为总目标,以人民对司法的满意度为评价标尺,着力完善对人权和产权的司法保障、对权力的司法监督;健全司法权力分工负责、互相配合、互相制约机制,完善审级制度、司法组织体系和案件管辖制度;探索设立跨行政区划的人民法院和人民检察院;强化司法人员职业保障,完善确保依法独立公正行使审判权和检察权的制度;全面推进审判公开、检务公开、警务公开、狱务公开;加强对司法活动的全方位监督,健全司法机关内部监督制约机制;建立司法机关办案责任制,落实谁办案谁负责;加强监狱、强制戒毒、社区矫正、安置帮教、司法鉴定等设施建设,等等。

(九)坚持顶层设计、科学布局与试点探索、先行先试相结合

改革开放初期,无论是经济改革,还是法制建设,几乎都是"摸着石头过河"。但是,随着改革进入深水区,看不到"石头",摸不到"石头",此时要防止改革乱象,避免改革风险,降低改革成本,就必须遵循规律,遵守规则,加强顶层设计。在法治改革领域,中共十八大以来,以习近平同志为核心的党中央加强了对法治改革和法治建设的统一领导和顶层设计,提出全面推进依法治国的总目标,法治中国建设的总路径。把依法治国纳入"四个全面"战略布局,并与"两个一百年"的奋斗目标对接,把中国特色社会主义法治体系建设与国家治理体系和治理能力现代化紧密连接,为法治建设注入强大动力,彰显出顶层设计的政治引领、理论导航、行动指南作用。法治改革方案全部由党中央及中央全面深化改革领导小组统一审议决策,重大改革由中央政治局决定,确保党中央对法治改革、依法治国的统一领导。

在加强统一领导和顶层设计的同时,激励和支持地方、行业先行先试。由于我国经济社会发展不平衡,我国各地"法治区情"千差万别,不同领域法治水平参差不齐,所以,不能搞"一刀切""齐步走";也由于一些重大改革关乎全局,必须在积累试验经验的基础上作出决定,所以,在推进法治改革中,注重调动地方、部门改革积极性,鼓励各地各部门从实际出发进行探索、先行先试。例如,成立上海、广州、天津等自由贸易试验区,设立最高人民法院巡回法庭,全国检察系统推进公益诉讼,在北京、浙江、山西先行设立监察委员会,设立互联网法院等。各地在先行先试中创造并积累了可复制可推广的经验。这些经验又为党中央顶层设计提供了实践基础和科学依据。

（十）坚持遵循法治规律与秉持中国法理相一致

改革开放40年来，中国法治建设和法治改革的一个十分鲜明的特点就是既重视规律又重视法理，遵循法治规律，秉持法理精神。

中共十八大以来，在全面推进依法治国的整个过程中，习近平同志反复强调要坚持辩证唯物主义和历史唯物主义，遵循客观规律。他指出：历史和现实都表明，只有坚持唯物主义，才能不断加深对共产党执政规律、社会主义发展规律、人类社会一般规律、人与自然和谐共存规律的认识，提高对规律的认识水平。在法治问题上，认识和遵循客观规律，就是要解放思想，实事求是，不断深化对法治规律的认识，按照依法治国、依法执政、依法行政、依法自治的客观规律办事，充分发挥法治在治国理政中的基本方式作用。习近平同志总是从规律性上论述厉行法治的必然性，揭示法治的规律性，凝练出重大法治理论命题和学理判断。例如，"法治和人治问题是人类政治文明史上的一个基本问题，也是各国在实现现代化过程中必须面对和解决的一个重大问题"。法律是治国之重器、良法是善治之前提；法治兴则国家兴，法治衰则国家乱；依法治国是"解放和增强社会活力、促进社会公平正义、维护社会和谐稳定、确保国家长治久安的根本要求"。"依法治国是坚持和发展中国特色社会主义的本质要求和重要保障，是实现国家治理体系和治理能力现代化的必然要求。""建设中国特色社会主义法治体系、建设社会主义法治国家是实现国家治理体系和治理能力现代化的必然要求，也是全面深化改革的必然要求。""推进科学立法、民主立法，是提高立法质量的根本途径。科学立法的核心在于尊重和体现客观规律，民主立法的核心在于为了人民、依靠人民。""宪法的生命在于实施，宪法的权威也在于实施。""社会主义市场经济本质上是法治经济。……法治经济的本质要求就是把握规律、尊重规律。各级领导干部要提高透过现象看本质的本领，深入把握经济规律、社会规律、自然规律，使对经济工作的领导更加自觉、更加有效。”“完善司法制度、深化司法体制改革，要遵循司法活动的客观规律，体现权责统一、权力制约、公开公正、尊重程序的要求。”完善人民法院司法责任制，“要坚持问题导向，遵循司法权运行规律”。“正是由于历届中央领导核心，特别是习近平同志注重探索法治规律、总结法治经验、凝练法治理论，保证了中国特色社会主义法治始终沿着法治规律科学发展，从胜利走向胜利。

在尊重和遵循规律的同时，也秉持了法理精神。“法理”作为既在法律（实在法）之中、又在法律（实在法）之外的精神要素，渗透于法律制度、法律生活、法治实践、法学理论各个方面，是它们激活了法律的生命之源，也是它们点燃了法治的理性之光。我们说的法理，既包括人类社会共同认可的普遍法理，也包括中华传统法律文化中的法理基因，更应当包括中国革命、建设、改革历史征程中形成的现代法理，特别是中国特色社会主义新时代法理。新时代的中国法理，集中体现在习近平新时代中国特色社会主义思想中。中共十八大以来，习近平总书记不仅反复强调要学会运用法治思维和法治方式治国理政，而且善于运用法理思维和法理话语提升中国特色社会主义法治理论的解释力、感召力，夯实全面依法治国重大部署和改革方案的法理基础。在他关于法治的讲话和论著中，可以说各篇都有法理金句，通卷闪耀法理珠玑。如法治兴则国泰民安，法治衰则国乱民怨；公正是法治的生命线；法律是成文的道德，道德是内心的法律；法安天下，德润民心；以公开促公正，以透明保廉洁；法治以人民为主体，法治建设为了人民、依靠人民；人民权益要靠法律保障，法律权威要靠人民维护；法律的权威源自人民的内心拥护和真诚信仰；法律红线不可逾越、法律底线不可碰触；权力是一把“双刃剑”，在法治轨道上行使可以造福人民，在法律之外行使则必然祸害国家和人民；法定职权必须为，法无授权不可为；自由是秩序的目的，秩序是自由的保障；发展是安全的基础，安全是发展的条件；以透明的法治环境给经济主体以合理预期；在法治下推进改革，在改革中完善法治；小智治事，中智治人，大智立法；司法公正对社会公正具有重要引领作用，司法不公对社会公正具有致命破坏作用；法院独立审判，只服从法律，只服从事实；构建开放、动态、透明、便民的阳光司法机制；党的政策是国家法律的先导和指引，是立法的依据和执法司法的重要指导；权由法定，权依法使；依法设定权力、规范权力、制约权力、监督权力，把权力关进制度的笼子；执法者必先守纪，律人者必先律己；事实认定符合客观真相、办案结果符合实体公正、办案过程符合程序公正；一个错案的负面影响足以摧毁九十九个公正裁判所积累起来的良好形象；肩扛公正天平、手持正义之剑；文明因交流而多彩，文明因互鉴而丰富；文明是包容的，人类文明因包容才有交流互鉴的动力；和平、发展、公平、正义、民主、自由，是全人类的共同价值；以对话解争端、以协商化分歧；在国际关系中用统一适用的规则来明是非、促和平、谋发展；营造和平稳定的国际环境，发展和谐友善的国家关系，开展和睦开放的文明交流；中国外交有原则、重情谊、讲道义、谋公正；等等。在全面依法治国、建设法治中国的新征程中，是习近平一系列法理命题为法律体系和法治体系注入了强大生命力，对全党和全国人民保持法治定力、拓展法治道路、深化法治改革、建设社会主义现代化法治强国产生了强大的感染力和推动力。

四、结语

改革开放以来，特别是中共十八大以来，在中国特色社会主义法治理论的指导下，我国民主法治建设迈出重大步伐。科学立法保证良法善治，严格执法维护法律权威，公正司法确保公平正义，全民守法提振社会文明，法治国家、法治政府、法治军队、法治社会、法治经济建设相互促进，中国特色社会主义法治体系日益完善，国家治理体系和治理能力现代化迈出新步伐。但是，行百里者半九十，在一个封建专制和人治传统根深蒂固、法治虚无主义“左”的思潮不时沉滓泛起、西方法治中心主义不时冲击的社会，要全面厉行法治，促进法治文明，绝不是轻轻松松、敲锣打鼓就能实现的，而必须持续不断地全面深入推进。中共十九大作出了“社会矛盾和问题交织叠加、全面依法治国任务依然繁重、国家治理体系和治理能力有待加强”的正确判断，并就深化依法治国实践作出了新的顶层设计和近中期安排。新设计、新安排既与中共十一届三中全会以来持续加强社会主义法制建设、全面推进依法治国的战略部署有机衔接，又提出了新时代全面依法治国的新要求、新抓手。

全面推进依法治国是一个系统工程，是国家治理领域一场广泛而深刻的革命；建设法治中国和法治强国是一项长期而重大的历史任务，也必然是一场深刻的社会变革和历史变迁。已有的成就只是新时代法治的新起点，实现法治强国的伟大梦想依然任重道远。

40 年改革开放与社会主义法治国家建设*

卓泽渊**

社会主义法治国家建设是社会主义建设事业的重要组成部分。从社会主义制度在中国建立以来，中国共产党就带领人民不断探索自己的法治之路。以党的十一届三中全会为标志，中国开启了改革开放的大门，也重新开启了中国社会主义法治国家建设历程，取得了辉煌成就。回顾漫漫长路，让人为之振奋，对未来充满期待。

一、恢复发展，开启新的里程

1978 年 12 月，党的十一届三中全会决定，把全党工作的重心转移到社会主义现代化建设上来，开启了新时期的法治建设。党的十一届三中全会公报指出："从现在起，应当把立法工作摆到全国人民代表大会及其常务委员会的重要议程上来。检察机关和司法机关要保持应有的独立性；要忠实于法律和制度，忠实于人民利益，忠实于事实真相；要保证人民在自己的法律面前人人平等，不允许任何人有超于法律之上的特权。""宪法规定的公民权利，必须坚决保障，任何人不得侵犯。为了保障人民民主，必须加强社会主义法制，使民主制度化、法律化，使这种制度和法律具有稳定性、连续性和极大的权威，做到有法可依，有法必依，执法必严，违法必究。"从此开始，到 1997

* 本文原载《学习时报》2018 年 11 月 21 日，第 A1 版。

** 中央党校(国家行政学院)副教育长、教授。

年 9 月党的十五大召开的 20 年间，我们在法治建设道路上留下了一个个深深的印记。

对历史遗留问题进行解决并对冤假错案进行平反。1978 年 4 月，党中央启动了全部摘掉右派分子帽子的工作，11 月开始了全面平反冤假错案。先后为“文化大革命”及其以前受到诬陷的党和国家领导人进行了平反；为“文化大革命”中受到错误批判或者遭受诬陷的中央部门平反；为“天安门事件”等冤案平反；对被错判的反革命案件、刑事犯罪案件等冤假错案平反；为历次政治运动尤其是“文化大革命”中受到打击、诬陷、迫害的党外人士平反，等等。到 1982 年年底，全国大规模的平反冤假错案工作基本结束。由中共中央批准平反的冤假错案达 30 多件，对全国 300 万名干部的冤假错案进行了纠正，为 47 万多名被错误处理的共产党员恢复了党籍，使数以千万计的无辜受累的干部和群众得到了解脱；公检法系统共平反冤假错案 110 多万件。与此同时，对林彪、江青两个集团主犯进行公开审判。这一历史性的审判，从法治国家建设的角度来说既是总结过去，也是开启未来。

对“党必须在宪法和法律的范围内活动”原则加以确立。1982 年 9 月 1 日至 11 日，中共第十二次全国代表大会召开，大会强调必须发展社会主义民主，健全社会主义法制。本次大会通过的《中国共产党章程》明确提出“党必须在宪法和法律的范围内活动”。1982 年 12 月 4 日，中华人民共和国第四部宪法在第五届全国人民代表大会第五次会议上正式通过并颁布。它在“序言”中要求“全国各族人民、一切国家机关和武装力量、各政党和各社会团体、各企业事业组织，都必须以宪法为根本的活动准则，并且负有维护宪法尊严、保证宪法实施的职责”。其第 5 条规定：“一切国家机关和武装力量、各政党和各社会团体、各企业事业组织都必须遵守宪法和法律。一切违反宪法和法律的行为，必须予以追究。”“任何组织或者个人都不得有超越宪法和法律的特权。”

对社会主义市场经济体制予以宪法确认。党的十四大确定了建立社会主义市场经济体制的改革目标。1993年3月29日，第八届全国人民代表大会第一次会议通过了《宪法修正案》，将“国家实行社会主义市场经济”写进宪法。社会主义市场经济体制目标的确立为社会主义法治发展开启了新里程。逐步形成的社会主义市场经济体制为社会主义法治发展奠定了重要的经济基础，社会主义市场经济的发展又为社会主义法治发展提供了强大的动力。

二、目标确定，掀开新的篇章

从党的十五大到十八大召开前的15年中，我们掀开了法治国家建设新的篇章，谱写着优美的法治国家建设的进行曲，这一优美的乐章一直在法治的旅途纵横激荡。

确立依法治国的基本方略，以及建设社会主义法治国家的宏伟目标。1997年9月，党的十五大确立了依法治国的基本方略，将建设社会主义法治国家作为奋斗目标，并将依法治国定义为广大人民群众在党的领导下，依照宪法和法律规定，通过各种途径和形式管理国家事务，管理经济文化事业，管理社会事务，保证国家各项工作都依法进行，逐步实现社会主义民主的制度化、法律化。强调依法治国是党领导人民治理国家的基本方略，是发展社会主义市场经济的客观需要，是社会文明进步的重要标志，是国家长治久安的重要保障。

围绕加入世贸组织，开展大规模的立法活动。2000年，国务院出台了《适应我国加入WTO进程有关法律、行政法规的制定、修订工作安排》《关于适应我国加入WTO进程需要清理部门规章有关事项的通知》。2001年，中共中央办公厅、国务院办公厅下发了《关于适应我国加入世界贸易组织进程清理地方性法规、地方政府规章和其他政策措施的意见》。从 2000 年 7 月到 2002 年 12 月,为与世贸组织的规则接轨,全国人大常委会制定、修改法律 14 件;国务院废止的行政法规 12 件,制定、修改的行政法规 38 件;国务院有关部门制定、修改、废止部分规章和其他政策措施 1000 多件;废止地方性法规、地方政府规章 3370 件,修改 1126 件;决定停止执行省级政府及其部门和较大市政府及其部门政策措施的 18.8 万件;停止执行国务院及其办公厅文件 34 份。

废除收容办法,建立救助制度。2003 年 6 月 20 日,国务院出台《城市生活无着的流浪乞讨人员救助管理办法》,与此同时,废止 1982 年 5 月国务院发布的《城市流浪乞讨人员收容遣送办法》。收容遣送制度的废除以及相应的救助制度的建立,在国内切实提升了人权保障水平,在国际上赢得了良好的声誉,有力地推动了法治的发展。

将保护合法的私有财产写入宪法。2004 年 3 月 14 日,第十届全国人民代表大会第二次会议通过《宪法修正案》,宣布“公民的合法的私有财产不受侵犯”“国家依照法律规定保护公民的私有财产权和继承权”。《宪法修正案》对于私有财产的正视和保护是中国社会发展的要求,是市场经济发展的要求,是社会主义制度完善的表现,也是中国法治进步的足音。

将保障人权写入宪法。2004 年 3 月 14 日,第十届全国人民代表大会第二次会议通过的《宪法修正案》明确宣布“国家尊重和保障人权”。中国共产党在历史上就高度重视人权,曾把人权作为组织群众、号召群众的旗帜。在延安等革命根据地甚至制定了一系列保护人权的法律法规。改革开放后,中国共产党确立了建设社会主义法治国家的目标。2004 年,根据党中央的提议,全国人民代表大会通过

《宪法修正案》将保护人权写进宪法，是中国法治发展的又一重大标志。

《物权法》的公布。2007 年 3 月 16 日，第十届全国人民代表大会第五次会议通过了《物权法》。《物权法》的问世，向世人展示了中国共产党尊重和保护财产权利的决心，也是中国共产党保护公民、法人乃至其他主体财产权利、促进市场经济发展、推动法治进步的实际行动。

法律体系的形成。2011 年 3 月 10 日，全国人民代表大会常务委员会工作报告宣布："中国特色社会主义法律体系已经形成。"这是我国立法的巨大成就。从改革开放之初的"有法可依"诉求，到法律体系的基本形成乃至形成，再到完善社会主义法律体系，构成了中国社会主义法治发展的历史脉络。

三、全面推进，进入新的时代

党的十八大以来，中国法治建设以前所未有的速度加速推进，形成了全面依法治国的时代潮流。

提出全面推进依法治国。党的十八大报告指出，法治是治国理政的基本方式。要推进科学立法、严格执法、公正司法、全民守法，坚持法律面前人人平等，保证有法可依、有法必依、执法必严、违法必究。

作出全面推进依法治国的重大决定。2014 年 10 月，中共十八届四中全会通过了《中共中央关于全面推进依法治国若干重大问题的决定》（以下简称《决定》）。《决定》指出，"依法治国，是坚持和发展中国特色社会主义的本质要求和重要保障，是实现国家治理体系和治理能力现代化的必然要求，事关我们党执政兴国，事关人民幸福安康，事关党和国家长治久安"。它从"坚持走中国特色社会主义法治道路,建设中国特色社会主义法治体系”开篇,分别部署了完善以宪法为核心的中国特色社会主义法律体系,加强宪法实施;深入推进依法行政,加快建设法治政府;保证公正司法,提高司法公信力;增强全民法治观念,推进法治社会建设;加强法治工作队伍建设;加强和改进党对全面推进依法治国的领导。这是我党历史上第一个,也是到目前为止唯一的一个关于加强法治建设的专门决定,对依法治国作出了全面的顶层设计。

民主法治建设迈出重大步伐。党的十八大到十九大期间,积极推进全面依法治国,党的领导、人民当家作主、依法治国有机统一的制度建设全面加强。科学立法、严格执法、公正司法、全民守法深入推进,法治国家、法治政府、法治社会建设相互促进,中国特色社会主义法治体系日益完善,全社会法治观念明显增强。国家监察体制改革试点取得实效,行政体制改革、司法体制改革、权力运行制约和监督体系建设有效实施。

深化依法治国实践。2017 年 10 月,党的十九大对深化依法治国实践作出了新部署。强调依法治国是国家治理的一场深刻革命,必须坚持厉行法治。党的十九大之后,中央成立全面依法治国委员会,加强对法治中国建设的统一领导。在宪法上,加强宪法实施和监督,推进合宪性审查工作;在立法上,坚持科学立法、民主立法、依法立法,以良法促进发展、保障善治;在行政上,建设法治政府,推进依法行政;在司法上,深化司法体制综合配套改革,全面落实司法责任制,努力让人民群众在每一个司法案件中感受到公平正义;在守法上,加大全民普法力度,努力建设社会主义法治文化,树立宪法法律至上、法律面前人人平等的法治理念。

四、重要启示,依靠新的动力

纵观改革开放与社会主义法治国家建设互动的历程,我们深深感到,在社会主义法治国家建设中,深化改革是根本动力,扩大开放是必要条件,开拓进取是时代接力。

深化改革是社会主义法治国家建设的根本动力。40 年的法治国家建设都是在改革的推动下一步一步向前推进的。1978 年启动的改革推动了 1982 年《宪法》的制定;农村经济体制改革尤其是土地制度改革,实行家庭联产承包制,助推了《农村土地承包法》等法律的产生;城市经济体制改革,催生了《全民所有制工业企业法》等重要的法律法规的问世。法治因适应改革要求而赢得自身的发展,其本身也是改革的重要内容。

扩大开放是社会主义法治国家建设的必要条件。正是在开放的背景下,我国才有了《中外合资经营企业法》《中外合作经营企业法》《海关法》等法律的问世;才与世界各国缔结大量国际条约,参加了包括世界贸易组织在内的各种国际组织;才倡导设立国际组织,使中国成为国际规则制定的参与者之一,在国际事务中发挥越来越重要的作用。

开拓进取是社会主义法治国家建设的时代接力。建设社会主义法治国家是一项长期的历史任务,我们党在十九大作出了具体的规划,可以预期,社会主义现代化强国建成之日,必将建成社会主义法治国家。

改革开放40年的中国法学教育(对话)*

徐显明　黄　进　潘剑锋　韩大元　申卫星

我国法学教育经历了怎样的发展历程？法学教育的目标是什么？如何评价法学院法学学科的水平？如何看待大学自治？法学教育改革的未来方向是什么？站在下一段历程的起点，我们认真思考这些问题，共同期待法学教育下一个辉煌的40年。

申卫星：非常感谢《中国法律评论》组织这次对谈，改革开放40年确实是一个难得的时间节点，让我们可以对法学教育进行反思和总结，并前瞻未来。今天参加对话的4位专家，黄进老师是77级，徐显明老师是78级，潘剑锋老师是79级，韩大元老师是80级，这真是非常好的一个排列。另外，他们也分别代表了4所院校，中国政法大学、山东大学、北京大学、中国人民大学。我是今天对话的主持人申卫星，代表清华大学88级。从1978年至今，对各位专家而言是改革开放之后法学教育的40年，对我而言是学习法律的30年。不论是作为年轻的清华大学法学院还是对于我来说，做这个主持人是很合适的，都秉持学习的态度、学习的心境和学习的身份。

---

* 本文原载《中国法律评论》2018年第3期。《中国法律评论》编者按：本期对话栏目，特别邀请教育部法学学科教学指导委员会主任委员徐显明教授，中国政法大学校长黄进教授，北京大学法学院党委书记(现任院长)潘剑锋教授，中国人民大学法学院韩大元教授，清华大学法学院院长申卫星教授，专门就法学教育改革40年主题展开深入交流。五位嘉宾都曾经或者正在我国著名政法高校或法学院担任领导职务，他们是40年法学教育发展的亲历者，也是40年法学学科建设和法学人才培养的领航人，对我国法学教育的发展、现状和问题有着深刻的认识和独到的见解。

一、中国法学教育的历史回顾

申卫星：改革开放的40年，也是恢复高考的40年，中国法学教育经历若干次重大改革，请各位老师简要回顾历次改革的背景、重点与意义；这40年是否可以划分为几个阶段及其标志性事件？首先请徐老师和黄老师回答，两位都是1978年入学。一位是1978年3月，一位是1978年9月。

黄进：我上大学之前是下乡知青，“文化大革命”期间法学教育基本中断，只有北京大学、吉林大学还保留有法律系。1977年恢复高考的时候，我真的不了解法学，当时第一志愿也不是法学专业，而是武汉大学中文专业，第三志愿是当时的湖北财经学院。那时候湖北财经学院有很多专业，如基本建设、国民经济计划、哲学、政治经济学，报志愿时法律也是放在比较后的位置，但是恰恰被选到法律系。作为77级的法学生，我觉得自己还是很幸运的。

我当时为什么报了法律专业呢？因为我当时看过关于马克思和列宁的介绍，他们开始上大学都是学法律的，马克思最早是在波恩大学学习法律。

谈到恢复高考，还要讲讲1949年以后中国的法学教育。1952年院系调整，很多法律院系被撤销，只在中国人民大学、吉林大学、武汉大学保留了法律系，北京大学法律系也被撤销，并入北京政法学院，但北京大学法律系1954年又重新恢复。法学教育通常所说的“五院四系”，就是指20世纪50年代那时形成的，五所政法学院，加上北京大学、吉林大学、中国人民大学和武汉大学的法律系。

在改革开放前后的法学教育史上，有一个事实一定要澄清。1977年招收法律专业学生的大学是三个，北京大学、吉林大学、湖北财经学院。北京大学招了83个法学生，吉林大学56个，湖北财经学院50个,所以1977年全国一共招了189个法学专业学生。有的改革开放法学教育史中,只讲北京大学、吉林大学在1977年恢复了法学教育,是不全面、不准确的,其实还有湖北财经学院。湖北财经学院就是现在的中南财经政法大学的前身。

韩大元:在"五院四系"的格局中,中国人民大学是比较新的。它是1949年12月由中央人民政府决定成立的,正式开学是在1950年10月1日,当时的开学典礼,刘少奇、朱德都前来出席。为什么中央人民政府要决定设立中华人民共和国第一个正规的高等教育机构?主要原因是新建立的政权需要一批懂法律的人才,为中华人民共和国的建设储备人才。中国人民大学设立之初,除了法律专业之外,还有财经、财贸等专业。50年代中国人民大学法律系成立的意义在于:第一,标志着中国共产党的法学教育的形成;第二,对于1949年以前的法制传统给予否定。1952年,国家对中华人民共和国成立以前的高等院校进行了调整和改革,改私立学校为公办学校,合并或者停办了部分院校。调整后,最终形成"五院四系"的格局。

徐显明:这段历史必须从1949年2月讲起。1949年1月中共中央做了决定,未来的国共谈判中,我们党有一个前提条件,必须废除伪法统,1949年2月中央发出《中共中央关于废除国民党的六法全书与确立解放区司法原则的指示》。国民党代表张治中去面见蒋介石,蒋介石给他的底线,一切都可以谈,法统不能谈;法统必须保留。而我们党的谈判代表坚持一切都可以谈,但必须先废除法统。所以谈判必然是要破裂的。我们党后来就用协商的方式成立了中华人民共和国,不废除伪法统就没有后来的中华人民共和国。那么废除了伪法统之后,带来的问题是什么?就是要清理旧法人员。1952年的司法改革,要把所有旧法人员从中华人民共和国的司法系统中清理出去,包括在院校当中教授国民党法律的那些法学教授,即要把只懂

"六法全书"旧法的教授悉数清理干净。所以,1952 年司法改革对法学教育带来的影响,就是重组中国的法学教育。旧法人员清理走了,但我们又没有自己的法学教师。从延安到西柏坡再到北京的我党信赖的几位法学家,如陈谨琨等,是远远满足不了需要的,必须建立一个以培养法学教育师资为目的法学教育基地,这就是中国人民大学法律系。中国人民大学当时的主要任务是给全国培养法学教育的师资。她是中华人民共和国法学师资的摇篮,是法学教育的工作母机。中国人民大学的前身是华北大学,由我党创立,当时解放区还分别建有华东大学和东北行政学院。华东大学并入山东大学;东北行政学院更名为东北人民大学,1952 年院系调整时成为综合性大学,1958 年更名为吉林大学,其法学教育在我党创办的大学中是最早的,至 2018 年正好 70 年,且从未中断,这是最难能可贵的。

韩大元:2018 年是吉林大学法学院成立 70 周年,它是中华人民共和国法学教育发展的重要标志之一。1948 年,东北人民大学成立司法系,司法系后来发展为法律系。司法系就是吉林大学法律系的前身。

谈到 20 世纪 50 年代中国法制发展时,不能回避一个问题,即废除六法全书。作为新的政权,从法律和政治上废除旧法是必要的。但是对旧政权法律的废除,包括对旧法人员采取"一刀切"式的处理,是否需要对旧政权与法学传统做适当区别?这是需要思考的问题。如割断 1949 年以前的法学脉络,包括法学教育传统,就会影响法制的建构,政治上的考量与法学脉络的延续是不同的逻辑。

徐显明:中国法学教育的历史源头应该再往前延,中国法学教育和法制的近代化是同步的,它的源头在哪儿?1861 年,京师同文馆首开了《万国公法》的课程,这是旧中国最早的法学教育,大规模发展则始于甲午战争失败后的维新变法。维新变法尽管失败,特别是庚子失败后，光绪和慈禧还是决定委任两位大臣变法，一位是伍廷芳，而更重要的一位是沈家本。1902 年沈家本在北京开办法律馆，法律馆是中国近代体制内开展法学教育的源头之一。1904 年废除科举制后，清政府靠什么来选拔官员呢？这时候就学习日本。沈家本、伍廷芳奏请设立京师法政学堂，此后全国从南到北大量建立法政学堂，中国近代的大规模、成建制地兴办法学教育是从开办法政学堂开始的。法政学堂的数量曾居旧中国高等教育之首，法科学生人数竟达全部在校学生的半数，如今的许多大学就是从当时的法政学堂演变而来的。

韩大元：1895 年，中国第一所新式大学天津中西学堂（1903 年改名为北洋大学堂）设立，开设法律科目，标志着近代法学教育的开始。1902 年，清政府颁布《钦定学堂章程》，第一次规定高等教育的学制与科目。

徐显明：北洋大学始建于 1895 年，曾称北洋西学学堂、北洋大学堂。第一张文凭是由光绪皇帝颁发的，第一个毕业生是王宠惠。当时学制五年，王宠惠 1900 年拿到文凭。王宠惠是个了不起的人，尽管在任司法院院长后与胡适有段不愉快，被胡适批为缺乏司法政治道德，但我认为迄今为止，再没有一个法学家能够超过他。（申卫星：王宠惠翻译了德国民法典，被称为最好的英译本）这个译本在美国课堂里用了 50 年。后来蔡元培做教育部部长期间，实行大学区制，1917 年把北洋大学的法学整体划给北大，此后北大才有了法律系，北大法学承继的是北洋法学。这样脉络就清楚了。

韩大元：1912 年创建的朝阳大学，是私立的专门法科大学，设有法律、经济系等，其中以法科教育为盛。1949 年 8 月，中共中央批准设立以培养中华人民共和国的司法干部为目标的中国政法大学。1950 年中国人民大学成立法律系的时候，很多老师都来自当时的中国政法大学，即朝阳大学的一部、二部。

申卫星：这个中国政法大学，校名由毛泽东题写。不是现在的中国政法大学。

黄进：朝阳大学1949年以后更名为中国政法大学，谢觉哉先生任第一任校长，组建中国人民大学的时候，整体并入中国人民大学。严格意义上讲，这所基于朝阳大学建立的中国政法大学，与基于1952年建立的北京政法学院和中央政法干校并于1983年合并组建的中国政法大学没有直接的渊源关系。而北京政法学院是由北京大学、清华大学、燕京大学和辅仁大学的法学、政治学和社会学等科系组合而成。

韩大元：朝阳大学成立于1912年，时称“北朝阳、南东吴”。有一个问题是不是可以讨论：旧政权的更换与法学教育和法律理论历史的继承性，是不是也要做适当类型化的分析，我一直有这个疑问。

徐显明：旧传统给我们留有多少遗存？我们在用革命方式切断这段传统的时候，对法治文化又产生了哪些影响？这段历史我们未能组织法史专家去认真挖掘，这其实是一段切不断、理还乱的历史，有经验、有教训，是个法学教育史的“富矿”。

我记得一个数字，1928年蔡元培先生做过一个统计，当时中国法政学堂的数量多到不可思议的程度，已占高等教育的半壁江山。1928年在中国法制史上是非常重要的年份：第一，南北统一，国民政府终于实现了国家统一。第二，国民政府开始大规模制定现代法律，国民党“六法全书”的制定工作就是从这一年开始。《中华民国民法典》也起草于这一年。第三，为使中国法制追赶近代化，国民政府正式聘请哈佛大学法学院院长庞德教授为立法顾问，开始大规模移植西方法律。有趣的是，要移植的是大陆法系的法，却聘请英美法系的人作顾问。第四，这一年以上海为中心，开始了以大学知识分子为主体的人权运动,此后若干年,人权理论风潮席卷南北,这是中国历史上唯一的一次人权运动。

黄进:1928 年以后还有一个很大的变化,当时那些独立的法政学堂后来都做了体制上的调整,有的并入了综合性大学,比如湖北法政学堂就并入了国立武昌中山大学。综合大学,例如清华大学,纷纷建立法学院,清华大学是在 1929 年组建了法学院。1928 年,刚才徐老师提到,民国至少从形式上实现了统一,对高等教育也有一些新的规划,清华是 1928 年才叫国立清华大学,过去叫清华学堂。1928 年国立武昌中山大学更名为国立武汉大学,武汉大学也是从 1928 年就建立了法学院,其法学院包含法律学系、政治学系和经济学系。

韩大元:我一直在思考一个问题,也想向各位老师请教,20 世纪二三十年代,中国的政权变动是比较大的,宪法体制也在不断变化之中,但急剧的政治变革中学术研究是相对稳定的,出现了有水准的学术研究成果。有时政治发展与学术的自由和繁荣并不是成正比的,学术还有独立存在的很大空间。20 世纪二三十年代,留下了到现在看来也很有价值的一批包括宪法学、国际法学在内的著作和论文。以宪法为例,20 年中写出了 25,000 多篇宪法论文,350 多本教材和学术专著。当时的法学教育也有主体精神,特别是 20 世纪 20 年代以后开始有了本土化的思考,社会发展需要法学保持自己独立的理论。当时的法学教授工资高,社会地位也很高,学者们可以自由交流。为什么 20 世纪二三十年代实现了中国学术的独立、学术的主体地位和学者的社会地位,为什么那时出现了大家认同的学术成果?

当我们讨论今天的法学教育的时候,也要从历史的视角思考问题,这是很有价值的。

潘剑锋:可能有两个因素对韩老师的这个问题影响比较大,一是中国传统的儒家文化,儒家文化特别重视教育,与此相对应的就是中国传统中也非常认同规矩，所谓规矩的设立都是对传统经验和规律性东西的总结。二是在人才培养方面比较尊重教学发展规律，方方面面基础都打得很好。

徐显明：首先，与时代变迁有关。谈论这些问题可能不是我们的长项。社会学家和历史学家不会像我们这样思考问题。历史学家思考的首先是时代的变迁。每遇大的时代变迁的时候一定是产生重要思想的时候，时代是思想之母。中国历史上大变革的时代莫过于春秋战国，那时便有了儒法道墨诸子百家。而第二个大变革年代便是清末民初，因而该时期产生了中西合璧的思想家和学术成果。其次，离不开主体的因素。民国时期的大的思想家，每一个人都饱学诗书，旧学涵养十分丰厚，在救亡图存中又自觉对西方有所了解，可谓学贯中西，我们今天已经没有这样的学人。在旧学中脱颖而出的人，再吸收新学，抱有强烈的救国使命感，以中国人的思维、以西化了的学术，在比较和借鉴中所产生的思想，就比我们接受单一教育所产生的思想要深刻得多。主体性我们不具备，时代性我们也不具备，我们看待这些问题可能得向历史学家、社会学家学习。

申卫星：民国时期还有一个特点，就是在国际法方面培养了很多优秀人才，早期的清华大学法学院也是国际法人才突出，例如东京审判中中国政府派出的法官梅汝璈、检察官向哲浚，还有国际法学家王铁崖、端木正，这是什么原因呢？

黄进：我认为，中国近现代的法学教育始于国际法教育，因为那时候很多学者要寻求救国之路，要同外国进行交涉，他们首先看到的就是西方国际法方面的著述。

徐显明：这个观点我赞同，中国的法学教育应该是从学习国际法开始的。1839 年，林则徐刚被派到广州，就让部下搜寻西方的法律，让人翻译了瑞士国际法学家瓦特尔的《国际法》。林则徐被罢官后，临行时把自己收集到的外国文献和法律都留给了魏源，魏源将之整理出来，这就是我们今天所知道的《海国图志》。这其中有大量的国际公法内容。当治外法权的现象出现以后，处理涉外法律事务也需要有一些懂外国法律的人。1861 年，京师同文馆开设“万国公法”课，是西方法治文明有组织地在中国传播。京师大学堂总教习丁韪良也翻译过国际法。总体来说，近代以来的法学教育还是一个“舶来品”，不是我们本土文化当中自身产生的。中国古代的法学教育应该叫律学，中国古代的法学自秦开始即叫律学。在汉代已开始设律博士，历史上产生了大量的律学家。

申卫星：各位老师把 1949 年之前近代中国法学教育的发端、发展做了清晰的梳理，最后我以钱端升先生作为这个讨论节点的小结。钱端升先生跟在座老师都有关系，他就读于清华大学，后赴美深造，在哈佛取得博士学位，1924 年回国后在清华大学任教。1949 年被任命为北京大学法学院院长。1952 年，高校院系调整，钱端升参与北京政法学院（今中国政法大学）筹建并被周恩来总理任命担任首任院长。他把清华大学、北京大学和中国政法大学联系在了一起，对中国法学教育做出了巨大的贡献。

韩大元：钱端升先生学识渊博，横跨数个学科。他研究的主要学科是政治学，后由政治学转向宪法学，他也有外交学、国际法学的深厚背景。1954 年宪法制定的时候，钱先生是作为法学专家，主要负责五四宪法中有关对外政策部分，比如要不要写有关国际条约，如何具体表述外交政策等。那时候的学者通常都跨两三个学科，学者们知识丰富，各学科融会贯通，不像现在学者的知识结构太单一，一个学科内只研究一个法律部门。为什么学生的知识面有点狭窄，可能跟我们老师们的知识结构有一定的关系。谈到对 1949 年之前法学教育的评价，我们看到清晰的法学的脉络和来源，一是国际法，主权方面的体系化理论思考；二是宪法，关于国家建构的体系化思考。民国时期著作最多的也是在宪法和国际法领域，而且把宪法和国际法打通了，不像现在分得很清楚。因为国家的主权、国家的宪法体制和建构都是一体化的，学理上是不可能分开的。这也是我们需要思考的一个问题：法学知识体系是越来越专业化好，还是向综合化、跨学科的方向发展好？

此外，钱端升先生的学术贡献大家有目共睹，但是他的法学教育思想应该怎样概括呢？

徐显明：我对钱先生的评价是，他首先是一个政治家，他有崇高的政治地位。包括"文化大革命"结束以后，担任过新组建的法制委员会的副主任委员，彭真也是副主任委员。说他是政治家，是因为他参与了国家政治制度和法律制度的设计，是个对政治有影响的人。还因为20世纪50年代他被毛泽东主席确定为中国科学代表团的副团长出席国际活动，团长是郭沫若。钱先生是以政治家的身份在参与这些活动。但同时作为北京政法学院的首任院长，他也一定是位教育家，他给政法大学留下了巨大的精神财富，即使身处逆境，也清志不改。

我任中国政法大学校长时设立了钱端升学术奖，后来与教育部沟通，把这个奖提升为省部级奖，与孙冶方奖、吴玉章奖齐名。所以他是政治家、教育家、法学家，也是外交家，还是政治学家，是我们这些后来做中国政法大学校长的人学习的楷模，是中华人民共和国法律人的杰出代表和共同榜样。我曾动员钱端升先生的长子钱大都同志捐出钱先生的部分遗物以便永久纪念，也以"端升"二字在中国政法大学命名了道路。

黄进：钱端升先生对他1949年以前的生涯有一个总结："以教书为生，也以教书为业。"他真的是民国时期潜心学术、著述颇丰的学者，写了大量中英文的文章、著作，也写了很多时评短文。中国不少著名学者都是他的学生，例如王铁崖教授称他为老师，我的导师韩德培教授也称他为老师。因为钱端升先生从国外回来从教较早，先后受邀到武汉大学、中央大学、清华大学、北京大学和西南联大任教，受他授业的学生不少。最近中国政法大学建立了“钱端升纪念馆”，把钱先生的一生做了系统梳理。我看到两封改革开放初期韩德培先生写给钱端升先生的信，信的开头就是“端升师座”。

申卫星：为了纪念钱先生，同时也是为了发掘清华大学丰富的历史资源，弘扬学术、传播思想、树立典范，体现清华大学法学院对社会的影响力，2017 年清华大学设立了钱端升法学讲座，目前已经举办了 3 期，分别延请了崔建远教授、王泽鉴教授和苏永钦教授发表了学术演讲。

回顾历史有很多值得我们思考的地方，1949 年以前的讨论暂时告一段落，刚才诸位老师讲到 1954 年形成了“五院四系”。那么，1954 年到 1966 年法学教育可以说就中断了吗？

徐显明：应该到 1977 年。中断历史还有若干故事需要挖掘，像“文化大革命”当中，毛主席关于教育革命的重要指示，“大学还是要办的，我这里主要说的是理工科大学还要办”，“文科以社会为工厂”，后面还有一句“法学不办为好”，就是因为这句话，所有法学院都要砍掉。恰恰这段时间外国有一个法律代表团到中国来，希望看看中国的法学院校，因为这个背景，就说那留下一两所吧，这就是“文化大革命”当中还有被保留下来的法律系的原因。

申卫星：后来就剩北京大学和吉林大学。1975 年，全国本科生也就 300 多人。1977 年，恢复高考。1978 年 3 月入学的黄进老师，如何看待从 1978 年改革开放初期恢复法学教育到 2018 年这 40 年？

黄进：我认为改革开放以来这 40 年的法学教育可以分为三个阶

段。第一个阶段，从1977年或者1978年到1992年，这是我国法学教育的恢复期。第二个阶段，从1992年改革开放新时期到2012年党的十八大，这是我国法学教育的快速发展期。第三个阶段，2012年后中国的法学教育进入了逐渐走向成熟的发展时期，一直到现在。这个阶段办学规模得到了控制，以提高质量为核心的内涵发展成为法学院追求的目标。特别强调的是，选择1992年为节点，是因为在这之前法学教育处于恢复期，1992年以后法学教育进入快速成长期，法学院校的数量和规模扩张得非常快，如雨后春笋一般。

韩大元：中华人民共和国法学教育发展阶段的划分，要考虑两个时间节点。一是1978年改革开放，从1979年到1988年，恢复重建80多个法学院，10年间增加了80多个法学院。二是1992年邓小平同志南方讲话，其实从法律角度来看，把1993年作为法学教育新起点也是有意义的。因为1993年《宪法》修改，把社会主义市场经济确定为国家基本经济体制。国家要实行市场经济，市场经济需要大量的法律人才，所以法学院进入加快发展时期。

徐显明：1977年、1978年法学教育恢复以后，凡是历史上开办过法政学堂的大学都在千方百计地恢复。如山东大学、山西大学、兰州大学、南京大学、中山大学等大学基本上都开办了法学专业，这段时间大概有七八十所，这七八十所学校奠定了中国法学教育的基础。目前看，这七八十所法学院校是中国法学教育的核心和重镇，这是一个阶段。第二个阶段，邓小平南方讲话以后，财经类、工程技术类院校大量开始兴办法学教育，如同雨后春笋。第三个阶段，20世纪末与21世纪初，教育部推出“扩招”政策之后，中国所有大学都追求规模与门类。法学院校急剧膨胀，非正规法学教育也达到了高潮。高校扩招对法学教育的冲击是极大的。扩招以后，医学院校也开始办法学，总之，各式各样的学校都在办法学。因为要完成扩招任务，办法学成本是最低的。公共课的老师都可以往这里转，所有学校都有政教的老师。在这个背景下，绝大多数院校都办了法学。法学院校从几十所到200所，以至激增至现在的600多所。

潘剑锋：对于改革开放后40年的法学教育发展，我特意查了一些文献，如果细分的话可以分5个阶段。第一个阶段，1978年到1983年，全面恢复阶段，1983年有90多所院校。1977年、1978年两届本科生1299人，硕士228人，博士1人（黄进：陈云生，改革开放后国内培养的第一个博士，1987年毕业）。第二个阶段，1983年到1988年，逐步发展阶段，这时候有250多所院校，综合性院校设立法学院的比较多。到1988年的时候，本科生有28,325人，硕士3847人。第三个阶段，1988年到1997年，相对规范化的发展阶段，比较稳定。1996年，法硕开始招生，法学教育类型发生了一定的变化。第四个阶段，1998年到2002年，规模化发展阶段。在这个时期，随着“985”高校计划开始实施，教师待遇有所改变，相对应的教师队伍更加稳定。1998年法学本科生87,977人，法学硕士10,840人，法律硕士达到7986人，博士1340人。这个阶段，规模扩张得比较快，法学院校和在校学生人数都增长很快。第五个阶段，2003年到2011年，规模进一步发展，绝对人数逐年递增，但不像激增时期。到2011年，法学院校580多所，最高峰是639所。从2011年至今，法学教育进入相对平稳阶段，法学教育类型有了显著的区别，表现为法学硕士与法律硕士的培养有了明显的划分，博士培养得到一定的控制，在职博士在逐渐减少。

徐显明：这几个历史发展阶段，除了阶段划分、数字标志之外，有一些因素是一定要放在这个历史过程当中来分析的。第一个因素，全民办法学的阶段。全民办法学，党校、行政学院、函授学院、夜大、自考，各式各类高等教育都可以开办法学，这是中国法学教育最混乱的一个时期,该时期各级党校发出去的法学文凭不计其数。从什么时候开始进入规范化了呢?中国政法大学是带了好头的,中国政法大学在全国率先取消自学考试。北京的法学自学考试主考单位是北京大学,这么高水平的大学都在举办法学自学考试。这段历史我们不能忘记。非正规的法学教育,它起过一定的作用,至少在普法上的作用是巨大的。通过这种方式进行全民普法,也解决了当时司法队伍当中一些法盲法官、检察官的问题。但它带来的问题同样是巨大的,即它把法学教育非正规化、低端化,甚至功利化,社会上产生了大量的自考班,法学院校也以办法学自考为收入来源,这是法学教育一段极为特殊的历史。

韩大元:为了培养各行业所需要的法律人才,当时国家建立自考制度,自考委员会主任、秘书处设在北大,秘书长是饶戈平老师。我当过两届自考委员会委员。自考有统编教材,考试有题库,阅卷也非常规范化,而且学生都是大学毕业以后在政法机关工作,他们本来也受过严格的本科教育,在政法机关工作又有学习的热情,总体培养效果是不错的。那个时期的中国法制发展需要以这样的教育方式作为补充。对这一时期自考的作用需要做实事求是的分析。

黄进:那时有自考、函授、电大、夜大、职大,目前只保留了开放大学。

潘剑锋:北大作为法学自考的主考单位,是教育部确定的,北京大学法学院(包括其前身法律系),为全国法律自学考试作出过巨大的贡献,全国自学考试法律专业委员会第一任主任是北大的张国华教授。自学考试制度在相当长的历史阶段,是为中国的法学教育做出过贡献的,自学考试教材的编写,考试题库的建立,阅卷的规范等教学上的规范性在一定程度上都值得现在很多法学院校学习。自考最初的那些年,有不少考生后来成为了司法业务骨干。

徐显明：第二个因素，1997 年教育部设立的法学学科教学指导委员会（以下简称教指委）在中国法学教育史上发挥了巨大作用。第一个作用，就是建立制度，规范法学教育。我们应该缅怀曾宪义老师，他做首任教指委主任期间，制定了很多优秀的制度，例如给法学教育设立最低标准，他的这个想法我们今天实现了，本届教指委前不久发布了《普通高等学校法学类本科专业教学质量国家标准》（以下简称《国标》）。从设立最低门槛发展到今天成为国标，它是一个历史过程。第二个作用，对新设立的法学教学单位以评估的方式进行指导，以保证正规法学院校的教育质量。第三个作用，建立筛选机制，过去想设立法学院校，报上来就可以了，后来经过教指委审核把关，把全国一年要新设的所有法学院校报上来，经过教指委审核，最后批准。第四个作用，逐步确立了法学教育的核心课程，从 10 门到 16 门，现在又改为“10 + N”，即以 10 门课程为核心课程，其中包括司法职业伦理，其他再增 9 门，各校在这 9 门中自主选择数门作为自主的核心课程。核心课程制度保证了法学教育的最低质量标准。教指委的作用，在讲法学教育 40 年历史的时候不能忽略。

第三个因素，法律实务考试对我们所产生的影响。司法部最早开始的律师考试，从律考变为后来的司考。（申卫星：1986 年是内部考试，1988 年开始正式律师资格考试，2002 年改为司法考试）这 2 个考试对法学教育是有影响的，不能说它们成为指挥棒，但是学生要从事法律实务的话，一定会重视这个考试的。这对我们教材的编写、课程的设计、教师的选任都产生了影响。

还有，第四个因素，法学教育的国际交流。成建制、成规模地作为一个制度安排的对外交流，这方面，中国人民大学和中国政法大学是先行者。美国克林顿时期，有国家元首法学交流计划。国内大量高水平的法学院校的院长、校长们组团出访。我们定期还举办中美法学院长联席会议、中欧法学院长联席会议，还有中加、中非、中日法学院长联席会议等。中国政法大学承担了中欧人文合作项目，承办了中欧法学院，现已成为中国法学走向世界的一个品牌。这些历史都是中国法学教育史中的辉煌一笔。

我思考在这40年里，中国法学教育已经完成的几个转变：第一个转变，从数量到质量的转变。在数量顶峰时，全国有600多所法学院校，现在尽管没有减少，但也有调整，基本上从数量发展阶段转向了质量发展阶段，这个转变很明显。第二个转变，法学教育指挥棒的转变。从专业教育、学科教育转向职业教育。过去法学教育的提升路径是，设完本科之后争硕士点，争完硕士点争博士点，争完博士点又争一级学科博士点，再争重点一级学科博士点。现在根据中国法治发展的需要，我们正在从学术型法学教育转向适应中国法治建设需要的职业型法学教育，所以在培养目标上，从过去的法学人才培养正转向法治人才培养。这个标志性事件应该是习近平总书记2017年5月3日视察中国政法大学时的讲话。当然，这个“法治人才”再往前可以追溯到党的十八届四中全会，党的十八届四中全会上涉及法治人才的时候就用这个概念。第三个转变，从多元、非正规法学教育，转向了一元的正规法学教育。第四个转变，从改革开放初的模仿西方法学教育转向了本土的法学教育，具有中国风格和中国特色的法学教育模式正逐渐成熟。

申卫星：如果用“法治人才”来表述的话，跟过去“法学人才”相比内涵有哪些不同？

徐显明：过去我们各个学校法学专业培养目标，一开始是培养法学人才，即理论人才，后来有的改为培养法律人才，既包括理论又包括应用，而现在就要一律培养法治人才，包括刚制定的这个国标。我们在确定培养目标时，要求所有法学专业的培养目标最后都要落在培养法治人才上，法治人才比法律人才的适应性更强，实践性更强。

我脑子里理想的法学教育应该是精英教育，最优秀的人才来学法律。但是后来的现实把我的理想粉碎了，当无论什么学校都能办法学的时候，来学法学的一定不是精英。现在我们的法学教育如何转型呢？实际上是从过去学术型的法学教育正在转向职业型的法学教育，这个转变将随着从2018年开始的国家统一法律职业资格考试制度的运行，得到根本性的实现。当然也不排除像北京大学、清华大学、中国人民大学、中国政法大学这些超一流的院校继续保持精英教育的模式，但是整体上法学教育应该转向职业教育。

第五个转变，我们从过去的不自信转向自信。法学教育在1977年、1978年刚刚恢复的时候，全国生效的法律一共8部，那时候我们编的法学教材模仿我国台湾地区，我国台湾地区模仿日本，日本又是学习德国和美国的法律，所以我们那时候的法学教材基本上是介绍外国的法律为主。现在40年过来了，我们形成了自己的教材体系，自己的课程体系，也形成了自己的学科体系，适应中国国情的法学教育模式基本形成。从模仿国外到形成自己的模式，这个过程我认为基本完成。这40年里面这5个变化，可能就是我们基本走过来的路。至于说阶段怎么划分，黄校长提供了一个很好的线索，从开始的复办，到后来的快速发展，再后来出现了一段超速发展，再后来走向质量发展，大致上就是这么一个过程。从数量发展、规模发展走向质量发展、特色发展。从模仿到走自己的路。

韩大元：中华人民共和国法学教育发展可以做如下划分：从1949年到1958年；从1958年到1976年；然后就是1977年或者1978年高考恢复发展，到1992年或者1993年；1992年以后怎么划分？1992年到2017年，我们明确提出内涵式的发展目标，需要把理念转变与实践发展衔接起来。

徐显明:法治的划分,大元刚才说的,以 1949 年为始,但第一阶段的终点一般不说到 1958 年,而要说到 1956 年。为什么说到 1956 年呢? 以党的八大为标志。在党的八大上董老代表中央有一个关于法制的专门发言,"有法可依、有法必依"的"八字方针"就是在党的八大上提出的。但党的八大之后就开始进入"反右"了。从 1949 年到 1956 年这 7 年,被认为是中国法制奠基、初创时期。1949 年中华人民共和国刚刚成立,有一部起临时宪法作用的《中国人民政治协商会议共同纲领》。1950 年制定的第一部法是《婚姻法》,第二部法是《土地改革法》,第三部法是《工会法》,工人阶级领导国家,工人阶级参与管理的法律地位是在《工会法》里定出来的。1954 年,人民代表大会制定了第一部《宪法》,此后人大常委会发布的法令 730 多件,7 年时间陆续颁布了 700 多部法律和法令,这个时期是很健康的。但是从 1957 年开始,全国 3000 名律师无一幸免,全部被打成"右派",中国找不到一个没有被打成"右派"的律师。高级人民法院的院长有 2 个,吉林法院院长和北京法院院长也被打成"右派",这时候我们的法制已经进入了破坏或者徘徊的时期,长达 20 年,从 1957 年到 1976 年。

1977 年这一年,在法制建设上没有什么可以说得出来的建树,乏善可陈。所以往往把 1978 年作为新时期的开始。1978 年产生了"七八宪法","七八宪法"还修改过 2 次,保留了"文化大革命"中大量的语言。

韩大元:改革开放 40 年,应该从什么时候开始算起?

徐显明:1978 年作为一个起点,根本原因是党的十一届三中全会的拨乱反正和开始改革开放及以经济建设为中心。"七八宪法"尽管不完美,里面还要求坚持无产阶级专政条件下的继续革命,但是公民权利已经大量增加。(韩大元:也宣布"文化大革命"结束,提出"四个现代化”)从1978年到1997年,这个时期明显按照“邓小平理论”来恢复重构中国的法制,最显著的特征就是邓小平思想在这段时间得到了充分的体现。

这种划分,一个理由是1997年小平同志去世,但这不是最重要的理由,根本的原因在于1997年召开了党的十五大。党的十五大第一次提出“依法治国,建设社会主义法治国家”。把法制国家改为“法治国家”是我党治国理政观念和方式上的一次革命。从1997年开始,我们进入了建设社会主义法治国家的新的历史时期。党的十八大之后是全面依法治国时期。如果从法治史上来划分的话,1978年之后大概可以分成这两个阶段。

韩大元:是不是到1999年更好一点?

徐显明:这种历史划分,一般都是按党的历史划分,不是按宪法史划分。法治大概分1949~1956年、1957~1976年、1978~1997年、1997年至今,四个阶段,法学教育并不完全和它互相适应。但这四阶段划分可以对我们法学教育的历史起引领的作用,或者以它作为基础。我们法学教育的历史是附着在整个法治发展史上的。

二、法学教育的目标

申卫星:感谢四位,历史的追溯总是非常花费时间的,但是很有意义,让我们讨论的话题有了清晰的历史背景。第二个话题,请各位老师谈谈中国法学教育的目标是什么?或者说未来法学教育人才应向哪个方向培养,是通识的精英化教育,还是以实践为导向的职业教育?也特别请徐老师解读一下法学教指委发布的《国标》。

徐显明:涉及《国标》,有几句话是要说的。《国标》是一个国家标准,教指委制定,经过教育部部务会议通过,已具有法律效力。这个《国标》是40年法学教育的第一个国标,现在教育部要把所有的本科专业都制定出国家标准。在人文社会科学中,法学这个《国标》是出台的比较早的,教育部也想把这个《国标》作为文科国标的一个典范,通过教育部在全国推行。

一般当讲到国家标准的时候,用产品的标准来比较的话,国标就是在这个领域里产品的最低标准,国标往往是最低的,但它是最基本的,是个门槛。比国标高一点的应该是行业标准,行业标准一定要更高一点,这样行业才有竞争力。但最有优势的企业会制定自己的产品标准,企业标准一定是最高的,一定要高于国家标准和行业标准。黄进校长几年前发起8家政法类大学共订"立格联盟",这个"立格联盟"的标准就是同类院校标准,这个标准明显比国标要高,将来北京大学、清华大学制定标准也会高于这个标准。

《国标》中把法学教育的性质已经定下来了,当研讨这个性质的时候,教指委花费了比较大的工夫,广泛征求意见,最后也是在中央政法委的指导下,才最终定型。党的十八届四中全会《中共中央关于全面推进依法治国若干重大问题的决定》要求,法学教育要培养懂国情、能贯彻中国特色社会主义法治理论的法治人才。习总书记在中国政法大学的"5·3"讲话中指出,"法治人才培养上不去,法治领域不能人才辈出,全面依法治国就不可能做好"。"法治人才培养是全面依法治国系统工程的重要一环",这句话把法治人才的重要性说清楚了。这个目标定下来,法学未来的教育模式就是职业教育模式,培养的目标就是法治人才。

申卫星:刚才您说了,国标是质量控制的最低标准。换句话说,在国标之上,对于法学教育是精英教育还是职业教育,其实我作为一个从事了25年法学教育的教师来说,也是一个一直困惑的问题。如果我们不说职业教育,法律的实践性确实不能得到发挥。法学毕竟是社会科学,应该对社会问题的解决发挥它的引领作用。我们很多学校的法学教育过分地谈一些抽象的、空洞的、阳春白雪的东西，以至于学法律的人不知法律为何物。在这个背景下我赞成法学应该强调实践性，总书记也讲了法学实践性很强，应该增强法学回应社会的能力。但是困惑在哪里呢？一旦我们谈职业教育，谈实践教育，就感觉法学教育的品质被降低了，感觉我们的理想不够高远。这是我的直观感受，不知道大家怎么看这个问题。会不会因为职业教育的指向，最后都去应付法律职业资格考试了？当然不是说应付法律职业资格考试就不对，德国的学生完全按照德国的国家考试来，同样培养出了既能进行法学技术推演，又有法治理想的人才。这一点不知道我们应该怎么结合？会不会因实践性教育导致我们培养出来的都是工匠，而缺少了思想？就通识教育和职业教育两者之间的关系，希望大家发表一下看法。

潘剑锋：我觉得这本身不矛盾。从更大范围上讲，大学应该培养什么样的人才一直都是有争论的，到底是精英教育，还是大众教育？这个可能跟社会发展环境，社会对人才的需求是有关系的。我始终认为社会精英是需要通过教育才能够产生的，但是，不是所有教育对象都能够成为精英。有人会说，你这是精英化思想。但是我认为这才是切合社会实际的。法学教育到底是精英教育还是大众教育，从大的社会背景需求来讲，取决于社会需要什么样的法律人才或者法治人才，另外还取决于我们这些从事法学教育的、担负着对学生进行教育的学校或者师资有什么样的能力？我认为，中国发展到现阶段，宽泛意义上的法治人才，社会上不是很欠缺，真正欠缺的是相对比较精英的或者高端人才，应该有一部分院校去承担培养高端法律人才的历史使命，去培养法治方面的精英人才。在我们600多所学校中，可能二三十所学校倾向于精英化，中间三四百所学校倾向于职业教育，另外一些学校能达到什么水准，得看他们的师资、学生的素质和具体的教学措施等。

徐显明:刚才申卫星院长的担忧正是蔡元培先生在1917年任北大校长演讲时所表达的担忧。蔡先生反对北大有法科,他认为法学这个专业培养的就是工匠,北大人应该探讨高深学问。所以他认为大学不应该进行职业教育,这是蔡先生很重要的教育思想。但是从法学的历史来看,人类大学起源于法学。1088年博洛尼亚大学第一个学科是法学,第二个学科是医学,第三个学科是神学,这三个学科后来就形成了在欧洲公认的博洛尼亚知识传统,即综合性大学一定要有法学、医学和哲学。博洛尼亚的知识结构影响了世界,它把全部学问分成三类:第一类是社会科学,社会科学最高代表就是法学,法学是社会科学王冠上的明珠。第二类是自然科学,自然科学最高代表就是医学,把身体搞透了还有什么搞不透的?我到博洛尼亚大学看过,她保留着800年前用以解剖的那张床,人体能够解剖了,人体骨骼的结构被发现了,所以雕塑、绘画发生了巨变,才导致了文艺复兴的产生。医学始终被认为是自然科学的最高代表。宗教后来发展成为哲学,这是第三类,哲学就是社会科学和自然科学共同使用的方法科学。博洛尼亚的3个学科产生了今天的知识体系,所以法学是可以探讨高深学问的,这就是它和科学相联系的一个方面。但是法学最终还是要成为职业的。以美国为例,美国法学教育两大特点:一是精英教育,二是职业教育。美国的法学教育就是以律师为培养对象。德国的法学教育就以法官为培养对象,但是不排除像萨维尼这样百科全书式的大家产生。它以职业教育为追求,对产生思想来讲并没有矛盾。所以法学教育,我们借鉴西方的经验,同时也考虑到自己国家的实际需要,因此最终还是把它定位为职业教育。职业教育不排斥思想家的产生,不排斥探讨高深学问。

申卫星:徐老师提的是有理想、有情怀的人的选择。退一步讲,教育本身跟个体一样有很大的差异，每个人在同样的教育体系当中获得的知识内容是不一样的。换句话说，有的人才可能不一定是教育出来的，可能是多读书读出来的。潘老师也说，精英和职业教育可以结合，并不矛盾，这是一个理想的场景。如果这个标准指向了职业教育，在现在的年轻人当中导向性将是非常明显的，明显到什么程度呢？且不说《国标》的颁布，单单说法律职业资格考试的引导，学生看书只看教材，甚至只看法律职业资格考试的教材，其他与考试无关的书都不看，更不会看那些思想性的书。以我们为例，我们 1988 年上大学的时候是戴校徽的，这并不是表明我们当时多么高傲，而是珍视自己大学生的身份。大学的主要功能是什么？并不是来为了找工作谋生的。我们那个大学时代，同样是法学院的学生，都会读政治学、哲学、社会学、历史学的著作，各种讲座无论是不是本专业的，不管对考试有无帮助，都会去听。这些东西积累在身体里，为我们日后的成长打下很好的人文基础。

如果说来学校学习是为了将来找一个好工作，这个导向下的职业教育可以想见，学生只看教材，甚至教材可能也以法律职业资格考试为导向。学习的内容都是以自己将来的谋生为导向，这个教育就是失败的。因为技术终将是会被淘汰的，而思想是永恒的。

韩大元：我当过 8 年的中国人民大学法学院院长，2017 年卸任。我做管理工作的时候，也在思考法学教育的精神、理念与目标等问题。刚才徐老师讲的观点我是基本赞同的。博洛尼亚大学为什么开始法学教育，法学为什么跟医学、神学并列在一起，为什么成为人文社会科学的明珠？医学的精神来源是法学，神学最高的保障也是宪法与法律，因为它是不断创造价值的，不仅倡导正义，而且是管理正义。法学教育是充满人文精神的体系。

谈到法学院教育的目的，就是要回答我们要培养什么样的人？

是进行素质教育还是职业教育？是精英化的人才培养，还是大众化人才培养？法学教育不应该是大众化的，要遵循精英化的教育规律，因为有了大众化教育的思路才有了后来的扩招。但究竟是职业教育还是素质教育？这个问题需要做类型化的划分，不能一概而论。在法学的本科教育中，无论是综合性大学还是理工科大学，还是应该以人文与素质教育为主，强化基础理论与实践能力，让学生有一个完备的理论知识体系、完备的基础知识体系。因此，法学本科教育中，不宜简单只提职业化教育，至少要把素质教育与专业教育与其并重。本科毕业之后，学生进入职业化的法学教育阶段，如果要做学者，要考法学硕士一直读到法学博士，这是完全学术化的道路，但是这个人数只占5%左右。剩下的95%左右的法学院本科毕业生，应走向法律职业化道路，按照我们现在的教育体制，只能报考法本法硕，即所谓的"4+2"，这是完全的职业化教育，它的前提是已完成了本科阶段基本的人文教育。从1996年开始我们进行的法学教育改革的重要成果之一便是建立法硕制度，非法律专业的同学本科毕业，在已经完成了非法律专业本科的人文教育的基本训练后，可以进入法学院接受3年的法律职业教育。综上所述，法学教育是以人文与素质教育为基础的职业化教育，要做类型化区分，目前至少有3种分类。

2018年是韩国实行法科大学院教育第10年，最近他们开了很多会议进行总结，他们已经不是担心，而是得出一个结论，10年的法科大学院教育是失败的。韩国全国有60多个法学院，25个大学有国家认可的法科大学院，现在遇到的最大问题就是申院长刚才讲的，即使通过了所谓的司法考试，但是缺乏人文素质，很多律所不想录用你，因为你只懂技术，只要不是考试科目，学生是不读的，更不用说法律之外的哲学、伦理、社会学这些知识，因此知识结构有问题。学生认为，我交了学费，到了法科大学院，必须通过司法考试，有天生的功利性。原来设立司法考试制度的目标是，每年通过率 80%，但现在是 40%左右，像首尔大学可以达到 70%，一般的大学 40%左右，完全不平衡。离开了法学教育的价值追求和人文追求以后，即使设定了职业教育，最终也会出现很多问题。所以他们正在考虑要不要恢复原来的本科教育。日本也存在一样的担忧。我的担心是，在科学技术发展的今天，我们需要强化职业教育，但职业教育的基础是良好的人文教育。要把人文教育、价值教育贯穿在法学教育体系当中。刚才徐老师的分析是很深刻的，但如果我们过分强调职业教育，我担心不少法学院会把职业教育理解为非价值、非人文教育，而只强调法学教育技术能力的提高。个别法学院训练学生打字的能力，我还跟他们交流，问为什么培养打字的能力？他们回答说，有些单位需要这些人才。过多强调技术的训练，虽然让现在毕业学生看起来职业能力提高了，但是缺乏价值内涵。社会主义法治人才，要有明确的法治理念，始终应该是价值优先、人文优先，这样才能符合法治人才的要求。

潘剑锋：我觉得韩老师谈得特别好，我补充一下。这些年我主管院里的法学教育，一直在琢磨一个问题：我们要培养什么样的法律人？不管定位为精英也好，大众也好，至少我们培养的法律人是心智比较正常的。教育起什么样的作用？教育除了传授基础知识、基本原理以及法律相关的操作程序和技巧之外，教育还应当是一种对人的心智的开发。法律人对社会的观察能力，发现问题、解决问题的能力，都是要在法学教育中刻意去培养的，而这些能力通过技术手段往往是达不到的。韩老师特别提到人文方面的教育，徐老师提到的职业教育，我认为内涵都应该包括心智开发，职业教育不是仅教授简单的操作规程、操作技巧，也不是仅教授部门法的具体内容，还应当包括法律理念、法律思维以及与法律价值判断相关的人文知识和素养。

韩大元：1980 年我在吉林大学法律系读本科，当时吉林大学法律系的本科教育是非常成功的。我们除阅读专业书籍外，还读了大量的人文、历史、哲学等方面的书籍；除了专业性的训练之外，人文与素质教育具有很强的吸引力。很多毕业生在不同的岗位上工作，适应能力很强，因为吉林大学本科毕业生的基础知识、基础概念是扎实的。经过系统的人文教育训练，做学术，懂得学术的社会价值；做检察官，懂得检察官的职责内涵。基础打好了，良好的价值观确立了，很容易适应不同岗位的需求。如果没有这个基础，只适应某一个岗位，换一个岗位之后就没有后劲。在我看来，吉林大学法学院最大的成功就是强调人文教育，它给我们塑造了良好的价值观，到今天过去了三四十年，我们还忘不了本科的人文教育，人文教育让我们无论选择什么职业，都能够在那个岗位上发挥作用。

申卫星：我当初学法律的时候，很多亲戚都说，好好学法律，将来学好之后好钻法律的空子。我听了以后特别不舒服，难道我学法律就为了这个吗？学了法律之后，我告诉他们法律永远是有漏洞的，因为法律受制于客观的物质世界条件和人们主观的认知能力，从制定之初就落后于社会现实。换句话表达，法律永远有漏洞。但是对漏洞如何解决，如果只是职业教育，可能就会形成所谓的工匠式解决思维；如果有很好的人文素养，有很好的哲学、政治学、社会学、经济学的理论支持，就会从法律的体系解释、从规范目的、从法律价值等角度出发去解决问题。所以，我们担心的是，法学教育如果明确指向了职业教育，徐老师心中的职业教育是精英式的职业教育，但是面对600多所法学院校，中国法学教育会走向什么样的状态？

清华大学强调法学教育理念是三位一体的：第一个层次，知识传授；第二个层次，能力培养；第三个层次，价值塑造。三者结合才能培养出真正优秀的法律人。法学本身就有很强的人文主义精神，法学之所以是社会科学皇冠上的明珠，就是因为它汲取了很多基础学科的养分。

潘剑锋：我给北大学生讲课的时候常提三个词：技能、能力、水平。技能注重操作，能力相对综合，而涉及水平，则是多种因素的结合。比如说，你掌握了某种技能，拥有了某种能力之后，不代表你能处理好相关问题，因为你的水平没有达到。法治人才的整体水平，除了技能的培训、基本能力的锻造之外，水平的提高是最重要的，而水平区别于技能和能力的关键就在于人文知识的积累和素质的培养。

黄进：我觉得各位老师观点都挺正确，因为大家是从不同角度讨论这个问题。其实办大学、办教育就是解决两个问题：一是办什么样的大学，怎样办大学；二是培养什么样的人，怎样培养人。法学教育到底培养什么样的人？从中国整个教育讲，我们的教育方针是培养德、智、体、美全面发展的社会主义建设者和接班人，这里强调了全面发展；从一般意义上讲，我们可以说大学就是要培养人格健全的人与合格的公民；而从法学院校或者法学教育而言，可以说就是要培养德才兼备的高素质法治人才，当然各个学校还可以再具体化。在这个基础上，我们中国政法大学提出来，要把学生培养成“四型人才”——复合型、应用型、创新型、国际型的高素质法治人才。

法学教育首先还得要定性，法学教育到底是什么教育？我认为，法学教育不是素质教育，不是通识教育，也不是简单的一般意义上的专业教育，而是一种专门的职业教育。现代意义上的大学教育都是专业教育，没有专业教育就没有大学教育。我们大学里面有中文、历史、哲学、数学、物理学、化学、生物学等专业设置，这些专业开展的教育都是专业教育，法学教育也是其中一种专业教育，但法学教育又不是简单的、一般意义上的专业教育，它跟中文、哲学、历史、数学等专业是不一样的，它同医学教育和教师教育一样，是专门的职业教育，在社会上有相应的社会职业即法律职业对应。我们现在把职业教育理解简单化了，法律职业教育所讲的“职业教育”对应的英文是“professional education”，从这个意思上来界定法学教育更全面、更科学。

我们讲法学教育是大众化教育阶段里面的精英教育，不是说法学教育培养出来的人要高高在上，脱离社会、脱离实际、脱离民众，而是说法学教育培养出来的人才应该是高素质的法治人才，是立法执法、治国理政、经世济民之才，因此当然对他们要有更高的要求，这同时对法学教育也就有了更高的品质要求。大学教育是以专业教育为特征的，但并不等于说大学教育除了专业教育就没有素质教育、通识教育等其他教育形式了。我们提法学教育是法律职业教育或者是专门职业教育，并不等于不要开展通识教育，我们仍然要通过全面的教育来培养学生的家国情怀、创新精神、人文情怀、科学理性、批判性思维、社会责任感。我在学校里强调“健全人格教育”理念，要从5个方面，即品德、学识、能力、智慧、身心5个方面对学生进行培养，“五位一体”，培养其品德，传授其学识，锤炼其能力，启迪其智慧，强健其身心。其中，品德是放在首位的。职业法律人或者高素质法治人才一定是一个德才兼备、人格健全的高素质法治人才。

我们怎么实现把学生培养成这样的人？一是要坚持“三全”，即全员、全程、全面；二是要做到“六个融合”，即德才兼修、教研互动、通专并举、虚实结合、内外协同、教学相长。所谓德才兼修，就是学生不仅要学习知识理论，更要修德，努力成为一个品德高尚的人，对法学学生而言，就是要德法兼修。所谓教研互动，即大学的教学和科研不是分离的，教学对科研提出问题，培养追求真理的人，而科研成果也要及时转化到教学中去，反哺教学，把最新的前沿知识理论带入教学，促进教学和培养人才。所谓通专并举，就是要把通识教育和专业教育有机结合起来。现在的法学教育太专业化了，我们读大学的时候，哲学、政治经济学、逻辑学、中共党史、国际共运史、伦理学、大学语文是都要学的，那时候真正是通专并举，而不仅仅是强调法学教育。现在有的法学院把这些应该学的课程都给挤没了。我们强调，通识教育课程所修学分在培养计划的总学分中不得低于1/3。所谓虚实结合，就是强调理论和实践相结合，处理好知识教学和实践教学的关系，在现阶段尤其要强化实践教学。所谓内外协同，就是要开门办学、开放办学、国际化办学，开展校地、校企、校校、校所、中外合作，协同创新人才培养机制。中国政法大学有一个很好的做法，不仅重视国际交流合作，而且实行国内本科生交换，我们跟中山大学、厦门大学、武汉大学、山东大学、吉林大学、南开大学、复旦大学、华东师范大学等国内名校进行本科生交换。所谓教学相长，就是师生彼此尊重、平等相待，师生互动、取长补短，老师跟学生之间要沟通，老师也可以从学生身上学到东西。我们讲法学教育是专门职业教育，肯定不会忽视其他方面的训练。我们中国还有一种职业技术教育（高职高专），主要是某种职业的某种技能教育，不能和法律职业教育、医生职业教育等混淆起来。

韩大元：我和您的看法是一样的，法学教育肯定区别于经济学教育，它是一种专门教育，专门教育需要专业的训练，提升实践能力。我们主要的担心是什么呢？美国法学教育不存在这个问题，美国已经在本科阶段完成了素质教育，而我们的法科生是高中毕业以后直接上法学院。另外，我们公共学分当中，其他学分所占比重较大。这种情况下，如何做好本科生的人文精神教育是最关键的问题，研究生的专业教育没有任何问题，特别是专业学位。本来设计专业学位的时候就是为了实行职业化的教育。但在本科阶段，从高中考上法学院的学生，我们在专业化教育、职业教育的时候也要高度关注人文教育的内涵，这与其他国家面临的问题不一样。特别是我们在制定与实施国家标准的时候不要把职业教育理解为纯粹的技术化的教育。

国标实行还带来我们担心的另一个问题，比如原来外国法制史、中国法制史是必修课，现在让学生选修，法律职业资格考试又不考，在这种情况下很多学生不会选修这类基础性的课程。

徐显明：我说一下我到美国普林斯顿大学的体会。普林斯顿大学被认为是美国本科教育最好的一所大学。普林斯顿大学有工学院，我和工学院院长讨论他们学生培养目标的时候，他说了一句话对我很有启发，他说我们工学院学生如果将来能成长为一个银行家，那证明我们的培养是成功的。工学院并不以培养工程师为目标，这一点正好和MAT（麻省理工学院）区别开了。麻省理工学院就是要培养世界上最好的工程师，但普林斯顿的工学院不以培养工程师为目标，他希望学生成为任何一种人，但他们也是职业教育。我评价美国法学教育的两大特点：第一，精英教育；第二，职业教育，这两者是融合得非常好的。在这点上，如果要讲美国的法学教育特色，这是它最鲜明的特色，也是美国法学教育可能被世界所模仿和学习的地方。

我们现在的法学教育也定位为职业教育，但是和美国有比较大的不同。首先是起点不同，我们是以高中毕业为起点，美国是以大学毕业为起点。由此我们追求职业教育，难度比美国大得多。刚才潘剑锋书记说的那3个词，本质上就是素质教育。素质教育有3个要义：一是知识，二是能力，三是素质。知识是一切的基础。我们任何人理解事物、判断事物、解释事物都以脑子里面固有的知识为基础，这是哲学家维特根斯坦的观点，每个人对事物的解释都来自自己头脑里面的知识，故凡有理解就有不同。而运用知识就是人的能力。有的人脑子里面知识很多，但是当让他运用知识的时候，连篇学术论文都写不出来，人和人的差别往往就在运用知识上。当你把运用知识的能力稳定化的时候就是你的素质，人的水平体现在素质上。我们的通识教育即素质教育，高等学校里就本科专业来说，所有教育分两类：一类是通识教育、素质教育；另一类是瞄向职业的，专业化的职业教育。

我们现在把法学教育从过去的素质教育、通识教育、学术型的教育，转为职业教育，要求学生具备4个方面的素质，这在《国标》里面已经列出来了。

第一部分，素质养成类的，一部分是人文的，另一部分是科学的。不只有大家刚才提到的那些课程，自然科学面向未来，法科学生也应该学计算机、信息科学，甚至数学。如果你不懂人文，你就没有价值观，我们的法律职业最重要的就是价值观的塑造。如果你不懂科学，就难以掌握科学的方法，就不会正确对待证据。没有人文，不能正确对待当事人；没有科学素养，就不能正确地对待证据。我们的法官、检察官一是和人打交道，二是和证据打交道。因此，第一部分就是把人文和科学放在一个基础上要求。

第二部分，法学知识的系统化问题，给学生一个系统的法学知识结构。这就是要教给学生一个完整的法学知识体系。

第三部分，职业伦理的培养。比素质教育更高一个层次的教育是人格教育，是健全人格的养成。我们法科的学生，将来要维持司法公正。我多年前的一个思考是，政府官员是管事务的，法官、检察官是管理什么的？既然法官、检察官也是官，这个官与政府官员的最大区别在哪儿？他不是管理事务的，而是管理正义的。管理正义首先自己必须成为正义的化身，法官、检察官是正义的守护神。这就需要他自身有高尚的人格。伦理养成在这一轮培养范围当中的地位被提上来了。德法兼修的问题，立德树人的问题，都要在伦理当中得到体现。

第四部分，之所以说以职业教育为目标，就是要求学生增加动手的能力。我们的学生毕业以后，如果到了法官、检察官的岗位上，不经过5~6年的磨炼，基本上适应不了。这说明我们培养的人拿来是不能用的，动手能力欠缺是法学教育的短板。实践类的教学在这一轮的培养环节中增加了。

习近平总书记在中国政法大学讲了一句话，高校是法治人才培养的第一阵地，第二句话没有讲出来，第二阵地在哪里？第二阵地就在法院、检察院，就在法律实务部门。经过了第二个阵地之后，这个人最后才可能成型，所以一定要增加实务性训练。美国为什么要搞诊所教学？为什么一定要做法官助理？做了法官助理以后，你这一生就有了一段自己很自豪的经历。我想将来有没有可能也推行这个制度？我们的学生将来能不能在实习的时候也做法官助理或检察官助理，如果本科做不到，研究生阶段能不能做到？用1年的时间给法官、检察官做助理。按照这个设想，人文科学的素养、法学系统的知识结构、伦理养成、实践能力这4方面结合起来，就一定是个理想的法律职业人，这些素质同样也是立法家、法学家所应具备的。

韩大元：中国法学教育40年改革中，最大的亮点之一是我们在传统的以学术性人才培养的体系里，引入了真正具有职业教育内涵的法硕教育。20年法硕教育的运行中可能存在一些问题，但并不是制度设计上有问题，原因是：第一，我们的法律服务市场还不成熟，我们传统的教育方式还不太适应。第二，我们有些培养单位并没有严格按照专业学位的要求和目标，以及教指委确定的培养目标来安排教学。第三，学生观念要更新，要真正具有专业精神与能力。我个人对法硕教育的未来是充满期待的。

黄进：我们现在研究生教育有一个误区，把学位分为学术性学位和专业性学位，这个分法本身就是有问题的。现在法学本科毕业学位叫法学学士，这是学术性的吗？研究生又分为法律专业学位和法学学术学位，法学硕士学位属于学术学位。我一直比较反对这种分类。我认为法学本科教育、研究生教育都是法律职业教育。如果一定要区分，除了法学博士是学术性学位，其他都是法律职业学位。现在法学硕士毕业生在社会上声誉好一些，用人单位更欢迎，但绝大多数法学硕士生毕业后都是在从事法律实务工作，怎么能将法学硕士学位归入学术性学位呢？法律硕士学位和法学硕士学位都是法律职业学位或法律专业学位，只是其授予对象和培养方案要求有所不同而已。

潘剑锋：我同意黄校长的观点。这些年北大法学院对研究生相关教学进行改革时，我提出要逐渐淡化法学硕士学位，硕士学位教育重点在法律硕士。法学硕士这个学位留着作为本科到博士的过渡。

韩大元：中国人民大学基本上是硕博连读，5 年制的“2 + 3”，报考学术性硕士的时候就进入博士课程，先学 1 年，1 年之后可以选择，没有能力继续攻读博士的可以退出。中国人民大学每年都在减少学术性硕士的录取比例，扩大专业学位的比例。在任何国家，学术人才需求是有限的，大部分法科生要进入法律实务领域。

三、法学教育评价的困惑

申卫星：教育部一直都有指挥棒，从早期的“211”到后来的“985”，再到现在的“双一流”，它对法学教育学科的发展产生了怎样的影响？如何评价法学院法学学科的水平？

潘剑锋：我认为，对“双一流”“985”“211”这些带有标签化的评价，可以搞，但不要过度强化。不要轻易贴标签，标签化就意味着特定化。值得反思的是，贴上这个标签，你就和它的内涵完全一致了吗？没有这个标签，难道就不具备这些内涵？此外，在学科评价中，以什么样的标准具体操作，以什么样的态度对待评价也特别重要。

我们要以实事求是的态度，以评促建，来提高学校或学院的整体水平，不能不正当竞争、弄虚作假或者利益勾兑。一定要实事求是地总结出我们的成绩，归纳出我们的特点，同时也一定要找到自己的不足。就像博士研究生写论文，要指出自己的弱点或不足在什么地方。我们在评价好的学校或学院时，不仅要看他们对先进经验总结得如何，还应当看看他们对自己的不足归纳得对不对，如果大家能够以一种很诚信的态度来对待，“双一流”之类的评价机制才有意义。建立在实事求是的基础上，这种学科评价可以搞。如果只是贴标签，就会导致一些院校心态浮躁、急功近利乃至弄虚作假去“迎合”。

黄进：北京大学、清华大学、中国人民大学都是“985”“211”“双一流”的最大受益者。中国政法大学当然希望能够进入国家“双一流”建设行列，这不仅是学校的目标，也是工作的切入点，同时也能够激励全校教职员工为之奋斗。我们现在是“三步走”，每个阶段有不同的目标，经费上确实也有增加。

评价指标体系是个指挥棒，非常重要，涉及国家对高校怎么评价，高校怎么对学科进行评价，或者整个行业对学科怎么评价，我们学校对老师怎么评价。一定要建立非常好的、科学的评价指标体系。就我自己的认识而言，我们讲办学方向，是指两个办学方向：一是正确的政治方向，二是正确的学术方向。大学的学术不能仅仅理解为搞科学研究，写论文、发表成果、做项目是学术，教学也是学术，人才培养也是学术。我们要把学术贯穿到整个人才培养、科学研究、社会服务、文化传承创新、国际交流合作的职责功能当中去。中国政法大学始终坚持学术立校，学术里面又把教学放在重中之重，教学和人才培养是我们的中心工作，人才培养里面把本科教学作为基础，也就是“以本为本”。一般老师觉得评职称就是数发表了多少篇文章，给人感觉好像评职称主要看科研。我说中国政法大学不是这样的，因为中国政法大学非常重视人才培养，在职称评定里面，学生对教师教学的评价占有很重的分量，除了课堂教学，我们把在课外对学生的辅导、培养和相关的工作都列入职称评定指标体系中。我们大部分老师都比较重视教学，所以大多数老师都超额完成教学的指标考核。所以说，中国政法大学实际上非常注重教学和科研的平衡。一流的大学首先是要有一流的人才培养、一流的本科教学，然后再就是一流的科学研究。如果没有一流的人才培养，不能说是一流的大学。像我们这样的学校教学很好，人才培养很好，但是科学研究就没有综合性大学好，我们的总量可能很高，但是平均数不及北京大学、清华大学、中国人民大学。有时候抓科研会冲击教学，确实是两难。

其实我们现在讲评价指标体系，还要反思一个问题。改革开放40 年来，中国法学界到底提出来了什么原创性的概念、思想、理论或制度设计？这方面的建树还是极少的。这个问题值得我们认真反思。

申卫星：请问黄校长，您讲到“双一流”对中国政法大学发展的帮助，但是对于没有入选“双一流”的学校，怎么看待这个问题呢？

黄进：一个大学要对自己有正确的认识，也就是正确的定位。你到底要把这所大学办成什么样的大学，怎么办？这些都要想清楚。最主要是抓质量，人才培养的质量、科学研究水平，社会服务能力也要不断提升，要内涵式发展，另外要特色发展。中国政法大学不可能跟北京大学、清华大学、中国人民大学比，但是我们有自己的目标，要办出自己的特色，这个也可能同样是那些没有进入“双一流”的学校要思考的。像在中国法学界，南海仲裁案一出来，找不到几个有实力的海洋法专家，我们就有三五位老师常年在做海洋法研究，国家需要的时候能够派上用场。因此，大学怎么能办出特色很重要。

徐显明：大家现在谈到的还都是教育主管部门的标准和评价指

标体系。政府总要找个指挥棒指挥大家，这个棒失灵了就会换个棒，以后还会有不同的标准和评价指标体系。但自2018年起，司法行政部门的评价将会冲击甚至替代教育部门的评价。我在参与设计国家统一法律职业资格考试制度方案时就考虑过这个问题。评价法学教育质量最终还是以培养法治人才的质量为标准的。如果国家统一法律职业资格考试以各校的通过率来排名，教育质量高低立刻可体现出来；如果再排一个序，以通过人数的多寡来排名，则贡献率也可立刻体现出来。诸位切不可忽视了这个需求侧评价因素。通过率加贡献率也将成为评价的一个指挥棒。供给侧始终是要为需求侧服务的。有效满足中国法治进步的人才需求，永远是评价中国法学教育质量的根本标准。

四、优秀法学院校院长或校长的核心使命

申卫星：徐老师，您当了这么多年的院系领导、校长，作为一个院长和校长，您觉得应该怎么做，才能成为一个好的法学院长，一个好的大学校长？

徐显明：我是1994年开始任山东大学法学院院长的，那时候只有30出头，被认为是中国重点大学里面最年轻的院长。我最尊重的老师乔伟教授给我总结了3条经验，这3条经验基本上都是从道德和管理上入手的。什么是好的法学院院长呢？第一，一定要有能力去吸引一批比自己水平更高，而他们又愿意与你一块儿愉快工作的人才。如果你具备这种能力，能够把比自己水平更高的人请到这个学院里工作，就是好院长。因为在任何一所大学，任何一个学院，最根本的就是人才。一个人才有时候就代表一个学科。只要你能把一流的人才请来，你就能成为一流的法学院院长。他光来了还不行，你还要让他每天愉快地跟你一块儿工作，让他每天都 happy，这就是法

学院院长的基本功。如果你请来的人水平都不如你，这个法学院就会每况愈下。

第二，你一定要有能力从你这个学院以外获得更多的资源，拿来分配给最需要的人。我到美国去了一趟，获得了美国新闻署 15 万美元的资助项目。合作项目拿来以后，直到我离开法学院，我自己一分钱都没有花过，我用这 15 万美元送了 10 位老师到美国培训。你能从学院以外获得资源，这是个能力；拿来资源以后配给最需要的人，而不是配给自己，这是个职业伦理。院长要有从世界获取资源的能力，还要有把自己获得的资源作为公共资源的道德。

第三，立法者不能制定首先使自己获利的法律。你是法学院院长，你支配了学院这么多的资源，当你推行某一项改革的时候，这个改革的受益者一定不能是你自己。立法者如果制定的是首先使自己获利的法律，管理公共事务的公正性就已经没有了。我在法学院制定了最早的科研奖励办法，比如在《中国社会科学》发 1 篇文章奖励多少。那是在 1994 年的时候，而那段时间也是我学术的高峰期，我自己在《中国社会科学》《中国法学》《法学研究》也发表了若干文章，按照那个奖励办法，我应该获得最多的奖励，但我并未那样做。我把本应获得的奖励，全部作为学院的发展基金。我没有从我自己制定的政策当中获得 1 分钱。同时我给自己定下一个规矩，从我做法学院院长这一天起，所有的申报成果、获奖、荣誉，我都一概放弃了。把申请的机会留给最需要鼓励的人，不与老师争利、争机会是一个院长的基本功。

我做院长的时候就总结了上面这三条经验。做院长如果抓学科建设，我经常打足球的比方。如果你请的第一个球员是有甲 A 水平的，当你请第二个球员时，他也一定是有甲 A 水平的，然后再请第三个……这个球队就慢慢建立起来了，这支球队是甲 A 的球队。如果你请的第一个球员是甲 B 水平,再请第二个球员让他成为甲 A 的水平是不可能的。所以做院长也好,做校长也好,最大的基本功应该是在人才上下功夫。我做了 13 年校长,校长的基本功首先要有理念、有思想。其次要坚定不移地推进改革,尤其要推进创新性改革,既追寻大学之道,又守护大学精神。再次要抓学科建设这个龙头,学科建设包含人才培养、科学研究、师资队伍建设三个核心要素,抓学科就是抓学校发展的根本。最后是要在教育家与政治家的结合上下好功夫,既做杰出的教育家,又做合格的政治家。校长要做的具体事一是找人,二是找钱,三是找机会,四是找公正,这 10 个字就是我做校长的体会。当然,找人是第一位的。世界上自然科学的学科大概有 200 个左右,每个学科里面最有创新能力的有 20 人左右,那么,全世界的精英你可以算出来,也就 4000 人,这 4000 人里面 70% 在美国,就是说 2800 人在美国,剩下 30% 在其他国家,中国大概占不到 5%。法学这个学科我们没去计算。建立世界一流法科强校这个口号我是赞同的,但是标准很难定。这个命题有模糊性,作为一个信念我们要坚定不移,服从国家战略,但什么是世界一流的法科强校?这个标准因国家、因制度不同而有所差异。但是这不妨碍我们去寻找世界一流的人才。

韩大元:法学院院长应该怎么做,徐校长已经讲了。我 1980 年上大学,经历了重点大学、重点学科、博士点、一级博士点、“211”“985”和现在的“双一流”不同法学教育政策的变化过程。但是我们现在回顾 40 年,要思考一个问题,由政府主导的法学教育改革有成就,但也存在一些体制机制上的问题。如不调整机制问题,就无法提升中国大学的国际竞争力和促进内涵式的发展。

为了国家发展战略,可以在不同时期提出一些法学教育发展目标、高等教育发展目标,但是不要过于身份化,不要让大家处于一种不平等的地位。宪法上人是不能以身份来划分的，要保障平等地位，大学也有平等竞争问题。党的十九大提出要解决社会发展中的不平衡、不充分矛盾，教育领域发展不充分、不平衡现象是存在的，而且在有些领域还是比较明显的。比如，一是地区间的不平等，中西部和东部不平等，我们一级博士点这么多，但西北地区博士点很少。二是学校之间也不平等，我们这次进入“双一流”的法学院校总共6家，4家在北京，2家在武汉。学生毕业时，有些用人单位要看你是“985”毕业的，还是“211”毕业的，有的单位明确要求只招“985”和“211”大学的毕业生。大学身份的不平等，导致有才能的学生受到身份限制。正义在法学教育领域首先体现为教育公平。我们的一些改革措施，有时导致追求的目标与现实之间的冲突，让学生确实面临很多不公平。当他面临不公平的时候，如何认识正义，如何认识公平？

徐显明：美国高等教育有3个特点：第一个特点，大学自治、学术自由，遵循洪堡精神。这是它的体制保障。第二个特点，多元化。私立大学、州立大学、社区大学等不一而足，也有2所国立大学。中国的高等教育是“千校一面”，我称作“俄罗斯套娃现象”。第三个特点，高度竞争，自由竞争。这3个特点促成了美国高等教育的繁荣状态。

韩大元：大学是创造思想、培养创新人才的地方，学术自由是宪法的权利，也是大学保持活力与创新思想的基础。徐校长刚才讲4000多个世界上最优秀自然科学人才有2800多人都在美国，而且美国人获得诺贝尔奖的那么多，创新成果多集中在那里。中兴事件出来以后，习近平总书记强调创新的重要性，要求把核心技术掌握在我们手里，确保国家核心利益不要受到损害。大学如何营造创新的良好的环境？核心技术如果不掌握在我们手里，中国在国际舞台上就没有尊严，那么大学的责任在哪里？我们不缺乏硬件，缺软件，思想不自由、学术不自由怎么能创新呢？

申卫星：韩老师，您在人大法学院做院长这么多年，现在不做院长了，回首往事，是艰辛还是快乐？

韩大元：我作为一个院长，一直以来的理念是：要爱护每一位学生，尊重每一位老师。现在想起来，我做得不够。家长把小孩送到法学院，读本科、硕士、博士，我们要爱护学生，呵护学生，让学生感到温暖。特别是本科生，当他（她）刚进入大学，感情出现空白的时候，我们要用爱填补学生感情的空白。第二个就是尊重老师，每个老师也许有不同的风格，尽管个性不一样，他们都很优秀，都是创造思想、创造价值的，作为法学院的管理者，在职称评定、奖励、科研上，都要尊重他们。这方面我自己也在反思，虽有理想，但是做得不够。你问我经验，就是这样，要爱护学生，尊重每一个老师，这是我的体会。

徐显明：我借这个机会与大家分享一下我的一个理论，"尊严空间理论"。"尊严空间理论"是在我做校长的时候体会出来的。当校长的办公室只有一把椅子的时候，老师来了，这一把椅子给谁坐？就这么简单。

大学教授们不到最紧迫的时候是不会来找校长的，当他鼓起勇气敲开校长的门，此时在校长的办公室里只有一把椅子。如果这把椅子校长不让给老师坐，而是校长坐着，老师站着，会出现什么情形呢？大学里就两类人：一类是这个大学所需要的，校长千方百计要他留下；另一类更多的是需要这个大学的，靠这个大学生存的。假设这个教授恰恰是这个大学所需要的，就因为校长坐在这把椅子上，很可能就让这个最优秀的人才流失了。这里面的规律是什么呢？就是我发现的尊严空间。每一个人的尊严在哪里？都是放在你控制的空间里。为什么你在家里最安全？因为这个家是你完全控制的。校长的办公室是校长控制的一个空间，老师来的时候是把自己的尊严放到了校长控制的空间里。每个人的尊严进到了别人的空间里以后,就是把自己的尊严交给了别人。如果他受到尊重,尊严和尊严就是对等的。如果他没有受到尊重,这叫第一次伤害。如果你在那儿坐着,老师提出要求来,你武断地拒绝他的时候,他的尊严第二次受到伤害。如果老师起身要走,你连个礼节都没有,在你这个空间里面他就连续受到三次伤害。教师把尊严看得比生命还宝贵,越是高水平的人越在乎自己的尊严。做校长、做处长要知道这把椅子给谁坐。老师来了以后一定要把这个椅子给老师坐,如果老师不坐怎么办?你也没有资格坐,你必须与老师一起站着。这是对老师尊严的起码尊重。

当学生选择这所大学的时候,他有充分的自豪感。在这个学校里面做老师,有充分的尊严感,这个尊严感来自哪里?学生尊重老师是天然的,关键就看校长、处长尊不尊重他。校长、处长都尊重这个老师的时候,他的尊严感就有了。大学还有第三类人,即员工,从校长到处长到一般工作人员,他们如果做的事情都能得到认可,那么就都有充分的成就感。在大学的校园里这"三感"同时存在,即学生的自豪感、老师的尊严感、工作人员的成就感。"三感"如果同时被激发出来,这个大学就活力无限,就是最好的大学。我们做校长的就是要创造这"三感"。

申卫星:您由椅子说起的"尊严空间理论",我其实能感受得到其中微妙的心理变化。我办公桌前有两把椅子,但是通常老师来了我不会让他坐在那里,因为一般是学生才坐在我办公桌的对面。如果老师坐在那个位置,他会认为他是被管理者。我会坐到那两把椅子中的一把上,请老师到沙发上坐。他坐在沙发上,我坐在椅子上,体现对他的基本尊重。我从 2016 年 7 月担任清华大学法学院院长到现在才 1 年半,已经感觉到做院长很辛苦、很累,但是很大的收获就是做人方面的体会。第一,做院长要有全局发展观。过去做普通老师,甚至做副院长的时候都想不到的事情,现在会从法学院发展的全局去考虑。例如,清华大学法学院某一位老师得了一个大奖,比如当了长江学者、十大法学家,我会比他还高兴,因为他取得这些成绩都会成为清华大学法学院的成绩,会让我与有荣焉。

第二是有了历史观。历史观首先是对既往的历史要予以充分的尊重,不要轻易推翻前任的付出和努力,我们清华大学法学院能有今天,是历届领导和老师们辛苦努力的结果。每一任院长都非常不容易,非常艰辛,非常辛苦地走到今天,不能吃到第 100 张饼把前面 99 张饼都忘掉了。其次,基于这个历史观,我会慎重对待这个院长职位。因为做院长,可能会很辛苦,但是你要珍惜这个岗位,你当下所为的一切都会成为未来的历史。试想等你不当院长,或者当你退休的时候,那时候的院长回顾前几任院长包括你的时候,对你做的工作会有什么样的评价?你是否在法学院发展的历史中做出了贡献?对于法学院的发展是否提前布局,留下了一个好的基础?所以在当下的我,应该有这样一个对未来清华大学法学院负责的清醒的历史观。对院长来说,一方面是责任,另一方面也是一个为大家服务的机会。我时刻提醒自己,当下的一切都会成为未来的历史。

潘剑锋:作为非院长的局外人,我觉得作为院长在处理同事的关系时,要能换位思考;此外还要有对历史负责的精神。话题扩展开来,说到什么样的教学模式或状态是好的,我觉得这跟我们对专业的认识是同样的。我自己是学民诉的,我有一个简单的体会,什么时候诉讼程序是有序有效的,与此相对应的结果往往就是公正的、有效率的。有序有效的诉讼程序就是让各诉讼主体各就各位,每个人都在自己的位置上,行使各自的权利和履行各自的义务,往往这种结果就是比较好的。在教学上也是这样,老师要有老师的样子,学生要有学生的样子,课堂要有课堂的样子。我常跟北京大学的同事说,作为北京大学的老师你要有北京大学老师的样子,一言一行要能够反映出北京大学的风格。我认为作为一位好老师,比较重要的一点是,好老师要热爱教学。讲到教学的课程设置,我认为设置的课程要有利于学生能力的培养。例如,我们在课程上进行探索,开设了 5 类课程,即通识课程、专业课、实务课、案例研习课、比较法课程。与此相对应的教学方法也有几个模式,如小班上课、双师同堂,请律师、法官、检察官、仲裁员和在校教师一同授课。像知识产权法院的宋鱼水法官,是中国人民大学优秀的校友,在北京大学开课特别受欢迎,效果很不错。另外,我们还开设法律诊所课程,以及组织学生参加一系列我们认为有必要参加的国际辩论赛。

整体来讲,通过这些年的探索,北京大学法学院的大部分老师对教学更投入了,院里也给予更多的支持政策。比如案例研习课,老师反映收集案例比较辛苦,工作量大,学生作业多,配的助教不够。我问他要多少?他说要 12 个,但按学校标配只有 2 个,他要 12 个,我说给你 6 个。我们老师觉得 6 个助教还是完不成任务,他自己又找了 2 个。我们助教是要支付费用的,另外 2 个助教的薪水就是老师从他自己的项目里支付,搞得院里反而很不好意思。后来我跟老师说,我们设立一些教学改革项目,你给这个助教花掉的 1 万元,我们通过项目的设立给你 1.5 万元,让老师通过申报做好项目,既总结了教学经验,在一定程度上也解决了助教的费用问题。这样慢慢营造了一个什么样的氛围呢?我们院里有十几个老师,学术做得好,教学也很投入,也做得很好。所以我们法学院这几年在学生评价方面都是全校文科的前 3 名,2017 年得了第一,我们感到很自豪。我们这些课程设置和对教学改革的扶持,对学生整体能力提高是很有帮助的。

我认为,一个好老师除了政治上的标准之外,还有 3 个基本标准：一是学术上倾心向学，二是教学上热心投入，三是对学生关爱有加。这样的老师才是好老师。

五、大学自治问题

从西湖大学的模式看中国大学自治和学术自由，西湖大学模式是否适合我们法律教育体制创新？

徐显明：“大学自治”这个概念，原则上不适宜于目前中国高等教育体制。其一，中国每一所大学所授予的学位，都是国家学位，中国的大学没有自己独立的学位。其二，《高等教育法》已明确中国普通高校实行党委领导下的校长负责制。高校党委不同于西方的董事会，高校党委既要向办学所在地的地方党委负责，又要向教育部负责，不享有自治权。其三，中国高校校长，实行的都是任命制，而非大学教职工选举或师生选举产生。谁任校长，有时甚至与教职工无关，学校的董事会和党委会都产生不了校长。其四，中国大学的任何专业，教材都不是自主编写和选定的，一些意识形态浓厚的学科，如法学、经济学、新闻学，其核心课程教材都是指定的。基于这4点，对中国高校办学体制的表述，还是“依法办学”为好，而不可谓之“自治”。“大学自治”目前不适合中国国情。

南方科技大学曾试图模仿香港科技大学，但失败了，失败的原因，一是香港科技大学办学的特殊时代不复存在，二是香港科技大学创校者们的主体条件不复存在，三是香港科技大学采用美式体制在南方科技大学也不复存在，模仿是必然要失败的。西湖大学最让我们期待的，不是其办学目标，而是其能否进行高等教育体制创新。我不希望它成为第二个南方科技大学。

韩大元：大学自治是历史概念，在不同的国家，不同历史发展时期具有不同内涵与实践形态。对具有共识的大学自治理念要相互借鉴。就目前而言,要落实好《高等教育法》规定的办学自主权,坚持依法办学,尊重大学发展规律,保障学术自由,从体制上解决行政化问题。西湖大学作为一所民办的、综合性的、跨学科的研究型大学,体现高起点、国际化、小而精的特点,在体制机制上创新的空间大,有助于克服公办大学长期积累的体制弊端,为中国大学发展提供新理念,新经验。目前西湖大学提出了清晰的办学目标与使命,拥有雄厚的资金,没有体制上的历史包袱。但在未来运行中,如何保持现代大学精神,实现"创造影响世界,造福人类的科学知识和技术发展",以思想创造价值方面仍面临挑战。我认为,最大的挑战是从体制上尊重学术自由,建立跨学科的知识体系,推动基础科学的可持续发展。

六、法学教育发展的未来方向

申卫星:最后一个话题,我们回顾了法学教育 40 年发展的过程,大家从教二三十年,在可预见的未来,作为法学院的院长应该如何布局?法学院未来的发展趋势是什么?特别是在人才培养和学科建设方面,大家有什么建议?

黄进:这个问题要讲的东西很多,按我的想法,首先要解决走什么路,朝哪个方向走的问题。

走什么路,我归结为 5 个方面:一是走内涵发展之路。从过去外延式发展转为内涵式发展,内涵式发展就是要以提高质量为核心,现在就是要把人才培养质量、科学研究水平、服务社会能力、文化传承创新做起来,内涵式发展就是要稳定规模、优化结构、提高质量、增强效能。

二是走特色发展之路。各个大学都有自己的优势和特色,如何在法学教育的办学过程中做到人无我有、人有我优、人优我特,有自己的个性,有别人没办法跟你竞争的东西,这可能也是我们一个关于大学法学学科发展要思考的问题。

三是走创新发展之路。我们中国政法大学的人才培养目标之一是"创新型"。我们中国政法大学的办学目标也讲创新型,就是要把中国政法大学办成开放式、国际化、多科性、创新型的世界一流法科强校。我们没有提研究型,我也不反对在中国法学教育中搞所谓"研究型",因为有的学校一提搞"研究型",大家都集中精力搞研究了,好像人才培养不重要了。但是,怎么在人才培养方面培养学生的创新精神、创新能力、创新潜质,我们教师队伍怎么能够产生出原创性的思想和理论,这是我们要思考的事情。到目前为止,中国法学界还没提出过什么法学方面的原创性的概念、思想、理论,或者对原创性的法律制度做出贡献。我们党的领袖做得不错,毛主席有一个概念提得很好,那就是"纸老虎",全世界都知道。习近平总书记提出推动构建人类命运共同体的思想,也很有创意。因此,我们法学界创造、创新很重要。过去我就提出来要在大学推行"三创教育",即创造教育、创新教育、创业教育。

四是走开放发展之路。我们的做法是"四跨",跨学科专业、跨学院学校、跨理论实践、跨国家地区,注重学科的交叉和融合,不同的学校学院之间的交流,理论和实务的结合。

五是走和谐发展之路。当院长、当校长要尽力招收到最好的学生,并让这些学生到这所大学能很快融入其中,学习生活很愉快,对学校感到很自豪。要尽力延聘到最好的老师,让他们在这所大学里面生活得幸福,有尊严。然后在学校里面营造一个积极有为、健康向上、风清气正的环境。这就是和谐发展。发展才是硬道理。走什么样的发展道路,是同朝哪个方向走、往哪个方向发展联系在一起的,办法学教育要有明确的方向感。

我提出来至少要坚持"五化"的发展方向:第一个发展方向是人

本化。就是以人为本,以师生为本。教学要以学生为本,办学要以教师为本。人本化思想很重要,高校这么多功能,但是第一个功能就是人才培养,因此要始终把人才培养放在学校中心工作的第一位。法学教育的重中之重就是法治人才培养。

第二个发展方向是国际化。习总书记考察中国政法大学,讲法治人才培养时特别强调,我们首先要积极吸收借鉴世界法治文明的优秀成果,当然也不能囫囵吞枣,不能照抄照搬,不能做西方理论的搬运工,简单移植也不行。而是要平衡好中外互鉴,既要学习借鉴,又要走自己的路。国际化讲的就是通过国际交流合作提升我们师生的国际视野、世界眼光、国际交往能力和国际竞争能力,尤其是熟悉国际规则并善于处理国际法律事务,提升学校的国际影响力和竞争力。

第三个发展方向是信息化。现代信息技术日新月异,人类社会进入信息化社会,进入大数据、云计算、“互联网 +”时代。法学教育不能错过历史机遇!要全方位、全领域推进信息化建设,信息化建设对学校的一切工作,包括教学、科研、行政管理等,皆可有所作为。信息化的目标是打造真正的“数字校园”“智慧校园”。借助现代信息技术,如何将“互联网 +”、人工智能、区块链,嵌入法学教育,嵌入法学课堂教学,这可能是法学界必须重视的。可能今后法律咨询通过人工智能就可以完成,没有学法律的也可以借助人工智能搞法律咨询。我最近看到一个医疗咨询 APP,一种什么疾病,怎么治疗,它能够给你回答得清清楚楚。中国政法大学现在创造了一个“4 +1”智慧学习环境,昨天刚举办了“智慧法大”信息平台的启动仪式,探讨如何把信息化建设融入法学教育当中去。我们打造了智慧教室、虚拟第三学期等学习平台,有一部分法学课程可以在网上修读,这可以促使法学教学方法和学习方式的变革。

第四个发展方向是法治化。咱们是学法学的，在法学教育、学校管理方面，要讲规矩，要讲法治化。我发现，学法律的人有时候不讲规矩、不讲规则、不讲法律，这是很大的问题。所以习近平总书记特别强调要“德法兼修、明法笃行”。健全完善法学教育制度、法学教育体制机制，目标是“良法善治”。运用法治思维和法治方式治理学校学院，依法办学。科学、合理地制定学校学院的章程、规章制度，达到“良法”标准。开展学校规章制度的废、改、立、释工作。严格按照法律和学校的规章制度办事。建立和完善权利和诉求的救济机制，组建学校综合投诉中心和多元争议解决机制。让法治成为校园文化，成为师生的校园生活方式。

第五个发展方向是现代化。教育现代化实际上是邓小平同志在“三个面向”里面提出来的，讲得非常清楚，“教育必须面向现代化，面向世界，面向未来”。现代化有器物现代化与精神现代化、硬件现代化与软件现代化之别。器物现代化、硬件现代化的实现应该说较为容易，难的是人的思想、精神的现代化，难的是大学文化的现代化和大学制度的现代化。现代化，是在前面四化基础上的一个终极目标和方向，最强调的法学教育要与时俱进，核心是要构建现代大学制度。现代法学教育制度是什么？这是需要我们思考的。我们现在法学教育有很多问题，一个大问题就是统筹协调兼顾不够。现在法学教育，本科是一块，研究生是一块，博士后研究又是一块，连教育部都统筹不起来，法学教育怎样能成为一个有机体系？我们现在讲全面深化改革的目标是推进国家治理体系和治理能力现代化，法学教育也有类似的目标。我们现在还是很乱，回答应该往哪个方向走，我就讲人本化、国际化、信息化、法治化和现代化这 5 个方面。中国法学教育一定要不断走向现代化，始终与时俱进。

徐显明：我很赞同黄进校长“五化”的表述。中国法学教育的未来，放在国际视野里比较的话，应该走出一条中国的法学教育道路，形成中国的法学教育模式。不同于美国、日本、英国、德国，我们这个模式最大特点还是要立足于本科教育。我们法学教育的起点、基础就是本科教育。我们未来的模式，第一，要让最好的学生来学习法学。1983 年、1984 年、1985 年的时候，文科最好的学生会选择法学。一个标志性的事件是，1983 年中国政法大学建立，中国政法大学在招收文科学生方面，这几个年份都能超越北京大学和清华大学，招到全国的文科状元。而目前法学生源质量可能是中等偏下的。经过 2 次分工淘汰以后，并不是最优秀的人来学习法学。第一次分工，高中里面最好的学生分到理科，次好的学生才到文科，第一次分工已经决定了考文科的学生不是最优秀的学生。当学生高考报考大学的时候是第二次分工，文科生优选的专业并非法学，生源质量又等而下之。所以，如果我们认为法学教育最终应该向精英靠拢，那么出路就应该是在起点上。怎样提高生源的质量，这是应该要解决的一个问题。应把招收理工科学生作为改善生源质量的重要举措。

第二，我们要形成自己的模式，就一定要有自己的话语体系。中华法系，我们对它的挖掘远远不够。其实其中有若干法学的术语我们是可以用的，甚至拿来用的时候比现代从西方引进来的更科学。比如说唐律“六赃”，盗窃的东西是“赃”，贪污的东西也是“赃”。只要在权力管辖范围内收了人家的东西都为赃，即受所监临财谓之“赃”。解释了现在刑法很多困惑的东西。又如举重以明轻，举轻以明重，还比如什么叫“故”，什么叫“过”？这都是中国古代的司法经验。类似这样的概念很多，我们需要再挖掘一下中华法系这个宝藏，形成我们自己的话语体系。法学是一个外来学科，现在充斥的大量概念都是西方的概念，而我们却把自己老祖宗的很多东西都丢了。应该把中华法制文明，把我们五千年的历史积淀充分利用起来，否则我们难以形成文化自信和制度自信。

第三,我们要构建比西方文明更高更先进的制度形态。我们现在要塑造一个优于西方的司法文明形态,我们的法学教育也应该和这个中华未来文明形态相适应。现在我们把司法公开与大数据结合到一起,已经做到了在司法公开化上超越西方,现在世界上没有一个国家的司法公开能做到像中国这样。我们应以此作为切入点,这应该是我们自己模式当中的一个特色。

第四,智能化这条道路一定要走,要建立中国的智慧法学教育,把现代科技的一切手段都用到法学教育上。我最终的想法是,要建一个有别于西方,能够突出中华文明,又突出目前制度特色的独特的法学教育模式。

韩大元:我觉得未来的法学教育还是要坚持价值优先,人文的关怀与人文教育是法学教育的基本目标。在这个前提下我们可以实现法学教育的精英化、专业化、国际化,再加一个综合化,强调跨学科教育,强化跨学科知识体系对未来法学教育的影响。还要防止法学教育可能面临的几种现象:一是过于行政化,如果过分行政化,会削弱专业教育的专业属性。二是防止技术化,我们可以研究智慧法学、信息化、人工智能等新技术,但法学院存在的目的就是对现代科技可能给人的尊严、人的价值、社会正义所带来的风险和非理性进行防范,不是过于扩大科技的作用。三是防止工具化,法学教育是追求价值的,具有理性精神,不是工具。四是防止碎片化,要坚持法学教育的正义价值,强调目标的一体性。

我心目中未来的法学院毕业生应该是新的思想的创造者,社会共识的维护者,社会正义的捍卫者,以及多元化创新的实践者。

用一句话来概括,我希望我们未来的每一个法学院都成为一个受人尊敬的法学院,无论是什么类型的法学院,受到人们尊重,这个法学院就是成功的。无论历史多短，硬件怎么样，获得社会尊重是对一个法学院最高的评价。

申卫星：未来法学教育发展的趋势，各位老师讲的我特别赞同。潘老师讲法学教育以人才培养为核心，黄校长也是特别强调这一点。在科研和教学关系上，着重于教学这方面的占比，我个人也特别赞成这一点。尽管教学难以量化，但是大学的核心使命和初心就是人才培养。我跟清华大学法学院全体老师讲，我们选择了教师这个职业，就是因为我们选择了以育人为自己最大的使命。当我们培养的学生走向社会，有出息、有成就，能对国家的发展做出了贡献；当他们返校的时候，带着孩子来看你的时候，你会觉得自己当老师有价值。如果我们为了1篇文章、为了1本书的发表苦心经营，而忽略"人才培养"这个初心，那么，就辜负了老师的称谓。徐老师强调中华传统法律文化对当下中国法治建设的影响，乃至对我们未来法学教育的发展都有很大启迪的意义。韩老师讲的未来法学教育要坚持价值优先，都是应该在对学生的培养过程中加以灌输的。

我有3个补充，2008年我在《比较法研究》第3期发表过1篇文章，呼吁未来法学教育的3大转变，一是强调未来的法学教育除了传统的基础法学，应该增加临床法学。医学有基础医学和临床医学，法学也是如此。习近平总书记2017年5月3日到中国政法大学考察时强调，法学是实践性很强的学科，如何在未来打破高校和社会之间的体制壁垒，把鲜活的案例和生动的实践带到课堂，让法学学生培养更有针对性，是我们应当思考的问题。二是法学研究要从规范法学到实证法学。现有的法学研究成果基本上是通过逻辑推理得出来的，辅之以英美或者德日比较法的资料，但是在实践中因为没有事实和数据作为支撑，有时候这样的研究结论尽管是符合逻辑的，但是未必能对中国法治社会的建设发挥作用。因此，未来应该增强社会调查、访谈、大数据分析等实证的研究方法。三是刚才潘老师也提到的交叉学科的研究,未来可能会出现从以传统学科为主导,到以社会问题为主导。过去画地为牢,搞公法的不会碰私法,反过来也是一样。但是社会问题不会是仅涉及某一个学科的问题,所以法律与其他学科的交叉研究特别重要。经过20多年的发展,清华大学跟北京大学一样列为A级,和中国人民大学一样成为“双一流”法学学科之后,下一步清华大学法学院如何发展?我们设想在进入主流的基础上,应该做出特色,应该结合清华大学既有的科学和技术学科优势,发展“法律+科技”,回应新兴科技发展引发的新问题。现代科技发展的热点,一是生命科技,二是信息科技,特别是信息科技引发的网络现代化发展,大数据、云计算、区块链、人工智能,既有技术引发的新型法律问题,也有法学范式的转化,更有对人本质的反思,这种冲击会非常大。清华大学法学院成功在校内申请设立了“计算法学”硕士项目,下一步我们将开展大数据、人工智能等新技术在法律行业的应用研究,重点解决以计算法学为核心的新兴信息技术引发的问题。我希望借此能成为未来清华大学法学院发展的布局。

于我而言,很荣幸作为晚学和管理者的后辈主持今天的法学教育发展40年的讨论,多有收获和教益。4个半小时,让我们的心都静下来,回顾与总结了中国法学教育40年,以及我们在其中的意义。在这一点上,应该特别地感谢4位,这40年你们是亲身经历者,同时又是领航者,中国法学教育的未来更有赖于各位。谢谢各位!

改革开放40年中国法学教育的回顾与展望*

李　龙**　刘　青***

中国法学教育源远流长，独树一帜。早在公元前500多年，春秋时代的法家先驱邓析就开办私塾，首创了中国的法学教育，传播法律知识。秦代更"以法为教""以吏为师"。① 唐朝和宋朝则在科举考试中都设立明法科。1949年，中华人民共和国成立，开辟了中国历史的新纪元，迎来了法学教育大变革。

一、中华人民共和国成立初期法学教育的革命

1949年，中华人民共和国成立，为我国的法学教育革命奠定了政治基础。党中央确立马克思主义法学理论的指导地位，奠定了法学教育革命的思想基础。按照马克思主义基本原理，通过革命建立的人民政权必须打碎旧的国家机器，废除旧的法律制度，因此，1949年1月，毛泽东在《中共中央毛泽东主席关于时局的声明》中提出"废除伪宪法""废除伪法统"②，1949年2月，中共中央发布了《关于废除国民党六法全书和确定解放区的司法原则的指示》，时任华北人民政府主席的董必武按照中央指示精神，签署了《废除国民党的六法全书及

* 本文原载《武汉科技大学学报》(社会科学版)2018年第6期。

** 武汉大学法学院资深教授、博士研究生导师。

*** 武汉大学法学院法理学专业博士研究生。

① 参见(战国)韩非:《韩非子》(译注)，北京联合出版公司2015年版，第348～352页。

② 参见毛泽东:《毛泽东选集》(第4卷)，人民出版社1991年版，第1381～1390页。

其一切反动法律》的训令，并明确确立马克思主义法学理论为解放区法律和法学教育的指导思想，掀起了法律教育的革命序幕。随着中华人民共和国的成立，这场震撼世界的革命在全国范围内产生了深远的影响。

中华人民共和国成立初期，从思想政治上和法律上作了充分准备之后，1952～1953 年法学教育革命迈出了调整变革的具体步骤。第一步是院系调整，即在全国范围内对高等学校法学院系进行了根本性的调整。法学教育在某种程度上是素质教育，就是说将法学教育并入国民教育序列。第二步是大规模进行院系合并，1952 年设有法律系的综合性大学有 11 所，新组建了北京政法学院和华东政法学院。1953 年再次调整后，新组建西南政法学院和中南政法学院，设有法律系的综合性大学仅剩 4 所，即中国人民大学法律系、武汉大学法律系、东北人民大学（吉林大学前身）法律系和西北大学法律系，其中，武汉大学法律系的老师来自中山大学、湖南大学、江西大学和安徽大学。截至 1954 年年底，全国法学专业在校教师 407 人，本科生 3091 人，专科生 926 人，①当时的法学教育已初具规模。

1954～1958 年，我国法学教育已走上正轨，政法学院以培训政法干部为主，综合性大学以培养法学人才为主。在中华人民共和国教育部（以下简称教育部）制定的《法学院法律系课程草案》中规定，讲授课程有法令者根据法令，无法令者根据政策。如无具体材料则以马列主义、毛泽东思想为指导原则，并以苏联法学教材及著述为讲授的主要参考资料，②同时，以引进苏联法学教育模式的中国人民大学

① 参见徐显明：《中国法学教育状况》，中国政法大学出版社 2006 年版，第 12～33 页。

② 参见中国教育年鉴编辑部：《中国教育年鉴（1949～1981）》，中国大百科全书出版社 1984 年版，第 239～257 页。

法律系为基地，兴办法学各学科的研究生班，培养了一定数量的法学教师，承担“工作母机”的职能。中国人民大学组织翻译的苏联法学教材在全国高等学校各院系普遍采用，当年使用的教材主要有：《马克思列宁主义关于国家与法权的理论》《马克思列宁主义关于国家与法权的历史》《苏维埃国家法》《苏维埃刑法》《苏维埃民法原理》《国家法》等。尽管各院系在课程设置与教材的使用上有所变化，但总体上大同小异，如《马克思列宁主义关于国家与法权的理论》后来演变为《国家与法的一般理论》。在教学方法上，以课堂讲授为主，以课堂讨论为辅，几乎每个章节的课堂讲授内容都要讨论 1 ~ 2 小时，当时法学教育的最大优点是坚持马克思主义法学的基本原理。20 世纪 50 ~ 60 年代的法学教育是马克思主义的法学教育，同时还包括毛泽东思想中的重要法律思想和董必武的法学观点，因此，20 世纪 50 ~ 60 年代法学教育培养的本科生和研究生都坚持马克思主义法学原理并能用马克思主义法学观点指导法制建设，他们当中绝大部分都为国家的民主与法制建设作出了贡献。所以，我们对中华人民共和国成立初期的法学教育要有正确的评价，应该说成绩是巨大的，其最根本的原因是坚持马克思主义法学观和中国共产党领导这个大方向，取得了维护社会稳定和人权保障等巨大成绩。在学术上，也取得了较大成就，出版了不少有价值的专著，成立了中国政治法律学会这样的学术组织团体并出版《政法研究》等法学杂志。更重要的是，在政法系统内进行了长达数十年的司法改革，由中国高等学校培养出来的法学学生充实了法院、检察院和公安机关人才队伍。中国法治建设的开拓者，老一辈无产阶级革命家、法学家董必武、谢觉哉等，是法治的倡导者，董必武认为在新的政权或国家成立之后，就要求按照新的法律规章办事，并提出“有法可依，有法必依”①。谢觉哉也认为：我们不要资产阶级的法治，但我们确要我们的法治②。当时法学教育培养出来的法学学生是积极主张法治的生力军。对中华人民共和国成立初期的法学教育应有一个正确评价，其中最可贵的是坚持马克思主义法学观并在法学教育中树立权威地位，坚持党的领导是法学教育的根本保障，其中，尽管出现了一些波折，甚至也走过一段弯路，但成绩是主要的。这一时期的法学教育不仅为当时人民政权的巩固、社会公平正义的维护以及人权的保障提供了法学人才，也为中国民主法治的发展奠定了群众基础。

二、改革开放40年法学教育的回顾

1978年年底，党的十一届三中全会的召开，是中国历史上的伟大里程碑，这次会议把党和国家的工作重点，从“以阶级斗争为纲”转移到社会主义现代化建设上来，同时也迎来了我国法学教育的春天。

（一）恢复发展阶段（1978～1992年）

这个阶段前期以恢复为主，后期以发展为重点。由于众所周知的原因，我国法学教育经受了挫折，到20世纪70年代中期，我国高等学校的法学专业只剩下2个本科和1个专科，即北京大学法律系、吉林大学法律系和湖北财经专科学校法律系，其于1977年恢复招生（当年共招200余人），开启了改革开放40年法学教育的先河。1978年后，我国先后恢复了西南政法学院、北京政法学院、西北政法学院、华东政法学院并且重建中南政法学院，同时还相继恢复了北京大学法律系、吉林大学法律系、郑州大学法律系、武汉大学法律系、中国人

① 参见董必武：《董必武政治法律文集》，法律出版社1986年版，第475～489页。

② 参见韩述之：《中国社会科学争鸣大系：政治学·法学卷》，上海人民出版社1991年版，第234页。

民大学法律系、南京大学法律系、复旦大学法律系、山东大学法律系和中山大学法律系等。中央政法干部学校及各省的政法干部学校也有50余所相继招收学员。北京大学法律系首先在教育内容上进行更新,将“国家与法的理论”法学基础课程更名为“法学基础理论”。1982年,中华人民共和国司法部组织一批法学教师编写了一整套法学教材,为当时法学教育的恢复起到了推动作用。从1985年起,中华人民共和国国家教育委员会组织了一批综合性大学的知名教师,共同编写了一批高水平的法学教材,如《法学基础理论》《中国法制史》《中国法律思想史》《中国宪法学》《中国民法学》《中国刑法学》《中国民事诉讼法》《中国刑事诉讼法》《国际法》《国际私法》《外国法制史》《西方法律思想史》等,同时,法学教育扩大到研究生教育与成人教育,培养了一批法学硕士研究生和法学博士研究生,也就是说,法学教育不仅恢复到20世纪50~60年代水平,而且还有所发展,这主要表现在:(1)教师数量有了较大增长;(2)不仅综合性大学、专门的政法院校有法学专业,而且在党校、师范类院校甚至个别医科、农科和工科院校也设有法学专业,法学教育几乎成了国民教育的重要内容;(3)法学类专业又设立了诸如国际法专业、经济法专业,个别的还设有环境法专业、国际经济法专业。20世纪80年代的法学教育前期以恢复为主,后期以发展为主,但当时的法学教育在深度与广度上还是停留在恢复这个大范围内,总的质量还是“粗犷”的,属于法学教育的幼年阶段,但总的方向是对的,那就是以马克思主义法学理论为指导、以中国法制建设实践为基础,从中国国情出发来恢复发展中国的法学教育。

（二）改革发展阶段(1992~2008年)

随着我国改革开放的不断深化,特别是1992年党的十四大的召开和社会主义市场经济体制的确立与发展,鉴于市场经济实质上就是法制经济这一科学判断的提出和实践，我国法学教育有了较大的发展，而且重点是外延发展，这具体表现在：第一，全国开办法学专业的学校猛增，据1995年统计，全国在校法学专业本科生52,469人、专科生40,149人，到1996年，包括法学硕士、博士研究生在内，全国法学专业学生已达10万余人。① 第二，法学教育设立的专业也较多，有的是相互包含的，如国际法专业与国际经济法专业；有的是相互冲突的，如行政法专业与环境法专业。第三，法学教材不统一，自编教材较多。总之，法学教育的发展令人振奋，但这种远超预期的发展为21世纪初期法学人才过剩埋下伏笔。针对上述情况，教育部及时组织成立了教育部高等学校法学学科教学指导委员会，在教育部的直接指导下对全国法学教育进行咨询、调研、建议和具体业务的指导，对法学教育进行部分调整，特别是进行某些改革的尝试，并按教育部要求设计了相关课题，如李龙主持，包括周叶中、韩大元、张守文、公丕祥、徐亚文和汪习根等人在内的重大教改项目"面向21世纪法学类专业课程结构、共同核心课程及主要教学成果内容改革的研究与实践"，该项目有3项重大成果：第一，在中山大学召开全国法学院院长会议，有教育部等有关领导参加，对"专业"的表述达到"共识"，认为法学专业必须有一个完整的课程体系，于是一致同意将法学类原有的7个专业，即法学、国际法、经济法、国际经济法、环境法、行政法和公安合并为1个专业即法学专业，之后又将公安单独分为1个专业，在专业目录中另属一类。第二，法学专业设14门核心课程，即法理学、中国法律史、宪法、行政法与行政诉讼法、民法、商法、知识产权法、经济法、刑法、民事诉讼法、刑事诉讼法、国际公法、国际私法、国

① 参见徐显明：《中国法学教育状况》，中国政法大学出版社2006年版，第34~63页。

际经济法。后来,教育部高等学校法学学科教学指导委员会又增加环境法与人权法2门课程。第三,更新法学教育观念,坚持厚基础、宽口径,实施素质教育,法学教育的培养目标是为国家培养高素质的法学人才。从2000年起,该项目成果在全国推广应用,当然,在实践中,对核心课程做了一些修订。

在这一阶段中还有一个重大进展,就是恢复重建了中国法学会,在中国法学会的指导下成立各专业研究会,并创办了《中国法学》等法学杂志,对法学教育的发展起了重大的推动作用。

与此同时,由教育部直接指导的全国法律硕士专业学位教育指导委员会正式成立,由时任最高人民法院院长肖扬任主任委员,曾宪义任副主任委员,直接指导法律硕士的招生与培养工作。首先由几个具有法学博士点的院校试点,然后在全国全面展开,已有100多个高等学校的政法院系取得了办学资格,法律硕士直接服务法律实践部门,受到公安机关、检察院以及法院的欢迎。

在上述举措的基础上,教育部进一步对法学教育进行改革,1999年6月,《中共中央、国务院关于深化教育改革全面推进素质教育的决定》,使法学教育有了很大发展,设有法学专业的院校最多时竟达到306家。由曾宪义主持,张文显、李龙、吴汉东和韩大元等人参加的"中国法学教育改革实施工程"荣获国家级教学成果一等奖,其对法学教育深入改革,确立在法学专业下设立研究方向,再按研究方向增设一些课程。在法学本科专业的第一学年和第二学年学习法学核心课程,在第三学年和第四学年按专业研究方向学习课程,确立法学教育为通识教育(主要强调素质教育)与专业教育(职业教育)相结合,办成具有中国特色的法学教育,从而使中国法学教育健康发展。为了加强实践教学,多所高等学校政法院系设立"法律诊所"课程,提高了法学学生的动手能力。我国法学教育还强调法学教育的国际化因素，并逐步使中国法学教育走向国际舞台，在世纪之交，在中国人民大学召开了“21 世纪世界百所著名大学法学院院长论坛暨中国人民大学法学院成立 50 周年庆祝大会”，一些著名大学如耶鲁大学、哈佛大学、巴黎大学、牛津大学、剑桥大学和莫斯科大学等法学院院长都出席会议并做了大会发言。同时，教育部高等学校法学学科教学指导委员会还先后同美国和欧盟等国家与国际组织举办法学教育的联席会议，时任美国总统克林顿还专门为中美两国法学院院长联席会议发来贺电，也就是说，中国的法学教育已走向了世界，赢得了声誉。

（三）法治化发展阶段（2008～2012 年）

如果说前两个发展阶段，中国法学教育还比较幼稚，但劲头十足，发展潜力大，那么第三个阶段则表现出中国法学教育走向成熟，截至 2005 年年底，涉及法学教育的高等学校共有 1750 所，其中设有法学专业的高等学校 641 所，未设法学专业但讲授法学的高等学校 115 所。[①] 法学教育呈现多渠道、多形式和多层次的格局，同时出现了一批由国家级出版社出版的法学教材与法学专著，特别是在马克思主义理论研究与建设工程实施过程中组织编写的 2 门法学教材，即《法理学》和《宪法学》。在教学内容上，坚持马克思主义法学普遍原理与中国特色相结合，强调马克思主义法学中国化、强调中国法治建设经验的总结与升华、提倡和加强对中国国情的研究、强调中国法治建设必须立足中国国情并且明确提出反对全盘西化和反对“三权分立”等西方法学理论。法学界开始清理一些不适合中国国情的法学观点，如权利本位、法律移植和司法独立等，坚持中国共产党对法学教育与法学研究的绝对领导。在这个原则问题上，教育部和中国

① 参见徐显明：《中国法学教育状况》，中国政法大学出版社 2006 年版，第 72～78 页。

法学会坚持了正确的理论、坚持了马克思主义法学理论在法学教育中的权威地位与指导作用。

在坚持大方向的基础上，法学教育并没有故步自封，其提倡贯彻“百花齐放”与“百家争鸣”的方针，在马克思主义法学指导下，合理借鉴中国古代和西方国家的法治文明，立足中国国情，构建和形成具有中国特色的社会主义法学理念。整个法学教育系统集中力量研究与发展中国特色社会主义法学理论。在法学教育的发展中，还实施了“卓越法律人才教育培养计划”，它以提高中国法学教育的质量与水平为目的，它的优点是建立多元化的法学教育模式，打破“千人一面”的培养方式。该计划通过几年的实践，收到一定效果，基本上确立法学教育是职业教育与素质教育的有机结合，同时还出版了一部分有价值的法学专著，教育部与中国法学会对此及时作了肯定，如对依法执政的研究、对文明执法的研究以及对物权法的研究和对刑法的研究，尤其是对经济法与环境法的研究有了新的进步，对人权的研究不仅加强了制度建设，而且加强与提高了国际人权对话水平，收到较好的国际效果。与此同时，法学教育提出和实施了“精品课程”，提高法学教育中的国际化水平，强调法学课程的双语教学，彼时，出国留学归来的法学人才日益增多，再加上国内高等学校法学专业增多，使以往被誉为朝阳专业的法学专业呈现法学毕业生过剩、分配困难以及就业较差的局面，尽管这种现象不符合中国法学人才短缺的实际情况，但在客观上确实存在。对此，国家采取一系列有效措施，使相关问题得到了有效解决，使法学教育走向了健康发展道路。

（四）全面发展阶段（2012～2018 年）

2014 年，党的十八大召开，中国特色社会主义进入崭新时期，法学教育也随之出现新的局面。以习近平为核心的党中央不仅宣告法治是治国理政的基本方式，而且明确宣布全面依法治国。法学教育界和广大司法工作者从理论与实践相结合上科学诠释了全面依法治国的内涵：(1)党的领导、人民当家作主和依法治国的有机统一是全面依法治国的总原则。强调党的领导是社会主义的最本质特征、是中国社会主义法治最根本的保证。人民当家作主是社会主义的本质要求，依法治国是党领导人民治国理政的基本方略。(2)依法执政是全面依法治国的总方针。坚持依法治国、依法执政和依法行政共同推进，坚持法治国家、法治政府和法治社会一体建设，促进国家治理体系和治理能力现代化。(3)构建中国特色社会主义法治体系、建设中国特色社会主义法治国家是全面依法治国的总目标。在中国共产党领导下，坚持中国特色社会主义制度，贯彻中国特色社会主义法治理论，形成完备的法律规范体系、公正的法治实施体系、严密的法治监督体系以及有力的法律保障体系和完备的党内法规体系。(4)坚持以人民为中心的发展思想是全面依法治国的总方向。以新发展理念统领法治建设各个环节，坚持法治依靠人民、为了人民和服务人民，以人民的根本利益为法治的出发点和落脚点。(5)实行依法治国与以德治国的有机结合，是全面依法治国的总要求，既重视发挥法律的规范作用，又要重视发挥道德的教化作用，实现法律与道德相辅相成、法治与德治相得益彰。(6)坚持权力制约，把公权力关进制度的笼子里是全面依法治国的总措施。坚持法治是“控权之治”这个法治文明的初衷，坚决反对腐败，坚持权力制约。(7)尊重与保障人权是全面依法治国的总价值。法治本身是一种文明，其目的在于维护社会公平正义，其价值在于尊重与保障人权。总之，全面依法治国不是空洞的理论，而是具有深刻内涵的。

在法学教育全面发展阶段，高等政法院校更加重视对学生实践能力的培养，大力加强实践环节：一是要求有固定的实习基地，增加学生实习时间；二是实施“双千计划”，即政法院校要与具体的政法部门,如法院、检察院和公安机关加强业务联系,各向对方派员工作 1 ~ 2 年,全国共交流 2000 人,故称“双千计划”;三是提高学生的国际交往能力,要求学生外语水平有突出进步,多开“双语课程”,同时,恢复法学博士研究生的评议工作,2018 年 1 月 8 日,国务院学位委员会正式发布通知,确认全国范围内新增 8 个法学一级博士点,至此全国共有法学博士点 48 个。在此基础上,设有法学专业的高等学校又经评估进入世界一流大学和一流学科(以下简称“双一流”)建设,有北京大学、清华大学、中国人民大学、武汉大学、中国政法大学和中南财经政法大学(自定)6 所大学的法学学科入选“双一流”建设学科。

特别指出的是,2014 年 10 月,党的十八届中央委员会第四次全体会议专门就全面依法治国的司法管理体制、司法责任和诉讼原则等若干重大问题进行了认真的讨论,审议通过了《中共中央关于全面推进依法治国若干重大问题的决定》,提出 100 多个问题并分到具体司法部门予以解决,其中主要是两大方面:一个是以审判为中心的诉讼制度的改革,另一个是以司法责任制为中心的责任追究制度的建立。通过讨论、研究加强法学教育问题,指出坚持用马克思主义法学思想和中国特色社会主义法治理论全方位占领高校、科研机构的法学教育和法学研究阵地,加强法学基础理论研究,形成完善的中国特色社会主义法学理论体系、学科体系、课程体系,组织编写和全面采用国家统一的法律类专业核心教材,纳入司法考试必考范围。坚持立德树人、德育为先导向,推动中国特色社会主义法治理论进教材、进课堂、进头脑,培养造就熟悉和坚持中国特色社会主义法治体系的法治人才及后备力量。建设通晓国际法律规则、善于处理涉外法律事务的涉外法治人才队伍。①

三、对中国法学教育的展望

党的十九大的召开，不仅开启了中国特色社会主义新时代，而且也开启了中国法学教育的新时代，无疑会带来中国法治建设与中国法学教育的新辉煌，我们对中国的法治建设特别是对作为法治中国思想基础的法学教育寄予厚望。

第一，以习近平新时代中国特色社会主义法治思想为指导，这是我们展望中国法学教育远大前程的思想基础和根本保证，因为习近平新时代中国特色社会主义思想是对马克思主义、毛泽东思想、邓小平理论、"三个代表"重要思想和科学发展观的继承与发展，是马克思主义中国化的最新成果，是党和人民实践与集体智慧的结晶，是中国特色社会主义理论体系的重要组成部分，是全党全国人民为实现中华民族伟大复兴而奋斗的行动指南，其内容丰富、博大精深。习近平的法治思想是习近平新时代中国特色社会主义思想的重要内容，特别是关于全面依法治国的论述、关于法治与改革的辩证关系的论述以及关于中国特色社会主义法治道路、法治理论和法治体系的论述是我国法学教育的指导思想和根本内容，对于我国深入开展法学教育并且对建设中国特色社会主义的法治话语体系、法学学科体系和课程体系将起到极大的促进和推动作用，如习近平关于法治思想的重要论述可直接转化为中国法治话语体系中的基本原理与基本概念，成为法学学科体系中的理论渊源，成为法学课程体系中的重要支撑，使当代中国法学教育走向辉煌。

---

① 参见《中共中央关于全面推进依法治国若干重大问题的决定》，人民出版社2014年版。

当今世界，中国智慧、中国方案和中国贡献正在被世界各国人民所赞许，并成为他们的共同理想。中国法学教育以马克思主义法学为指导，基于深厚的中华法治文明积淀，根植于中华民族“以人为本”的历史传统，坚持“以和为贵”“有容乃大”的格局，追求“太平世界”的境界，胸怀“人类命运共同体”和“天下为公”的科学理念，追求“人的全面发展”的价值目标，其彰显博大的天下情怀和人类的共同理想。中国法学教育的内容越来越深入人心，必将得到迅速发展和全面繁荣。

但是，在前进的道路上还会遇到很多困难，必须从习近平法治思想中去探求、从实践中去求真知、从规律中去发现并且不断提升领导干部和全体人民的法治思维与法治方式水平。

第二，对中国法学教育和前途，要树立四个自信，即法治道路自信、法治理论自信、法治制度自信和法治文化自信。自信是前进的动力，更是夺取成功的基础。道路自信这是方向问题，必须看清和坚信，中国特色社会主义法治道路自信是党的十一届三中全会以来在法治实践中逐步形成的，它顺应潮流、符合民意、立足国情并且深受欢迎，这条道路由三个方面构成其核心要义，即坚持党的领导、坚持中国特色社会主义制度以及坚持中国特色社会主义法治理论，规定和确保了中国特色社会主义法治体系的制度属性和前进方向，而法学教育是社会主义法治体系的组成部分，从而使法学教育有了明确的发展方向，使法学教育始终在中国特色社会主义的康庄大道上不断前进。

第三，中华人民共和国成立以来，特别是改革开放以来法学教育的经验，是弥足珍贵的财富，总结这些经验并以马克思主义的方法加以分析，结合中国国情，将其上升为理论，对促进法学教育改革大有裨益，如对我国法学教育采用素质教育与职业教育相结合的模式，有效推进了中国法学教育的发展。我国法学教育既不照搬西方的教育模式,也不单纯放在研究生教育阶段,而是在素质教育的基础上与职业教育结合,实践证明,效果是良好的。

第四,中国法学教育既合理借鉴了中国几千年法学教育的某些合理因素,贯彻“古为今用”的方针,也合理借鉴西方法学教育的某些合理因素,如法学硕士研究生教育,贯彻“洋为中用”的方针,从而使中国法学教育独树一帜,及时培养合格的社会主义法律人才。2017年5月,习近平总书记在中国政法大学考察时强调:没有正确的法治理论引领,就不可能有正确的法治实践。高校作为法治人才培养的第一阵地,要充分利用学科齐全、人才密集的优势,加强法治及其相关领域基础性问题的研究,对复杂现实进行深入分析、作出科学总结,提炼规律性认识,为完善中国特色社会主义法治体系、建设社会主义法治国家提供理论支撑。同时,还提出了坚持以马克思主义法学思想和中国特色社会主义法治理论为指导,立德树人,德法兼修,培养大批高素质法治人才①。习近平总书记不仅强调法学教育的重要性,而且指出发展法学教育的方法和措施,这是我国法学教育的强劲东风,我们必须响应号召,既要看到使命光荣、责任重大,更要满怀信心和希望,把法学教育推向一个崭新的阶段。伟大的新时代,必将迎来法学教育的新局面!

在党的十九大精神的鼓舞下,2018年1月30日,教育部发布了《普通高等学校本科专业类教学质量国家标准》,包括法学在内的全国本科专业目录共有92个专业,这是我国第一个高等教育教学质量标准,它对专业师资队伍的数量与结构、教师学科专业背景与水平、

① 参见《习近平在中国政法大学考察》,载新华网:http://www.xinhuanet.com/politics/2017-05/03/c_1120913310.htm,最后访问日期:2019年6月27日。

教师教学中的发展条件提出定性与定量相结合的要求,并贯彻以下三个原则:第一,突出以学生为中心,注重激发学生的学习兴趣与潜能;第二,突出产出导向,主动对接经济社会发展需求,科学合理设定人才培养目标;第三,突出持续改进,强调学校质量保障体系,推动教育质量不断提升。

2018 年 8 月,党中央决定成立全面依法治国委员会,将党的十八大以来习近平与党中央提出的一系列治国新理念、新思想、新战略,概括为“10 个坚持”:(1)坚持加强党对依法治国的领导;(2)坚持人民主体地位;(3)坚持中国特色社会主义法治道路;(4)坚持建设中国特色社会主义法治体系;(5)坚持依法治国、依法执政、依法行政共同推进,法治国家、法治政府、法治社会一体建设;(6)坚持依宪治国、依宪执政;(7)坚持全面推进科学立法、严格执法、公正司法、全民守法;(8)坚持处理好全面从严治党与全面依法治国的辩证关系;(9)坚持建设德才兼备的高素质法治工作队伍;(10)坚持抓住领导干部这个“关键少数”。明确了全面依法治国的指导思想、发展道路、工作布局、重点任务,我们在法学教育中必须认真落实与执行。

总之,有习近平新时代中国特色社会主义教育思想的指引、有党的教育方针定方向,我国一定会把法学教育推向“三个一流”(一流本科、一流专业、一流人才),使之为中国法治建设作出应有贡献,为构建人类命运共同体而努力奋斗。法学教育前途光明,责任重大!

改革开放与中国法学教育的恢复重建

霍宪丹*

一、教育情结

专业实习返校后，尤其是进入1982年，各种有关分配的小道消息四处流传。司法部的各位领导来学校视察讲话时，也多多少少涉及“文化大革命”后第一批政法院校毕业生的分配走向。随着时光的移转，分配方案逐步明确，印象最深的是胡光院长讲出来的2个优先：一是优先补充法律院系的师资队伍，二是优先满足中央政法机关和其他中央部门的需要。于是学院毕业分配工作的重点，首先是动员我们去充实“工作母机”——法学师资队伍，各级领导纷纷从各个方面阐述其重要性和深远意义。后来得知，这个原则是司法部决定的。对此，我的主意已定，坚决不搞教育，不去当老师，态度既明确又坚定，事后想来潜意识中影响我的主要有两个原因：一是“文化大革命”中间，彻底砸烂公检法和批判反动学术权威的口号还犹言在耳，近看学院的老师刚刚入学时人人都有一肚子苦水向我们倾诉。在20世纪80年代的初期，教师政治地位和待遇远不如工人、农民和军人。二是在当时，君不见坚持个人见解的学术前辈，大多都过不了“反右”关、“运动”关，政治运动一起来，就是批判对象。前车之鉴、必须铭记。今天来看，“教育已成为一个民族‘神经系统’，是一个民族的传

* 司法部司法鉴定管理局原局长、教授。

统和期望的最好表达”。这是因为教育不仅满足人与社会的基本要求，而且在于我们希望教育能面对世界的重大问题并考虑个人及人类新的美好愿望，如出现新的精神价值观——物权平等、生态人道主义、人类与生物的休戚与共、正义和平统一等。但在20多年前，我们更多的是出于本能，对“文化大革命”的反思，决定了主体的选择和价值判断。

分配工作结束后，我满怀对未来的期望，与分配去司法部、最高人民法院、最高人民检察院和北京政法学院的同学一道，踏上了北去的列车。一路上都在热烈讨论去哪个部门适合今后的发展，大概司法部当时的主要司局都议论到了，唯独没人说愿意从事教育和人事工作。殊不料山不转水转，待分配方案宣布时，我很不情愿地得知与闫欣同学一道分配去教育司工作。就这样，先是法学教育选择了我，然后是我选择了法学教育，结下了20年的不解之缘。即使20年后离开了法学教育司，但仍未离开教育战线，仍然心系法学教育的每一个成绩和每一项改革。我们这些20世纪50年代出生的人经历了“文化大革命”、上山下乡、恢复高考、改革开放、全球化、加入世贸组织等一系列重大事件。这是中国历史上比较多变的时期，既有损失，但更多的是收获和不可多得的体验（如动乱与安定、贫穷与富裕、机会与发展、高压与宽松、封闭与开放等）。回顾20年走过的路，我深感到：这种选择是历史的必然，是人生道路上无悔的选择！我由衷地热爱法学教育事业，把人生中最美好的20年无私献给了法学教育。我深刻认识到，法学教育是通往法治国家的起点和前提，法学教育肩负着实施依法治国和科教兴国战略的双重历史使命。因此，建设社会主义现代国家，不仅需要大批理工农医人才，同样也需要大批高层次、高素质的法律人才。20年来，一批又一批法律人才走向法律部门，走向社会各行各业，走向管理国家和社会的各个岗位，他们注定已经而且还将继续在中国的司法体制改革中,在民主法治建设中,在经济社会发展中,作出历史的贡献。

二、歌乐山下

中华人民共和国第一部宪法通过后的 1954 年 10 月,我出生于重庆,故得名。父亲当时在西南军区,是在参加了平津战役、淮海战役和渡江战役后,跟随刘邓大军继续进军西南的;母亲则是随曹获秋率领的西南服务团进军重庆的。当时父亲在西南公安部工作,任务之一就是接收中美合作所,驻地在歌乐山上的梅园(中美合作所美军顾问梅乐斯的住所)。上大学期间,早上跑步,常是以梅园为折返点(杨虎城将军遗骨,就是在梅园的一个花台下发现的)。还在重庆巴蜀幼儿园时,因西南大区撤销,我随父母工作调动而转到成都西马棚省直机关幼儿园,后来上了成都市实验小学(班主任梅克清老师是全国劳动英模,在"文化大革命"中受到很大冲击)。1966 年小学毕业时,正赶上"文化大革命",天天批"三家村、四家店"。本已看过考场,备考中学的我们突然听说搞文化革命,不用考试的消息后,全班一片欢呼雀跃,以后每每忆及此情此景,心里总有一丝苦涩。"文化大革命"中的成都,停课 3 年搞武斗,经常是在枪炮声中进梦乡。成都直到 1969 年才复课闹革命,我按就近分配的原则进入西北中学。

由于 1966~1969 年的小学毕业生同步进中学,人满为患,只好分上下午轮流到校学习,整日跳忠字舞,毛选天天读,然后就是去工厂、农村,学工、学农、学军。混了 2 年多后,除少数同学当兵外,全都下乡走了(在其他城市的初 69 同届学生,大多都是 1969 年就下乡插队或到了生产建设兵团,但在成都,时钟被人为地停了整整 3 年)。"文化大革命"中,父母在西昌米易湾丘省五七干校劳动;在成都四中上中学的姐姐哥哥分别去了金沙江边的凉山洲麻风病区的宁南县和德阳农村插队;我也于 20 世纪 70 年代初插队到位于成都平原的四川彭县义和公社 14 大队 3 小队当知青。

30 多年前,记得有一天下午,我在生产队大水田中头顶烈日,挥臂插秧的间隙,偶然直腰休息时,忽然发觉雨过天晴后的横断山历历在目,山顶白云和山腰农舍的炊烟融为一体,真是令人心旷神怡。但这种感觉很快就消失了,心中更多的是被一种无名的愁绪笼罩着。思绪归体后,眼前的现实是,无论个人、家庭,还是国家、民族都看不到什么希望。前面的路一片渺茫,怎么也想不到我会走进法律之门,而且将实现中国的法治作为人生的事业。

我插队的彭县位于美景如画的川西平原,“天府之国”指的就是这一块,属于都江堰自流灌区,距著名的三星堆遗址仅十几里,是在同一条河的上游,水网密布,正是麦苗青、菜花黄、竹林丛中有草房。但当知青想的最大问题却是如何回城,所以,虽到农村几年,只可惜广阔天地实在大,一颗红心炼未红。以后又到成都第一机械工业学校学习机械制造专业,因此常自诩为早期的“复合型人才”。后进工厂当技术员 2 年,直到 1978 年 10 月才跨进西南政法学院的大门,天天见到歌乐山。

三、投身教育

20 年前我刚到司法部时,部长是魏文伯。司法部还在位于西直门附近的国务院第二招待所办公。我们这批“七七级”“七八级”的毕业生统称为“二招干部”(之前尚有“南长街 32 号干部”,之后还有“五里沟干部”和“朝阳门干部”)。当时教育司的干部主要由两部分组成,一是老干部。司长宋子成是大革命时期的党员,他和副司长王浩都是“文化大革命”前的 9 级干部(当时西南政法学院的胡光院长、苏德明书记都是 8 级红军干部);苏文副司长是“三八式”干部,王化然副司长曾参加过审判日本战犯的工作(这之后是知识分子中选拔的领导,如余叔通、甘绩华、邢同舟等)。司法部各司局、其他部属政法院校的领导大致也差不多。二是老知识分子。如张玉根、刘和正、罗华俊、周才储、熊先觉、徐志春、王方炳等,他们分别毕业于中央大学、中山大学、人民大学、朝阳大学、东吴大学等大学的法律专业。我们和同年来的吉林大学七七级毕业生董君利都算年轻人。待到我20年后离开时,已成为名副其实的"老同志"。在极"左"思潮之下,由于受法律虚无主义的影响,司法部在"反右"斗争后的1959年4月28日就被撤销了(第二届全国人民代表大会第一次会议通过的决议),故1979年恢复成立后(1979年9月3日第五届全国人民代表大会常务委员会第十一次会议通过的决定),社会上很多人还搞不清楚司法部究竟是干什么的,一问路,总是把司法部当石化部(当时有个石油化工部),或者自以为是,以为司法部是管法院、检察院和公安的。

刚到北京的前几年,正赶上拨乱反正,平反冤假错案的热潮。大批上访的人挤满了公检法司几家的信访处;还有大批在历次运动中被错误处理的干部通过各种关系找来,要求上级组织平反,希望上级领导批复。

粉碎"四人帮"后的中国,百废待兴,政法工作同样也是如此。在20世纪80年代的前几年,我亲身参加过的法学教育工作主要有以下五个方面:

一是恢复重建政法院校、法律系。邓小平同志1977年自告奋勇抓科技和教育工作时,批准西南政法学院恢复重建;当年还有北京大学、吉林大学和湖北财经学院法律系恢复招生;1978年西南政法学院和中国人民大学法律系恢复招生。同年,北京大学、华东政法学院、西北政法学院("文化大革命"中政法院校全部停办并撤销,除西南政法学院整建制保留到西山劳改农场外，其他4所都搞散了，因此，“文化大革命”后西南政法学院恢复得早一点，即便这样，校舍也被占。当时有位领导形象地比喻：北政是“五马分尸”，西政是“楚汉相争”，华政是“八国联军”）也相继恢复重建。1981年10月，最高人民法院、最高人民检察院、公安部、民政部和司法部向中央上报《关于恢复中南政法学院的请示报告》。同年10月司法部党组上报《关于迅速筹建中国政法大学，恢复公安学院和迁建中央政法干部学校的请示报告》。1983年经中央批准决定在北京政法学院基础上建立中国政法大学。

1982~1983年，我正好参加了司法部教育司与教育部高教一司共同为召开全国高等法学教育会议而联合组织的调研活动，先后在西南政法学院（毕业1年后又重返母校，见到了本班留校读研的周强和留校任教的李健）和南京大学（在南大法律系见到9班同学许江负责会务工作）召开2大片区法律院系座谈会。教育部参加联合调查的同志主要是高教一司夏自强司长、财经政法处王泽农处长、副处长老崔（崔裕骏）、老李（李逢江），以及王志远、小查（查卫平）、小李（李静）等。

1983年12月31日至1984年1月5日，司法部、教育部联合在北京万寿路西街7号中组部招待所召开了“全国高等法学教育座谈会”（记得会前在火车站接站时，火车晚点到夜里1时，我和中国人民大学的研究生即今日国家行政学院的杜钢建教授以及北京大学的一位叫李春的研究生一边聊天，另一边热烈地谈论中国法制建设的未来和法学教育的发展问题，虽值寒冬，大家心里却热乎乎的，竟不知冷），司法部朱剑明副部长、教育部彭珮云副部长分别讲话，教育部研究室的郝克明同志提交了调研报告《法学教育的层次结构应当适应我国法制建设的实际需要》。会议确定了发展高等法学教育的基本方针和近期发展的设想与措施,对大力培养法学师资,积极进行教学改革和加强思想政治教育工作等提出了要求。

据统计,到1983年年初,全国已恢复建立起5所政法院校和31所综合大学法律系(专业),法科在校生1.4万人,比1978年增加13倍,比1957年增加1.3倍;法律专业教师达1400人。此后,为满足政法队伍建设和民主法制建设的急需,加快法学教育的改革发展,1985年8月,司法部又向中央书记处、国务院报送了《关于加速培养法律人才的报告》。

二是组织开展司法干部培训工作。20世纪80年代初因受"文化大革命"砸烂公检法的影响,政法干部青黄不接,政法队伍出现断层。为贯彻落实党的十一届三中全会提出的加强民主、健全法制的方针,彭真同志要求司法部承担起政法部门的组织部、教育部、宣传部和后勤部的职责。司法部当时一手抓法学教育的恢复、重建和发展,一首抓司法干部培训工作,主要包括各省、自治区、直辖市政法领导干部和29个对外开放城市的政法"五长"、军队转业干部、重新归队和新上岗的法、检、司在职干部,以及中央20多个部委系统委托的全国企事业法律顾问等。随着中央提出干部年轻化、专业化和革命化的"三化方针",为加快政法干部队伍建设,司法部加强了成人法学教育的发展。1980年国务院批转司法部《关于加强和建立地方政法干部学校的请示报告》;1982年,最高人民法院、最高人民检察院、司法部联合发出《关于积极办好法律函授教育的通知》;1983年,司法部在烟台召开函授工作会议并制定《关于发展和加强法律函授教育的若干问题》的文件;1984年,最后人民法院、最高人民检察院、司法部又发出《关于认真组织司法干部参加电大法律专业学习有关问题的通知》;1984年6月,司法部又向中央政法委员会报送了《关于加强司法干部培训工作的汇报提纲》。

三是制订发展规划，加强法学教育的行业指导。先后组织制订部属政法院校和法学教育的发展规划、方针和政策，对地方法学教育的布局发展进行业务指导，组织协调法、检、司三家干部队伍建设工作。

四是组织编写法学教材。党的十一届三中全会后，为解决法学教材奇缺问题，1980 年 7 月，司法部在全国司法行政工作座谈会上专题研究了法学教材建设问题，并在会后正式成立了由司法部、教育部领导的法学教材编辑部（王岷灿同志、杨永磴同志先后负责），随机着手教材编写、审定工作，仅二三年时间就编写出版了 28 种约 1000 万字的《高等学校法学试用教材》和 16 种约 200 万字的《简明法学教材》，解决了高等学校、干部培训和中等法学教育的急切需要，为法学教育的顺利发展提供了重要保障。

五是组织培训全国法律专业教师。10 年“文化大革命”，法学教育是重灾区中的重灾区，复办时面临的最大困难是师资和教材奇缺。由于中华人民共和国成立以来学习苏联和实行以阶级斗争为纲的政治路线，原来留下的东西要么是苏联的，要么就是政治内容和党的政策，直到 1979 年国家才制定出《刑法》和《刑事诉讼法》，中国法制建设的目标还是争取实现有法可依、有法必依、执法必严、违法必究。当时，教育司的工作重点之一就是争取中央给政策并通过各种途径（如归队政策、输血政策、毕业生优先补充等）在从数量上加快法学师资队伍建设的的同时，通过委托有关法学院系举办“全国法律专业师资进修班”，以加强教学水平和保证教学质量。

据初步统计，1980 年到 1990 年，司法部共举办近 20 期各类的专业师资培训班，共培训各类法学教育机构的法学教师八九千人。20 世纪 90 年代初期，我到过全国很多法学教育机构，都能见到当年参加过师资培训的教师，他们已成为各学科的教学业务骨干。直到 90

年代后，一批又一批硕士、博士毕业生充实进法律院校后，这种大规模的师资培训才结束。

这期间，记得是1984年到华东政法学院参加全国国际经济法专业师资培训班的结业典礼时，还听说了一个民族团结的故事。新疆政法管理干部学院的一位维吾尔族老师在学习期间病得很厉害，但说什么都不肯吃药，认为只有吃西瓜才能治好他的病，这是他们多年的民族传统。而在当时，冬天的上海哪里有西瓜呢？此时1983年毕业留校攻读国际法研究生的一位同学正好在师资班里协助教学管理工作，闻讯后二话不说，立即骑上自行车冒寒风跑遍了大上海去找西瓜，最后终于在上海一个涉外高级饭店的冷库里找到仅有的2个。维吾尔族老师一口气吃完2个西瓜后，病竟神奇的好了！对此，《新疆日报》还专门报道了这一段民族团结的佳话。这位维吾尔族老师是后来担任过新疆维吾尔自治区司法厅厅长、新疆维吾尔自治区检察长玉素普·买买提，而那位热心协助人的同学就是原最高人民法院的一级大法官曹建明教授。

四、回望西南

刚到教育司工作时，曾利用工作之便，查阅了西南政法学院（1995年更名为西南政法大学）与四川外语学院“打架事件”的档案，发现导致对两校学生“打架事件”处理逐步升级的主要原因，是四川外语学院的外籍教师将此事捅给了外国媒体，经“美国之音”报道后，造成很不好的国际影响。这在当时可是个非常严重的事件，于是有关方面层层上报中央，最后邓小平批示司法部党组和四川省委协商解决。当时任四川省委书记的赵紫阳提出两校分开办学，西南政法学院迁址成都的建议（同时还提供了3个地址供选择，当时在郊区，今天已是黄金宝地）。这个消息传出来后，学生大多都赞同，而教职工大多则坚决反对。其原因，一方面，在于他们的社会关系、生活基础和子女都在重庆；另一方面，更主要的是忍不下这口气：凭什么自己的校园让别人占据，还要我们走人，互不相让的结果是维持现状，相对分开。四川省委派分管文教的杜星恒书记负责处理，经他现场勘察后，就产生了明显偏向四川外语学院的分界线。

回首“打架事件”及其处理过程，深感历史有时候就是在我们的判断与选择中造就。此事对当时在校的各届学生造成两个明显后果：一是在划地而治基础上的发展，只能是削山垒坎，使西南政法学院成了“稀烂政法学院”；二是“政法小伙”与“川外姑娘”的正常交往渠道因“打架事件”而阻塞，使多少良缘失之交臂，破坏了两性平衡的天然格局，好在后面的师弟师妹们逐步摆脱了因此产生的负面影响。我常想，假如西南政法学院去了成都，四川大学法学院则不会是今天这个样子，而西南政法学院的骨干教师也不用操心稳定的问题。在当时西南政法学院占了天时、人和，却无地利，这一点从长远来看对师资队伍建设的影响太大。因此，重庆直辖时我和徐静村副校长共同运作在成都建校区。我们以为这是一个双赢的选择。在征得司法部部领导的赞同后，想积极促成四川省政法管理干部学院与西南政法学院通过先联合后合并的办法在成都设校区，作为桥头堡和西南政法学院的办学实体，保持对四川省的辐射和影响。为此，我们先后与四川省司法厅、四川省教委、四川省政法委、四川省政府办公厅协商，并通过当时派驻四川省的中央三讲工作组组长、司法部老领导金鉴部长，向四川省委省政府领导汇报以争取支持。可惜的是，此事因西南政法大学党委意见不统一而中断。

在西南政法学院的 4 年中，给我印象最深的领导是胡光院长。经历过中华人民共和国成立以来历次政治运动，尤其是深刻反省学院 1957 年“反右”斗争的沉痛教训的胡光院长，在如何处理学生的问题上，始终是从关心和爱护的角度出发，说服各方，消除外界压力，坚持采取教育为主的办法。我们毕业后，在四川省委组织部统一安排下，胡院长搬进了位于成都中医学院附近的红军老干部楼。1987 年我们一家回成都探亲时，还去看望了胡院长。他和夫人李冰主任见到我们后分外亲切和高兴。

种明钊教授在担任校长期间提出了三大努力目标：改校名、上博点和成立出版社。此事也得到北京校友们的积极响应和支持，很多人都尽其可能地协助学校做工作。1995 年，当我第一时间在教育部将批准改校名的消息报告种校长时，我能感受到他溢于言表的由衷喜悦。为了上博点，种校长利用各种机会介绍学院的情况、困难和发展设想，争取方方面面的支持。我曾听高铭暄先生赞叹过种校长的精神，确实是以诚感人，以信取人，赢得了尊重和支持。种校长对第三个心愿投入精力最大，也曾接近过实现，但终因大环境有变化，中央冻结了审批工作而成憾事。

关于“西南七八”现象，据说社会上还有人进行过专项研究。作为成员之一，对于这一现象产生的原因，我曾在其他场合作过简要分析，认为主要有四个方面的原因：

一是占了天时。“文化大革命”中法学教育近乎空白。1977 年恢复高考是各省自己考的。当时司法部几所政法院校只有西南政法学院恢复招生（北京、华东、西北政法学院刚刚复建，尚未招生），抢得先机。再加上这批学生大多来自工厂、农村、部队，具有不同的社会背景、生活阅历和年龄层次，这正好符合法学教育的基本规律和基本要求（有一定社会实践阅历和多元化的专业知识、思想意识背景）。按系统论的观点就是形成了人才的综合集成。

二是占有规模效益。1978 年全国普通高等法科共招生 729 人（1977 年北京大学、吉林大学、湖北财经学院和郑州大学共招 223

人），仅西南政法学院就招了364人（同年，即1978年北京大学招65人、中国人民大学招128人、吉林大学招102人、湖北财经学院招37人、郑州大学招33人），在整体上具有明显的数量优势。

三是西南政法学院的地理条件因素。学院地处重庆沙坪坝歌乐山脚下，远离市中心，加上重庆交通不便，进一次城相当困难，这在客观上形成一个相对封闭的学习环境，使学生的主要时间都是在学院度过的，受外界的影响和社会的诱惑相对其他位处大城市中的学校来说就小得多。

四是西南政法学院的学术传统和校风与四川独有的人文底蕴相结合，共同营造一种朴实无华、刻苦学习、不迷信权威、做事认真的良好氛围；西南政法学院师生之间融洽的关系，也有利于学生的积极探索和自由发展。加上七八级学生中大多数为50年代生人，接受过“文化大革命”前的传统教育，都非常珍惜来之不易的学习机会，把主要精力都放在学习上。此外，由于男女生比例严重失衡（每班平均四五名女生，而且平均年龄偏大），而“打架事件”又造成与四川外语学院女学生正常交往的渠道阻塞，因此谈情说爱的也不多，有个别谈恋爱的大都处于地下状态，同学之间的竞争主要是在学习上和社会活动上。

1999年开始的高校管理体制改革，存在浓厚的行政色彩，并非都经过充分和科学的论证，在部属政法院校的管理体制上存在明显的“一刀切”现象和一些人为因素。究其原因，与当时主管部门的有关负责人的认识有关：一是认识上有盲区，只看到其教育属性的一面，不了解其职业属性。长期以来由于法律职业与法学教育的分离，使大家往往将法学教育与高等院校中法学专业学历教育等同起来，因而理所当然地将其划入教育行政部门管理的范畴。其实在世界很多国家中法学教育的概念重要的是指法律人才的培养模式。

二是认识上有误区，其逻辑是综合素质只有综合大学才能培养，因此简单认定单科院校没有存在的理由，或简单将地方办学和行业办学贴上对与错、是与非的标签，不考虑发展的不平衡、需求的不平衡和现代社会分工与协作的客观需要，不尊重高校类型结构和布局结构的生态型和多年形成的互补性等合理存在，不注意面向全社会培养通用人才和面向行业培养具有特殊职业要求的学校之间的区别。把可能性视为必然性，把理论推导当成普遍规律，搞“一刀切”。事实上，任何一个国家的高校布局结构都是多元和分层次的，中国是个大国，各地区发展不平衡，如果利用行政权力一味追求世界一流大学和综合性大学，势将破坏多年来形成的教育生态环境，而生态一旦破坏，将很难恢复。

三是决策过程未真正听取学校及主管部门的意见（形式上的程序走了，但仅限于形式上）和经过充分、全面的综合论证。决策程序很难做到科学、公正。这是一种与计划经济体制相适应的行政行为，违反了市场经济条件下平等自愿的原则。尤其是培养律师、医师、教师、会计师和建筑师的院校，其双重属性和全国统一的以职业特点、职业要求和职业资格准入标准等内容的职业制度，与普通的理工农、文史哲等学科专业的教育明显不同。这在世界各国均是如此。这类职业共同的特殊性在于它们大多都是以人为工作对象的，而人是最复杂、最具有可塑性的。要想胜任其职，仅有专业知识远远不够，而必须是专业知识、职业素养和职业技能的统一。因此，就这类职业而言，其基本需求和发展规律是，分工专业化，岗位专门化，队伍职业化，培养一体化，规模产业化。由此而来的必然是一般的普通教育难以培养其职业所需人才。大学毕业只是进入这类职业的起点和必要前提，而非基本标准和充分条件。“一刀切”的政策在这些领域实际上是利用行政权力充分分配教育资源并集中于各级教育行政部门。

就法学教育而言，其消极影响之一表现为：一方面，有规模效益、有质量保证的部属政法院校交到地方后，发展空间受到限制。另一方面，这也成为各种各样学校大办法学专业的最大理由，一哄而上的结果是办学点和规模无序扩张，办学基本条件和教育质量都得不到保障。

从根本上讲，我国政体的统一性决定了法制的统一性，这是一项宪法原则；而法制统一性取决于法律职业的统一性，最终是由法学教育的统一来规范和保障。由此可见，缺乏法律职业部门宏观的行业指导和规范，法律人才的培养目标、培养规格和培养要求难以统一，法学教育的发展将失去动力甚至迷失正确的发展方向。2001 年国家实施统一司法考试制度后，这个问题就更加突出了，其基本原因在于法学教育具有的双重属性（不仅具有教育属性，还有法律属性），它不仅是一项教育工作，更是一项政法工作。法律人才培养体制具有二元结构，既是一项高等教育制度，又是国家司法制度的重要组成部分，是培养选拔和造就高素质法律人才的基本制度和基本保障。正因如此，在法治建设的重要阶段，它始终都是党中央国务院赋予司法部的一项重要职能。党的十六大提出司法体制改革的基本要求之一，是要逐步实现司法审判和检察同司法行政事务相分离。司法行政部门的这种职能和作用无论在大陆法系还是普通法系国家都是如此，只是具体形式不同而已。这也是由中华人民共和国以来法学教育曲折发展的历程所证明了的历史经验。

西南政法大学作为全国政法院校中的一所重点大学，在管理体制改革中本应当与中国政法大学一并交由教育部直接管理，但由于当时发生了一件至今未得到正式澄清而一再被误传的事件，影响了有关部门和领导的决策。这就是所谓西南政法大学学生上街游行的事件。此事发生后，接着又传来西南政法大学学生计划于 1999 年 12 月 31 日澳门回归当天，组织在渝高校学生上街游行的消息，一时间搞得很紧张，各级领导纷纷批示。当时，我刚率团访问澳大利亚回来，又马上作为工作组组长前往西南政法大学。经过与重庆市委教工委的同志认真负责的调查，我们的结论是，所谓12月31日组织上街大游行的事没有任何根据，事实上也没有发生，仅是网上的传闻。在此之前发生的学生上街游行事件的内容也与事实相差甚远。据了解，当有西南政法大学并入重庆大学消息传来后，去食堂吃饭的路上，不少同学逐渐聚集在宿舍前激动地议论此事，其中有些人情绪化地表达反对意见和呼叫了不理智的口号，当学院有关领导赶来说明真实情况并做了疏导工作后，学生渐渐离去，前后1个多小时，并没有出现学生上街游行的情况。但好事不出门，坏事传千里。此事一传再传，离真实情况相去甚远，一些媒体以讹传讹对西南政法大学的整体形象和以后的发展造成的严重影响，至今犹见。

高校管理体制改革开始时，教育部的领导曾明确传达国务院主管领导的意见，即政法部门所属的院校仍由其管理。后来出现变化时，我们曾提出三条建议，一是直接向国务院主管领导汇报；二是向中央政法委汇报并争取支持；三是同时以最高人民法院、最高人民检察院、司法部三部门的名义写报告，但因司法部当时的特定原因，而未能进入工作程序。但法学教育的双重属性，法律职业与法学教育不可分割的制度联系是客观存在的，因此，法学教育的宏观管理体制今后必将再次总结经验，进行合理调整，以适应发展要求。

五、探索与思考

面对百废待兴的中国，邓小平在十一届三中全会前召开的中央工作会议上倡导并提出加强民主、健全法制的方针，国家面对修改宪法、制定法律、重建政法机关、重组政法队伍的重重任务和各种困难，可谓千头万绪，时不我待。在这种历史条件下，最基本、最起码、最关键,也是最缺乏的是人,是大批合格的法律人才。因此,迅速恢复重建和发展法学教育成为当务之急,加快法学教育发展和司法干部的培训工作成为司法部的首要职能和重要任务。法学教育成为民主法制建设的关键和前提。随着民主法制建设的推进,法律人才培养工作的重要战略意义和先导作用就愈加凸显出来。我有幸在精力最旺盛的 20 年投身这一事业,不仅经历并参与了法学教育的重大事件,亲身见证了法学教育改革发展的历程,而且通过法学教育的发展感受到了改革开放时期经济社会发展和民主法治建设的进程和成就。

在长期的工作实践中,我对自己的定位是一个做事的人(我认为这也是西南政法大学七八级的共同特点之一),努力做一个学习型、研究型的管理者。在从事具体业务的同时,始终坚持终生学习,继续教育(进入知识时代学习越来越成为生活的组成部分,甚至成为一种生活方式。学习化人生、学习化组织、学习化社会与知识经济、知识社会相互适应,相互促进并由此推动人的全面发展和社会的全面进步),坚持进行工作研究和理论探索,以取得工作的预见性和战略主动权。在工作上,既要明确努力目标和发展方向,又要善于利用现有的资源,以较少的投入获得最大的产出。为此,我始终倡导并努力做到运用法律思维、学术思维和系统思维相统一的思维方法,采用超时空、全方位的分析方法和由终及始的整体定位方法。多年来我一直在学术和行政机关之间行走,并努力在两者之间搭起一座沟通的平台和一条连接的纽带,使两者相得益彰,良性互动。

对“文化大革命”的反思,对中国未来发展的思考,使中国共产党实现了工作重心的转移。坚持以经济建设为中心,并在此基础上,提出了建设社会主义现代化强国的宏伟目标。经济基础决定上层建筑,既然以经济建设为中心,我们就只能选择经济发展不可逾越的阶段——市场经济体制。而市场经济发展又必然要求建立民主政治和法治国家，这是历史发展的内在逻辑和发展规律，由此也决定了中国又将走上一条法治之路，而且是一个不可逆转的进程。发达的市场经济，高度的民主政治和完备的法治构成是建设中国社会主义现代化强国的基本目标和基本要求，这三者是具有内在联系的整体，必须相互适应，相互促进，协调发展。

从历史的范畴来看，国家发展大体可分为三个重要的时代：第一，创立国家的时代。相对应的是打江山的一代，这是英雄辈出创造神话的一代。史诗般的时代需要的是民族英雄和远见卓识的大政治家。第二，建设国家的时代。这个时代主要任务是实现工业化或第一次现代化，大量的工作往往都是与各种工程建设和重大技术装备相关，需要依靠广大工程技术人员，可以说，这个时代需要的是技术官僚和技术精英。第二次世界大战后欧、美、日各国的领导层和管理层基本上是被这些人占据，也有人称为技术专家治国。第三，管理国家的时代，随着工业化任务的完成，国家逐渐进入后工业化时代或第二次现代化的发展进程，社会进入了管理型社会（第三产业比重达到60%和人均 GDP 1000 美元，是社会开始进入管理型时代的重要标志），经济、政治和社会的发展都在法治的轨道上进行，这个时代需要的是法治精英（各种管理的基础在于制定规则、构建秩序和按规则办事，这正是法律人才的基本素质和能力。国外高校校长大多出身于经济学家和法学家，其原因也在于理工类学科专家并不等于管理专家，而校长是个管理岗位，管理本身就是一门科学，一个专业，与这个岗位的基本要求最接近的就是学法律、学经济的），因此，大量优秀法律人才逐步进入管理国家和社会的各个领域（鉴于执政党要执政的事实，各级党政领导干部所具备的法律素质，将成为政治素质的重要内涵之一；只有这样才能做到依法执政和依法行政），势将成为时代发展的客观要求。

就中国而言，伴随经济体制、政治体制和司法体制改革的不断深入，高素质的法律人才与管理人才、经济人才共同构成社会急需的主干人才。可以说三个时代的历史任务，决定了时代的基本要求，也决定了对人才的需要。进入知识经济、知识社会和知识时代，知识创造财富，拥有人才就是拥有财富。据经济学家胡鞍钢、门洪华对中国战略资源的定量计算，人力资本是中国各类战略资源中最具潜力的资源。1980～1998 年，中国的综合国力 30% 以上来自人力资源。人力资源开发是中国综合国力的第一支柱。[①] 因此，综合国力的竞争就是人才的竞争，而人才的竞争又取决于我们能否成功地建立起一套良好的教育体制和实施合理有效的人才系统工程。因此，教育改革和教育创新绝不只是教育部门的任务，而是一个国家必须高度重视的基本课题。同样，法学教育的改革、创新在一定意义上也将决定中国民主法治建设和社会发展的进程。

我国台湾地区学者的研究表明，法治发展可分为建立法治、深化法治、简化法治和转化法治四个阶段。由于各国及地区法治发展的阶段不同，面临的困难和任务也不同，不能盲目引进和借鉴。也就是说，不同的时代有不同的时代条件和时代任务。符合历史要求，适应社会需要的才是合理的选择，不顾条件凡事超前或滞后都不能适应需要。正因如此，我不同意有些学者简单地将后两个发展阶段的制度或模式引进来。我个人认为，中国目前当处在第一个阶段的后期，同时，已产生第二个阶段的要求（有的学者如范忠信认为，中国仍然在第一个阶段）。这是与中国市场经济发展和民主政治建设的现状大体一致的。从理念上看至少有五个转变已为社会所接受：一是从

① 参见胡鞍钢、门洪华：《应全面开发人力资源》，载《光明日报》2003 年 2 月 20 日，第 B1 版。

人治到法治；二是从工具到体制；三是从法制到法治；四是从专政工具到治国方略；五是从统治国家到治理国家。

在现代社会中，律师与教师、医师、牧师以及建筑师、会计师等类职业一样是一种专业化程度很高的职业，他们不仅有一整套职业标识、职业要求和职业规则，而且对准备进入这些职业的人员都有一整套与之相应、相配套的严格规范的教育培训和考试制度，那些已具有大学文化程度的人员仅仅是具备了进入这一职业的基本条件。这一点，主要是因为资本主义时代产生的社会化大生产，促进人们充分领教了分工与协作的魔力，充分意识到分工与协作不仅在物质生产方面，而且在人类社会生活和政治生活方面同样具有重大意义和作用。于是，现代社会中高度的专业分工与更加广泛密切的社会化协作的社会发展规律，不可阻挡地大大推进具有类似条件的法律等职业一步步走上了专业化的发展道路，并逐步形成一整套职业制度。与此同时，在法律职业发展演进中，也逐步形成了法律职业特殊性（如以人为职业对象的特殊性，走专业化的发展道路，特殊的职业基本要求等）和执业活动的四个基本特点：一是理论与实践的统一，法律不仅是理论科学，也是实践科学，是两者的统一。二是抽象与经验的统一，法律不仅是描述科学、事实科学，也是价值科学和规范科学。三是同一性和复杂性的统一。四是精英化与大众化的统一。

法律职业的特殊性和执业活动的基本特点，决定了凡从事或准备从事这一职业的法律人或准法律人，都必须具备三大基本资质，即“新三基”（不同与“老三基”之基本理论、基本知识、基本技能）：一是必须掌握法学学科体系的基本知识，讲授由这些知识构成的各门课程是当下中国各高等法律院系的主要任务。二是必须具备从事这一职业不可缺少的基本的职业素养，这正是法律职业（包括医师、会计师、建筑师等职业）区别于社会其他职业的关键所在。三是进入法律职业后，还应当通过实务训练，掌握从事法律职业的基本技能。由此可见，法律职业共同体不仅应当是法律知识的共同体，而且还必须是法律职业素养和法律职业技能的共同体，是三者的统一。这种职业内在的规定性和同一性，不仅构成了法律职业的基本要求和基本内涵，而且也是其形成的内因之一。一些法律界的有识之士已经意识到：目前我们的法学教育不能满足法律职业的从业要求，“法学院的毕业生出了校门当律师不会办案子，当了法官不会审案子的状况甚为普遍”。那么，这是为什么呢？仅有感性认识远远不够，还需进行理性分析。我认为，实际上是因为中国现有的法学教育体制具有结构性缺陷或先天不足，其仍然是一种以传授知识为主的教育，一方面，培育法律职业素养的职业教育在高校仍是个空白；另一方面，法学教育与法律职业之间长期以来缺乏制度联系。法学教育与法律职业之间的脱节，不仅是中国法学教育的主要问题，而且是造成法学教育办学渠道、办学形式、办学层次、培养目标和培养要求混乱的基本原因。

为了培养符合和达到法律职业基本要求的人才，世界上两大法系都有一整套与之相适应的大体相同的教育、考试和培训体系或称为法律人才的宏观培养模式，即法律人才培养体制。只是侧重点和前后位置有所不同。具体说来，法律人才宏观培养模式或法律人才培养共同体主要是由五个相对独立又有机衔接的部分构成：一是法律学科教育，二是法律职业教育，三是一元化的法律职业资格制度和法律职业资格考试制度，四是统一的法律职业技能培训（大陆法系国家统一考试与统一培训是不可分割的一个整体的2个阶段），五是终身化的法律继续教育。与法律人才宏观培养模式相联系的还有法律职业任职及交换制度、法律职业保障制度等，他们共同构成法律人才的系统工程。在这个意义上讲法学教育改革的当务之急是解构传统意义上的法学教育的概念，而重新界定法学教育的概念和其担负的历史使命与社会责任。

从上可知，(2018 年改为法律职业资格考试) 只是法律人才宏观培养模式或培养过程中的一个环节，但在目前中国却是一个承前启后的关键环节。因此，司法考试的宗旨必须服从于该系统的最高目标，即为培养和造就一支高素质、同质化的法律家队伍服务。司法考试在法律人才培养过程中的地位决定了司法考试与法学教育的基本关系，决定了司法考试对于法学教育而言，必将发挥 5 个方面的作用(功能)：一是桥梁和平台作用，二是导向作用，三是规范作用，四是检验作用，五是市场选择作用。

就法学教育而言，有一些基本事实和基本经验还必须重申如下：

第一，法学教育肩负的时代任务。一是为法律职业培养后备人才，为法律从业者提供终身化的教育培训服务；二是面向全社会培养所需的法律人才，尤其是中国加入世贸组织后急需的复合型法律人才；三是为党政领导干部提供法律培训服务，为依法执政、依法行政和依法治国，提供法律素质的保障；四是向社会提供广泛的、各种形式的法律服务，为培养社会法律意识，树立和增强法治观念做长期不懈努力；五是为司法体制改革和解决司法实践中遇到的重大理论和实践问题，提供理论服务和智力支持。

第二，深刻的法律职业背景决定了法学教育是一门应用性学科，具有政治性、社会性和实践性强的突出特点。

第三，各类法学教育的主要目标是培养应用类法律人才(实践型法律人才、复合型法律人才)，培养学术类法律人才的任务主要是由法学教育的"国家队"承担，不可一哄而起，又搞"小而全"、"大而全"、低水平重复。

第四，法学教育必须坚持以"以本为本"的原则，在目前，法学教育必须以法律本科教育为办学主体和基础,这是由法律本科教育在法学教育体系中的地位、作用所决定的。法律硕士教育的举办也是以高水平的本科教育为基础和必要条件(国际惯例都是把本科教育视为第一学历,成为求职时的考察重点)。

第五,贯彻“以本为本”就必须坚持三个基本要求,即法律本科教育的培养目标是“一元化”的,即培养法律人才(无论前面有多少定语);法律本科教育的基本任务具有“二元性”,即不仅要为法律职业培养后备人才,而且要适应依法治国的需要,面向全社会培养所需法律人才;法律本科毕业学生的就业范围和毕业去向则具有“多元性”。

第六,实现法律学科教育与法律职业教育的一体化,实现高等法律院校、系与法律职业部门的共建与合作,以填补中国法律职业教育的空白,是今后一个时期的重要任务。

第七,在完善统一司法考试制度的同时,法律职业部门尽快共同建立起统一的法律职业培训制度是加强法律人才培养工作的当务之急。

第八,法学教育制度作为政法干部队伍的培养选拔制度,既是中国高等教育制度的组成部分,又是我国司法制度的重要内容;法学教育工作既是一项教育工作,更是政法工作的重要组成部分,既是一种后备人才教育培养制度,又是政法在职干部终身化的教育保障制度;既要为法律职业共同体服务,又要面向全社会提供法律教育服务和智力支持。因此,法学教育既要接受教育行政部门的行政管理,又要接受法律职业部门(根据法律的规定,具体指司法行政部门)的行业指导(这在司法考试制度建立后,更是如此)。法律职业部门与教育行政部门应当共同参与法学教育和法律职业的改革、发展,真正形成双向参与,良性互动的运行机制(一般来说,应当实现基础教育地方化和社会普适类普通高等教育地方化,但对于具有全国统一职业资格制度和深刻职业背景的高等专业教育及高等职业教育，则应当实现行业化，这是由目前社会分工的状况和国家政体所决定的）。同时，在市场经济条件下，法学教育的宏观管理体制应当是教育行政部门的行政管理、法律职业部门的行业指导与法律院校行业协会的自律管理三者的有机结合。

第九，鉴于经济人才、管理人才和法律人才在发展市场经济、建立民主政治和建设法治国家所需人才中占有的重要地位和作用，"三M"人才，即MBA（工商管理硕士）、MPA（公共管理硕士）和JM（法律硕士）将构成中国社会主义现代化建设急需的主干人才，MBA、MPA和JM教育将成为社会的支柱性教育制度。JM教育将逐步成为高层次应用类法律人才培养的主渠道，在我国法科研究生教育规模中占据主体地位。

论法学教育"内涵式发展"的必由之路*

——解决我国当前法学教育面临的主要矛盾

王新清**

习近平同志在中国共产党第十九次全国代表大会上指出:"加快一流大学和一流学科建设,实现高等教育内涵式发展。""内涵式发展"是一种发展形式,它通过优化结构、提高质量的方法,实现增强实力,提高竞争力。要实现"内涵式发展",必须通过内部的深入改革,激发活力,由量变引发质变。改革必须以问题为导向,抓住事物发展的主要矛盾,才能实现关键性的突破。因此,我国法学教育的"内涵式发展",必须找到并抓住法学教育面临的主要矛盾,在习近平新时代中国特色社会主义思想的指导下,深化改革,提高法学教育的质量,大力培养高素质的法治人才。

一、法学教育的同质化与法治人才需求多样性之间的矛盾,是我国当前法学教育面临的主要矛盾

(一)我国当前法学教育存在的主要问题及其缘由

中华人民共和国成立以来,特别是改革开放以来,我国的法学教育获得了长足的发展,取得了很大的成绩。法学教育为国家的法治建设培养了数以百万计的人才,基本形成了独具中国特色的法学教

* 本文原载《中国青年社会科学》2018 年第 1 期。

** 中国社会科学院大学临时党委常务副书记、副校长,教授、中国人民大学法学院博士生导师。

育模式。[1] 但是,随着我国法治建设步伐加快,法学教育越来越跟不上形势发展的需要,出现了很多问题。这些问题主要有:第一,法学教育定位不清楚。法学界在此问题上仍然存在争议。"目前较有代表性的观点有:一是通识教育说;二是精英教育说;三是职业教育说;四是应试教育说;五是学历教育说;六是基础性教育说。"[2]第二,法学教育层次界定不清晰。"对中国法学本科生与法律专业硕士生的培养目标和课程内容还没有做出十分清晰的界定,导致高层次法律职业教育体系实际上并未成型。"[3]第三,课程体系和教学内容设置不合理。"课程设置较死板,必修课程数量太多,选修课大多成为摆设。"[4]第四,法科学生法律技能的训练缺乏,导致法科毕业生到实务部门工作时,眼高手低,动手能力不强。"有关法律技能训练的缺漏,是我国法学教育存在的一个突出问题。尽管我国法学教育中也有实习的环节,但实践证明,几个月的实习对于法律技能的形成来说是远远不够的。"[5]第五,法律职业道德培养缺位。这个问题,无论是在法学界还是在法律界,大概没有人否认,连法科在校学生也认识到这是个问题,"高校的法学教育往往侧重书面知识的传授,而忽视法律道德的培养"。[6] 第六,法学院校特色不鲜明,存在千校一面的现象。[7]

① 参见张文显:《法治中国时代的法学教育》(代发刊词),载张文显主编:《中国法学教育年刊(2012~2013)》,法律出版社2014年版,第1~10页。

② 崔红:《我国大学法学教育定位及其改革构想》,载《现代教育管理》2009年第12期。

③ 季卫东:《中国法学教育改革与行业需求》,载《学习与探索》2014年第9期。

④ 王利明、韩大元、冯玉军:《新时期法学学位体系和人才培养模式改革的探索》,载张文显主编:《中国法学教育年刊(2012~2013)》,法律出版社2014年版,第30~54页。

⑤ 公丕祥:《变革时代的司法需求与卓越法律人才教育培养计划》,载张文显主编:《中国法学教育年刊(2012~2013)》,法律出版社2014年版,第3~12页。

⑥ 赵淑君:《浅谈中国法学教育存在的问题与改革措施》,载《法制与社会》2017年第8期。

⑦ 参见王利明、韩大元、冯玉军:《新时期法学学位体系和人才培养模式改革的探索》,载张文显主编:《中国法学教育年刊(2012~2013)》,法律出版社2014年版,第30~54页。

第七，法科毕业生就业难。“2014 年 10 月 14 日，教育部公布了近两年各地就业率较低的本科专业名单，在全国 31 个省、直辖市以及自治区范围内，法学专业成为其中 12 个省、直辖市以及自治区最难就业专业黑名单中的一员。而在 2015 年高考前夕，有媒体也曾发文盘点了最难就业的热门专业，法学被排在首位。”[①]第八，社会急需的复合型法治人才、高端法治人才难以在法科毕业生中找到。“特别是随着我国市场经济的不断完善、对外经济交往的日益频繁、科学技术的迅猛发展，人民法院在经济犯罪、知识产权、涉外商事以及公司、保险、证券、期货等审判业务领域，复合型法官的短缺更为突出。”[②]“法务低端市场的人才供应严重过剩，但法务高端市场的人才却极其匮乏。”[③]

我认为，法学教育存在的上述问题，根本原因是法学教育的同质化与社会对法治人才需求的多样性之间存在矛盾。

（二）法学教育同质化的内涵及其表现

法学教育的同质化，是我国当前法学教育的主要特征。法学教育的同质化，是指法学教育在人才培养目标设定及其实施、教育内容和方法等方面，存在严重的雷同，以至于法科毕业生的知识结构和工作能力，没有太大的差异。简单地说，就是法学教育的模式和“产品”——法科毕业生存在严重的雷同现象。法学教育的同质化，有以下表现：

1. 法学本科、硕士、博士教育层次化不明显

法学本科生、法学硕士研究生、博士研究生教育，没有分出明显

---

① 王鹏飞：《法学教育现状分析与改革思路》，载《海峡法学》2016 年第 1 期。

② 公丕祥：《变革时代的司法需求与卓越法律人才教育培养计划》，载张文显主编：《中国法学教育年刊（2012～2013）》，法律出版社 2014 年版，第 3～12 页。

③ 杨松、闫海：《我国复合型法治人才培养机制创新——基于供需结构均衡的分析》，载《中国法学教育年刊 2015》（第 3 卷），法律出版社 2016 年版，第 8～15 页。

的层次,他们除了在知识的广度和深度上有差异外,在知识结构、能力素质等方面,基本是一样的。在不同层级的法学教育中,正如西南政法大学校长付子堂在全国政法院校“立格联盟”第六届高峰论谈上说的那样,“目前的中国法学教育存在4个倾向:重学科轻实践,重学术轻运用,重知识轻训练,重理论轻案例”。无论是对本科生,还是对研究生,教师们的教育方法主要是课堂上讲理论,课堂下指导学生写论文;学生们的学习方法,也主要是课堂上听课,课堂下写论文。专业实习、社会实践、问题研讨、技能训练是业余和附带的,一般由学生自主完成,学校和老师们有组织性的指导都比较欠缺。三个层级的毕业生在学校学习所掌握的,主要是一定的法学理论知识,在法律职业伦理和法律职业技能上,都存在一定的缺陷。他们到实际工作岗位上之后,对法学理论知识或许能说出一二三,但对于要从事的工作却一片茫然。这些法科毕业生,基本上都属于“法学理论型人才”。

2. 法学学术型研究生和专业型研究生教育趋同

学术学位研究生和专业学位研究生教育,实际上没有分出不同的类别,存在严重的同质化现象。从1996年开始,在我国的法学教育领域,出现了一个新的研究生类型——法律硕士专业学位研究生。传统的法学研究生,以学术研究为导向,培养的是法律教学、科研人才。设立这种新类型研究生的目的,是培养具有社会主义法治理念、德才兼备、高层次的复合型、实务型法律人才。但是,经过20多年的实践,我国的法律硕士专业学位研究生的培养并没有很好实现设立它的初衷,这种研究生教育的实务培养导向并没有在法学教育中得到很好地贯彻,其不应该有的“学术型色彩”,却顽固地体现在方方面面。在课堂授课方式上,法律硕士专业学位研究生和法学研究生,甚至和法学本科生没有什么区别,也是以理论讲授为主;法律硕士专业学位研究生在学习期间,职业能力培养、训练仍然不足。根据国务院学位委员会转发的《法律硕士专业学位研究生指导性培养方案》(学位办〔2006〕39号)的要求,法律硕士专业学位研究生要开设法律文书课、法律谈判课、法律实践课,并进行模拟法庭训练,以使研究生较熟练地把握各类诉讼程序,能够主持诉讼程序,进行调查与取证,熟练地从事代理与辩护业务,从事非诉讼法律事务以及法律事务的组织与管理,并取得起草规范性法律文件的一般经验。根据我对各高校的了解,多数高校的法律硕士专业学位的研究生,难以不折不扣地完成这样的职业能力培养和训练,原因是多方面的:职业能力培养、训练的要求高,难以达到;课程多,授课压力大,没有时间安排实践活动;多数教师不擅长实践课的教学与指导,实训课的效果大打折扣;法律硕士专业学位研究生的数量大,联系实习单位比较困难。所以,多数高校的做法是简单开设一些案例分析、法律文书写作等课程,职业能力训练主要通过让学生自主寻找实习单位的方法进行。[①]"在学位论文方面,许多培养单位虽然允许论文形式多样,可以是案例分析、研究报告、专项调查,但仍要求学生撰写学术性的毕业论文,且评价标准与法学硕士雷同,并不注重通过学位论文来达到培养学生法律职业能力的目标,仍然强调学位论文的理论研究水平。"[②]李友根老师在对法律硕士论文质量进行一次专题研究后得出结论:"至少在学位论文的写作方面,所谓法律硕士与法学硕士在培养目标(应用型与研究型)、培养类型(专业学位与学术学位)等方面的区别实际上是不存在的。"[③]综上所述,"各类型学位项目在培养目标、培养方案、课程设置、教学方式方法以及毕业(论文)设计上大同小异,致使培养

① 参见王新清:《关于法律硕士专业学位教育改革的一点思考》,载张文显主编:《中国法学教育年刊(2012~2013)》,法律出版社2014年版,第152~157页。

② 袁碧华:《法律硕士考核标准的反思与重构》,载《高教探索》2013年第5期。

③ 李友根:《法律硕士论文质量与案例研究:现状考察与改善建议——基于83篇"惩罚性赔偿"学位论文的研究》,载《中国法学教育研究》2017年第1期。

出的学生同质化现象严重，不能满足社会生活对法律人才的差异化需求，也损害了法学教育的整体形象。”①

3. 法学院校（系）特色不突出，存在严重的雷同

我国有600多所本科院校设有法学专业，这600多所高校有的是综合性大学，有的是理工类大学、有的是财经类大学，还有的是专门的政法院校。但是，无论是什么背景、哪个地区的大学，其法学专业的培养目标、培养方法、教学内容都有惊人的相似之处，从这些院校毕业的法科学生，其知识结构、法律技能、思想伦理大体一样，都是知识结构单一，法律技能训练较少，复合型人才不多，基本上属于“学术型”法律人才。

总之，我国法学院校培养的人才，基本上属于有一定的法学理论知识，法律职业技能较差、法律职业伦理训练不足，缺乏其他学科专业知识的法律人才。

（三）社会对法治人才需求的多样性及其原因

社会对法治人才需求的多样性，是全面推进依法治国的必然要求。随着我国社会主义法治建设的不断深入，社会对法治人才的需求，已经发生了重大变化。改革开放初期，我国首先需要的是法律教学和科研人才，20世纪90年代以后，我国需要的是司法人才。进入21世纪，特别是在我国进入全面推进依法治国的新时期，我们大量需要的是社会主义法治人才。2014年10月23日，中国共产党第十八届中央委员会第四次会议通过了《中共中央关于全面推进依法治国若干重大问题的决定》，指出“法治国家、法治政府、法治社会一体建设”。这说明在国家治理和社会管理的各个方面，都必须坚持法治的

---

① 王利明、韩大元、冯玉军：《新时期法学学位体系和人才培养模式的探索》，载张文显主编：《中国法学教育年刊（2012～2013）》，法律出版社2014年版，第30～54页。

原则。要搞法治必须需要有懂法治的人，所以，今后社会对法科毕业生的需求，不再局限于立法、司法机关和律师行业，而是广泛存在于社会的各个行业，包括党政机关、企事业单位、非政府组织等。也就是说，各行各业都需要法科毕业生去做与本行业、本部门相关的法治工作。

不同部门、行业对法科毕业生知识结构、工作技能的要求是不同的。由于工作性质、工作任务和工作内容的不同，在不同部门、不同行业工作的法科毕业生所需要的知识是有差异的。在党政机关工作的法科毕业生，主要需要党内法规、宪法和行政法方面的法律知识，同时，最好具备公共管理等相关知识；在企业工作的法科毕业生，用的最多的是民商法、经济法等相关知识，同时最好懂经济、懂企业管理；在外事部门工作的法科毕业生，用的最多的是国际法、国际经济法、国际私法方面的知识，同时，最好懂一点外交学知识。从工作技能来看，不同部门、不同行业的要求也是有差别的。在司法机关工作的法科毕业生，工作的主要任务是处理诉讼案件，解决已经发生的法律纠纷，需要的基本工作技能是诉讼技能；在企业工作的法科毕业生，从企业利益最大化出发，其工作的目的主要是防止企业发生法律纠纷，为企业的经营避免法律风险。打个比喻：司法工作是治已病，企业法务工作是治未病，前者需要的是“治疗法学”的知识和技能，后者需要的是“预防法学”的知识和技能①。

随着法治建设的不断加强，传统法律职业的专业化分工也日益广泛和深入。律师的专业化分工，20 年前已经出现。改革开放以来，专业化的法院（庭）不断出现，先是海事法院，后来有了知识产权法

① “治疗法学”“预防法学”的概念，参见黄忠：《从治疗法学到预防法学：法律硕士教育改革的新思维》，载《学位与研究生教育》2016 年第 10 期。

院，再后来有了环境法庭，最近又在杭州成立了互联网法院。① 这些专业化法院（庭）的出现，必然需要具有专业化法律知识和技能的法官和律师。“人民法院越来越需要既懂法律又懂经济、科技、文化等其他学科知识，既懂中国法又懂外国法，既懂中文又懂外语的复合型法官。”②

随着社会分工的细化和法治建设的加强，社会对法治人才需求的多元化趋势将更加明显和迫切。社会上的行业会越来越多，而每一个行业都越来越强烈地需要为自己服务的专门法治人才，而这些在特定行业工作的法治人才，除了需要法律知识和技能外，还需要具备与本行业相关的知识结构和技能。所以，社会需要多元化的法治人才，每一个法治人才，都应当是有特色的法治人才。

（四）为什么说法学教育的同质化与法治人才需求的多样性之间的矛盾，是我国当前法学教育面临的主要矛盾

法学教育的同质化与社会对法治人才需求的多样性之间的矛盾，是我国法学教育面临的主要矛盾。“在复杂的事物的发展过程中，有许多的矛盾存在，其中必有一种是主要的矛盾，由于它的存在和发展规定或影响着其他矛盾的存在和发展”。③ 我国的法学教育也存在很多矛盾，例如，法科在校生数量大与就业率低的矛盾；理论教学和实践教学的矛盾；法学教师的教学和科研之间的矛盾；西部地区法治人才匮乏与法科毕业生不愿意到西部就业之间的矛盾；法科毕业生就业难与复合型法治人才、高端法治人才匮乏之间的矛盾。

① 中央全面深化改革领导小组2017年6月26日召开中央全面深化改革领导小组第三十六次会议，会议审议通过了包括《关于设立杭州互联网法院的方案》等在内的一系列方案。

② 公丕祥：《变革时代的司法需求与卓越法律人才教育培养计划》，载张文显主编：《中国法学教育年刊（2012～2013）》，法律出版社2014年版，第3～12页。

③ 毛泽东：《矛盾论》，载《毛泽东选集》（第1卷），人民出版社1991年版，第320页。

在这些矛盾中,法学教育的同质化与社会对法治人才需求的多样性之间的矛盾,“规定或影响着其他矛盾的存在和发展”。当前,法科毕业生就业难是客观存在的,但不能由此说是法科学生招多了。改革开放以来,全国的法科毕业生有100多万人,占总人口的0.08%,在全面推进法治建设,各行各业都需要法治人才的今天,这肯定不是绝对过剩。当前复合型法治人才、高端法治人才匮乏,就说明我国不是法科毕业生过剩了,而是“供需结构失衡”,即培养的法科毕业生有一些不是社会需要的人才。理论教学和实践教学出现的矛盾,是法学教育同质化带来的,如果我们改变了法学教育的同质化(当前表现为理论化过浓),重视了实践教学,它们之间的矛盾就会自然解决;西部地区法律人才缺乏与法科毕业生不愿意到西部就业之间的矛盾,有就业政策不到位的原因,也有法学教育同质化的问题。长期以来,我们没有针对西部经济社会发展状况,采取有针对性的人才培养措施。而同质化的法科毕业生可以到国家的任何地方就业,他为什么到待遇低、工作环境差的西部?改变了法学教育的同质化,可以培养出大批复合型、高端法治人才,解决复合型法治人才、高端法治人才匮乏的问题。

“矛盾着的两方面中,必有一方面是主要的。他方面是次要的。其主要的方面,即所谓矛盾起主导作用的方面。事物的性质,主要地是由取得支配地位的矛盾的主要方面所规定的”。[①] 在法学教育的同质化与社会对法治人才需求多样性这对矛盾中,社会需求是矛盾的主要方面。法学教育是为国家的法治建设服务的,国家法治建设决定了社会对法治人才的需求,社会对法治人才的需求,决定着我们举办什么样的法学教育。法学教育必须回应社会对法治人才的需

① 毛泽东:《矛盾论》,载《毛泽东选集》(第1卷),人民出版社1991年版,第322页。

求，否则，法学教育就失去了存在的价值。当前，在法学教育的同质化与社会对法治人才需求多样性这对矛盾中，我们必须根据社会对法治人才需求的多样性，对法学教育进行多元化改造，以满足社会对各种法治人才的需要。

二、对我国的法学教育进行多元化改革，是解决主要矛盾的基本方法

从逻辑上讲，应对社会对法治人才的多样性需求，其办法有二：其一，把所有的法科毕业生都培养成全能型人才，以便于他们能够适应各种法律工作岗位，既能够到西部基层司法机关就业，也可以到联合国有关的法律机构工作。这种人才不仅懂法律，还懂经济、政治、科技、管理等专业知识；不仅有高深的法学理论功底，还有娴熟的法律工作技能；不仅要懂中国的法律，还要懂其他国家的法律。但是，“人之才行，自昔罕全。苟有所长，必有所短”。自古以来，全能型人才是没有的。我们的法学教育，学习时间有限，法学院校不可能把各种法律工作岗位所需要的所有知识和技能都教给学生，把学生培养成全能型人才。其二，在科学设计的基础上，通过不同层级、不同类型的法学教育，培养出有不同特长的法科毕业生，实现“法学教育产品”——法科毕业生的多样化，以满足社会对法治人才的多样性需求。简单地说，就是通过法学教育的多元化，实现法科毕业生群体的多样化，满足社会对法治人才的多样性需求。

法学教育的多元化改革，可以从以下三个方面着手进行。

（一）科学设计并严格遵守不同层级法学教育的培养目标、培养模式，实现法学教育不同层级人才培养的差异化

当前，我国的法学教育从上到下有五个层级：博士研究生教育、硕士研究生教育、本科教育、高职高专教育、中专教育。在国家教育

主管部门的有关规定中，这五个层级的培养目标是有区别的，但是，在实际执行上，博士研究生、硕士研究生和本科生区分得不是那么清楚。这三个层级在教育内容上都偏重法学理论，教育方法上都主要依赖课堂讲授，忽视实践教学，忽视和其他学科交叉知识的学习，因此，培养出来的学生同质化现象严重。在法学教育改革的背景下，还有一些学者仍然没有认识到多元化法学教育的重要性，主张把法学教育定位成一种类型，如法律职业教育。有学者说，“以法律职业教育为目标是法治社会中法学院办学的共同宗旨”。[①] 如果把我国不同层级、不同类别的法学教育进行统一定位，将不会改变我国法科毕业生同质化现象，仍然无法满足社会对法治人才的多样性需求。

根据高等教育的基本规律，我建议对我国不同层级的法学教育进行不同的定位，[②]然后根据不同的定位，明确人才培养目标，确定不同的人才培养模式，安排不同的课程，采取不同的教育教学方法，建设不同的教师队伍。

法学本科教育应当定位为素质教育。其理由如下：法学本科教育是我国法学教育的初级阶段，处在法学教育“金字塔”的基座上。法学本科生群体庞大（每年在10万人左右），他们在毕业后的去向非常多元化，有的毕业后考上研究生，接受更高层次的教育；有的通过司法考试，进入司法机关或律师队伍；有的到党政机关、企事业单位从事法务工作；也有的完全从事和法律无关的工作。考虑到法学本科生毕业以后的发展面临更多的不确定性，为了向研究生教育提供优质的生源，也为了法学本科生今后的发展，我们应当在本科阶段打

① 孙学致：《论我国法学教育的趋势与高校法学教育改革的方向》，载《高教研究与实践》2011年第4期。

② 我在本文中，只对法学本科、硕士、博士研究生教育进行研究。目前存在的高职高专和中专的法学教育，今后应当取消，故在本文中不予涉及。

牢他们今后发展的基础。面对法学本科生多样化去向的现实，唯有定位为素质教育，才最有利于他们今后的发展。

法学本科毕业生是基础性法治人才，他们除了作为硕士研究生的后备军之外，可以从事简单的法治工作，如果要想成为复合型或者高端法治人才，还需要继续深造，包括攻读硕士学位，也包括经过长期的法律实践和自学，不断积累知识、经验和技能。

当前，在我国硕士研究生层面上，有两种类型：一是法学硕士研究生；二是法律硕士专业研究生。前者是学术型研究生，后者是专业型研究生。这两类研究生应当进行不同的定位，不应一概而论。法学硕士研究生应该是过渡性的学位，他们以法学学术训练为主，一般应当作为法学博士研究生的后备军。如果法学硕士研究生不再攻读博士学位而就业，应当经过一定时期的职业技能训练，再进入法律实际部门工作。从这个意义上讲，法学硕士研究生的数量不应当太多，从为博士研究生提供优质生源的角度看，以三倍于博士研究生为宜。如果数量过多，博士研究生吸纳不了，到社会上去做法律实务工作，又缺乏技能，还需要进行一定时期的法律技能培训，有"浪费"之嫌。

法律硕士专业研究生的教育应当定位为职业教育，目标是培养高级的应用型法治人才。目前，法律硕士专业研究生又分为本科是法学专业的法律硕士专业研究生（以下简称"法本法硕"）和本科是非法学专业的法律硕士专业研究生（以下简称"非法本法硕"）。两者的区别是本科所学专业不同。"法本法硕"是法学本科毕业生考上的，他们已经有了一定的法学理论知识，对法律有了一定程度的了解，对这类研究生，应当进行"专精化的培养"，毕业后可以作为法官、检察官和诉讼律师的候选人，[1]主要在司法领域工作。这类硕士研究

① 参见季卫东：《中国法学教育改革与行业需求》，载《学习与探索》2014年第9期。

生在校期间，除了学习一些前沿的法学理论知识外，重点应当加强法律职业伦理、法律职业技能，特别是司法工作技能的训练，以便其毕业后，能够尽快开展司法工作。“非法本法硕”研究生的本科阶段，学的不是法学专业，可以把这类研究生作为复合型法治人才培养。“非法本法硕”的研究生教育，应当作为我国培养复合型法治人才的主渠道，我们将在下文专门进行讨论。“非法本法硕”研究生在校学习期间，不仅要学习基本的法学理论，还要进行法律职业伦理、法律职业技能的训练，因而其学习期限应当长于“法本法硕”。“非法本法硕”研究生毕业后，主要的工作领域是党政机关、企事业单位的法律事务工作。由于他们具有法学和其本科所学专业两个知识体系，他们可以根据本科专业进入适当的工作领域，根据研究生专业从事法务工作。例如，甲同学本科学的是国际贸易专业，研究生读的是法律硕士专业，它可以到外贸公司做法务工作；乙同学本科学的是政治与行政学专业，法律硕士专业研究生毕业后，可以到一个党政机关从事法律实务工作。这些既熟悉法律又熟悉单位业务的人，将很快成为复合型高端法治人才。

目前，我国的法学博士研究生还都是学术型研究生，其培养目标是从事法学教学和研究的高级人才。博士研究生的教育应当是学术型的精英教育，应当通过科学的考试制度，把那些有法治信仰、热爱法学研究的优秀法学硕士选进博士研究生队伍。法学博士研究生应当清楚了解我国国情和法治建设实际情况，跟踪国内外法学研究的前沿问题，在导师指导下，坚持研究式的学习，进行创新性研究，为建设中国特色的社会主义法学理论体系作贡献。法学博士研究生毕业后，主要进入高校、科研机构和省级以上立法、司法机关法律研究部门工作。

在法学教育改革的过程中，首先需要对我国不同层级的法学教育进行准确定位，根据定位确定人才培养目标；根据人才培养目标确定人才培养模式；根据人才培养模式确定教育内容和教学方法；根据教育内容和教学方法配备合适的教学队伍。要做到这些，必须有一个机构来统一进行设计。可惜的是，我国目前还缺乏这样一个机构。历史上有一段时期，司法部主管法学教育，还就法学教育做过一些通盘的规划。现在司法部也没有了主管法学教育的职能，教育部作为全国所有高等教育专业的管理部门，不可能单独对法学教育进行细致的规划。教育部下属的法学类教学指导委员会，仅“指导”法学本科教育，法律专业学位研究生教育指导委员会仅“指导”法律硕士专业研究生教育。为此，我强烈呼吁中央政法工作委员会重视这个问题，联合教育部、司法部等部门，尽快成立一个能够统一规划整个法学教育的“全国法学教育指导委员会”，在中央政法工作委员会的领导下，规划、指导、监督、评估全国的法学教育。

（二）积极发挥法律硕士专业学位教育培养多样化法治人才主渠道的作用

根据国务院学位委员会转发的《法律硕士专业学位研究生指导性培养方案》（学位办〔2006〕39号）的要求，法律硕士专业学位研究生主要培养两种法治人才，一是较熟练地把握各类诉讼程序，能够主持诉讼程序，进行调查与取证，熟练地从事代理与辩护业务的司法领域工作人才；二是从事非诉讼法律事务以及法律事务的组织与管理，并取得起草规范性法律文件的一般经验的法治人才。我们可以把前一种法治人才简称为“司法人才”，后一种简称为“法律事务人才”。

根据上文的分析，“法本法硕”可以作为培养“司法人才”的主渠道，“非法本法硕”可以作为培养“法律事务人才”的主渠道。

为了对“法本法硕”进行专精化的培养，我主张在“法本法硕”研究生专业下设“民商（含经济法）专业方向”“刑事法专业方向”“行政专业方向”,并针对不同的专业方向设置不同的培养方案。

设置这三个专业的理由是:第一,这三个专业,涵盖了我国司法工作的所有领域,符合培养专业化司法人才的目标要求。我国普通法院的审判业务大体分为“刑事审判”、“民事审判”和“行政审判”三类,检察院的检察业务大体也可以分为这三类。把“法本法硕”分为三个专业方向,能够满足司法机关对实务型专业人才的需求。第二,把“法本法硕”研究生专业方向分为这三类,避免了当前法律硕士研究生没有专业方向划分,难以实现专精化教育的问题。我国目前“法本法硕”研究生不分专业方向,基本是重复学习本科法学专业的主干课,这不仅导致知识学习上的重复,还使学习无法深入,达不到司法实际工作对法律知识“专精”的要求,也难以成为高层次人才。第三,把“法本法硕”研究生专业方向分为三个,更有利于培养复合型人才。“复合型人才”是那些具有综合性知识和技能、能熟练解决实际问题的人才。举个简单的例子,刑事法官审判案件,需要刑法学、刑事诉讼法学、证据学、法医学、司法精神病学等知识。如果审判的是计算机犯罪的案件,还应当懂一些计算机方面的知识,审判金融犯罪的案件,还应该懂一些金融方面的知识,这就是复合型人才。把“法本法硕”研究生专业方向划分为三个,可以系统开设相关的课程,或系统进行相关司法技能训练。以“刑事法专业方向”为例,我们可以开设“刑法学、刑事诉讼法学、证据学、物证技术学、法医学、侦查学、犯罪学、犯罪心理学、刑事执行法学、司法精神病学”等相关课程,也可以安排和这些课程相关的专业技能训练。这样,与刑事审判、刑事检察、刑事辩护、刑事侦查工作相关的专业知识可以形成一个完整的知识体系。相反,现在的“法本法硕”不分专业方向,由于课程已经足够多了,一些虽然边缘但实务工作很需要的课程,如上述所说的法医学、物证技术学、司法精神病学等课程[1]开不了,他们在实际工作中遇到这方面问题时仍然会束手无策,很难成为“复合型司法人才”。

“法本法硕”以练习司法技能为主要学习内容,可以通过组织模拟法庭、案例分析、课堂讨论、专业实习来全面训练各种司法技能。课堂讲授主要是为了解决两个问题:一是以讲座传授相关法学理论研究的前沿知识和法治建设实际状况;二是开设专业方向需要而本科期间多数学生没有学习的课程,例如,法医学、司法精神病学等。总之,应当根据不同年级学生的特点,制定针对性的培养方案。

“非法本法硕”重在培养复合型“法律事务人才”。由于“非法本法硕”研究生在本科阶段学的不是法学专业,他们在研究生阶段学习法律之后,从知识结构上来看,一般就具有了“复合性”。但是,不是所有的有复合知识结构的人都是法治建设所需要的人才。为了培养社会需要的复合型“法律事务人才”,我们可以根据对社会需求的预测和本校人才培养的目标要求,在招收“非法本法硕”时,对其所学的本科专业提出要求。例如,某财经类大学法学院为了培养懂经济、懂法律的复合型法律人才,可以要求报考它的本科生必须是学应用经济学类专业的;某外国语大学为了培养懂法律懂外语的复合型人才,可以要求报考它的本科生所学专业是外语类专业。此外,在“非法本法硕”的课程安排上,除了必修法学的10门核心课程外,其他修什么课,可以根据培养目标来确定,即使属于法学核心课程的课,在课时安排上,也可以根据培养目标进行适当增减。例如,培养目标是懂法律懂外语的复合型人才,可以适当增加国际法类课时,减少“中国法制史”等课时。此外,在专业技能训练上,也应和司法技能训练有所

① 据我了解,很多法学院在本科阶段也不开这些课程,甚至有的刑事法官会因这些知识欠缺而办错案。

差别，更多地是进行非诉讼类法律实务技能的训练，如合同等法律文件起草、法律文件审查、业务谈判等，以适应复合型法律事务人才的需要。

（三）鼓励并切实支持不同法学院校特色发展

一段时间以来，我国的政法院校和法学院（系），把追求法学教育的"高""大""全"作为自己发展的主要目标，忽视了特色发展。几乎所有的政法院校和法学院（系），在发展过程中，都把追求办学层次的提高作为主要任务。专科升本科，有了本科就申办研究生教育，有了硕士研究生教育就想申办博士研究生教育。在教育类型上，致力于追求"全"。有了一个法学二级学科的研究生专业，就想拿到法学一级学科硕士学位授权点；有了法学研究生教育，就开始千方百计地争取法律硕士专业研究生教育。为此，很多学校的法学教育规模越来越大，但人才培养的同质化现象越来越明显，法学教育面临的主要矛盾越来越严峻。所以，实现政法院校和法学院（系）的特色发展，是解决法学教育面临的主要矛盾的一个重要途径。

近几年，有的大学法学院认识到这个问题，开始探索"差异化的法律人才培养模式"，注重法学院系的特色发展。例如，"北航法学院在推进教育改革的过程中，逐步形成了'法学知识扎实、实践素质突出、瞩目于服务国家建设新型工业化法治战略需求'的法学人才培养定位"。[①] 还有"一些法学院系亦在功能定位上走分化和差异化的路线，结合本校办学特色，提出特色型法治人才培养，例如，'法商人才、经济学+法学复合型人才'或经济法律复合型人才、建筑复合型法律人才、新闻——法律复合型人才、信息法学人才、复合型法律英语人

① 龙卫球、初殿清：《新型工业化时代的法学教育——以北航法学教育改革为个案》，载《中国大学教学》2017年第1期。

才等。但是，大多处在构想或实验阶段，尚未形成具有普遍适用的有效措施，以致目前复合型法治人才远无法满足需求侧的要求”①。

高等教育的特色化发展，是国家所提倡的，也是克服法学教育面临主要矛盾的必由之路。但是，由于国家的相关政策措施还不到位，一些法学院（系）的设想还得经受时间的检验，所以这项工作还刚刚开始。为了使建设有特色法学院（系）的工作健康发展，我提出如下建议供大家参考。第一，法学院（系）的特色化建设，应当事先经过积极审慎地论证，不要简单拍脑门决策，也不要只注重眼下的就业率。在选择“特色”时，要衡量以下因素：本校办学特色、本院（系）师资力量和文化传统、社会对法治人才的长远需求度。建设有特色法学院（系）不能好高骛远，应当脚踏实地。法学院（系）的特色，可以体现在法学教育层次上。例如，有的法学院擅长本科教育，完全可以把办优质的法学本科教育作为自己的特色，少办甚至不办研究生教育。法学院（系）的特色，也可以体现在人才培养目标上，比如培养某种类型的法治人才。例如，理工科大学法学院可以把人才培养目标定位为培养懂科技懂法律的复合型人才上；财经类大学法学院，可以把人才培养目标定位为懂经济懂法律的复合型人才上；外国语大学的法学院，可以把人才培养目标定位为懂外语懂法律可以到国际机构工作的复合型人才上。法学院（系）的特色，也可以定位在举办某一类法学教育上。比如，有的法学院可以只培养专业学位研究生，不培养学术型研究生；相反，有的老牌法学院，也可以只培养学术型研究生，而不培养专业型研究生。对于那些规模不大、师资力量紧张的法学院，选择某一种法学教育类型是明智的，也体现了对学生、对社会负

① 杨松、闫海：《我国复合型法治人才培养机制创新——基于供需结构失衡的分析》，载张文显主编：《中国法学教育年刊2015年》（第3卷），法律出版社2016年版，第8～16页。

责的精神。第二，教育部和其他高等教育管理部门，以及社会上的一切教育评价机构，必须改变现行的法学教育评价机制。现在的评价机制的突出问题是以科研为导向，以法学教育的“高大全”为标准，人才培养质量往往被忽视。今后，我们在评价优秀法学院(系)时，完全可以评出本科教育优秀的法学院(系)、法律硕士教育优秀的法学院(系)、法学硕士研究生教育优秀的法学院(系)、法学博士研究生培养优秀的法学院(系)，不要笼统地搞法学院(系)排名。这种笼统的法学院(系)排名，是“强化法学教育同质化”的“催化剂”，必将扼杀法学院(系)的特色发展。第三，国家今后在设立项目支持法学教育发展时，也要分门别类，不要笼统地看哪个大学法学院强就一味支持它。要分别在本科教育、法学研究生教育、法律硕士专业研究生教育、法学博士研究生教育、学生的实习实践等方面设立项目，奖励那些专项工作做得好，特色发展得好的法学院(系)，以此作为抓手，鼓励并支持法学院(系)特色发展。

三、解决主要矛盾的配套性措施

为了克服法学教育面临的主要矛盾，单靠本文第二部分阐述的几种方法是不够的，还需要采取相关的配套性措施。我认为，这些配套措施至少应当有以下三个。

(一)简化考试，把法学教育从应试教育中解放出来

现在的考试过多过滥，把大学教育搞成了应试教育。有些学生上课不愿意听和考试无关的内容，读书不愿意读和考试无关的书，学生的知识基本局限在考试所需的知识范围内。

法科学生都面临哪些考试呢？以本科生为例，除了学校的课程考试外，外语有国家的四、六级考试；毕业想去党政机关工作的，需要公务员考试，而且公务员考试还分中央和地方的两种；想去法院、检

察院工作，或者做律师的，还得参加司法资格考试（法律职业资格考试）；担心难以就业作多重选择的，还要准备研究生考试。有的学生为了增强自己的就业能力，还参加注册会计师资格考试、证券从业资格考试等。短短 4 年的学习时间，多数学生一般需要准备参加数次的国家级的考试。试问一下，哪个国家的大学生在校期间有像我国这样花样繁多的考试？有如此花样繁多的考试，还如何要求法科学生接受以“树立法治信仰、培养法律职业伦理、拓展知识能力为主要任务”的素质教育？

从选拔人才的角度看，有的考试完全没有必要，之所以没有取消，纯属部门利益作祟。比如，公务员考试，有必要中央和地方分开考吗？参加中央国家机关公务员考试的成绩就不能作为地方录用人才的标准吗？再如，法科毕业生去法院、检察院工作，有法律职业资格考试成绩还不行，还得参加公务员考试。且无论法官、检察官是否应该混同公务员进行管理，单从选拔人才的角度看，一个没有专业特色的公务员考试，能抵得上组织严密、出题严谨、阅卷严格的司法（法律职业）资格考试吗？所以，我建议，大学生参加了国家组织的公务员考试，成绩合格的，去地方党政机关工作的，不需再参加地方公务员考试；取消法科学生到法院、检察院工作时要求的公务员考试，以司法资格考试成绩（法律职业资格考试成绩）作为决定是否录用的主要标准。

此外，法律硕士专业研究生的入学考试，完全可以由司法资格考试（法律职业资格考试）代替。因为两个考试的目的一致，都是为了选拔应用型法治人才，而且考试内容也差别不大。取消了法律硕士专业研究生入学考试后，各个法学院（系）根据申请人的司法（法律职业资格）考试成绩，作为选拔进入复试的考生的基本标准，然后对被选入围的考生进行复试。复试可以由各个学校主导，复试内容和方式由其自行决定。这样,既可以减轻学生的负担,又可以给各法学院(系)一定的自主权,有利于推进有特色法学院(系)的建设。

法学硕士研究生和法学博士研究生进行贯通式培养,更多地采用硕、博连读的方式。在硕、博连读的模式中,博士研究生入学考试可以取消,改为采取一定的方式和标准对硕士研究生进行末位淘汰。对于不适合从事学术研究工作的,两年研究生学习生活结束后,予以淘汰,转为法律硕士专业研究生,以专业学位研究生的资格毕业,毕业后从事法律实务工作。

通过以上考试制度的改革,可以在一定程度上减轻法科学生的考试压力,把他们的时间和精力从应付考试上解放出来,以便于学习今后工作需要而不是考试需要的知识、素养和技能。如果做不到这一点,在学生考试压力巨大的情况下,法学教育改革的效果将会大打折扣。

(二)建立和法学教育衔接紧密的法律职业人员职前培训制度

目前,我国有不少法律职业人员培训机构,如法官学院、检察官学院和律师学院等,但它们基本上是法官、检察官、律师的在职进修机构,我国还缺乏严格意义上的法律职业人员职前培训机构。因此,《中共中央关于全面推进依法治国若干重大问题的决定》指出,"建立法律职业人员统一职前培训制度"。这个制度怎么建,特别是这个培训机构怎么设,是一个需要好好研究的大问题。是不是像日本或其他西方国家那样,全国设一个专门的职前培训机构,统一对通过司法资格考试(法律职业资格考试)的人员进行职前培训?我认为不可行,因为我国现在每年通过司法资格考试(法律职业资格考试)的有4万人之多,由一个机构承担数量如此庞大的人员培训,是不可能办到的。

我的想法是依托政法院校和法学院(系),并通过改革法律硕士专业研究生的教育制度，完成法律职业人员职前培训任务。具体设想如下：第一，法学本科专业毕业生通过司法资格考试（法律职业资格考试）后，欲从事司法工作的，凭着司法资格考试（法律职业资格考试）成绩到一家国家认可的法学院（系）申请攻读法律硕士专业学位。在学习期间，进行司法职业知识和技能的专精化培养，学习的主要内容是司法技能和司法相关知识。两年学习期满，按照司法人员的基本素质进行毕业考试，考试合格的，发给司法（法律）从业资格证书，到法院、检察院申请工作。法院、检察院录用此类人员，只需要进行简单的面试，不再进行笔试，也不再要求通过公务员资格考试。第二，其他专业的本科毕业生，欲从事法律事务工作的，需参加国家统一组织的法律硕士专业研究生入学考试，考试合格，进入一个法学院（系）攻读法律专业硕士学位，作为“法律事务人才”进行培养。学习内容以国家教育部确定的10门法学核心课程为主，同时进行法律职业伦理、法律事务工作技能的学习与训练。学习期满后参加国家统一法律职业资格考试，考试合格者进入相关领域从事法律事务工作。此类专业型研究生如果只获得毕业证书和学位证书，而未通过国家统一法律职业资格考试的，也不得从事立法、司法、行政执法和律师、公证等专业工作。第三，法学专业硕士和博士研究生毕业后，欲从事司法工作或其他法律事务工作的，在通过司法资格考试（法律职业资格考试）后，必须在一个法律职业职前培训机构进修一年，获得司法技能或其他法律事务工作技能。

国家可以把法律职业人员统一职前培训工作交给司法部承担。司法部以前就有主管法律教育的职能，目前也是法律专业学位研究生教育指导委员会秘书处的所在单位，由它承担此项工作顺理成章，也富有经验。司法部可以在现有政法院校、法学院（系）中，按照法律职业人员职前培训工作的要求，重新遴选一批法学教育机构，作为法律硕士专业研究生的培养单位。同时,在全国法官学院、检察官学院和律师学院等教育培训机构中,选择一些机构作为法律职业人员职前培训工作机构,承担法律硕士专业研究生以外的法律职业人员职前培训工作。

(三)加强多元化的法学师资队伍建设

发展多元化的法学教育,一个主要的制约因素是我国同质化的或者说是单一化的法学教师队伍。当前,我国法学院(系)的大多数教师,是研究生毕业后直接进入大学教书的,加上各种考核都把科研当作硬指标,他们当教师后没有或很少接触司法或其他法律事务工作。因此,我国的法学教师队伍,基本上属于"学术型"的教师队伍,[①]这样的教师擅长理论教学,弱于职业教育,也不能很好地指导学生开展实习实践。有的老师甚至"对于法律实践、法律传统、法律经验关注不够,以至于许多法学院校的毕业生反映,学校教的是一套,实践中做的是另一套。"[②]所以,如果没有多元化的法学教师队伍做支撑,就无法实现法学教育的多元化,法学教育中的重要一环——法律职业教育更无法实现。

为了改变法学教师队伍的结构,2013~2017年,中央政法委制定并实施了"双千计划",但效果不是太理想。大学教师到司法部门挂职,由于有科研考核的后顾之忧,难以一心扑在挂职部门的工作上,再加上接受他们挂职的司法机关,为了发挥他们的所谓优势,往往把他们分配到研究室、司改办等研究性部门工作,这使他们获得司法工作经验和技能的效果打了折扣。而派到大学来的司法人员,多数是

① 参见孙学致:《论我国法学教育的趋势与高校法学教育改革的方向》,载《高教研究与实践》2011年第4期。

② 公丕祥:《变革时代的司法需求与卓越法律人才就业培养计划》,载张文显主编:《中国法学教育年刊(2012~2013)》,法律出版社2014年版,第3~12页。

挂个名,少数来上几节课,作用发挥的也不大。所以,解决法学教师队伍单一化的问题,还需要另辟蹊径。

我的想法是通过法律硕士专业研究生教育的改革,强制有关法学院(系)引进一批有法律实践经验和职业技能的教师,充实到法学教师队伍中来。法律硕士专业研究生教育是法律职业教育,根据国外的经验,给法律硕士专业研究生授课的教师,至少有1/3是有法律实践经验、法律职业技能的专家。各法学院(系)可以真正聘请一批法官、检察官和律师来校任教,具体承担某一门课程,或指导研究生的某一个实习、实践活动,而不是像现在这样只是挂个兼职教授的名头,从不来学校承担任何具体工作。当前,法院、检察院"案多人少"的矛盾比较突出,在职法官、检察官工作压力大,学校可以聘请退休不久的法官、检察官来校任教。希望国家有关部门放宽退休干部兼职取酬的规定,让他们为国家的法学教育事业发挥余热。同时,国家还应当就法律硕士专业研究生教育的教师队伍建设做出专门规定,改变以往主要凭科研成果晋升职称的做法,把法律职业技能作为教师,特别是法律硕士专业研究生教师职务晋升的重要考量因素。除此之外,各法学院(系)还可以根据复合型法律人才培养的需要,招收一些懂法律懂外语、懂法律懂经济或其他"双懂""多懂"的复合型人才进入教师队伍,从总体上改变当前法学教师队伍相对单一的知识结构。以教师队伍的多元化,来培养多元化的法科毕业生。

中国法学教育改革的理念与创新

季卫东*

引言:法律专业知识的社会价值正在发生变化

过去很长一段时期内,中国缺乏真正意义上的高层次法律职业教育和技能训练,这是因为缺乏相应的社会需求。当事人以及代理律师之间竞争的重点也不在法律知识、证据、推理以及说服力,而在舆论、关系网以及当局的政治判断。身处这样的环境之中,法学教育当然难有高下之分,甚至并非不可或缺的。

但是,当建设法治国家从口号逐渐变成实践时,对制度、规范、程序方面真知灼见的渴望就会随之显现。尤其是企业"走出去"战略的推行,骤然增加了防范海外法律风险、应对国际诉讼业务的必要性,使法学教育的水准、涉外型和综合应用型人才培养的质量成为政府主管部门以及各类厂商都关注的一个焦点问题。另外,作为负责任的大国参与全球治理,也亟须造就一批精通、善于应用并能制定国际游戏规则的法律精英。何况互联网上的慕课平台、世界著名大学的中国校园以及来自境外的招生广告也在警示我们:高等教育已经进入全球竞争时代。

在社会开始越来越重视法律专业知识和技能时,法学教育理应进入真正的"黄金时代"。但是,由于过去盲目追求数量扩张,缺乏合

* 上海交通大学法学院凯原讲席教授。

理的顶层设计,就在法学教育应该也可能出现大发展局面之际,却似乎正面临一场“饱和危机”:法科毕业生就业率持续走低甚至沦落到文科末位,司法系统正在大幅度缩编,地方律师事务所不得不面对生存困境。概括地说,法学教育界存在两大压力:国际竞争的压力与就业竞争的压力。前者要求中国的法科院校走专精化路线,着力于提高教学质量。后者则要求各院校拓展教学范围、促进学科交叉,让学生具有更宽的知识面以适应不同工作岗位的要求。以此为背景,教育部正在推动新一轮中国法学教育改革,包括涉外型、应用型和复合型在内的多元化卓越法律人才教育培养计划也应运而生。

一、法学教育改革的基本方向和主要内容

迄今为止,中国法学本科生与法律专业硕士研究生的培养目标和课程内容还没有做出十分清晰的界定,导致高层次法律职业教育体系实际上并未成型。一般而言,各法科院校在授业上主要采取“满堂灌”的讲授形式,偏重背诵条文、标准答案以应试,缺乏专业素养和技能的严格训练。科目设置、教学方法等比较因循守旧,与法律实务和社会需求脱节,与国际标准相比更是相去甚远。在法学院剧增的过程中,重数量、轻质量的风气很浓厚,导致低成本扩大再生产的同一化模式普及。

由此可见,新一轮法学教育改革首先必须通过采取比较大胆的改革举措对法学教育进行“消肿”,使其回归到适当规模,进而明确法学教育的目标和方法。在这个基础上,要促进从同一化模式向差异化模式的转变。所谓差异化模式,就是在确保知识技能的教育质量和标准规格的前提下鼓励创新,根据社会对法律人才多种多样的需求进行各具特色的分类培养,把通识与专才这 2 个侧面密切结合起来。

基于上述认识，对今后发展的方向不妨进行如下设定：

1. 通过正义论、法律职业道德、基础法学等教育科目以及社会公益活动加强职业认同感和基本素质的熏陶，特别是注重法律思维能力和批判性思维的培养。因为法律理念虽然抽象、难以捉摸，但对于解释共同体的形成、卓越人物的塑造、洞察力和综合判断力的提升都具有重要意义。

2. 通过改进课程设置、教材、参考资料等一系列配套措施建立合理的法学基础知识体系，除了16门核心课程之外，还要增设学科交叉课程（特别是法律相邻学科的课程）、综合应用课程以及知识前沿课程。目前中国法学院校开设的选修课数量较少、范围较窄，不能充分适应经济和社会迅速发展的需求。

3. 采取判例教学法、对话教育法、谈判教学法、诊所教学法、模拟教学法、解决个案作坊教学法等加强职业技能的培训。聘请经验和学识都很出色的“实务教授”（professor of practice）到法科院校从事体系化教学和研究工作，增加实务技能训练课程的比率。鼓励实体法教师和程序法教师、专职教师和实务部门兼职教师共同开设“统一战线”（unibus）课程，以增强学生打破既定的学科壁垒、纵横自如地运用各种知识和经验解决实际问题的能力。

4. 为了拓展学生的国际视野和思想选择范围，有必要重视国际法、比较法、国别法的课程，增设双语教学或全外语教学课程，加强与外国相关机构的交流以及教学和研究合作，提供更多的留学、访学以及海外研修的机会，适当聘任外籍教师。

二、高层次法律职业教育的质量、成本以及学费标准问题

这样强调质量、增加选项的改革举措势必增加教育的成本，为此需要适当提高学费，或者允许法科院校根据市场规律比较自由地设

定学费标准。但是,现行教学模式以追求数量、压低成本为特征,而主管部门出于社会稳定的考虑也一直严格控制高等学校的收费标准。于是出现这样一个怪圈:在现行体制下推动以提高质量、增加选项为目标的法学教育改革是得不偿失的,于是大家只能继续维持同一化模式;如果增加学费,但课程设置和教学方法乃至大学的体制机制没有明显改进,学生和家长势必会心怀不满;然而如果没有比较多的经费投入,教学改进也就无法起步,外国的教育机关会在争夺优质生源方面占据有利位置。

应该承认,最近10余年来高等教育受到前所未有的重视,大学、特别是重点大学的影响力越来越大,政府投入经费的规模也越来越大。高额的投资当然也要求相应的回报,因而对高校进行成本计算、绩效检查以及问责的必要性也随之日益加强。这正是考核、评估、排名榜以及指标管理大行其道的原因或者社会背景。为此,1993年颁布的《中国教育改革和发展纲要》规定:“建立各级各类教育的质量标准和评估指标体系,各地教育部门要把检查评估学校教育质量作为一项经常性的任务”。教育部在2002年制定了《普通高等学校本科教学工作水平评估方案(试行)》,确立新的考核指标体系。10年之后,教育部下达《关于全面提高高等教育质量的若干意见》,进一步完善了人才培养质量指标体系。

在中国的教育界,绝大多数资源的分配由政府一锤定音。为了使计划和预算方案更加言之成理、持之有据,中央和地方的行政主管部门必然倾向于把各种任务指标和结果鉴定作为相关经费这块蛋糕切割给予的依据。既然大学的考核、评估是与资金投入的额度直接挂钩的,那么各高校就一定会积极迎合这样的考评。于是,行政主导下的教育发展也就有了方便的抓手。在这个意义上,考评倒是有利于提高管理绩效的。没有这样的数量化指标管理,就很难有如此迅速的大学扩张和跨越式进步。但反过来看，与预算分配挂钩的考评则会进一步推动大学的行政化，并不断扩张主管部门的权力。因为排名既是诱因，也是一种隐性权力，更是调整高教界行为趋势的指挥棒。显而易见，这里存在“高校对学术自由、教育特色的追求”与“有目的、有计划的政府重点投资政策”之间的紧张关系。如果政府对大学干预太多、问责太强，最终将会损伤乃至扼杀大学的自主性和活力。

大学去行政化的结果，必然是让市场在教育资源分配上发挥更大的作用，因此学费以及竞争性经费将逐步成为高等学校的主要收入来源。高等教育，尤其是高层次的职业教育在本质上与义务教育完全不同，其收费标准的决定基本上应该取决于市场供求关系，既包括就读市场，也包括就业市场。为了保障教育机会的公平分配，当然要防止学费过高乃至滥收费的偏颇。但是，如果人为地把学费压得过低，不利于教育质量的提高，也不利于教育立国政策的落实。现在很多家长宁愿花费极其昂贵的学费也要把子女送到外国法学院留学，造成这种现象的原因当然非常复杂，但在一定程度上也不妨理解为对国内法学教育的现状乃至整体的制度安排默默地表达不满。

三、应该怎样适当分配实务技能训练的职责

中国法学教育本来受到欧洲大陆法学教育模式影响，大学与业界在高层次职业人才培养方面存在明确的分工：法科院校侧重本科阶段的体系化知识和思维方法的教育（研究生阶段教育的主要目的是培养学者），法官学院、检察官学院以及律师事务所实习制度侧重实务技能的训练。1990年以来，受英美法学教育模式的影响，各法科院校纷纷设置类似JD的法律硕士专攻方向，但其在课程设置和教学方法上与既有的本科教育没有严格地进行区分，法科学生实务技能

的训练主要是毕业后在法院、检察院以及律师事务所的见习期间完成。在这个意义上,实务技能训练的职责和成本并不是由法科院校来承担的。

近年来的法学教育改革,越来越强调实务技能训练,并对法科院校开设实务类课程的比率提出了不少于15%的要求,这样的发展方向从整体上来看是完全正确的。只是有必要指出一个潜在的问题,这就是实务技能训练费用的转嫁。在竞争激烈的经济社会环境中,律师事务所越来越缺乏对新进人员从事实务技能训练的积极性,而各级法官学院和检察官学院也没有发挥类似法国和日本的司法研修所那样的应有功能,于是这项职责不得不由法科院校来承担。如果这种观察是符合实际情况的,那就难免产生一种疑问,在既定制度条件不改变的状况下,高校的法学教育机构能不负众望吗?

与英美法学教育模式的情况不同,在欧洲大陆法学教育模式下,大多数教师接受的主要是法解释学教育,缺乏实务经验,未必能做好对学生的技能训练工作。研究和教学的考核指标的沉重负担,也使很多教师不愿意或者不可能把充分的精力用于实务技能训练。与实务部门加强交流合作当然也是解决问题的一个方法,但如果没有比较长期的、固定化的人事安排,不能由实务教授成建制地开设技能训练课程,对学生进行体系化的训练,也未必能达到预期目的。让德艺双馨的法官、检察官、律师到法学院担任专职实务教授或者挂职任教一段时期,需要具备一些有吸引力、有安心感的制度条件。如果在人事上、财政预算上不做出妥善的安排,那么,加强实务技能训练就很容易流于空谈。

四、上海交通大学的"三三制"法科特班实验

从2009年起,上海交通大学凯原法学院开始探索法学教育改革

之路，并根据行业需求推出了人才培养模式的创新举措，即“三三制”(3+3)法科特班。法科特班是针对培养卓越法律人才的需求而进行的专精化本硕贯通培养，即选择优秀生源从法学本科四年级开始，提前进入硕士研究生阶段的法律职业课程学习，接受较为长期的、体系化、专精化的职业教育。

具体做法是从修满三年的法学专业本科生中选拔一定数量的优秀生源，从本科四年级开始提前进入硕士研究生阶段的学习，以本硕贯通培养的方式让学生接受高层次法律职业教育，以包括本科阶段合计6年的连续时间获得法律硕士学位。法科特班的基本定位是主要面向司法和涉外法务方向的高层次法律职业教育，特别强调以下三方面能力的培养：第一，国际视野以及法律分析和判断能力的培养；第二，作为法律高端职业从业者的实务技能的训练；第三，作为法律秩序担纲者的职业自觉性和精神的陶冶。

“三三制”法科特班的学生无法通过在每年一月举行的全国统一的硕士研究生招生考试来进行选拔，而只能通过免试推荐的方式在本科三年级结束时进行择优录取。考虑到体制内对接的便捷性，在试办的前两年，法科特班的学生限于上海交通大学凯原法学院的优秀法学本科生。即法学本科生三年级结束后，凯原法学院依据学生前三年的成绩须点排名和综合素质测试，选拔一定数量(15名左右)的学生进入特班。从2012年的第三届开始，法科特班除继续面向本院优秀本科生选拔外，也通过每年7月的卓越法律人夏令营和9月的推免复试选拔一定数量(目前25名左右)的来自国内其他名校法学专业的优秀本科生。对被遴选为法科特班的校外同学，实行在学分制基础上的课程修读的弹性制度。具体来说，被遴选为法科特班的校外同学原则上在原属学校取得本科学历和学士学位后再正式进入法科特班学习，可与本校法科特班同届同学修读课程，也可与本校特班上下届的同学修读课程；对于某些选修课，可以在严格条件下承认校外录取生在原属本科学校四年级期间所修读的相应课程的学分，但最多以15学分为限。

“三三制”法科特班设计的基本思路是：因为我国法学教育整体规模已经很大，但毕业生中只有极小一部分从事律师、检察官、法官等职业，多数是到企业、政府部门等就业，所以本科阶段的人才培养目标不能特定在法律职业素养和技能上、不妨适当模糊处理，与此相应，课程的内容方法也需要多样化。而真正的高层次法律职业教育应该放到研究生阶段进行，按照少而精的标准大幅度压缩规模、提高质量。相比较而言，诉讼律师、检察官、法官更需要专精化培养，可以放进“法本—法硕”的制度通道；立法者、行政官员、非政府组织领导人、商务律师、政府顾问律师、企业管理层、公司法务总监、国际纠纷解决机构的高层职员等更需要复合化培养，可以纳入“非法本—法硕”的既有范畴。在法硕阶段的人才培养方面，虽然毕业生的就业渠道也是多种多样的，但教育目标却应该是明确的、统一的、特定的，这就是造就理想的职业法律人（特别是律师）。在通盘考虑“法本—法硕”的制度设计时就会发现，法学本科阶段的法律类课程有必要适当减少，学习时间也有必要适当缩短，而把专业教育的重点转移到研究生阶段。

按照“三三制”办学方案，法学本科教育应该更加侧重基础法律课程以及其他社会科学知识的吸收，要求学生掌握信息处理技术和多种外语，并通过人文教养与专业知识的交融来培养作为守法公民的基本素质以及解决涉法问题的能力，特别是表达、沟通以及进行妥当判断的能力。在研究生阶段进行的高层次法律职业教育，其目标是培养富于正义感、责任感以及专精的学识，具有国际眼光，善于进行创造性思考的卓越法律人才。着重培养的法律职业能力包括对复杂的事实关系进行整理、发现重要事实和其关联性的能力;根据事实关系正确调查收集法律、判例、规则的能力;为了满足客户的需求而正确地把法律适用于事实的能力;碰到伦理问题和棘手问题能够妥善处理的能力;以书面或口头形式对事实和意见进行适当表达的能力;在有限的时间里有效完成工作的能力等。相对于目前体制内较为便捷的法本法硕"4+2"模式,"3+3"模式的法科特班避免了法学专业本科生第四年因粗放式实习等原因造成的时间浪费,使高层次法律职业教育在时间上更好地进行衔接,在内容上更精深、更充实,并能有充分余裕来为半年的体系化实务训练以及海外名校留学(如中国法硕与美国LLM双学位项目)或研修提供更合理的制度安排。

五、法学课程设置需要新思维

迄今为止,中国法学院的教育内容始终偏向书本知识的传授,培养应用型人才与研究型人才的区别在课程设置和教学方法上都没有充分反映出来。虽然成文法需要注重原理以及概念、命题之间的逻辑关系,但过分强调体系性学习就很容易忽视理论与实践之间的关联,无法在法律实务界形成人才辈出的局面。同样的批评之声在德国、法国、日本、韩国也可以听到。另外,判例法国家的教育以判例为素材,更强调实用性以及法律思维方式和操作技能的训练,但却存在过分注重诉讼、私法以及个人的问题,没有充分留意到法律职业的组织化、产业化所带来的深刻影响。实际上,兰德尔"判例教学法"尽管不是使用宪法、法律、学说,而是使用上诉审的判例作为素材,但在通过绵密的分析和逻辑演绎把法理适用于具体的事实这点上与成文法体系的教育方法是一致的。而这样的法学教育方法已经不能适应越来越复杂多变的、充满风险性的社会现实。因此,法学教学内容和教学方法的改革似乎正在成为一种国际通行的现象。

就教学内容而言，在这里尤其值得重视的是美国哈佛大学法学院在经过三年调查研究和参照医学院、商学院、公共政策学院的改革经验的基础上，从2006年开始启动的比较根本性的课程体系改革，被认为是自兰德尔“判例教学法”以来的第二次法学教育大革命。其中一年级课程设置上最重要的变化包括：(1)把国际法、比较法作为必修科目。目的在于使法科学生在一开始就对世界的法律格局有清晰的认识，并在国际社会的框架里正确定位本国法。这一必修科目可以从已经开设的国际公法、法与国际经济、宪法与国际秩序、比较私法学说与制度、中国法（或其他外国法）等课程中自由选择。(2)鉴于立法权和行政权不断伸张的现实，“立法与管制”也被确定为必修科目。这一课程讲授的重点是职业法律人如何正确处理与成文法、行政规则之间的关系，特别是司法机关和法律执行机关解释和适用规则的方法。(3)开设必修科目“解决个案作坊”（Problem Solving Workshop）。这是法学教育史上的创新，彻底改变了低年级教室的景观，得到教授和学生们的高度评价，势必对美国乃至其他国家的法学教育产生深远的影响。

“解决个案作坊”是指参加者在有一定实务经验的专职教师的指导下处理某个案件或问题的授业方式，是把理论与实践密切结合起来的核心课程。在这里，学生就像律师那样，从接受客户委托阶段起逐步解决现实问题，一切都从零开始进行准备。在处理个案的整个过程中培养学生洞察世事、应用知识、进行判断的能力。按照教学设计，一个案件大概花费三天时间进行团队作业和讨论，每个团队由4~5名学生组成，以三周时间共解决七桩案件。一般做法是在第一天早上的课程上简单说明案情，并把有关的法规、案例的清单和论文等参考资料发给学生，然后是各团队分头作业，原则上必须在傍晚各自提交作业结果。第二天早上两小时的课程是讨论第一天布置的作业以及讨论案件，随后继续分头作业，并在傍晚前提交第二次作业报告。第三天早上对案件进行最后讨论并结束这个案件，紧接着开始另一案件的处理。由于案件解决方案是集体在很短的期限内提出来的，造成一种紧张的、刺激的氛围，更能调动学生的积极性和创造性。在哈佛大学法学院2010年的课程设置中，“解决个案工作坊”共分为七个专题，即行政法与合同法、金融监管与国际金融、财产法与冲突法、网络法、法与经济学、纠纷解决制度、法律职业的制度与伦理。在每个专题之下再分为4～5人组成作业团队。

哈佛大学法学院高年级课程设置改革对原有的必修科目增加了更多的选择余地，使学生在选课表的确定上享有非常大的自主权。为了防止学生自由选课导致知识结构的失衡，学院发布的指导手册通过对不同类型课程的学分策划来进行调整。选课向导的方法主要有2种。一种是对所有科目和研讨班进行区分，归为18种类型，每一类型都有独自的选课菜单。另一种是确立高年级研究项目，对特定领域各种科目的学习顺序提供建议。例如，2011年设置的研究项目是6个，包括法律与政府、法律与商务、国际法与比较法、法律与科学技术、法律与社会变迁、刑事法与正义。每一个研究项目都涵盖了基础科目、高级课程、研讨班、相应诊所体验、关联研究领域、交叉学科等。这些改革举措固然是立足于美国条件，未必符合其他国家的法学教育的情形，但对我国培养卓越法律人才的课程体系改革还是很有借鉴意义的。

近年来，上海交通大学凯原法学院根据培养卓越法律人才的需要也对课程设置进行了较大幅度的改革，其中很重要的一环是加强实务技能的训练。为此成立了法律实验教学训练中心，配备了5位专职教师负责这项工作，并且精心构建了崭新的教学模式，为学生提供了若干套富有魅力的选课菜单，涵盖实践课程、诊所教育、模拟法庭、谈判训练、竞赛项目、法律援助中心等不同模块。据统计，全院涉及实践教学的专任教师已达23名，在法学院课程体系中技能培训课程所占的比率达到20%。与政府机关、仲裁机构、行业组织、跨国企业、上海排名前20名的律师事务所合作，迄今为止，已建立25个“实践教学基地”和“海外实践教学基地”，每年定期派出150余名在校研究生、本科生深入基地实习。在2010年秋季学期凯原法学院开设知识产权法模拟法庭课程，用中英双语教学，主要面向法律硕士。从2011年起借鉴哈佛大学法学院的经验，与著名律师事务所合作开设了“法律谈判”课程。从2009年就开始酝酿参照格拉斯哥模式建设“虚拟律师事务所”系统，从2014年起将作为法科学生的选修课着手筹备。这个项目设计的目的是让学生利用网络环境，在多人、多线程的虚拟环境中，训练处理复杂法律纠纷的各种方法和技术诀窍。

六、法学院的重新洗牌和评价标准

20世纪60年代是美国大学不断扩张规模和讴歌繁荣的黄金时代。在那段岁月里，青年人口剧增、高等教育预算膨胀、就业市场高腾，高等教育想不崛起都难。但到80年代初，招生难、就业难、大学财政亏损突然袭击了该国高等教育界，1989年的在校生人数比1983年减少了40%，到1997年再减少60%，令人惊愕不已。到20世纪90年代，青年人口减少的结构性变化也引起了日本大学的生存竞争激化，国立大学的独立行政法人化和私立大学的改组就是在这样的背景下被提上议事日程的。与此形成鲜明对照的是中国高等教育持续20余年的规模扩张。但是近几年，随着人口出生率下降和人口老龄化问题凸显，大学紧缩的不安也开始在中国浮现。如果在不久的将来中国大学有可能面临衰退和破产的危机，那么规模已经过于庞大的法学教育界就势必首当其冲。在这个意义上，教育部的“卓越法律人才教育培养基地”建设计划是富有前瞻性的，涉及未来 15 年间院、校、系布局的重大调整，也会进一步刺激法学高等教育界的竞争行为，并通过淘汰机制提高法学院的经营水准以及人才培养质量。也就是说，卓越法律人才教育培养计划终将引起中国法学教育界重新洗牌。

在优胜劣汰的过程中，评价、认定、排名等活动的重要性会凸显出来，并必然在不同程度上影响资源分配。因此，如何设定合理的、具有权威性的质量标准体系就是一项不容回避的基本任务。数量的衡量和比较很容易，但质量包含着难以计量的价值，例如，传统、信誉、校风、品牌效应、对毕业生的支援、获取募捐的实力等都会对高等院校的社会定位产生很大影响，如何确定相关的指标是非常复杂的问题。对于“卓越法律人才教育培养基地”建设计划来说，质量更加重要，因为在概念含义上“质量”就意味着杰出的表现或者绩效。对教育成效评价的主体可以是大学、学院、管理者、教员、大学协会等（第一者的自我评价），也可以是学生、家长、毕业生雇主、企业（第二者）等，但最重要的是标准认定机构、独立评价机构、大众传媒及考前辅导学校等的市场评价（第三者）。可以说，第三者评价是教育和研究质量的基本保障。一般而言，由教育主管部门、法律部门、法律服务利用者等组成的机关，作为独立的第三者来对法学院的质量进行持续性评价和认定，这是维持质量水准的适当方式，具有更强的公信力。

国立大学及其法学院的评价一般是由政府的主管部门来进行的，其主要目的是维持和改善质量、决定资源分配的份额、对教育管理层问责以及信息公开。为此需要设立一定的国家标准以确保评价的客观公正。尽管各种评价标准体系有所不同，但客观性指标大都包含以下内容：（1）研究——匿名评审杂志等的论文发表数、论文被引次数、专著出版数、国际学会等嘉宾讲演数、研究生的论文和学会报告数、研究成果的应用状况、政策咨询报告采用数、科研项目和科研经费数;(2)人才培养——毕业生在学术研究以及社会上的活跃程度、毕业生在国外大学或研究机构就职的情况、进修生接受的情况、学位授予情况、在培养卓越法律人才的课程和教学方法等下的功夫;(3)国际化——学位留学生派遣数和比例、短期留学生派遣数和比例、接受外国学位留学生数和比例、外语授课的科目数、授予留学生学位数、教授的国际经历、外语论文发表数、与国外学者共同研究的状况、外籍教师的比例;(4)社会贡献——接受奖学金、捐款、委托研究、共同研究的情况、业界和企业对教授的委托、法律援助和法律咨询、参与政府、公共机关决策咨询的情况、国际机关咨询活动;(5)运营条件和机制——组织机制的效率、外部评价的实施情况、教育和研究的环境和支援(图书馆、信息技术及相应的设施和设备)等。

至于主观性较强的质量评价,很难用一套具体的指标来规范,关键在于确立自我评价、相互评价、外部评价的方式或者机制以及可持续性。例如,让每位教师定期(每年或每3年)就自己的教学和研究活动提交书面报告,由学院进行评价并把评价结果向全体教师报告;教师互相听课或观摩教学,并进行评价;学院对自身的教育和研究也定期进行自我检查和外部评价,并公布有关数据,履行说明义务。就法学院而言,法律职业资格考试合格率也可以在相当程度上成为教学质量评价的一个重要指标。换个角度来看,法律职业资格考试实际上有可能发挥法学教育指挥棒的作用,因此必须使这两种制度的改革联动起来。如果法律职业资格考试制度和人事制度存在比较重大的缺陷,法学教育改革无论怎么做,都会在效果上大打折扣,甚至还有可能导致卓越法律人才培养计划失去现实意义。

结语：作为教育指挥棒的法律职业资格考试制度的改革

法学教育改革必须与法律职业资格考试制度改革相结合才能产生预期的效果。应该承认，统一的全国司法考试制度（2018 年改为国家法律职业资格考试）在 2002 年确立后，对职业法律人共同体的形成贡献良多。但是，近年来法学教育改革提出了更高要求，特别是体系化专业知识的学习和实务技能的训练方面的新内容，有待法律职业资格考试制度来加以确认、巩固以及发展。法律服务市场的国际化和全球化也迫使法律职业资格考试在选题范围和准考资格等方面有所调整，甚至不妨在条件成熟时把法律职业资格考试向外籍人士开放，以加强中国法学教育对外籍学生的吸引力，伸张制度的软实力，并对法学教育质量的进一步提高形成外部压力。

目前，法律职业资格考试参加者中非法学专业考生的比率和通过率都非常大，这种状况是不正常的，至少证明存在以下三点问题：（1）对已经接受法学专业教育者与非法学专业应考者在报名资格上没有任何区别，不利于促进法科院校的发展；（2）"一考定终身"，法律职业的准入条件是点状的，教育和培养的过程显得无关紧要，不利于法科院校改进课程设置、提高教学质量的努力；（3）出题机构与法学教育机构存在脱节现象，导致体系化专业知识传授和法律思维方式培训的成绩无法通过法律职业资格考试进行检验，或多或少助长了单纯依靠死记硬背法律条文和标准答案的偏向。

为了解决上述问题，应该改组法律职业资格考试出题的机构和方式，提高其学术权威性。有必要让法律职业资格考试采取口试和笔试、短答和论文以及实务操作等不同形式，分成若干阶段进行，以便把具有真才实学和全面素养的人才甄别出来。应该让非法学专业考试经过第一次考试的筛选再进入第二次考试，而已经接受体系化教育和训练的法学专业学生不必参加第一次考试而直接进入后续的遴选程序。法律职业资格考试合格者,只有在接受一定时期的实务技能训练之后才能获得任职或执业的资格。总之,法律职业资格考试制度改革的具体举措必须以确保法学教育制度改革的成果为宗旨,这两者的联动关系当然最终取决于职业法律人共同体发展的需求。

面向智慧社会的法学教育变革

董　娟[*]　赵　威[**]

一、法学教育的回眸与现实

(一)法学教育40年的长足进步

1978年,党的十一届三中全会胜利召开,标志着改革开放历史转变的开始,也为我国法学教育带来了新的曙光,曾一度中断的法学教育开始恢复和发展。中国法学教育经历了中华人民共和国成立初期的苏联模式,改革开放初期的大陆法系模式,又到市场经济体制时期的混合模式的发展与变迁,反映出时代对法学教育的现实需求,也反映法学教育一直处于发展的改革态势。进入21世纪以后,中国的法学教育改革更是成为实现依法治国、加快建设法治国家这一历史使命中最核心、最紧迫的任务。从政策引导来看,从2010年以后国家连续对法学教育发布一系列的文件或者意见就能得到印证。最先发布的是《国家中长期教育改革和发展规划纲要(2010~2020年)》;2011年12月,中国教育部、中央政法委联合颁布了《关于实施卓越法律人才培养计划的若干意见》,对实施卓越法律人才教育培养计划作出了整体战略性部署;2014年中共十八届四中全会做出《关于全面推进依法治国若干重大问题的决定》,强调要"创新法治人才培养

* 天津大学法学院教授。
** 天津大学法学院硕士研究生。

机制”;2017 年 5 月 3 日,习近平总书记到中国政法大学考察并发表重要讲话,讲话指出“法治人才培养上不去,法治领域不能人才辈出,全面依法治国就不可能做好”。2018 年 9 月,教育部、中央政法委发布《关于坚持德法兼修实施卓越法治人才教育培养计划 2.0 的意见》,强调“完善协同育人机制,构建法治人才培养共同体”。从学科发展来看,设有法学专业的高校从 1980 年的 21 所到 2018 年的 600 余所,累计培养博士研究生 3 万余人,硕士研究生 46 万余人。根据教育部官方网站公布的《20017 年教育统计数据》,全国在校法学研究生共计 153,293 人,其中博士研究生 18,702 人,硕士研究生 134,591 人。截至 2018 年,全国共计 48 所院校具有法学一级博士点,其中 2018 年新增 8 个法学一级博士点。法学教育模式不断取得突破和创新,1996 年设立的新型法学学位——法律硕士专业学位已由最初的8 所增至 243 所。从以上 2 个视角可以管中窥豹,40 年来中国法学教育伴随改革开放而获得长足发展,这是法学教育可喜的一面,同时我们也要注意到,我国社会发展进入了新时期,法学教育在一定程度上还需要通过进一步改革来适应社会发展的新需求。

(二)智慧社会时代的到来

2017 年 10 月,习近平总书记在党的十九大报告中指出,要“加快建设创新型国家”,要“为建设科技强国、质量强国、航天强国、网络强国、交通强国、数字中国、智慧社会提供有力支撑”。随着人工智能与其他科技的加速融合创新与聚变发展,人类社会正在日益逼近新一轮变革的临界点,社会形态将全面系统演进,智慧社会将作为继农业社会、工业社会、信息社会之后的一种更为高级的社会形态而加速到来。智慧社会的诞生标志着社会的进步,诸多智能科技及产业化将改变人类的生产与生活方式,并重塑生产与服务的组织方式乃至人际关系。现有的法律知识谱系以及法治体系都是基于工业社会以及后工业社会,在面对以人工智能技术为支撑的智慧社会面前处理法律关系时必然会显得捉襟见肘。例如,如何定义人工智能的法律属性,是否可能赋予人工智能以独立的法律主体资格,假使赋予人工智能以独立的法律主体地位,人工智能何以拥有自己的财产以及如何承担侵权责任,基于自由意志的自由刑的刑法惩罚措施何以在人工智能身上适用,这势必会对现有的民事主体制度、侵权制度以及刑罚哲学依据产生猛烈冲击;又如,大数据技术已得到广泛商业化应用,商家在采集消费者相关购物信息时是否需要征得消费者同意,利用采集到的信息对目标客户进行商品推送是否合乎正义,“大数据杀熟”事件的上演是否暗示着人性弱点会被智能科技所放大,这些问题无疑都在叩问法律追求和社会公正何以维持;再如,智能社会具有的现实与虚拟双重属性对现有司法管辖制度也会产生冲击,如何应对虚拟货币带来的挑战以及防范来自虚拟世界的冲击……凡此种种都对现有法治体系带来了一系列的考验。现如今,我国社会发展进入了智能时代也就是智慧社会,在这个时间节点上中国法学教育应当如何满足智慧社会提出的新需求?如何应对智慧社会的新挑战?如何解决智慧社会的新问题?这些无疑都是对中国法学教育提出的具有重大历史意义且足以载入法学教育史册的教育变革新命题。

二、智慧社会对法学教育的冲击

(一)新型法律关系的认知障碍

智慧社会下诞生了不同于以往的新型法律关系,而对这些法律关系的认知需要具备一定的关于智能技术的通识。智能技术是以传统计算机技术、信息技术以及互联网技术为基础的大数据、云计算、区块链、人工智能等新兴科技。科技对法律的冲击自工业社会以来从未停止过,也因此诞生了由科技变革带来的社会关系的调整进而产生新的法律规范。随着科技的不断发展,法律关系的技术属性加深致使法律规范日趋技术化、规范化。可以预见,未来将出现一位法学界的“哥白尼”重写法律,帮助机器人争取和人一样的权利,赋予机器人人格。智能科技通识是认识智慧社会下的法律关系的知识支撑,缺乏智能科技知识将会对新型法律关系的认知产生不可避免的障碍。

首先,人工智能的诞生引发了社会各界的热议和探讨,法学界更是趋之若鹜,关于人工智能的法学话题和学术论文如雨后春笋般涌现。人工智能是智慧社会一个重要组成部分,人工智能相关法律问题的出现冲击了既有的法律关系和法学理论,包括但不限于:人工智能的法律主体资格、人工智能创作物的可版权性、人工智能的侵权等,涉及民法基本理论、知识产权法、侵权法乃至刑法等众多学科。21 世纪的科技将会使人工智能变得可能,而且它将比人类聪明几亿亿倍。人工智能是否能够成为独立的法律主体,成为困扰法学界的一个难题并且在学术界一直争论不休。其次,区块链技术已经逐渐应用到金融、会计等多个领域,与之密切相关的智能合约引起了合同法关于合同成立与生效的理论失灵,使之走入了现有法律和法学理论无法解释的逻辑困境。区块链技术在司法上的应用会对目前证据制度产生冲击,如何看待区块链证据以及如何认定区块链证据的效力也同样地困扰着司法实务人员。最后,共享经济经历野蛮生长后进入稳定发展阶段,共享汽车、共享单车的出现便利人们的生活和工作,与之而来的是“所有权淡化”问题对物权法和物权理论的考验与挑战。总之,诸如此类的智慧社会下的技术和产品产生了独有的、具有智能技术支撑的新型法律关系,而要认识这种新型法律关系需要一定的智能技术知识,无论是人工智能、区块链还是共享经济都离不开智能技术的支撑,掌握相应的智能技术知识才能帮助我们克服智慧社会下对新型法律关系的认知障碍。

（二）传统法律思维转变的困境

智慧社会的出现是以智能技术的发展为前提和基础的，智慧社会不会是一天建成的。形成智慧社会的知识、技术、条件都有新型的思想都会作为支撑，而这些关于智慧社会的思想都会体现在具体的思维方式上，智慧社会的法律思维也不例外。如果说法律思维是“根据法律进行思考”的话，那么，法治思维更倾向于“围绕法律进行思考”，后者具有更加全面和深入的认识。智慧社会下的法律思维主要体现在技术思维、互联网思维以及智能思维上。

首先，技术思维是新型法律思维的底色，技术思维以一定的信息网络知识为基础，利用通信技术原理帮助梳理和整合法律关系，从而获取更为本质和客观的对于法律关系的认知。例如，要认识智能合约就要具备相应的通信数据知识，利用数据思维来揭开隐藏在智能合约背后权利义务关系。在本质上，智能合约是以信息化方式传播、验证或执行合同的计算机协议，因此数据技术思维是认识智能合约必不可少的条件。其次，互联网思维是新型法律思维的一大特色，互联网思维是系统思维在信息时代和智慧社会中的具体体现，以万物互联为特征。新型法律思维利用互联网思维能更加完整和系统地看待智慧社会下的新型法律关系，从而避免认知的片面性。互联网思维还体现在现实与虚拟双重空间的认识维度上，在识别法律关系时不仅要着眼于现实空间，还要重视对虚拟空间的考察。在智慧社会中，大量的法律关系是在虚拟空间产生、发展和消灭的，为此互联网思维要求法律人能在处理新型法律关系时抓住虚拟化的特征，进而认识其本质属性。最后，智能思维是认识智慧社会与新型法律关系的至为重要的思维方式，人工智能等智能技术是支撑信息社会向智慧社会演变的技术基础。在认识自动驾驶技术侵权案件时，要动用智能思维克服对机器的刻板印象，着重考察自动驾驶技术目前所处于的智能水平（弱智能阶段还是强智能阶段），这样有利于我们判断侵权责任的承担。

（三）法律职业伦理内涵的局限

智慧社会是一个逐步形成的智能形态的新型社会，不仅需要大数据、云计算、人工智能等相关智能技术的支撑，同样也需要与之相匹配的社会伦理对其进行塑造。智慧社会下的伦理主要是技术和科技伦理，涉及隐私、人权以及尊严等问题，本质上是解决智慧科技与人的关系，主要方式是将法律正义融入人工智能等相关技术中去，具体包含数据正义、代码正义和算法正义等新型正义观。若法律从业者不能始终坚持法治理念和伦理标准，那么其对社会和公众造成的伤害，和其所拥有的知识运用能力水平之间就呈负相关关系。智慧社会法律职业伦理必然渗透着新型社会伦理，更加注重对人的隐私和尊严的保护，同时关注智慧社会中处于“技术弱势”的群体的权利维护。新型的法律职业伦理覆盖立法、执法、司法以及法律服务等领域，更加全面地提升对“技术弱势”群体的法律保护，更加公平地对待智慧社会的各方群体。以算法正义为例，大数据技术的应用更好地帮助商家对潜在消费者进行精准推送，在未告知消费者的情况下进行数据收集进而精准投放广告已经涉嫌侵犯消费者个人的隐私以及选择权。其实，即使用户可以删除信息记录程序，被称为“修复”的反向技术仍可以重新生成这些程序；我国某知名打车软件利用乘客的使用习惯以及对价格的敏感程度进行数据分析，对客户进行人为的价格划分以及提供差异化服务，一时引起社会的广泛关注并曝出“数据杀熟”事件。这充分暴露出歧视存在于数据和算法之中，在人性弱点的诱惑和智能技术的加持下这种严重侵犯社会正义的方式只会“变本加厉”。新型法律职业伦理在面对智慧技术所构成的新型社会,应当具备强烈的人文主义色彩以应对技术社会“物化”所带来的社会失衡,进而防止智能技术的不当运用对社会正义的侵蚀。

(四)法治人才培养的单一化

智慧社会产生新的法律关系必然需要与之相适应的法治人才的参与,新型法律关系的处理都离不开通晓智慧技术知识、具备技术思维和伦理的新型法治人才。我国法学教育同质化与社会需求多元化之间一直存在突出的矛盾。智慧社会所需要的法治人才必然是在知识体系、思维方式和职业伦理上都与智慧社会相适应,而目前的法治人才的培养模式仍然存在“单一化”的障碍,不能满足智慧社会对新型法治人才的需求。首先,在知识结构上,传统的法治人才培养模式以法学知识为主导,必要时辅以其他社会科学知识,而不重视智能技术相关知识的合理嵌入。例如,对于本科生,数据库、网络技术等基础知识教育停留在附属地位,并且缺乏对大数据、物联网、人工智能等前沿知识的介绍。在研究生在招生时缺乏对具备计算机、通信技术、网络安全等专业背景学生的招生以及培养的应有重视,盲目崇尚法学科班而致使生源知识背景单一,进而阻碍了对新型法治人才的培养。在法律思维培养方面,在传统法学教育中法律思维本就不算成功,更何况要嵌入技术思维、互联网思维以及智能思维呢?传统法律职业伦理近些年才引起法学教育界的应有重视并开始尝试实践,更遑论数据正义、算法正义云云。单一的培养模式与以技术为支撑的智慧社会无法匹配,也显示出法学教育在某种程度上滞后于社会发展的需求。

三、法学教育变革的路径和选择

(一)增加智能技术的通识课程

智慧社会的技术属性决定法学教育必须增加智能技术的通识课

程，只有这样法治人才的培养才能跟得上社会发展的需求。智慧社会的新型法律关系以现代智能技术为支撑，具有强烈的技术特征。因此，在处理智慧社会下具有技术属性的法律关系时，需要具备一定的网络通信等智能技术相关知识，法学教育培养单位在这种情况下，开设智能技术课程是非常有必要的。

第一，要增设计算机原理、数据基础、网络语言等相关课程，提升人才培养的多元复合性。智慧社会不仅体现在技术属性上面，而且还具有智能特征。以人工智能为代表的智慧科技从根本上改变我们对机器的认识，进而引发人类社会前所未有的关于如何看待人与机器关系的大讨论。第二，法学教育必须对此作出回应，大数据、物联网、区块链以及人工智能等相关的前沿科技知识不应成为法学教育的知识盲点，更不是被嘲笑的对象。法学教育的知识谱系绝不是静止不动而是伴随社会发展而不断进行完善和升级的，就如同知识产权法和经济法的出现与发展是随着工业社会大发展大繁荣，同样地，人类逐步进入智慧社会必然会对原有法律知识谱系产生冲击，并会产生新型法学研究对象进而诞生出新的法学研究领域。第三，法学教育应当担负起更新法学知识谱系的历史重任，拓展法学学生的视野进而为其以后的学习与职业打下坚实而宽广的根基。信息时代也是智能互联的时代，对于数据、通信技术以及人工智能的认知应当成为智慧社会下法学教育的新特点。

（二）加强智慧社会法律实务参与

智慧社会下法律实务的参与是更好地认识新型法律关系的重要途径。新型法律关系的出现对现有的法律制度和法学理论产生了巨大冲击，新型法律关系的处理离不开法律实务的参与，可以说，法律实务是处理新型法律关系的第一阵地。实践参与的缺乏，导致学生不能对现实生活中的法律问题进行深刻体会，往往只会“纸上谈兵”。

学生基本上不懂得如何发现法律问题,更谈不上妥当地解决问题。例如,二维码支付技术的出现会带来支付法律关系的新变化,私换二维码致使商家遭受损失,在民法上会涉及买卖合同的履行以及风险转移等问题;同一个问题,在刑法上会引发构成盗窃还是诈骗的争论。而这一切都源于具有新型法律关系的技术属性,而技术的认知不仅需要学习相关知识和课程,更需要实务的参与。一方面,智慧社会是技术不断革新的新型社会形态,活跃的社会实践极大地丰富了理论研究的素材,法学教师应当积极参与智慧社会实践并从中提炼相应的概念范畴进而提升法学教育的质量。另一方面,智慧社会中的社会实践更加具备知识创造的特点,法学教育工作者的实践参与不仅对于其本人的知识谱系起到更新作用,也会对其教育方式产生积极影响。实践教学师团队建设要求法治理论和实务能力均具备,这使理论教师为主要构成的传统师资队伍捉襟见肘。仅依靠法学院的专任师资,根本无法完成职业化的法治人才培养任务。与此同时,法学教育单位可以聘请具备相应实践经验的法律实务人员参与到法学教育中来,为法学教育提供更为多元的师资力量。法学培养单位应当提供给法学学生参与新型法律实务的实践机会,使学生更好地认识和掌握具有技术特征的新型法律关系。

（三）法律职业伦理的内涵拓展

智慧社会的法律职业伦理更加注意人文关怀,关注人的尊严和隐私,法学培养单位应当在法律职业伦理的教育中注重内涵拓展,凸显对“技术弱势”群体的权利维护。正义观是法的重要的价值追求,正义观的内涵也是不断注入时代内涵的,就如同在奴隶社会时代贩卖奴隶就和买卖商品无异,并不会被认为是非正义的,但随着人类文明程度的不断提高以及人类尊严和平等不断彰显,人的人身不可侵犯性覆盖到所有人。例如,对于网络用户的浏览信息以及购物信息的收集,基于现代文明的价值取向,"没有信息权利人的同意或默许,他人无权擅自使用这些信息"。智慧社会是智能技术广泛应用的社会,智能技术在现阶段仍然处于一个初级阶段并不具备人类智慧高级智能,在本质上仍是人类的辅助工具并因而"打上人类的烙印"。人性弱点会在智能技术的加持下进一步被放大,其危害也甚于以往任何时代。算法正义,已成为直接影响商业交易和社会关系的重要问题。数据正义、算法正义等新型正义观应当被法律职业伦理所重视并将其融入法律职业伦理内涵之中。法学教育在完成知识谱系更新以及实践参与后,法律职业伦理的教育才能有效开展。首先,要开设法律职业伦理课程,将法律职业伦理课程作为必修课;法律职业道德并不是同法律课程截然分离的课程,是民法等部门法的精神延伸,在其他部门法的授课中也应当进行职业伦理的教育。其次,社会实践的参与是必不可少的手段,实践能带来新鲜而又立体的伦理感受,从而对职业伦理的培养起到事半功倍的作用。在传统的法律培养模式下,法律职业伦理的培育长期得不到应有的重视,因此,法学教育不仅应当将法律职业伦理作为必修课进而提升对法律职业伦理的重视程度,而且还应当进一步拓展法律职业伦理内涵的技术伦理新特性。

(四)引导法学生源的多元化

大数据、区块链、人工智能等新技术的到来,法学理论以及实务会面临着跨专业以及跨学科的挑战,进而出现学科交融,如智慧法学、数据法学等法学交叉学科,进而引发知识谱系的不断更新和复合。一方面,要求法学培养单位拓展法科学生的知识构成,增加智慧科技通识教育课程,但这毕竟只是补救措施并不能从根本上满足智慧社会对复合型法治人才的需求;另一方面,也是至为重要的一方面,法学教育单位必须摒弃"科班"的陈旧思维,应当高度重视对具有复合知识背景的法律硕士(非法学)的招生和培养。需要补充说明的是,法学教育单位之所以具有“科班”思维,原因在于“理论研究高于法律实务”的偏见以及自身并不能提供复合型法治人才所需要的高质量的复合型教育,偏见和能力不足是复合型法治人才培养的两大“绊脚石”。法学教育培养单位必须本着更为客观且平等的态度对复合型法治人才进行教育和培养,首先,加大引进具备计算机、互联网等专业学生的招生,可以通过设置计算机等相关方向的专项法律硕士招生名额提升吸引力,为专项法律硕士或者法学硕士预留名额减少其报考风险;其次,制定更为科学合理的培养方案,可以尝试与本校计算机等学院进行联合培养,这样有助于巩固和提升学生原先专业知识和能力,同时进行高质量的法学教育,双管齐下的培养方式无疑会提升法教育对复合型人才培养的科学性和可行性。法学教育培养单位树立新观念并进行招生和培养方案的提升改进,只有这样才能招得到、留得住、育得出智慧社会所需要的复合型法治人才。

四、结语:智慧社会下的智慧法学教育

“法治人才培养上不去,法治领域不能人才辈出,全面依法治国就不可能做好。”社会形态变革之中,大数据、云计算、区块链、人工智能等重新定义了人们的生产方式、生活方式、价值观念以及情感态度等,孕育出充满生机的社会形态——智慧社会,衍生出新型的法律关系以及权利义务,冲击了现有的法律价值、法律知识谱系以及法学教育的方式与理念。因此,法学教育必须积极回应这场深刻的社会变革,着眼于智慧社会需求进而转变法学教育理念,为智慧社会提供与之匹配的法治人才。“冰冻三尺非一日之寒”,在中国社会进入新形态的大时代背景下,法学教育要实现智慧社会下的教育变革,这一变革必定是一个充满艰辛但又充满前途的过程。

改革开放40年与上海法学教育的发展

唐　波[*]　张　毅[**]　张丽君[***]

从1978年至2018年的40年来，在改革开放的浪潮下，中国特色社会主义法治建设取得了巨大成就。法学教育作为其中的一项基础性工程，在上海这片改革开放的桥头堡，也发生了重大而深刻的变化。40多年风雨兼程，上海法学教育从恢复走向繁荣，众多法学院校逐步探索中国特色的法学教育模式，为上海乃至全国输送了大量的优秀法治人才，培养了法治社会建设的中坚力量。回顾和总结近40年来上海法学教育的历史性变革、取得的成就以及由此得来的启示，对开启新时代上海法学教育的新征程，充分发挥法学教育在全面依法治国中的基础性、先导性作用有重要意义。

一、洗尽铅华，砥砺前行：上海法学教育40年的发展回顾

（一）艰难恢复重建阶段（1979年至20世纪90年代）

1978年召开的党的十一届三中全会揭开了党和国家历史的新篇章，同时也开启了上海法学教育的新篇章。1978年，中共中央批转的《第八次全国人民司法会议纪要》中明确提出："恢复法律系，培养司法人才"。1979年，《中共中央关于保证刑法、刑事诉讼法切实实施的指示》中指出，"过去撤销的政法院系和政法、公安院校应尽快恢复

* 华东政法大学党委副书记，教授。
** 华东政法大学经济法学院党委书记。
*** 华东政法大学教务处助理研究员。

起来。有条件的文科大学应设置法律系或法律专业”,在此背景下,上海法学教育迎来了10年浩劫后的新生,而这个时期最紧迫的问题,就是在几乎完全空白的条件下迅速恢复和重建,解决没有法律院校、师资等问题。

1978年,复旦大学分校组建政治系、政法系和法律系,华东政法学院正式复校。1979年,上海社科院法学所恢复后开始招收硕士生,上海海运学院获得国际经济法硕士学位授予权,开招海商法硕士生。1981年,复旦大学重新设立法律学专业。1983年,复旦大学恢复设立法律系。1984年,上海政法干部管理学院和上海外贸学院成立,上海外贸学院同年在全国率先成立国际经济法系并开始招生。1985年,因复旦大学、华东师范大学、上海外国语大学等5所大学的分校合并组成上海大学,原复旦大学分校成为上海大学文学院,原复旦大学分校法律系遂改称上海大学文学院法律系。1987年,上海财经大学经济法专业开始招生,复旦大学、华东政法大学、上海对外经贸大学同年开始招收硕士生。上海法学教育克服了起点低、基础薄弱、条件差的重重困难,不畏艰难,重新起步。

(二)跨越式发展阶段(20世纪90年代至2010年)

随着党和国家工作重心的逐步转移,改革开放的进一步深化,依法治国基本方略的提出和实行,社会主义民主和社会主义法治的进一步健全,上海法学教育事业迎来了春天,在新的平台上获得了跨越式发展。

首先是法律院系的布局愈加广泛。1992年,上海法律专科学校正式更名为上海法律高等专科学校。1993年,上海法律高等专科学校与上海大学文学院法律系合并成立上海大学法学院,上海交通大学设立经济法专业。1994年,复旦大学和上海外国语大学成立了法学院。1996年,上海交通大学成立法律系。1997年,华东师范大学设立法学专业。1998 年,上海财经大学成立法学院。2001 年,华东师范大学和华东理工大学设立了法律系。2002 年,上海交通大学成立法学院,上海师范大学设立法律系。2003 年,上海立信会计学院设立法律系。2004 年,上海政法学院成立,同年,同济大学和东华大学组建法律系。2007 年,上海海关学院设立海关法律系。

其次是学科建设方面取得了众多突破。1998 年,华东政法大学获得国际经济法专业的博士授予点,成为华东地区第一个法学博士点。2000 年,华东政法大学获得法律史专业的博士授予点。2003 年,华东政法大学建立了博士后科研流动站,同年取得经济法和刑法专业的博士授予点。2003 年和 2005 年,复旦大学先后获得国际法学和民商法学博士点。2006 年,华东政法大学获得法学一级学科博士点,同年,上海交通大学获得宪法与行政法学博士点。2007 年,复旦大学设立法学一级学科博士后科研流动站。

(三)内涵式发展阶段(2011 年至今)

1. 人才培养方面,卓越法律人才培养计划深入推进。

自教育部于 2011 年启动卓越法律人才教育培养计划以来,为响应新时期国家对于高等法学教育的战略部署,深化高等法学教育改革,推进国家法治建设和上海"四个中心"建设,上海有 9 所高校入选教育部首批卓越法律人才教育培养基地,其中,应用型、复合型法律职业人才教育培养基地 5 所(复旦大学、同济大学、上海交通大学、上海财经大学、华东政法大学),涉外法律人才教育培养基地 3 所(复旦大学、上海交通大学、华东政法大学),西部基层法律人才教育培养基地 1 所(华东政法大学)。同年底,上海市教委成立了"上海卓越法学教育"专家工作组,并于 2012 年 6 月出台《上海市教育委员会关于实施上海卓越法学教育计划的若干意见》,提出了"上海版"的卓越法律人才培养计划,上海卓越法律人才培养基地共有 15 所高校入选，其中卓越法律人才培养基地6所（华东政法大学、复旦大学、上海财经大学、上海政法大学、同济大学、华东理工大学），涉外卓越法律人才培养基地9所（华东政法大学、上海交通大学、复旦大学、上海财经大学、上海海事大学、同济大学、上海政法学院、上海对外经贸大学、上海外国语大学）。

入选基地高校围绕卓越法律人才培养目标，进行了一系列力度较大、富有成效的改革探索。华东政法大学是上海唯一一所入选教育部三个卓越法律人才培养基地的高校，该校以分类培养、强化特色为价值导向，紧贴国家和上海区域经济社会发展对高端创新法治人才需求，先后设立了七个法学实验班。上海交通大学凯原法学院开办了“三三制”法科特班，即法学专业本科生从第三学年结束后开始分流，择优选拔一定数量的优秀生源，从本科四年级开始提前进入硕士研究生阶段学习，以本硕贯通培养的方式让学生接受高层次法律职业教育。上海外国语大学以“国际化、复合型、实践性”为人才培养理念，组建了卓越法律人才实验班，实现全班整体出国交流等。

卓越法律人才培养计划的实施，正在推动上海高等法学教育发生变革，上海高等法学教育在做好法治人才培养基础工作的同时，在我国经济社会转型发展的历史关口，以国家以及区域经济社会发展需求为导向，比以往更加注重开放办学、开门办学，广泛利用社会教育资源办学，强化卓越法律人才培养工作。上海卓越法律人才培养计划同时也形成了诸多成果，并于2012年率先出台了上海卓越法律人才培养标准，对后期国家制定并出台法学专业培养标准有一定的参考和借鉴意义。

2. 学科建设方面，“高峰高原”学科建设计划扬帆起航。

学科建设是高校开展人才培养工作的基石，也是创新人才培养模式的前提。2011年，复旦大学、上海交通大学、同济大学（2016年被撤销)获得法学一级学科博士点。2016 年,上海财经大学获得法学一级学科博士点。同时,根据国家 2015 年发布的《统筹推进世界一流大学和一流学科建设总体方案》,上海同步实施"高峰高原"学科建设计划,对接国家"双一流"建设的具体方案。上海"高峰高原"学科建设分四类高峰、两类高原建设,其中,法学学科被列为Ⅱ类高峰学科予以建设。Ⅰ类高峰学科的建设目标是一级学科点保持或建成全国第一,总体实力达到世界一流。Ⅱ类高峰学科的建设目标是一级学科点综合实力趋近全国第一,并在若干学科方向达到世界一流。Ⅰ类高原学科的建设目标是一级学科点进入国内前三名或前 20%,各一级学科点中至少 1 个至 2 个二级学科或方向达到国际先进、国内一流水平。Ⅱ类高原学科的建设目标是特色学科方向达到国内先进水平。目前,上海法学教育在学科建设方面尚没有进入Ⅰ类高峰学科建设方阵,仅有华东政法大学的法学学科被列入Ⅱ类高峰学科建设。上海法学学科实力亟须依托上海"高峰高原"学科建设计划,以目标为导向,重点发力,实现跨越式发展。

二、辉煌巨变 40 年:上海法学教育的主要成果

(一)完成了上海法学高等教育体系的整体化构建

上海法学教育历经 40 年奋斗,现已建成了集上海普通高等法学教育、成人法学教育和法律职业教育为一体,本科—硕士—博士完整的学历教育和非学历教育互为补充的法学教育体系。

院校数量方面,截至目前,上海设有法学专业的院校共 21 所,分别为东华大学人文学院法学系、复旦大学法学院、华东理工大学法学院、华东师范大学法学院、华东政法大学、上海财经大学法学院、上海大学法学院、上海对外经贸大学法学院、上海公安高等专科学校、上海海关学院法律系、上海海事大学法学院、上海交通大学凯原法学

院、上海金融学院政法学院、上海立信会计学院文法学院、上海杉达学院胜祥商学院法学系、上海商学院文法学院、上海师范大学法政学院、上海外国语大学法学院、上海外国语大学贤达经济人文学院商学院、上海政法学院、同济大学法学院(按音序排列)。

师生规模方面,法学学科本科在校生人数也由2003年的14,540人上升至2016年的22,012人,研究生在校生人数发展更为迅猛,由1998年的12,180人上升至2016年的127,775人;上海高校法学学科专任教师数由2003年的1058人增至2016年的3088人,其中正高和副高级的专任教师数由2003年的404人增至2016年的1330人,翻了三倍多。

(二)开启了上海法学教育体系结构化调整的新篇章

上海法学教育在办学规模、招生数量、专业扩张等方面的发展经历了一个大跨越式的高速发展时期,从其规模和体量的增长速度上来看,极大领先于国内平均水平,但我们需要遵循的原则是理性发展、适度发展。进入"十三五"时期,上海法学高等教育体系开始改革调整,统筹资源、提高层次、优化结构成为其主要发展方向,从数量发展阶段转向质量发展阶段的转变非常明显,体现在以下两个方面:

一是适当集中法学教育资源,把有限资源用到刀刃上,更加注重内涵型的质量提升以及人才培养层次的提升。从2016年开始,上海法学学科本科在校生数已出现明显拐点;"4+2""3+3"等本硕连读教育规模进一步扩大,形式更加多样,法学硕士研究生和法律硕士研究生教育增长迅猛,法学第二学士学位教育则已经严重萎缩,开设法学专业的院校数量也呈现逐步收缩态势。上海法学院校同时在酝酿成立上海法学教育联盟,考虑进一步整合优势资源,加大相互支持力度,促进各校之间的交流与合作。相信联盟的建立,将实现强强联合,优势互补,极大提升上海法学教育整体办学实力和发展水平,为区域经济和社会发展做出更大的贡献。

二是重点协调好各类院校之间的关系，各法学院更注重根据自身的资源和优势条件，不断凝练特色，实行错位竞争。以法科见长的学校譬如华东政法大学依托法学学科门类齐全、学科力量雄厚的特点，在多个专业方向重点培养，形成了多种培养方向各有特色的、较为全面的法律人才培养体系。多科性大学利用学校综合优势，培养基础扎实、知识广博、能力突出的高端法律人才，譬如复旦大学借助学校文史哲、经济、外语等多学科优势和通识教育基础，采取“非法学本科 + 法律硕士”的复合，培养医事与卫生法务、金融法务、知识产权法务、传媒法务（新闻法务）、环境法务等行业法务人才。学科特征较强的学校，依托各自的学科优势，开展与法学专业的复合式培养，形成了各自的培养特色，譬如上海财经大学充分利用经济、管理类专业的优势资源，开设经济学、金融学等课程，培养具有经管复合知识结构的高素质法律人才。

（三）为国家法治建设输送了一大批优秀法治人才

改革开放 40 年是我国法治建设巨变的 40 年，我国的法治建设可能在 40 年里走完了某些发达国家上百年甚至是几百年的历程，这一伟大成就很大程度上依赖于涌现出的一批又一批优秀的法治人才。上海法学教育一直秉承着为国家加快法治进程提供强有力的人才保障这一目标，各法学院校紧跟国家社会经济发展和司法实践的推进步伐，不断深化法学教育改革，为国家培养了各类具有深厚法学功底的法学研究型人才，参与了国家各项立法活动，推动国家法学理论的变革和法律思想的革新；同时注重法学实践能力的培养，注重应用型法学人才的培养，为国家公检法司等各条战线培养造就了大批具有法律职业化理道德、法律知识和法律职业技能的专门人才。

迄今为止，从上海已经走出了 11 位“影响中国法治进程的百位法学家”(本科学历或最高学历毕业于或曾就职于上海法学院校),7位全国十大杰出青年法学家(本科学历或最高学历毕业于上海法学院校),最新一届各省(自区区、直辖市)人民检察院检察长、高级人民法院院长有6位毕业于上海高校,走出了2位法学学科国家级教学名师和1位法学学科国家“万人计划”教学名师,近20人任中国法学会各专业学会会长、副会长。

(四)主动及时有效地回应了国家和地区经济社会需求

立足于上海独特的地域优势和人文环境,上海各法学院校始终在深入思考上海建设“科创中心”“四个中心”“自贸区”等发展战略对于法学教育的最新要求。上海的科创中心建设需要大量既精通国内、国际或地区性法律规则,具备法学基础领域广阔的知识背景,又熟知特定专业领域的原则、规则和规章制度的法治人才;自贸区建设对法律实务人员的要求不断提升;特大城市安全需求要求进一步提升公安类人才培养层次等,各院校主动寻求转型升级,打破学科分类的传统做法,调整法学学科专业结构,拓宽学科门类,拓展创新法律与其他学科的交叉增值服务领域,在学科专业交叉和区域社会经济发展中寻求新的生长点。譬如,华东政法大学应对上海建设国际金融中心设立了国际金融法律学院和国际航运法律学院,上海政法学院围绕反恐处突领域,重点建设国家安全学学科。

与此同时,上海法学教育秉承开门办学理念,推进学术研究与国家法治建设的深度融合,取得一定成效。2013年,华东政法大学为对接我国自由贸易试验区法治建设需求,成立了华东政法大学自贸区法律研究院,承担国家社科重大攻关课题,积极参与上海市自贸区相关法律法规制定,为政府提供咨询报告。2014年,上海政法学院对接国家和社会发展重大需求,积极服务国家战略,设立“中国—上海合作组织国际司法交流合作培训基地”,面向上合组织成员国、观察员国、对话伙伴国，广泛开展司法和执法人员培训、国际合作研究、政策法律咨询、研究生培养等工作。2017 年，复旦大学成立“一带一路”及全球治理研究院，下设国际法律研究所，研究“一带一路”框架下的国际国内联动发展、沿线国家和地区情况、区域和全球治理方案和法律制度，积极为“一带一路”国际智库搭建对话合作平台。

（五）中国特色法学学科体系和教育模式正在逐步成熟

改革开放初期，我们大量引进了西方的教学体系、教学方法、教学观点、教材和案例，借鉴和比较了西方的法律文化，这在改革开放初期和上海法学教育的重建恢复期是大有裨益的。但正如习近平总书记所言，“中国特色社会主义是改革开放以来党的全部理论和实践的主题，全党必须高举中国特色社会主义伟大旗帜，牢固树立中国特色社会主义道路自信、理论自信、制度自信、文化自信，确保党和国家事业始终沿着正确方向胜利前进”，“对世界上的优秀法治文明成果，要积极吸收借鉴，也要加以甄别”，“必须扎根中国大地办大学”，“办好中国的世界一流大学，必须有中国特色。没有特色，跟在他人后面亦步亦趋，依样画葫芦，是不可能办成功的”。上海法学教育也正朝着建立起有中国风格、中国特色、中国气派的法学学科体系和教育模式的目标努力。上海高校首创的“课程思政”项目在法学课程中正掀起一股改革创新的浪潮，如何构建起一套与高素质法治人才培养目标相适应的，具有鲜明的中国特色、完整的知识结构、适度的学分要求、丰富的选择空间的法学核心课程体系，路径正在逐步明晰；各法学院校开展的品牌系列教材建设项目，避免了对西方法学理论的囫囵吞枣、照搬照抄，为法治人才培养提供了能够贯彻中国特色社会主义法治理论的优质教材，从而实现法学人才培养体系与中国特色社会主义法学理论体系、学科体系相衔接，将中国特色社会主义法学理论的最新研究成果、中国特色社会主义法治理论引进教材、引进课堂、引进头脑。

三、新起点上再出发：上海法学教育40年的重要启示

（一）用中国特色社会主义法治理论为法学教育奠基

回顾历史，上海法学教育从艰难恢复重建到实现跨越式发展，再到大力推进内涵建设的鲜活实践一再证明，上海法学教育的发展始终离不开中国共产党的坚强领导，始终需要坚守中国特色社会主义底线，解放思想，兼收并蓄，顾及国情，坚持自己的话语系统。2018年5月2日，习近平总书记在北京大学师生座谈会上就新时代高校"培养什么样的人、怎样培养人"的问题进行了深刻分析，做出重要论断，要求高校坚持党的领导，坚持社会主义办学方向，培养社会主义建设者和接班人；坚定不移走内涵式发展道路，借鉴国外有益做法，扎根中国大地办大学，形成高水平人才培养体系。这为新时代我国高等法学教育如何乘风而起、乘势而为，为全面建成小康社会，全面建设社会主义现代化强国，实现中华民族伟大复兴培养一大批"德法兼修"的社会主义建设者和接班人指明了方向，是办好法学教育的根本遵循，具有深远而现实的指导意义。

上海法学教育40年的实践证明，坚持党的领导，坚持正确的社会主义办学方向，才是上海法学教育取得跨越式发展的根本保障和坚强保证。

（二）坚持与依法治国基本方略同频共振

法学学科天然与政治、经济关系较为密切，特别是同执政党和国家的治国方针和理政决策直接相关，因此，法学学科发展和法学教育事业的发展与国家治国方略密不可分。可以说，党的指导思想正确，国家的治国方针恰当，经济、政治和社会对其需求越大，法学教育事业就越发达。改革开放以来，我国法治建设取得了巨大成就，尤其是党的十八大以来，以习近平同志为核心的党中央从坚持和发展中国

特色社会主义全局出发，从实现国家治理体系和治理能力现代化的高度，提出了全面依法治国这一重大战略部署，开创了全面依法治国的新局面，法治建设成就为世人瞩目，国家治理体系和治理能力的现代化、法治化进入新阶段，对创新法治人才培养机制提出了明确要求，为法学教育改革发展指明了前进方向，带动法学教育、法治人才培养进入新时代。上海法学教育始终积极响应党和国家关于全面推进依法治国的号召，一方面要胜任法治国家建设所赋予的历史使命，另一方面也要珍惜依法治国战略对提高法学学科地位与作用带来的良好发展机遇和广阔的发展前景，根据国家不同阶段对法学学科知识结构、法学教育目标、法学教育体制机制的不同需求进行改革创新，对人才培养的规模和层次、专业设置和培养方案进行及时调整，为构建出优于西方的、有中国特色的司法文明制度形态献计献策，为全面推进依法治国战略做好法治思想引领、法学理论支撑和法治人才保障。

上海法学教育40年的实践证明，法学教育必须与国家同命运、共进退，切实把法学教育事业统一到国家全面依法治国的决策部署上来，才能使法学教育真正成为名副其实的法治人才培养第一阵地。

（三）借区位优势为教育优势，打造海派特色

作为中国改革开放的“排头兵”、创新发展的先行者，上海紧抓机遇，先行先试，先后推出了一系列创新和务实举措，也率先完成了司法改革试点四项重点任务，迈向改革开放的新时代。可以说，上海的区位优势为上海法学教育的发展构筑了更开放、更广阔的平台，为上海法学院校培养具有国际视野，适应国际经贸新体系、新规则的拔尖创新人才的试验提供了沃土。上海法学教育在国际化、应用型、复合型高端法治人才的培养方面有着得天独厚的优势，法学学科知识结构和法学教育的内容体系随着城市的快速发展和日益开放更加丰富

和完善，陈旧、过时的知识获得了更快更新和发展的机会，尤其是城市的国际化、与外界的互联、各类新兴技术的日新月异，为法学人才的境内外交流与合作、法学教育信息资源共享和人才培养模式创新提供了前所未有的便利条件，使上海法学院校不管从人才培养理念重塑、人才培养模式改革、教学方法更新、课程设计升级、高素质师资队伍打造等多方面都紧跟国际前沿，以更积极、更开放、更国际化的态度办学，在“涉外”“复合”“应用”型法律人才培养方面狠下功夫，形成了海派特色的法学教育体系，符合了国家对上海改革开放最前沿城市的定位，也回应了上海建设全球卓越城市对上海法学教育的期待。

上海法学教育40年的实践证明，只有充分利用好城市的区位优势，变区位优势为教育优势，紧跟区域乃至国家战略发展需求，上海法学教育的发展之路才能越走越宽、越走越顺。

（四）坚持以人才培养为本，坚持以本为本，走内涵式发展道路

正如习近平总书记在全国高校思想政治工作会议上明确指出的：“办好我国高校，办出世界一流大学，必须牢牢抓住全面提高人才培养能力这个核心点，并以此来带动高校其他工作”。综观国外一流大学，无论是学科专业特色突出的学院，还是综合实力突出的大学；无论是世界知名的私立大学，还是国际上有影响力的公立大学；无论是研究型大学，还是教学型大学，无一不将本科人才培养和本科教育教学质量放在学校发展的重要战略地位。上海法学教育始终坚持把人才培养作为其最核心和最重要的工作，坚持把本科教育作为法学教育的办学主体和基础，这也与近期教育部刚召开的新时代全国高等学校本科教育工作会议精神不谋而合。本科教育阶段是学生成才成长的关键阶段，本科教育是研究生教育的基石，“以本为本”已成为世界高等教育发展的共识和趋势。尽管研究生教育规模在不断扩

大，但本科教育仍是上海法学教育的主体，无论是上海卓越法律人才培养计划、本科教师教学激励计划，还是一流本科引领建设计划，都非常突出强调人才培养工作的中心地位，强调本科人才培养在“双一流”建设中的基石作用。

上海法学教育40年的实践证明，任何时候，学校的第一天职永远是培养人，只有培养符合党和国家需要的法治人才、法律精英，才能不负使命，成就自己，必须始终把人才培养作为法学教育最重要的落脚点，走以质量为核心的内涵式发展道路才是上海法学教育正确的改革发展路径。

（五）深刻把握法学教育发展规律，站在法学教育最前沿

新的时代有新的需求，随着我国法治建设进程不断深入和全球化趋势不断加强，法律职业的高度细分性日益显现，未来法律服务的内容和种类将越来越多元化、高端化，国内业务和国际业务的边界进一步模糊，法律服务的范围也将进一步延伸至法律与其他领域的交叉领域。如何根据法学理论发展规律，结合外部社会经济发展需求，推进新时代法学理论体系的建构和法学研究的发展，是上海法学教育当前及今后很长一段时间需要研究并积极应对的问题。同时，新的外部环境要求法学教育不仅要培养学生练就深厚的法学功底、娴熟的法律技能，更需要多学科的知识底蕴，持续快速的学习能力，国际化视野与跨文化交流的能力，熟练运用大数据检索和人工智能推进法治发展的意识和能力等。做实专业教育、强化通识教育、培养法治人才的精度和厚度可能是未来法学人才培养的新方向，多学科基础和能力的培养以及与法学教育的有效复合可能是做出特色、走出创新之路的突破点。

上海是全国的上海，上海法学教育既不能脱离全国法学教育体系，也必须创建上海特色。上海又是世界的上海，上海法学教育只有

跳出上海看世界，才能不愧上海建设全球卓越城市的定位与目标。我们期待着能在上海法学教育改革开放的新征程中，进一步发挥创新精神，革故鼎新，发展为具有中国特色、时代特征、上海特点的法学教育标杆。上海法学教育改革永远在路上。

道路通向社科法学？

——论当代中国法学本科教育的一个转型

肖　松*

一、问题的提出

近年来，在中国法学界，社科法学的研究可谓是最亮丽的学术景观，也许没有之一。虽然“社科法学”同“法学”一样，对于中国来说同样属于“西学东渐”的舶来品，但当其被移植之后，这么多年来苦苦追问“中国法学向何处去”的中国法学界，却把它视为救命稻草一般，似乎引入了“社科法学”，中国法学的面貌就焕然一新了。“社科法学”的内核是西方知识体系的产物，但作为一种中文学术的概念表达，最早却是由苏力提出来的。[①] 苏力之后，其实不仅中国法理学社会科学化了，就连整个中国法学多少也有点社会科学化了，或者说，当代中国法学正在进行一种社科法学的转型，中国法学得以更好地融入社会科学共同体，一切事情似乎都正在朝着好的方向发展。然而，如果我们更深层次地去剖析问题，便会发现，并非可以这么简单地理解正在发生的一切。“法学研究”和“法学教育”，从来都不是同一个概念，特别是在中国，两者更是存在一种“两张皮”的现象，“法

* 贵州大学法学院讲师。

① 参见苏力：《也许正在发生——中国当代法学发展的一个概览》，载《比较法研究》2001 年第 3 期。

学研究”的逻辑,并不能当然嵌入“法学教育”里面。于是,就社科法学而言,我们会看到,它可能的确是一种法学学术研究的前沿,但在法学教育这个层面,它却并没有成为共同体一致的信守。中国与美国不同,我们的法学教育并不是一种以研究生为起点的法律职业教育,从某种意义上来说,法学本科教育才是中国法学教育的基石,它带有一切最朴素的大学人文情怀和使命,是“中国梦”在法学高等教育领域的演绎,正所谓“不抓本科教育的高校不是合格的高校”。① 那么,作为基石的当代中国法学本科教育,是否应该敏感地去捕捉及回应本国法学研究正在发生的转型,从而选择一条最契合中国法学教育梦想的道路——这是我们面向中国法学亟须思考和解决的问题。

二、社科法学教育的限度

(一)并非通识教育

在高等教育这个层面,通识教育在我国一直是一种“政治正确”的话语。对于这一点,可以从多方面来进行解读,但一个最重要的原因恐怕在于它对“素质教育”的概念偷换。尽管对通识教育的理解不尽相同,但教育界一般都认为它是“素质教育”的应有之义,“不是简单意义上的教育方法和内容,而是一种教育理念,是培养学生健全人格和良好德性,使学生得到全面发展的教育。”②在教育实践上,北京大学的“元培计划”和中山大学的“博雅学院”是当前中国内地范围内最具代表性的制度设计,尽管是非功过还留待后人评说,但毕竟是

① 参见教育部部长陈宝生2018年6月21日在“新时代全国高等学校本科教育工作会议”上的讲话。

② 张慧洁、孙中涛:《我国大学通识教育研究综述》,载《高等工程教育研究》2009年第5期。

一种积极的尝试。

我并不想去评价“通识教育”本身，而只是想说明，“社科法学教育”并非一种“通识教育”。首先，从整体上来把握，尽管植入的情怀再多么美好，但现实来看，“通识教育”在中国大学更接近一种“文科教育”（liberal arts education）而非“社科教育”（social sciences education）——也就是说，它更接近中国高中教育阶段所理解的那种“文史哲”的“文科”，而并不是大学专业分工教育意义上的“人文社科”的“大文科”，其实也正因如此，才实现了高中教育与大学教育某种层面的无缝衔接。然而，法学本质上是一种社会科学，“社科法学”其实是一种关于法律的社会科学，由此共识而生成的社科法学教育模式，终究是要在社会科学而非人文学科的维度下而展开。我们不可否认，某些社科法学的研究，带有很强的人文情怀和色彩，如苏力对法律与文学的研究及对中国古代宪制的研究，也可以算是社科法学的研究。但是，必须看到，那毕竟是一种少数派，绝大多数的社科法学研究，其实主要就是法经济学和法社会学两种范式，①而且，最重要的是，教育和研究的担当是不同的，研究可以激进，但教育应该持一种谨慎负责的保守主义态度，在法学本科教育中去嫁接人文，看上去很简单，实则极难，近乎不可能，容易让学生“走火入魔”“画虎不成反类犬”。其次，具体来看，在法学教育中，经常会存在反“通识教育”的情形。因为法学教育倡导技术理性，“说理”能力的培养与“程序正义”的核心价值观的塑造，是法学教育的内涵和使命，“社科法学教育”同样走不出这一背景，而很多时候，“通识教育”在人文情怀负重下往往重情而轻理甚至“去法”，认为“法本于情”或“法律不外乎

① 当然，近年来，强世功等人采用的政治哲学范式，也逐渐成了当代中国社科法学研究的一种主要路径。

人情”，主张“恶法非法”，它不仅和法教义相悖，而且和“社科法学教育”也是背道而驰的。电影《我不是药神》在法科学生中引起热议，正极其鲜活地反映了这种教育矛盾。

（二）超越法教义的教育？

得到认同的是，和法学研究一样，在法学教育层面，社科法学的对立面仍然是传统的法教义。然而，如前所述，由于“法学教育”和“法学研究”并不等同，这里我不想陷入学界范式之争立场先行的“套路”，而只是试图很接地气地勾勒出两种范式下不同的法学本科教育图景。

可以从我经济法课堂上经常给本科学生讲授的“开瓶费之争”案例谈起。具体案情都可以省去，因为它并不影响对问题的实质探讨——案件争议的焦点在于，在中国的工商业社会和市场经济背景之下，商家对“开瓶费”的收取到底有没有法律上的正当性与合理性。这似乎是一个法学专业本科生以其所受的法教义教育就能轻而易举回答的问题，甚或会质疑，这成其为一个问题吗？商家收取“开瓶费”，违背公平和正义，是典型的“霸王条款”，侵害了作为弱势群体的消费者的自由权利，当然不具备法律上的正当性与合理性。作为一名以本科教学为事业重心的法学教育工作者，当我在无数经济法课堂上收获学生这份整齐划一的答案后，我大概知道了问题可怕在什么地方——并不在于答案的表面，而在于答案的背后。这种答案，其背后深刻地反映了一种洗脑式的价值判断：我弱我有理，法律一定是要保护弱者的，弱者利益受损了，必须归责于侵害者的“霸王行径”。我一般会从“开瓶费”的经济逻辑这个角度去纠偏学生对价值判断的“路径依赖”，甚至还会讲到“科斯定理”和交易成本理论，让他们相信商家收取“开瓶费”同样有可能具备正当性与合理性。其实，我并不一定是要否决学生的答案，但我会尽量让学生有不一样甚至是颠覆性的思考方式。学生对此,通常是一个从震惊到质疑再到信服的过程,很多学生都表示,没想到原来法律竟然还可以这样来思考。

是的,我选择了社科法学教育的方式,它给学生一种惊艳的感觉。但是,我也深知,这种教育方式的成本非常巨大,学生往往也只是拥有一时的兴奋,而并未深入骨髓。而且,问题的关键还在于,法教义本身,不可以让学生产生同样厚重的理性思考吗?肯定不是。这个案例完全可以从合同(格式合同)成立和生效的要件、解释方法及市场监管部门规范性文件的性质等标准的法教义角度去引导学生思考,法学本科教育固然重要,但更要考虑教与学的成本。也就是说,很多问题是可以在法教义的框架内来解决的,我们的教学不需要那么复杂。从本质来说,对于法学研究,社科法学在知识视野和工具方法上,相较于法教义的确有"超越法学"的优势,这种优势也会映射在以研究性学习为导向的研究生教育上面。但是,单就法学本科教育而言,法教义和社科法学理论上有着同样的张力效果,我们有时觉得在具体教学中非要引入社科法学元素才能帮助教学,并非是社科法学对法教义的完胜,而是法教义在法学本科教育中的异化。很长一段时间以来,中国法学本科教育人文道德情怀过载,提倡"去匠气化",鄙视"匠人之学",忽视了法学的工匠教育本质,这种大背景之下,在教学中当然容易堆砌符号化的价值判断,离真正的本应该是技术理性的法教义渐行渐远。社科法学的粗暴植入,甚至某种意义上形成"社科法学帝国主义",是因为真正的法教义首先被剥离了——这才是问题的本质。至少在法学本科教育层面,社科法学教育并没有超越法教义教育。

三、社科法学教育在我国法学本科教育中的困境

(一)乌托邦的共同体

正如前面强调,法学教育和法学研究,并非是同一个概念。在法学研究层面,诚然,当代中国已经形成了一个具有良好学术生态的共同体——很多事实都支持这一判断:如有固定的学术组织(社科法学连线)、丰富的学术活动(社科法学工作坊、阅读计划及法律和社会科学年会等)及高水平的学术出版物(《法律和社会科学》集刊)等。在情感上,苏力及苏力的后继者侯猛、陈柏峰、桑本谦等众多社科法学学人因为给沉闷的中国法学界带来了耳目一新的感受,也得到了相当广泛的认同。但是,在法学教育层面,是否存在同样有生命力的共同体,是很让人质疑的。从公开的言论表达和行动实践中,我们并没有看到这些社科法学学人对在法学教育特别是法学本科教育中嵌入社科法学表现出同样浓厚的兴趣和坚毅的决心,也就是说,力主法学本科教育社科法学化的共同体基本是一种乌托邦式的存在——法学教育,至少法学本科教育,从来都不是当代中国社科法学安身立命的方式。① 也许,这是当代中国高校重科研而轻教学的一个缩影,它固然有个体选择趋利避害的合理性一面,但教育之价值很多时候又恰恰是不能以利益来衡量的。

(二)决策者的态度

不要说当代中国尚未形成真正力挺并付诸实践的法学本科社科法学教育共同体,其实就算形成了这种共同体,它也并非制度设计理想图景的充分条件——因为决策者的态度,才是设计一种教育模式

---

① 诚然,这些当代中国社科法学学人也曾经及正在通过社科法学研习营等平台来进行社科法学知识的传授,但这更多的是一种社科法学学术后备人才的选拔,并非面向绝大多数学生的法学本科教育构成。

的关键。在法学研究层面,社科法学边缘抑或主流,尚有争论空间,但在法学教育特别是法学本科教育层面,社科法学学人话语权的缺失,却是不争的事实。教育部高校法学类专业教育指导委员会(以下简称法学教指委),各部门法的崇高声誉学人占主导,社科法学学人作为一个共同利益集体,较难将自己的教育主张通过正当程序转化为现实设计。当然,我们也不难理解,顶层教育设计通常是保守的,力求"维稳",在无法证明社科法学教育模式相较于传统法教义教育模式具有更大优势的情况下,似乎很难有轻易转换教育模式的自我动力。在次一级的位阶,法学院这个平台,我国最著名的法律院系,如传统的"五院四系"及清华大学法学院、浙江大学光华法学院、上海交通大学凯原法学院等新贵,通过考察这些法学本科教育培养方案和课程设置等核心环节,可以断定,当代中国的顶尖法学院对法学本科教育坚持的仍然是传统的法教义教育模式。[①] 如果我国最顶尖的法学院都尚为法教义教育模式,那么在这之外的法学院,其法学本科教育更难以企及社科法学,毕竟脱离现实的改革和创新将是人才培养和传承的不能承受之重,极有可能演变为一种"魔幻现实主义"。

(三)高昂的成本

法学本科教育是比较遵循主流和传统的。如果说法学研究生教育创新及转型的成本还比较低,那么法学本科教育的任何创新及转型,都将"牵一发而动全身",付出高昂的成本。究其原因,法学研究生教育以学术培养为己任,就理论上而言,越是个性化,学术影响越

---

① 当代中国很多顶尖法律院系在本科阶段都开设有法经济学、法社会学甚至法人类学这样的社科法学性质课程,但除北京大学法学院等极少数个案外,基本很难找到名为社科法学或法律和社会科学的课程。

大，越有利于在学术竞争市场脱颖而出；①而对于法学本科教育，其并非学术意义的，它要面向中国的法律职业技能人才培养，更多的是依附于背后高校的品牌效应和整体实力，脱离传统和主流，既没有充足动力，更不会产生巨大收益。这其实是解释了普通法教育在当代中国难以推行的一种隐晦原因，②社科法学教育所面临的困境，大致同理。除了打破对主流和传统的"路径依赖"需要高昂的成本外，社科法学教育本身就是一种成本高昂的教育模式。在我看来，并非在法学本科教育中简单开设法经济学或法社会学这样的课程就可以称为社科法学教育，它其实是一项纷繁复杂的教育系统工程。在师资培养方面，真正同时受过法学和经济学、社会学、政治学等相关社会科学系统知识训练并达到一定造诣也愿奉献于法学本科教育基业的人士，在当代中国范围内，数量并不可观，难以支撑起具有一定规模的社科法学教育；而在学生的素养和能力方面，整体上，就算是中国最顶尖法学院的学生，真正能去理解社科法学并将其作为自己的一种知识和技艺积淀的，其实也并不多见，面对以职业生涯规划为核心及归宿的种种外部压力，并非喜欢就可以任性而为。

四、社科法学背景下我国法学本科教育的路向

（一）正确面对外部知识的"入侵"

这些年来社科法学浪潮在我国的兴起，本质上反映了这样一种事实：面对转型中日趋复杂的中国社会，在封闭的法学体系内部，越来越难以提供具有足够的解释张力和制度建构意义的知识贡献。这

① 中国的博士研究生是一种彻底的学术化培养，毋庸置疑。但对于硕士研究生，这里主要是指学术型研究生，法律硕士专业学位研究生的培养过程，在当代中国，尽管尝试了各种综合试点改革，但并不见得和法学本科生有本质差别。

② 这种表达只是一种价值无涉的判断，并不意味着对已故何美欢教授等大力主张中国推行普通法教育并为之无私奉献的人士的不尊重。

个时候，来自社会学、经济学、政治学等社会科学的外部知识便自然形成了对传统法教义的“入侵”——这种“入侵”，不光缓解了对法学本身的“审美疲劳”，也的确有助于我们更好地去理解和建构一个转型的中国，特别是转型中的工商业社会和市场经济。但是，对待外部知识的“入侵”，我们得有一个正确，至少是相对正确的态度，特别是在法学本科教育这个问题上。“法律的社会科学研究，是对传统法学的一种补强”，[①]法学本科教育，适当引入其他社会科学的外部知识，有可能会拓展学生的视野及提升学生的思维品性，应当给予积极的肯定，但凡事过犹不及，过分引入和依赖这种外部知识，反而会形成对学生本身法学知识的干扰，无助于甚至是妨碍其对法律问题专业化的理解。法学本科教育，重在扎实的基础，而非培养通才。绝大多数法学专业本科生最需要的，是掌握专业化的法律技艺，而这恰恰是法教义教育模式的当然之义，目前来看，并不能在社科法学理念下得以严格贯彻和完成。试想，一个法学专业本科生毕业之后走上刑辩律师之路，他（她）能以社科法学惯用的犯罪成本和收益分析套路为当事人进行辩护吗？可能还是不得不依靠刑法教义的犯罪构成知识。况且，如前所述，在法学本科教育这个层面，又有什么疑难问题是法教义本身无法解决而不得不借助甚至依附于外部知识的呢？

（二）重拾法学的“工匠之学”本质

很长一段时期以来，受大环境的影响，对于人文社科类专业，我们一直认为或至少是潜意识里认为这些专业的高等教育是一种思想和情怀的教育，或多或少地忽视了甚至是鄙视工匠技能的传授。特别是对于法学专业而言，我们更是使其承载了符号化的公平正义观念，主张去其中匠气。本人过去一位老师的教育观点就颇具代表性：

① 陈林林：《法律的社会科学研究》，载《光明日报》2010年11月9日，第11版。

法科学生，如果胸怀公平正义，那么哪怕学艺不精，也不会给这个社会带来很可怕的后果；但反之，如果丧失公平正义，那么哪怕学艺再精，也是这个社会的灾难。不可否认，这段话曾经给当时正处本科阶段的我一种触及灵魂的震撼与感动，走上工作岗位之后，它在我高校法学教师职业生涯的最初五年，也曾是我教育理念的根基。然而，随着个体阅历和从教经验的日益积淀和丰富，我逐渐辩证地来理解这种代表性观点，现在我基本可以断定其实质上对法学本科教育是弊大于利的。严格从法理上来讲，法律是一种现实主义的产物，是关于经验规则的技术理性，其本质在于秩序，而所谓公平和正义，不过是一种价值判断，都是相对的，这个世界上并不存在关于公平和正义的普遍价值。从心理气质来看，法学本科生往往热血有余而静气不足，如果法学本科教育充斥符号化的公平正义观念，无异于以教师自己的价值判断去对学生进行“洗脑”，不但和培养独立人格的大学教育初衷背道而驰，更干扰了正常的法律知识传授。社科法学的一大争议之处就是其将这种“洗脑”进行了升级，如法经济学以“科斯定理”和交易成本理论行走天下，法社会学以乡土中国为情感寄托，超越当前法律文本和司法实践来进行法学教育，看上去很美好，但细思极恐。重拾法学的“工匠之学”本质，任重而道远。

（三）学术不当然是更高级的归宿

认为社科法学比法教义学更具前沿性，从而推导出社科法学教育比法教义教育高级——这种思想，其实是广泛存在的。[①] 我们先不说关于这一推导的条件、结论及逻辑过程有太多有待商榷甚至是谬

① 2017年12月初，本人曾作为领队教师率本院参赛代表队参加了在清华大学法学院举行的第十五届“理律杯”全国高校模拟法庭竞赛。冠军赛上，担任圆桌会议嘉宾同时也是本届赛事赛题的出题人之一的清华大学法学院沈朝晖老师，就明确表达了“社科法学是法学的最高境界”这一观点（根据学生现场录音，未经沈朝晖老师本人验证）。

误之处,其实它还透露了一种隐含的教育倾向:就算是对于法学本科教育来说,学术也是更高级的归宿——社科法学教育模式下,学生能受到更前沿、更高级的学术训练,这对其将来的学术道路绝对是有百利而无一害的。然而,问题是,为什么一定要引导本科学生去走学术道路呢?以及,学术果真当然是一种更高级的归宿吗?仍如前所述,法学本质上是一种蕴含工匠精神的、应用性极强的学科,法学本科教育是面向绝大多数人的教育,其培养的人才,走出"象牙塔"之后,绝大多数终究要回归现实社会,从事定分止争和制度建构的法律职业,如果过分渲染法学本科教育的学术色彩并以学术标准来打造学生,那么其实是一种缺乏本科教育社会责任感的表现,有违教育民主,更没有尊重因材施教的教育理念共识。另外,无论是从简单的逻辑推演判断还是真实大数据统计来看,就算是中国最顶尖法学院的本科毕业生,拥有最好的师资和学术资源,而真正走上学术道路的毕竟仍是极少数,何况在这之外的普通法学院。[①] 人的选择一般是理性的,且如果我们认为去顶级外资律所所获得的巨大物质利益和从事学术工作的精神快感应当同样被认同及尊重,那么就很难说学术是一种当然更高级的归宿。这种论断,其实包含了我对当下一些法学本科教育具体操作的批判:我坚持认为,如果不是学生本身有极好的学术天赋及强烈的学术意愿,尽可能不要在法学本科教育中去进行所谓的学术训练,特别是教授其如何申报课题和发表论文等套路。法学本科教育还是要以系统、全面和扎实的法律知识传授为根本,以真正意义上的法律职业为导向,这才应是法学本科教育的气质和魂魄。

(四)经院教育和社会教育的竞争

尽管社科法学教育和法教义教育有着不同的偏好,但本质上而

① 北京大学法学院2013届毕业典礼上,强世功曾发表了一篇争议极大的著名演讲,演讲中隐含透露了本院毕业生绝大多数的法律职业选择。

言，二者都属于一种经院教育，或者说法学院的教育，它们有着共同的外部竞争者——法学的社会教育。在早些年，这种法学的社会教育主要就是一种律考或司考的辅导培训模式，并不被经院教育所重视，甚至在经院教育的眼中，多少有些对这种速成的辅导培训模式鄙视的意思。经院教育似乎认为，一纸法律职业资格证书，绝对不是法学本科教育的终极目的。社会化的辅导培训模式，完全是在"填鸭"式培养，并不带有法学教育本身的情怀和价值导向，终究成不了气候。在实践中，经院教育也总是在排斥和抵制这种社会化的辅导培训模式。然而，问题似乎并非这样简单，"星星之火，可以燎原"，今天来看，社会化的司考（法考）辅导培训机构，已经从当初的小作坊发展到了规模资本运作支持的教育产业，极大地贡献着这个国家的 GDP 及其他经济和商业指标。它们的模式，对于绝大多数的法学本科生来说，其实相较于法学院的教育已经是一种更受欢迎和认同感更强的教育模式。大一的学生就开始放弃课堂而主攻相关品牌的考试辅导书籍，甚至报班学习，以做考试真题来寻求对法律知识的理解，并不是法学院零星的场景。也许法学院的教育者不缺承认现实的勇气，但我们似乎忘了思考：为什么辅导培训班比法学院更具吸引力？为什么在学生的眼中辅导培训名师比法学教授甚至法学家的水平更高？我们过往也曾经尝试在经院教育中进行类似的法律职业资格考试辅导培训，但却在一个高度自由竞争的市场中退败——是市场竞争秩序的问题，还是说法学院看不到自身的绝对优势和比较优势？我们还应该注意到，近年来，法学的社会教育已经不满足于法律职业资格考试辅导培训的形式，出现了像无讼学院、智合学院、iCourt 这样的机构。[1] 这其实说明了法学教育的社会分工已经发展到了一个前所未有的高度，当代中国的法学经院教育应当充分尊重和理解这种社会分工，正确看待和法学社会教育之间的竞争，合理进退，最终达致和后者的“共赢”，共同为包括法学本科教育在内的整个中国法学教育体系作贡献，这也是教育改革的“初心”。

① 参见车浩在2017年北京大学法学院教学经验交流会暨北京大学出版社第三届法律图书宣讲会上的主题演讲。

现实与理想：中国法律硕士专业学位教育

姜　朋*

在权威的法律文本中，法律硕士专业学位（J. M.）被描绘成中国的 J. D.（Juris Doctor），一种与已有的培养学术型、教学型人才为主的法学硕士学位不同的，以培养复合型、应用型、高层次法律人才为己任的学位制度。① 然而，探究起来，这种由政府部门一手创设、塑造出来的硕士学位在其不长的历史中，一个延续始终的任务是为有关部门的工作人员提供在职研究生教育，以提升其文凭水准，或曰"素质"。

一、法律硕士专业学位的由来与"多重双轨制"的现实

（一）法律硕士专业学位的由来

1995 年 4 月，国务院学位委员会决定从 1996 年开始试办法律专

---

* 法学博士，清华大学经济管理学院副教授。

① 国务院学位委员会办公室《关于设置法律专业硕士学位的报告》（1995 年 4 月 11 日国务院学位委员会第 13 次会议通过）；国务院学位委员会办公室《关于开展法律专业硕士学位试点工作的通知》（1995 年 5 月 30 日）；全国法律硕士专业学位教育指导委员会《工作总结报告》（2001 年 7 月 11 日）。本文所引法规、图表，除特别标注外，均引自霍宪丹主编《中国法律硕士专业学位教育的实践与探索》（法律出版社 2001 年版）一书。

国务院学位委员会办公室是国务院学位委员会的日常办事机构，统筹规划并归口管理全国的学位与研究生教育工作，设在教育部，与教育部学位管理与研究生教育司、教育部学位办公室、"211 工程"办公室合署办公，同时承担《亚太地区相互承认高等教育学历、文凭、学位公约》中国国家级执行机构的工作。

业硕士学位研究生教育[①]（1996年6月改称法律硕士专业学位）[②]。从表1可见，首批遴选的试点院校包括中国人民大学、北京大学、中国政法大学、对外经济贸易大学、吉林大学、武汉大学、西南政法大学和华东政法学院共8所，[③]之后又增加了5批试点学校，截至2004年有权招收法律硕士的院校共45所。[④]

① 国务院学位委员会办公室《关于设置法律专业硕士学位的报告》(1995年4月11日国务院学位委员会第13次会议全票通过)。这是继工商管理硕士(MBA)和建筑学硕士之后，中国设立的第三个专业硕士学位。参见霍宪丹：《中国法学教育反思》，中国人民大学出版社2007年版，第142~143页。1990年10月，国务院学位委员会第九次会议批准在我国设置和试办工商管理硕士(Master of Business Administration，MBA)专业学位，授权清华大学、中国人民大学、南开大学等9所大学为试点单位。到1999年，全国可授予MBA学位的高校已达到56所，招生人数在9年中增长了105倍。1992年原国家教委《关于加快改革和积极发展普通高等教育的意见》(1992年12月8日)第12条明确提出"要根据社会主义建设和学科发展的需要，加快研究生教育的发展，改善结构和布局，进一步明确不同类型研究生的培养目标和规格，在满足教学、科研岗位所需人才的同时，着重加强应用人才的培养，注意吸收在职人员接受研究生教育，在一些行业试行专业学位制度"。其后，教育部《面向21世纪教育振兴行政计划》(1998年12月24日)第34条也提出，要"积极稳步发展专业学位研究生教育，进一步完善专业学位体系，培养大批高层次应用性人才"。

② 参见国务院学位委员会《专业学位设置审批暂行办法》第3条；国务院学位委员会办公室《关于法律专业硕士学位更名的通知》(学位办便字第960602号)(1996年6月5日)。

③ 参见国务院学位委员会办公室《关于开展法律专业硕士学位试点工作的通知》(1995年5月30日)。2000年，吉林大学法学院有在校法学博士研究生、法学硕士研究生220名，法律硕士专业学位研究生203名，另有在职攻读硕士学位、研究生课程进修班等。吉林大学招生办公室编印：《吉林大学：国家教委直属的重点综合性大学》，2000年，第39页。

④ 其中，北京大学、清华大学、上海交通大学、山东大学、复旦大学、中国人民大学、南开大学、吉林大学、南京大学、浙江大学、厦门大学、湖南大学、武汉大学、兰州大学、中山大学、四川大学共16所院校享有法律硕士考试录取自主定线权。2004年9月，经过全体评审委员无记名投票，全国法律硕士专业学位教育指导委员会向国务院学位委员会办公室推荐华中师范大学、湖南师范大学、内蒙古大学、解放军西安政治学院、福州大学、大连海事大学6所院校为2004年法律硕士专业学位新增单位。此次共有23所院校提出申请，经委员会秘书处初审，共有18所院校基本符合国务院学位办《关于申请新增专业学位研究生培养单位的通知》(学位办〔2003〕18号)所列条件要求，进入投票程序。

表1　有权招收法律硕士的院校(截至2004年)

年份	批次	数量	院校名称
1996年	第一批	8所	北京大学、中国人民大学、中国政法大学、对外经济贸易大学、吉林大学、武汉大学、华东政法学院、西南政法大学
1997年	第二批	5所	厦门大学、南京大学、中山大学、中南财经政法大学、西北政法学院
1998年	第三批	9所	复旦大学、浙江大学、黑龙江大学、湘潭大学、四川大学、安徽大学、苏州大学、山东大学、郑州大学
1999年	第四批	6所	清华大学、辽宁大学、南开大学、山西大学、兰州大学、云南大学
2003年	第五批	11所	中国人民公安大学、中国社会科学院研究生院、河南大学、烟台大学、上海交通大学、南京师范大学、江西财经大学、湖南大学、海南大学、西南财经大学、贵州大学
2004年	第六批	6所	华中师范大学、湖南师范大学、内蒙古大学、解放军西安政治学院、福州大学、大连海事大学

(二)中国法学教育的多重双轨制①

按照杨振山教授当年的介绍,法学教育可以分为中专、大专、本科、硕士研究生和博士研究生5个层次。② 事实上,每个层级内部又往往并存多个细类。其中,中专层次的法律教育多由各地司法学校

① 双轨制的问题不仅中国有,日本仿效美国,引入法科大学院制度也带来了双轨制的问题。参见江利红:《论新世纪日本的法律教育改革及其问题——以美国式法科大学院制度的导入为中心》,载何勤华主编:《外国法制史研究》(第16卷·2013年大学的兴起与法律教育),法律出版社2014年版,第136~138页。在英国也存在大学和律师会馆两条法律人才培养渠道。参见周将卫:《从彼此分立到分工合作——英国法律教育发展史初探》,载何勤华主编:《外国法制史研究》(第16卷·2013年大学的兴起与法律教育),法律出版社2014年版,第156~157页。

② 参见杨振山:《中国法学教育沿革之研究》,载《政法论坛》2000年第4期。另见杨振山:《杨振山文集》,中国政法大学出版社2005年版,第355页。2002年之前,法学专科毕业生可以报名参加全国律师资格考试,但2001年修改的《律师法》在转而实行全国统一的司法考试的同时,也全面提高了考试的准入门槛。原则上,只有具备高等院校本科以上学历者才能报名。作为例外,司法部会对个别适用这一规定有困难的地方予以通融,允许其在一定期限内,将学历条件放宽为高等院校法律专业专科学历(第6条)。这预示着在不长的时间里,中国的法律专科教育将会迅速萎缩,同时专科升本科考试则会受到欢迎。

（中等专业学校）提供，学制为2年。[①] 大专层次的法律教育方式颇为多样，全日制普通高等学校教育、全日制短期职业大学、普通高等学校附设夜大学、普通高等学校附设函授部或独立函授学院、广播电视大学、[②]职工业余大学、管理干部学院和高等教育自学考试等，均能提供法律教育，其学制一般为2年或3年。本科法学教育包括全日制普通高等学校中的法律本科教育（学制4年）、高等教育自学考试序列、成人高考，以及普通高等学校附设的函授部或独立函授学院中的法律教育等。[③] 到1997年，全国恢复和新建普通高等政法院校、

---

① 参见杨振山：《中国法学教育沿革之研究》，载《政法论坛》2000年第4期。在中等专业学校专业分类中，有"政法专业"一类。参见北京市高等教育局：《北京市属普通中等专业学校专业设置暂行办法》（1987年5月）。另参见国家教育委员会：《关于在中专、中师贯彻〈中共中央关于改革学校思想品德和政治理论课程教学的通知〉的意见》（〔86〕教政字012号）。转引自北京市高等教育局中专处编印：《北京地区中等专业教育文件选编》，1989年5月，第109、218页。1989年，位于北京的政法类中等专业学校有：交通部人民警察学校（部属）、北京市人民警察学校（市属）、北京市劳改警察学校（市属）。中等专业学校的学制因招收对象不同而有差异，招收高中毕业生的学制为二年，招收初中毕业生的，学制为四年。在20世纪80年代初期，北京地区的中等专业学校以招收初中毕业生为原则，招收高中毕业生为例外。北京市计划委员会、北京市高等教育局《关于北京地区中等专业学校招收对象的通知》（〔83〕京计科学字第21号）规定："北京地区中等专业学校原则上均应招收初中毕业生，个别情况确需招收高中毕业生者，应经市计委、高教局同意。""一九八二年招高中毕业生的学校，应从一九八三年起迟至一九八四年要改招初中毕业生。一九八五年起除经市计委、高教局同意者外，即不得再招高中毕业生"。

② 1982年9月，辽宁广播电视大学增设法律专业，这是全国电大教育开设法律教育的肇始。1983年7月22日《中国法制报》报道，辽宁电大扩大了法律专业的办学规模，并创办了法学教学辅导月刊《电大法学》。参见周振想、邵景春主编：《新中国法制建设40年要览（1949～1988）》，群众出版社1990年版，第547页、第570～571页。2012年7月5日，教育部批复同意在中央广播电视大学的基础上建立国家开放大学，归教育部直属。首批设置本科专业19个。国家开放大学将实行非学历教育与学历教育并举，学历教育可授予学士学位，其程序是由学校向北京市学位委员会提出申请并获批准通过后，报国务院学位委员会备案。在过渡期内，采取"老人老办法、新人新办法"，目前在校生仍按原有关规定管理。"中央广播电视大学"的名称暂时保留。1978年2月，邓小平倡导并批准创办中央电大。1979年2月6日，中央电大与全国28所省级电大同时开学。现有中央电大和44所省级电大、929所地市级电大分校（工作站）、1852所县级电大工作站。电大系统累计培养毕业生超过907万人，各类非学历教育培训6000万人次。参见郭少峰：《教育部批准建国家开放大学》，载《新京报》2012年7月6日，第A08版。

③ 参见杨振山：《中国法学教育沿革之研究》，载《政法论坛》2000年第4期。

系、专业260个，法律专科学校两所，中等法学教育性质的司法（法律）学校29所，监狱警察学校27所，此外还有一些法律职业高中。①

在博士层次，除了全日制博士研究生外，还有"论文博士"一说。2012年5月爆出的"山东国土厅长系清华论文博士"事件让人们对"论文博士"这种学位设计曝光于公众视野之下。②

除了正规学历教育、成人法学教育构成的国民教育序列的法学教育以外，还有党校系统提供的法学教育，亦称"干部教育"。中央党校开办函授教育始于1983年，以满足因"文化大革命"耽误学业的党政干部提升学历的需求。1982年10月3日中共中央、国务院发布的《关于中央党政机关干部教育工作的决定》（中发〔1982〕41号）提出：

发挥现有党校、干校的作用，开办学制一、二年的干部培训班和学制半年的干部进修班。

中央党校的干部培训班招收具有大专以上文化程度、五年以上工作经验的优秀青年干部，进行比较全面的政治、业务培训。干部进修班招收具有高中以上文化程度的司局以上领导干部及其后备干部，或某一类型的专业领导干部。课程内容，要有一、二门较系统的马克思主义理论课，并需适当增加领导科学、部门经济、管理、法学基础等业务基础课和科学文化知识讲座……

① 参见卓泽渊：《法治进程中的法学教育与法律人才》，载北大法律信息网：http://article.chinalawinfo.com/ArticleFullText.aspx?ArticleId=38144&listType=0，最后访问日期：2012年8月15日。1981年8月28日，北京市司法局和教育局联合创办的北京市第一所法律职业中学正式成立。参见周振想、邵景春主编：《新中国法制建设40年要览（1949～1988）》，群众出版社1990年版，第511页。此前，8月7日，有消息称，从1981年秋季学期开始，全国初中开设《法律常识》课。

② 参见郭少峰：《山东国土厅长系清华论文博士》，载《新京报》2012年5月3日，第A10版。熊丙奇：《"论文博士"不能成为卖文凭的通道》，载《新京报》2012年5月4日，第A03版。叶铁桥：《官员读博会否妨害教育公平：清华大学论文博士引发争议》，载《中国青年报》2012年5月7日，第1版。

中央学校和各部委干校都可以举办分部，或者同部委的干部走读培训班挂钩，增加培训人数。

1983年4月20日财政部发布的《关于中央级党政机关干部教育经费开支的暂行规定》（财事字〔1983〕134号）提出：

（一）由中央党政机关各部委开办的干部走读培训班（含中专班和大专班两种）、各部委所属干校开办的干部培训班和干部进修班、各部委单独或联合举办脱产或业余的文化补习学校、中央党校各部委分部，其所需经费凡是培训本部委机关干部的，在各部委的“职工教育经费”内开支；凡是培训本系统干部的，在各部委的“干部训练费”内开支。几个部委联合举办的，由联合举办单位协商分担，分别按上述原则，在“职工教育经费”或“干部训练费”内开支……

（二）中央党校开办的干部培训班、干部进修班，其所需经费由中央党校事业费开支。

而此前，《中共中央、国务院关于中央党政机关干部教育工作的决定》（中发〔1982〕41号）则是将“国民教育”与“干部教育”并提，并规定“干部教育应纳入国民教育计划”。[①]

1986年中央党校正式对外招收函授生，1993年中央党校函授学院成立，并在全国各地设立分院。官方数字显示，中央党校函授教育已拥有近320万学员。1996年统一的四级办学体制建立：中央党校设函授总院，省级党校设分院，市级党校设学区，有条件的区县党校

① 教育部《2003～2007年教育振兴行动计划》（2004年2月10日）则将“国民教育”和“终身教育”并提。

设辅导站，下设班和组。相应地，其学费收入总院收10%，分院控制在15%，学区控制在20%～25%，余下的给辅导站。由于各级党校的财政投入沿袭的是机关包干制的经费模式，财政拨款只及其正常运转费用的一半甚至更少，因此基层党校维持运转几乎主要靠函授收入。

《中共中央宣传部、司法部关于在公民中开展法制宣传教育的第四个五年计划》(2001年5月27日)提出："加强法制宣传教育阵地建设。要继续巩固和发展各级、各类法制宣传教育基地……各级党校、干校、团校、农村夜校要开设法制教育课程，特别要发挥各级党校、行政学院在领导干部法律知识培训工作中的主渠道作用。"2008年10月发布的《中国共产党党校工作条例》第20条更明确规定："中央党校和具备条件的省、自治区、直辖市党校，依法取得硕士、博士学位授予权，并经国务院教育行政部门同意后，招收攻读硕士、博士学位的研究生，纳入国家学位管理体系。"①

① 2008年1月的一则"中共北京市委党校2008年成人大专、本科班招生"广告称："中共北京市委党校的大专、本科成人学历教育，是北京市委、市政府批准开办的，经过了23年的发展，形成了一个由多种教育实体构成的、覆盖全市的党校学历教育体系，成为北京市成人教育的一支重要方面军。北京市委党校的大专、本科学历，是北京市、市委、市政府法定文件认定的、享受国民教育相应学历的待遇，在提职、晋级、评职上与其他高校毕业生一视同仁。"其招生对象包括："在职干部职工和其他社会成员。北京市委党校在部分区县局(总公司)党校、普通高校、成人院校和民办高校设立分院，考生可根据需要择校报考。"招生专业中与法律有关的是大专层次，学制3年，年学费1200元，本科层参，学制两年，年学费1830.5元。该广告还节选了几份中共中央和北京市委、市政府的文件以论证其合法性，如《中国共产党党校工作暂行条例》(中共中央〔1995〕11号)：中央党校和省、自治区、直辖市委党校举办的学制二年以上的长期班次，学员学完必修课程，经考试考核合格者，授予党校学历，可享受国民教育相应学历的有关待遇。中共北京市委办公厅、北京市人民政府办公厅《关于市委党校学员学历问题的通知》(京办发〔1990〕20号)：凡在北京市委党校毕业的大专班、本科班、研究生班学员，均应取得同国民教育体系相当的学历和待遇，各单位对其升学、提职、晋级和评职称等，应当同其他高等院校毕业的学员一视同仁。中共北京市委《关于贯彻落实〈中共中央关于面向12世纪加强和改进党校工作的决定〉的意见》(京发〔2000〕29号)：市委党校成人学历教育，要参照成人高等教育的基本要求，结合党校干部教育的特点，严格把握招生、教学、考试等环节，进一步搞好规范管理，不断提高教学质量。学员学完规定课程，经考试考核成绩合格者，取得党校大专、本科学历，享受国民教育相应学历的待遇。参见《京华时报》2008年1月14日，第A01版。

(三)“法律硕士专业学位”与“法学硕士学位”的并立

在法律硕士项目推行之前，本科后(硕士研究生层次)的法律教育主要是“法学硕士”。[①] 1996年以后，法律硕士[②]被纳入国家招生计划，当年确立的计划为488人，1997年为513人，1999年为600人，2000年为1500人。[③] 其中首批法律硕士项目的招生名额是从法学硕士的招生计划中调剂过去的。两种研究生层次的法律教育项目一直并存，但差别始终明显。

1. 报考资格

本科为法律专业[④]和非法律专业的应届或往届毕业生都可以报考法学硕士研究生。尽管在职人员攻读法律硕士学位(后详)不受专业限制，但法律硕士则排斥应届的法律专业本科毕业生报考。1999年全国法律硕士专业学位教育指导委员会秘书处再次重申：从2000年起开始，法律硕士专业学位研究生教育不再允许法律本科毕业生报考，而只招收具有国民教育序列大学本科学历或具有本科同等学力的非法律专业毕业生(是否要求一定年限的实践经验，由各校自行

---

① 从1988年起，在法学的几个学科、专业进行了应用类硕士生的培养工作改革。参见霍宪丹主编：《中国法律硕士专业学位教育的实践与探索》，法律出版社2001年版，第11页。

② 本部分所说的“法律硕士”仅指通过全国统考招收的全日制脱产法律硕士，即攻读“全国法律硕士专业学位”的学生，而不包括“在职攻读法律硕士专业学位”的学生。

③ 参见王亚杰：《在全国法律硕士专业学位试点工作会议上的讲话》，载霍宪丹主编：《中国法律硕士专业学位教育的实践与探索》，法律出版社2001年版，第172页。司法部法规教育司《关于扩大法律硕士专业学位研究生招生计划加快培养法制建设急需法律人才的报告》(1999年2月)。1997年吉林大学法学院才开始招收首届(全脱产)法律硕士，当年的名额据说有10个，但最后只招收了9名。北京大学法学院于1997年开始招收政法法律硕士，2000年前后开始招收全脱产法律硕士。

④ 1997年当时的国家教育委员会对原有专业目录进行了一次大幅度调整，决定自1999年起法学类本科只设1个单一的法学专业，按照一个专业招生。同时还确定了法学专业本科教学的14门核心课程。参见曾宪义：《〈21世纪法学系列教材〉总序》，郭禾主编：《知识产权法案例分析》，中国人民大学出版社2000年版，第3页。

确定)。[1]

2. 专业划分与导师分派

法学硕士研究生在报名时即需填报专业方向(如法学理论、法律史、宪法学与行政法学、刑法学、民商法学、诉讼法学、经济法学、国际法学等)和导师,并按照所报专业参加专业课考试(包括初试与复试)。而法律硕士无论是在报名还是入学阶段都不划分专业,通常只是到了论文撰写阶段才确定大致的论文方向,并分派导师。[2]

3. 学位证书

颁发给法学硕士的毕业证和学位证分别为"硕士研究生毕业证书"和"硕士学位证书",而法律硕士的学位证书则多了"法律"两字(但"在职攻读法律硕士专业学位"项目只有学位没有学历,后详)。[3]

4. 课程与学分设置

按照最初的设想,法律硕士的总学分不得低于45学分,其课程包括必修课、选修课、实务课程及业务工作研究、专业实习和社会实践等4类,其中法学本科毕业的学生其必修课占30学分,非法学本

① 全国法律硕士专业学位教育指导委员会秘书处《关于〈法律硕士专业学位研究生指导性培养方案〉的几点说明》。由《高等教育法》(1998年)第19条可以看出,同等学力解决的主要是入学资格的问题。比如正常情况下,本科毕业生可以报考硕士研究生,但一些没有本科学历的人,通过自学和实际工作也能取得相应的学习能力,他们可以"同等学力"的身份参加考试,取得硕士研究生的入学资格。

② 2004年下半年,北京大学法学院开始在二年级(2003级)的法律硕士中开展专业划分的试验。而2002年入学的法律硕士则在2004年春季学期分派了学术和实务双导师。与法学硕士的导师只能由副教授或教授出任的情形不同,具有讲师以上职称的教员都可以担任法律硕士的论文指导教师。

③ 从1990年到2010年,我国共设立了38个专业硕士学位项目。其中,仅2010年就设立了19个。其中,除了临床医学、口腔医学、工商管理硕士、法律硕士和软件工程硕士专业学位颁发学历、学位双证书外之外,其他专业学位研究生教育只颁发学位证书。参见赵婀娜:《专业学位研究生摆脱"山寨"之名擎起半壁江山》,载《人民日报》2011年2月18日,第18版。

科的为35学分。[1] 1999年版的《法律硕士专业学位研究生指导性培养方案》中列举的必修课有28学分。[2] 而法学硕士的总学分要求比法律硕士少10个。

5. 学费负担

截至2004年,国家计划内统招的法学硕士尚不需缴纳学费(住宿费除外[3])。而法律硕士(不包括在职攻读的)则从2002年起全部为自费。[4]

---

① 参见《法律硕士专业学位试点工作会议纪要》(1995年8月)。学分制的设计,在民国时期的大学即已采取,但内地的大学在经历了诸多变故之后,于20世纪90年代方才渐次重启这一制度。笔者读大学二年级时,学校规定:1993年入学的本科生开始实行绩点学分制。总学分为160学分,理科各专业在现有条件下,必修课占总学分的70%,选修课占30%;文科各专业必修课占60%,选修课占40%。学校已开设30多门全校性公共选修课。从1992年开始,学校还在本科生中实行了主、辅修制和双学位制。但从实际效果看,未见有谁因修满学分提前毕业。参见焦凯、王元良:《吉林大学实行绩点学分制》,载吉林大学毕业生分配办公室编:《毕业生之友》1994年3月15日,第1版。辅修教学计划规定总学分为30~40学分,辅修学位的教学计划总学分为60学分,总学时为900学时;辅修专业总学分为40学分,总学时为600学时。必修课占60%以上,毕业论文占5~8分。选修实行缴费办法,每学分为10元,部分实验课程15元。选修者须主修专业前两年主干课成绩平均学分点在3.5以上,并无补考课及通过全国英语四级统考(一般为在毕业前通过,但申请涉外专业的须先通过英语四级)。参见《吉林大学试行主、辅修制》,载《毕业生之友》1994年3月15日,第4版。刘洪斌:《开设第二课堂,培养复合型人才——记我校辅修学位、辅修专业》,载《吉林大学》1995年第406期。

② 参见全国法律硕士专业学位教育指导委员会秘书处《法律硕士专业学位研究生指导性培养方案》(1999年)。在这个意义上,可以认为法律硕士学位项目基本上套用了法学硕士学位项目的学位课程设置,在教学要求上则是按照法学本科教育的水平进行的。此据北京大学法学院副院长龚文东老师语(2007年5月13日)。

③ 有的学校由于条件限制,不向法律硕士提供住宿。

④ 有消息称,从2006年开始,研究生收费将在高校、科研院所全面铺开。2005年年初,教育部部长周济并没有否认"2006年是研究生教育开始收费的时间点"的说法,只是称这次研究生收费的改革为"推进研究生成本分担制度的改革"。参见郭少峰:《中国教育部长周济:研究生收费肯定不会全面收费》,载中国新闻网:http://www.chinanews.com.cn/news/2005/2005-01-28/26/534136.shtml。2005年9月8日北京大学研究生院宣布,研究生收费制度改革暂停实施,即不对2006年的公费研究生收费,培养费用仍按现行规定执行。参见《燕院秋日揽景·教学科研》,载北京大学教育基金会、北京大学校友会编:《北大人》(2005年秋季刊总第21期),第24页。研究生教育收费制度改革,即取消公费、全面实行收费是从2007年开始的。参见彦升:《考研热降温探秘》,载《第一财经日报》2007年1月25日,第C7版。事实上,2013年2月6日国务院常务会议才决定从2014年秋季学期起,向所有纳入国家招生计划的新入学研究生收取学费,同时决定完善财政拨款制度和研

（四）“法律硕士专业学位”与“在职人员攻读法律硕士专业学位”的并立

法学硕士与法律硕士并存还只是法律硕士专业学位相关众多的“双轨制”现象之一。在法律硕士项目内部其实也有“双轨制”，即存在“法律硕士专业学位”（全日制法律硕士）与“在职人员攻读法律硕士专业学位”（在职法律硕士）的划分。1996 年、1997 年只有“法律硕士专业硕士”一种名目，“在职攻读法律硕士专业学位”直到 1998 年才被创设出来。①在非正式场合，后者也被称为“五部委法硕”或“政法法硕”。②事实上，在职人员攻读学位的现象从法律硕士项目创

究生奖助政策体系。参见《明年秋季起研究生将全部自费》，载《新京报》2013 年 2 月 7 日，第 A18 版。参见王传涛：《研究生自费应该的》，载《新京报》2013 年 2 月 8 日，第 A03 版。另据发改委、财政部、教育部联合发布的《关于加强研究生教育学费标准管理及有关问题的通知》，全日制研究生学费标准由省级教育行政部门根据所在地高等学校申请提出意见，经同级价格、财政部门审核并报省级人民政府批准后执行，同时报发改委、财政部、教育部备案。非全日制研究生学费标准的管理方式，由高等学校所在地省级价格、财政、教育部门报省、自治区、直辖市人民政府批准后执行。全日制学术型硕士研究生、博士研究生的学费标准现阶段分别按照每生每年不超过 8000 元、10,000 元确定。研究生学费标准实行“新生新办法、老生老办法”，2014 年秋季学期前入学的研究生仍执行原收费政策。参见崔文苑：《研究生学费标准制定实行属地化管理》，载《经济日报》2013 年 5 月 22 日，第 7 版。

① 参见国务院学位委员会、司法部《关于开展在职攻读法律硕士专业学位工作的通知》（1997 年 11 月 10 日）。根据该通知规定，对课程考试合格并通过学位论文答辩的此类人员，可参照在职人员以研究生毕业同等学力申请硕士学位的规定，授予法律硕士专业学位。

② 这一点通过比照国务院学位办、中共中央政法委员会办公室、最高人民法院政治部、最高人民检察院政治部、公安部人事培训局、司法部法规教育局制定的《关于做好 2000 年在职攻读法律硕士专业学位推荐报名工作的通知》和中共中央政法委员会办公室、最高人民法院政治部、最高人民检察院政治部、公安部人事培训局、司法部法规教育局制定的《关于做好 2001 年政法系统开展在职攻读法律硕士专业学位推荐报名工作的通知》（2001 年 6 月 1 日）就可以看出。这一点也得到了北京大学法学院法硕办公室的乔玉君老师的确认，特此致谢。类似地，在工商管理学科也有类似情况。1997 年，在国家经贸委的支持下，在“工商管理硕士”之外，主要面向国有大中型企业管理干部的“企业管理人员在职攻读 MBA 学位”项目得以设立。参见全国工商管理硕士教育指导委员会秘书处：《我国 MBA 教育发展历史与现状》，载吴世农、仝允桓编：《中国 MBA 教育实践与探索》，机械工业出版社 2001 年版，第 4 页。

设之初就已存在。这些在职学员的学历背景不尽相同,有的是法律本科毕业,也有非法律本科毕业的。若再结合法学硕士与法律硕士的区分,则通往法学类研究生的道路便呈现下面的格局:法学专业应届本科毕业生固然不能报考法律硕士——1995年,教育部高校学生司曾规定,高等学历教育期间学习法律等专业的本(专)科毕业生,不得报考法律硕士专业学位,①但这一禁令并不适用于往届毕业生,他们可以作为在职人员报考在职兼读类型的法律硕士专业学位;非法学专业本科毕业生(无论是应届还是往届)都可以报考法律硕士;至于法学硕士,它的大门则始终向各种考生敞开着。② 由此不难看出,"在职攻读法律硕士专业学位"的存在,为那些在特定机构工作的人员在职攻读硕士学位开启了方便之门。③

1. 入学考试

《法律专业硕士学位试点工作会议纪要》(1995年8月)设计的首批法律硕士入学考试首先按照考生是否是应届加以区分,而后又对在职人员按照本科专业进一步区别考试科目。具体来说:应届非法律本科考生要参加全国研究生入学考试的政治、外语(英、日、俄)科目;大学语文、法学基础理论、综合等三门由试点院校自行命题,与全国研究生入学考试同时进行。

① 教育部高校学生司《关于报考法律硕士专业学位的专业界定的通知》(教学司〔1995〕95号)。

② 在中国内地,在职读书是个有趣的现象。它意味着那些已经从大学毕业并找到固定工作的学生可以在保有其工作的情况下重新回到学校攻读学位,前提是获得雇用单位的同意。在法学硕士项目中,通常采取的是定向培养(该学生占用国家下达给学校的名额,学费实际由国家资助,毕业后回到雇用单位工作)或委托培养(由雇用单位提供学费,该学生不占用国家下达给学校的名额,并在毕业后重新回到雇用单位工作)的形式。

③ 但方流芳教授指出,在职法硕属于非学历教育,大部分机关不承认在职法硕的"研究生学历",而学历又关乎职务晋升,加之官员获得法学硕士、法学博士学位的途径越来越多,在职法硕的吸引力呈下降趋势,因此出现了"社会考生"也可以报考在职法硕的现象。参见方流芳:《法律硕士(J.M.)入学考试评析和改革思路》,载《中国法学教育研究》2006年第4期。

在职人员考生中的法学本科毕业生的考试科目为政治、外语、大学语文和能力考试。非法学本科毕业生的第四门则为法律基础知识。而针对各级政法系统推荐，并同意其以定向或委托培养方式攻读学位的在职人员（须是大学毕业后4年或以上，40岁以下者，但事实上有超过此限者）则采取了“单独考试”的形式。考试由各试点院校单独组织，法律专业毕业的在职人员的考试科目包括：政治、外语（英、日、俄、法、德）、大学语文、法学基础理论和综合（民法总论、刑法总论）；非法律本科毕业的在职人员为：政治、外语（英、日、俄、法、德）、大学语文、法学基础理论、宪法。①

在全国法律硕士专业学位教育指导委员会②的安排下，从1998年起，法律硕士专业学位的考试科目统一为法律专业硕士入学考试科目，即政治理论、英语、民法学、刑法学、综合（含法学基础理论、宪法、中国法制史）。也是从这一年起，在职攻读法律硕士专业学位的入学考试实行全国所有试点院校统一的联合入学考试，考试科目为：英语、民法学、刑法学、综合（宪法、法学基础理论、中国法制史），政治理论由试点院校单独面试。③

1999年的全国法律硕士专业学位入学考试（含单独考试）和在

① 参见《全国8所高等院校1996年招收法律专业硕士研究生简章》。

② 全国法律硕士专业学位教育指导委员会是在原全国法律硕士专业学位专家指导小组的基础上，于1997年成立的。根据《全国法律硕士专业学位教育指导委员会章程》，指导委员会的成员由国家教育主管部门、国家政法部门和有关单位、专家推荐，由国务院学位委员会、国家教育委员会和司法部选聘（第3条）。指导委员会的经费来源主要由3部分：一是国家的专项业务经费；二是各培养单位收取的培养费中按比例交纳或者分摊的专项经费；三是社会捐赠（第13条）。其办事机构为秘书处，设在司法部法规教育司。该章程由全国法律硕士专业学位教育指导委员会第1次会议1998年1月8日通过，国务院学位委员会、国家教委、司法部1998年3月9日批准。参见霍宪丹主编：《中国法律硕士专业学位教育的实践与探索》，法律出版社2001年版，第352页。

③ 参见曾宪义、赵秉志主编：《法律硕士专业学位入学考试辅导（法学科目）》（第1版），中国人民大学出版社1998年版。《关于1998年在职攻读法律硕士专业学位工作安排》；《关于做好1998年在职攻读法律硕士专业学位推荐报名工作的通知》（〔98〕司教字第8号）。

职攻读法律硕士专业学位的入学联考仍然分别进行(前者的报名和考试时间与全国研究生入学统一考试同步,后者则定于1999年1月6日至2月6日报名,5月15日、16日考试),只是不再区分考生的专业背景,而将考试科目统一为刑法学、民法学、综合考试(含宪法学、法学基础理论、中国法制史)、外国语(在职攻读法律硕士学位联考为英语)和政治理论(由各个院校单独面试)。① 入学时间则都是在秋季。②

这一年8月召开的全国法律硕士专业学位研究生入学考试大纲及考试指南研讨会又传出消息,法律硕士专业学位研究生的全国统招和单招以及在职攻读法律硕士专业学位教育的入学联考将被合成一种考试,简称"3合1"。"法律硕士专业学位"研究生入学考试的2门公共课参加全国研究生入学考试,3门专业课继续由教育指导委员会组织命题。③ 不过,2000年在职攻读法律硕士专业学位的全国联考仍在当年10月28~29日进行,外语、民法学、刑法学、综合(含宪法学、法学基础理论、中国法制史)等科目实行全国联考,政治由各校单独组织考试。④ 事实上,这种局面一直持续到2004年(详见

① 全国法律硕士专业学位教育指导委员会秘书处《全国法律硕士专业学位教育指导委员会1998年第3次会议议定事项》。参见霍宪丹主编:《中国法律硕士专业学位教育的实践与探索》,法律出版社2001年版,第159页。

② 国务院学位办《关于做好1999年在职攻读法律硕士专业学位推荐报名工作的通知》。参见霍宪丹主编:《中国法律硕士专业学位教育的实践与探索》,法律出版社2001年版,第228页。

③ 全国法律硕士专业学位教育指导委员会秘书处《全国法律硕士专业学位研究生入学考试大纲及考试指南研讨会纪要》(1999年8月10日)。参见霍宪丹主编:《中国法律硕士专业学位教育的实践与探索》,法律出版社2001年版,第243页。2009年《清华大学研究生工作手册》收录的《硕士生招生选拔方式》(非学历教育部分)提示,在职人员攻读法律硕士专业学位每年7月报名,10月考试,12月复试。报考条件为:本科毕业(一般应有学士学位),工龄3年以上的法院、检察院、司法、政法委、公安等政法部门人员和有关部门从事法律实际工作者。《清华大学研究生工作手册》,清华大学研究生院2009年版,第53页。

④ 参见国务院学位办、中共中央政法委员会办公室、最高人民法院政治部、最高人民检察院政治部、公安部人事培训局、司法部法规教育局《关于做好2000年在职攻读法律硕士专业学位推荐报名工作的通知》(司教字〔2000〕77号)。

表2)。由此导致的直接后果是两种法律硕士生入学时间上的不一致:以北京大学为例,2005级政法法硕的入学时间为2005年2月底,而2005级法律硕士研究生则要到9月才能入学。事实上,不仅是招生考试,在授课、论文答辩等环节,同一届的在职法硕和全日制法硕学生都是分别进行的。①

2003年,法律硕士专业学位入学考试的科目终于由五门调整为四门:政治和外语各100分,实行全国统考;专业基础课(含刑法学、民法学)和综合课(含法理学、宪法学和中国法制史)满分均为150分,实行全国联考。②

表2 全日制法律硕士专业学位与在职攻读法律硕士专业学位入学考试科目比较

年份	全国法律硕士专业学位	在职攻读法律硕士专业学位
1996	1. 应届非法律本科:政治、外语(全国研究生入学考试统考),大学语文,法学基础理论、综合(试点院校自行命题,与全国研究生入学考试同时进行)。 2.1 在职人员(法学本科毕业):政治、外语、大学语文、能力考试; 2.2 在职人员(非法学本科毕业):政治、外语、大学语文、法律基础知识。 3.1 在职人员单独考试(法律专业毕业):政治、外语(英、日、俄、法、德)、大学语文、法学基础理论和综合(民法总论、刑法总论); 3.2 在职人员单独考试(非法律本科毕业):政治,外语(英、日、俄、法、德),大学语文,法学基础理论,宪法	

① 参见方流芳:《法律硕士(J.M.)入学考试评析和改革思路》,载《中国法学教育研究》2006年第4期。

② 据称,进行法硕入学全国联考是为了科学、公平、有效地测试考生掌握相关学科一般概念、原理和制度的基本知识及基本方法的水平,测试考生运用这些知识和方法分析、解决实际问题的思维能力和法律语言表达能力。《法律硕士专业学位研究生入学全国联考考试性质》,载教育部高校学生司、教育部考试中心制定:《2005年法律硕士专业学位研究生入学全国联考考试大纲》,中国人民大学出版社2004年版。

续表

年份	全国法律硕士专业学位	在职攻读法律硕士专业学位
1998	法律专业硕士入学考试科目：政治理论、英语、民法学、刑法学、综合	试点院校联合组织统一的入学考试：英语、民法学、刑法学、综合（宪法、法学基础理论、中国法制史），1998 年 3 月 10～20 日报名，5 月 16～17 日考试；政治理论由试点院校单独面试。1998 年秋季入学
1999	法律专业硕士入学考试科目，与全国研究生入学统一考试同步	全国在职攻读法律硕士专业学位入学联合考试，科目：英语、民法学、刑法学、综合（宪法、法学基础理论、中国法制史），4 月 10～20 日报名，6 月 12～13 日考试。政治理论由各个院校单独面试①
2000	统一的法律专业硕士入学考试（5 门）专业课各校联考	全国在职攻读法律硕士专业学位入学联合考试；科目：英语、民法学、刑法学、综合（宪法、法学基础理论、中国法制史），10 月 28～29 日考试。政治理论由试点院校单独组织考试
2001		科目：英语（100 分）、民法学（100 分）、刑法学（100 分）、综合（共 150 分，其中宪法、法学基础理论、中国法制史各 50 分），7 月 10～31 日报名，10 月 13～14 日考试。政治理论为面试，考试内容及时间均由试点院校自行安排

① 参见《关于做好 1999 年在职攻读法律硕士专业学位推荐报名工作的通知》（1999 年 3 月 22 日）。此前，全国法律硕士专业学位教育指导委员会 1998 年第 3 次会议暂定 1999 年在职攻读法律硕士专业学位的报名时间为 1 月 6 日至 2 月 6 日，5 月 15 日至 16 日考试。参见《全国法律硕士专业学位教育指导委员会 1998 年第 3 次会议议定事项》。指导委员会 1998 年第 4 次会议还确定，国务院各部门分流人员在职攻读法律硕士专业学位的考试定于 1998 年 11 月 14 日、15 日进行，由于时间仓促，当年的试题是从在职攻读法律硕士专业学位的备用题库中配选的。

续表

年份	全国法律硕士专业学位	在职攻读法律硕士专业学位
2003	统一的法律专业硕士入学考试(4门,外语、政治全国统考,2门专业课联考)	
2006	政治、外语、专业课一(刑法、民法)、专业课二(法理、宪法、法制史)	

2. 报考

在职人员攻读硕士学位无法绕过所在单位,必须取得单位人事部门的同意。而报考“在职攻读法律硕士专业学位”的考生,无论是参加“单独考试”还是全国联考,都必须事先取得所在单位的“推荐”。在法硕项目上,有推荐权的单位主要是所谓“国家政法部门”(包括中共中央政法委员会、最高人民法院、最高人民检察院、公安部、司法部,习惯称为“五部委”)以及各省、自治区、直辖市政法主管机构的教育培训机构。“五部委”分别制定本系统的推荐报名工作方案,送交全国法律硕士专业学位教育指导委员会秘书处。秘书处负责统一组织、协调,它还指定各省(区、市)司法厅(局)作为联络单位,负责与相关院校及本省有关部门联系。工商行政管理、税务、金融保险、对外贸易、海关、技术监督和人大法工委、政府法制办、法学会、仲裁、大中型企事业单位法律顾问处、军队法律部门等机关和单位希望推荐所属人员报考的,也可以向秘书处或各地司法厅(局)的教育培训机构提出申请,由其作为推荐单位,按照规定的名额比例安排推荐报名事宜。除此之外,培养单位不得自行接受其他部门或个人的报名申请。① 推荐实行“相对集中、就近入学”的原则,除非所在

① 不过,从《中国社会科学院研究生院(法学所)2005年招收在职人员攻读法律硕士专业学位(JM)招生简章》(载中国法学网:http://www.iolaw.org.cn/showNews.asp?id=12448)来看,这一情形已然发生了某种变化。其对“报考条件”的要求是:“国民教育序列大学本科毕业(一般应有学士学位),工龄5年以上(工作年限计算截止日期为2005年7月31日)的法院、检察院、司法、政法委、公安等政法部门人员、人大系统干部以及有关部门从事法律实际工作者。非政法系统考生录取比例一般不超过本院当年录取限额的20%”。

省区没有培养单位，一般不得跨省区推荐。组织推荐本省人员到其他省区报名考试的，推荐单位必须保证被录取人员有累计不少于1学年的时间到培养单位脱产学习。①

各个推荐单位（系统）可以向培养单位推荐的名额由几家“中央国家政法主管部门”事前确定（见表3、表4、表5、表6）。各个培养单位（试点院校）录取的分数线以及录取计划人数则由国务院学位委员会严格控制，不得相互调剂。②

表3　1998年全国在职攻读法律硕士专业学位推荐报名名额分配

单位：人

省（市）	培养单位	推荐单位					总计
		中央政法委员会、公安部	最高人民法院	最高人民检察院	司法部	其他	
北京市	中国人民大学	10	90	50	50	—	200
	北京大学	10	40	70	60	20	200
	中国政法大学	10	50	60	70	10	200
	对外经贸大学	—	10	10	10	70	100
湖北省	武汉大学	20	60	60	60	—	200
	中南政法大学	20	60	60	60	—	200
上海市	华东政法大学	20	60	60	60	—	200
吉林省	吉林大学	20	60	60	60	—	200
江苏省	南京大学	10	30	30	30	—	100
重庆市	西南政法大学	20	60	60	60	—	200

① 参见《关于1998年在职攻读法律硕士专业学位工作安排》。中共中央政法委员会办公室、最高人民法院教育厅、最高人民检察院干部教育训练局、公安部人事培训局、司法部法规教育局《关于做好1999年在职攻读法律硕士专业学位推荐报名工作的通知》（司教字〔1999〕40号）。国务院学位办、中共中央政法委员会办公室、最高人民法院政治部、最高人民检察院政治部、公安部人事培训局、司法部法规教育局《关于做好2000年在职攻读法律硕士专业学位推荐报名工作的通知》。

② 参见国务院学位委员会办公室《关于做好1999年在职攻读法律硕士专业学位人员录取工作的通知》（学位办〔1999〕47号）。

续表

省(市)	培养单位	推荐单位					总计
		中央政法委员会、公安部	最高人民法院	最高人民检察院	司法部	其他	
广东省	中山大学	10	30	30	30	—	100
福建省	厦门大学	10	30	30	30	—	100
陕西省	西北政法学院	20	60	60	60	—	200

表 4　1999 年全国在职攻读法律硕士专业学位推荐报名名额分配

单位:人

省(市)	培养单位	推荐单位					总计
		中央政法委员会、公安部	最高人民法院	最高人民检察院	司法部	其他	
北京市	中国人民大学	12	36	36	36	80	200
	北京大学	12	36	36	36	80	200
	中国政法大学	12	36	36	36	80	200
	对外经贸大学	0	10	0	10	80	100
湖北省	武汉大学	14	42	42	42	60	200
	中南政法大学	14	42	42	42	60	200
上海市	华东政法大学	12	36	36	36	80	200
	复旦大学	6	18	18	18	40	100
吉林省	吉林大学	16	48	48	48	40	200
江苏省	南京大学	8	24	24	24	20	100
	苏州大学	8	24	24	24	20	100
重庆市	西南政法大学	14	42	42	42	60	200
广东省	中山大学	7	21	21	21	30	100
福建省	厦门大学	8	24	24	24	20	100
陕西省	西北政法学院	16	48	48	48	40	200
山东省	山东大学	7	21	21	21	30	100
黑龙江省	黑龙江大学	8	24	24	24	20	100
河南省	郑州大学	10	30	30	30	0	100

续表

省(市)	培养单位	推荐单位					总计
		中央政法委员会、公安部	最高人民法院	最高人民检察院	司法部	其他	
安徽省	安徽大学	10	30	30	30	0	100
湖南省	湘潭大学	10	30	30	30	0	100
浙江省	浙江大学	8	24	24	24	20	100
四川省	四川大学	8	24	24	24	20	100
合计	—	220	670	660	670	880	3100

表5　2000年全国在职攻读法律硕士专业学位推荐报名名额分配

单位:人

培养单位	推荐单位						总计
	中央政法委员会	最高人民法院	最高人民检察院	公安部	司法部	其他	
中国人民大学	4	90	24	20	36	26	200
北京大学	4	36	24	20	36	80	200
中国政法大学	4	36	28	20	36	76	200
对外经贸大学	5	20	20	25	30	100	200
清华大学	4	10	5	4	10	130	160
南开大学	3	30	18	15	30	64	160
华东政法大学	4	90	24	20	36	26	200
复旦大学	6	36	30	30	36	62	200
西南政法大学	4	36	28	12	36	80	200
黑龙江大学	4	36	24	16	36	84	200
吉林大学	4	36	24	16	36	84	200
辽宁大学	3	30	18	15	30	64	160
山西大学	3	30	18	15	30	64	160
西北政法学院	4	36	40	20	41	59	200
兰州大学	3	30	22	15	35	55	160
武汉大学	4	36	28	16	36	80	200

续表

培养单位	推荐单位						总计
	中央政法委员会	最高人民法院	最高人民检察院	公安部	司法部	其他	
中南财经政法大学	4	90	28	16	36	26	200
山东大学	4	36	24	20	36	80	200
南京大学	3	36	24	12	36	89	200
苏州大学	4	36	24	12	36	88	200
浙江大学	4	36	24	30	36	70	200
厦门大学	4	36	24	20	36	80	200
郑州大学	4	36	24	16	36	84	200
安徽大学	4	36	24	16	36	84	200
湘潭大学	4	36	24	20	36	80	200
中山大学	4	36	40	20	36	64	200
四川大学	4	36	24	20	36	80	200
云南大学	3	30	18	15	30	64	160
合计	106	1098	677	500	956	2023	5360

表6　2001 年全国在职攻读法律硕士专业学位推荐报名名额分配

单位：人

培养单位	推荐单位					总计
	政法委	法院	检察院	公安	司法行政	
中国人民大学	12	72	72	36	72	264
北京大学	12	72	72	36	72	264
中国政法大学	12	72	72	36	72	264
对外经贸大学	12	72	72	36	72	264
清华大学	12	72	72	36	72	264
南开大学	12	72	72	36	72	264
华东政法大学	12	72	72	36	72	264
复旦大学	12	72	72	36	72	264
西南政法大学	12	72	72	36	72	264

续表

培养单位	推荐单位					总计
	政法委	法院	检察院	公安	司法行政	
黑龙江大学	12	72	72	36	72	264
吉林大学	12	72	72	36	72	264
辽宁大学	12	72	72	36	72	264
山西大学	12	72	72	36	72	264
西北政法学院	12	72	72	36	72	264
兰州大学	12	72	72	36	72	264
武汉大学	12	72	72	36	72	264
中南财经政法大学	12	72	72	36	72	264
山东大学	12	72	72	36	72	264
南京大学	12	72	72	36	72	264
苏州大学	12	72	72	36	72	264
浙江大学	12	72	72	36	72	264
厦门大学	12	72	72	36	72	264
郑州大学	12	72	72	36	72	264
安徽大学	12	72	72	36	72	264
湘潭大学	12	72	72	36	72	264
中山大学	12	72	72	36	72	264
四川大学	12	72	72	36	72	264
云南大学	12	72	72	36	72	264
总计	336	2016	2016	1008	2016	7392

3. 录取

与“法律硕士专业学位”相比,“在职攻读法律硕士专业学位”的计划招生人数和录取比例都高出许多。比如,截至 1998 年 3 月 20 日,有 2264 人报考了“在职攻读法律硕士专业学位”,最后共有 1027

人(另有 50 人保留学籍)被 13 所试点院校录取,[①]录取比率接近 50%——这恐怕是全日制“法律硕士”考生想都不敢想的——当年“法律硕士”的招生计划不超过 600 名。[②] 1999 年“法律硕士”的国家招生计划达到 600 人(实际录取 700 人),而“在职攻读法律硕士专业学位”的招生计划则升至 1550 人。(见表 7)再如,截至 2001 年 6 月底,28 家试点院校合计招收“法律硕士”研究生 6433 人(其中 2001 年以 2500 人计),在校生 4615 人(2001 年以 2500 人计);在职攻读法律硕士专业学位合计招生 5469 人(2000 年以 2680 人计,而当年“法律硕士”的招生计划只有 1500 人),在读 3371 人。可以看出,由于对“在职攻读法律硕士专业学位”的统计未包含 2001 年的数据,因此无论是每年的招生及入学人数,还是在读人数,“在职攻读的法律硕士”都较“法律硕士”为多。[③]

表 7　1999 年各校录取(在职攻读法律硕士学位)计划　　单位:人

单位名称	计划数	单位名称	计划数
中国人民大学	100	西南政法大学	100
北京大学	100	中山大学	50
中国政法大学	100	厦门大学	50
对外经贸大学	50	西北政法学院	100
武汉大学	100	山东大学	50

① 报名数字见《今年首次允许在职攻读法律硕士专业学位——全国法律硕士专业学位教育指导委员会秘书处负责人答记者问》,载霍宪丹主编:《中国法律硕士专业学位教育的实践与探索》,法律出版社 2001 年版,第 154 ~ 197 页。录取人数见《全国法律硕士专业学位 1998 年 13 校联合招生工作总结》,载霍宪丹主编:《中国法律硕士专业学位教育的实践与探索》,法律出版社 2001 年版,第 154 页。

② 1996 年和 1997 年的招生计划分别是 488 人和 513 人。直到 1999 年才达到 600 人。参见司法部法规教育司《关于扩大法律硕士专业学位研究生招生计划加快培养法制建设急需法律人才的报告》(1999 年 2 月)。

③ 当然,这种情况近年来已有所改变,这与社会上对法律硕士学位的认同感增强有关,但也与教育部下达的招生名额扩大、政法系统需要基本饱和有关。

续表

单位名称	计划数	单位名称	计划数
中南政法大学	100	黑龙江大学	50
华东政法学院	100	郑州大学	50
复旦大学	50	安徽大学	50
吉林大学	100	湘潭大学	50
南京大学	50	浙江大学	50
苏州大学	50	四川大学	50

资料来源:霍宪丹,2001 年,第 230 页。

4. 学制

一般说来,"法律硕士专业学位"实行全日制脱产集中学习模式,而"在职攻读法律硕士专业学位"的教学模式则比较多样,有一次性或多次集中授课的,也有利用周末和晚上等业余时间授课的。

5. 学费

2002 年以前,通过全国统考录取的脱产的法律硕士(委托培养的除外)是免交学费的,但在职攻读的法律硕士的学费则有几万元。表 8 显示的是 2000 年的收费标准。

表 8　2000 年各院校在职攻读法律硕士专业学位教育教学形式及收费标准

单位名称	教学形式	学费(万元)	单位名称	教学形式	学费(万元)
中国人民大学	集中学习(一次性集中,全脱产)和业余学习(周末及晚上上课,不脱产)	3.6	浙江大学	每学期集中一个半月至两个月授课	2.4
北京大学	集中学习(两个学期,全脱产)和业余学习(周末、晚上学习)	3.6(不含答辩费用)	山东大学	每学期集中两个月授课	2.4
中国政法大学	每学期集中授课 10 周	3	四川大学	每学期集中两个半月授课	2.1

续表

单位名称	教学形式	学费(万元)	单位名称	教学形式	学费(万元)
对外经贸大学	周末班	2.4	苏州大学	每学期集40天授课	2.4
吉林大学	全日制脱产学习和在职半脱产学习	2.1	安徽大学	每学期集中一个半月授课	1.8
武汉大学	集中学习(每学期集中一个半月至两个月)和业余学习(逢单周上课,每周3天)	3	郑州大学	每学期集中一个半月授课	2.4
西南政法大学	每学期一个半月	2.1	黑龙江大学	每学期集中两个月授课	2.4
华东政法学院	集中学习(每学期45天)和分散学习(每周两天,每学期18周)	2.7	湘潭大学	每学期集中一个半月授课	2.4
南京大学	每学期集中7周授课	2.1	清华大学	每学期集中一个半月授课(上课期间由学院安排住宿)	2.7
中山大学	每学期集中一个半月	3	南开大学	利用周末和晚上授课	2.7
厦门大学	每学期集中8周授课	2.4	兰州大学	每学期集中一个半月至两个月授课	2.7
中南财经政法大学	每学期集中一个半月	2.4	山西大学	每学期集中两个月授课	2.4
西北政法学院	每学期集中授课一个半月	2.1	辽宁大学	每学期集中两个月授课	2
复旦大学	周末班	2.7	云南大学	集中学习(每学期两个月)和周末班两种	1.5

6. 双证（颁发学历证书和学位证书）与单证（仅颁发学位证书）

攻读"法律硕士专业学位"的学生修完培养计划规定的全部课程，成绩合格并通过论文答辩的，可以取得"硕士研究生毕业证书"和"法律硕士学位证书"。而在职攻读法硕则只能准用在职人员以同等学力申请学位的规定，取得学位证书而没有学历证书（毕业证书），因此属于非学历教育。①

（五）"全日制法律硕士（法学）"和"全日制法律硕士（非法学）"的并立

2009年3月19日，《教育部关于做好全日制硕士专业学位研究生培养工作的若干意见》（教研〔2009〕1号）提出，"自2009年起，扩大招收以应届本科毕业生为主的全日制硕士专业学位范围"。随后，5月19日，国务院学位办转发了全国法律硕士专业学位教育指导委员会制定的《全日制硕士专业学位研究生指导性培养方案（适用于法学专业毕业生）》，②由此开启了增设"法律硕士（法学）"这一招收"具有国民教育序列大学本科学历（或本科同等学力）的法学专业毕业生"的法律专业硕士学位新类别的序幕，从而使全日制法律硕士又内化为两类："全日制法律硕士（法学）专业学位研究生"学制2年，考生在高校所学应为法学专业（普通高等学校本科专业目录法学门类中的法学类专业，代码为0301）；"全日制法律硕士（非法学）专业学位研究生"学制3年，考生在高校所学应为非法学专业（普通高等学校本科专业目录法学门类中的法学类专业毕业生不得报考）。

① 《国务院学位委员会、司法部关于开展在职攻读法律硕士专业学位工作的通知》（1997年11月10日）。也正因如此，方流芳教授主张在讨论法律硕士改革时将在职法硕排除在外。参见方流芳：《法律硕士（J. M.）入学考试评析和改革思路》，载《中国法学教育研究》2006年第4期。

② 参见国务院学位办《关于转发〈全日制硕士专业学位研究生指导性培养方案〉的通知》（学位办〔2009〕23号）。

两类项目在招生数量、学费数量上也都有所不同。中国社会科学院法学研究所 2013 年的招生简章显示，其计划招收法律硕士（法学）36 名（含拟接收推荐免试生 11 名），每名学生学费总计 16,000 元，分 2 次交清，首次付款不得低于总费用的 1/2；法律硕士（非法学）计划招生数为 100 名（含拟接收推荐免试生 30 名），每名学生学费总计 48,000 元，分 3 次交清，首次付款不得低于总费用的 1/3。①

据说这一新设的“双轨制”意在“压缩法学硕士学位教育，加大职业型法律人才培养”，并实现法律硕士学位“从复合型 JM 向复合型与专门型并存转变”。② 现实似乎也提供了这方面的例证。清华大学法学院 2010 年拟录取（通过复试）法律硕士学生 168 人，而拟录取的（通过复试）法学硕士仅 44 人（其中还包括 1 名单独考试考生及按少数民族骨干计划招收的 10 名考生）。③ 类似地，北京大学法学院 2010 年计划录取 260 名法律硕士生（其中推免生 116 名），拟录取（通过复试）法学硕士仅 78 名（其中包括 5 名少数民族骨干计划

① 《中国社会科学院研究生院（法学研究所）法学系 2013 年招收攻读全日制法律硕士（非法学）专业学位研究生简章》，载中国法学网：http://www.iolaw.org.cn/showNews.asp? id=31627，最后访问日期：2012 年 11 月 13 日。

② 《教育部关于做好全日制硕士专业学位研究生培养工作的若干意见》（教研〔2009〕1 号，2009 年 3 月 19 日）。《关于转发全日制硕士专业学位研究生指导性培养方案的通知》（〔2009〕23 号）。早在 2005 年北京大学许智宏校长即提出：要根据不同的目标对研究生实行不同的培养计划。博士生主要是培养研究人员的，要注意提高质量，另一种是专业性的人才，如法律硕士、工商管理硕士等，更多是加强应用性和实践能力的培养，增加他们的实践经历。参见许智宏：《在北京大学第五次校友工作研讨会开幕式上的讲话》，载《北大人》（2005 年秋季刊总第 21 期），第 5 页。这种有意淡化所谓学术型硕士项目（在法学领域是法学硕士）的意见与后来教育主管当局推出的扩大专业硕士教育项目的政策存在某种暗合之处。

③ 参见清华大学法学院教务办：《2010 年法律硕士拟录取名单》，载清华大学法学院官网：http://www.law.tsinghua.edu.cn/web2008/asp/showit.asp? id=1846。清华大学法学院教务办：《2010 年法学硕士拟录取名单》，载清华大学法学院官网：http://www.law.tsinghua.edu.cn/web2008/asp/showit.asp? id=1844，最后访问日期：2010 年 4 月 1 日。

考生）。[1]

2010 年，一些法学院校还开始招收“政法干警法律硕士专业试点班”。考生须先取得所在单位或系统的推荐，并通过各省（市、区）“政法干警攻读法律硕士研究生考试”（2009 年），然后于 2010 年 4 月间到各校参加复试。考生所在省（市、区）、系统会事先制定录用计划，学校按照该计划及复试总成绩[2]从高分到低分排序，并综合考生初试成绩，确定拟录取名单。[3] 其运作过程和 10 多年前“在职攻读法律硕士专业学位”项目颇多类似。可以看出，法学教育的多重“双轨制”不仅仍在延续，而且还有愈演愈烈的趋势。

二、“去学术化”及其真实意图

（一）“去学术化”

尽管现实中“法律硕士专业学位”和“在职攻读法律硕士学位”存在差别，但这种差别似乎被有意无意地掩盖了。官方始终强调的只是“法律硕士”与“法学硕士”的不同：

法律专业硕士学位与现行法学硕士在学位上处于同一层次，但

① 《北京大学法学院 2010 年法学硕士研究生入学考试复试成绩》，载北京大学法学院官网：http://www.law.pku.edu.cn/filedb/200310235795358/20103315797945.htm。《北京大学法学院 2010 年法律硕士研究生入学考试复试成绩》，载北京大学法学院官网：http://www.law.pku.edu.cn/filedb/200310235795358/2010416912323.mht，最后访问日期：2010 年 4 月 5 日。

② 吉林大学法学院法律硕士教育中心《（新）政法干警法律硕士复试细则》（2010 年 3 月 25 日），复试总成绩包括专业课复试笔试和复试面试成绩两部分。专业课笔试试题（综合卷）涉及 3 门学科：民法学（40 分）、刑法学（40 分）、法理学（20 分）。考试时间为 2 小时，总分 100 分。综合面试分为“专业素质测试”和“综合素质测试”两部分，“专业素质测试”环节主要测试考生对基础知识的掌握程度以及拓展基础知识的能力。每个考生须通过抽签当场即席回答 4 题，民法学、刑法学各 2 题，共计 80 分。“综合素质测试”环节主要考察考生的思想政治品德、专业思想及治学态度，分数为 20 分。面试环节总分 100 分。

③ 从吉林大学法学院公布的复试名单来看，考生都来自基层法院。

规格不同，各有侧重。该学位获得者应掌握基本的法学基础理论和较宽广的法律实务知识，具有宽口径、复合型、外向型的知识与能力结构，能够综合运用法律、经济、科技、外语和计算机等方面的知识，独立地从事法律实务工作。①

不仅如此，在“法律硕士”学位项目创设之初，国务院学位办就十分明确地指出：要通过它来改变法学研究生教育存在的“偏重学术性而对实务性注重不够，专业划分过细，培养规格单一的状况”，“着力根据法律专业工作领域和职位（岗位）的需要确定培养目标，探索一个适合国情的、规范的、能成批培养合格的应用型高层次法律人才的新型法学研究生教育模式”，“不能简单按现在教学、科研型人才的标准来衡量”法律专业硕士的质量。② 后来推出的“在职攻读法律硕士专业学位”项目更加坚决而明确地禁止各推荐单位推荐教学、研究人

① 国务院学位委员会办公室《关于设置法律专业硕士学位的报告》，1995 年 4 月国务院学位委员会第 13 次会议通过。类似的表述另见国务院学位委员会办公室《关于开展法律专业硕士学位试点工作的通知》（1995 年 5 月）。这种“宽口径、复合型”人才标准不禁使人想起马克思“全面（发展）的人”的理想：人们“随自己所想，可以早上打猎、下午捕鱼、晚上养羊、饭后从事批评，而不必非做一个猎人、渔夫、牧羊人或批评家”（［英］希·萨·柏拉威尔：《马克思和世界文学》，梅绍武、苏绍亨、傅惟慈、董乐山译，生活·读书·新知三联书店 1980 年版，第 551 页）。更早的还有孔子“君子不器”（《论语·为政》）的教导。但这些似乎都是难以企及的理想状态。马克思没能过上他所说的那种生活；而孔子在批评“管仲之器小哉”（《论语·八佾》）的同时，他自己培养出的学生子贡也仅仅是个像用玉装饰的祭祀时盛放黍稷的“瑚琏”一类的器皿（《论语·公冶长》：子贡问曰：“赐也如何？”子曰：“女，器也。”曰：“何器也？”曰：“瑚琏也”）。

② 国务院学位委员会办公室《关于开展法律硕士专业学位研究生试点工作的通知》（1995 年 5 月 30 日）。国务院学位委员会第 14 次会议审议通过的《专业学位设置审批暂行办法》第 2 条也规定：“专业学位作为具有职业背景的一种学位，为培养特定职业高层次专门人才而设置。”设置专业学位的目的在于“加速培养经济建设和社会发展所需要的高层次应用型专业人才”。

员报考。[①] 可以看出,“法律硕士”学位几乎被描绘成一条通往培养宽口径、复合型、外向型、应用型高层次人才的金光大道,而法学硕士学位除了被用做标注法律硕士“研究生层次”的参照系以外,更多地则成为一个略带贬义的名词,用以界定它的“学术性”以及“教学、科研型人才”也都成了“不实用”“不切实际”的代名词。笔者将这一现象称为法律硕士学位教育的“去学术化倾向”。[②]

诚然,既有的法学教育模式存在诸多问题,如课堂上概念加举例的“填鸭式”教学法,对英、美、德、法、日等国法例的泛泛比较,甲说乙说加我说的教科书体例,以及前面提及的对实务性注重不够、专业划分过细等,已经越来越多地遭到人们的诟病。事实上,早在 20 世纪三四十年代,蔡枢衡先生在批判“中国法学幼稚”时就曾一针见血地指出:

---

① 中共中央政法委员会办公室、最高人民法院教育厅、最高人民检察院干部教育训练局、公安部人事培训局、司法部法规教育局《关于做好 1999 年在职攻读法律硕士专业学位推荐报名工作的通知》;国务院学位办、中共中央政法委员会办公室、最高人民法院政治部、最高人民检察院政治部、公安部人事培训局、司法部法规教育局《关于做好 2000 年在职攻读法律硕士专业学位推荐报名工作的通知》。2009 年 11 月 10 日,教育部仍老调重弹,其公布的《关于做好 2010 年招收攻读硕士学位研究生工作的通知》要求招生单位以 2008 年为基数,按 5% ~10% 减少学术型硕士招生人数,调减出的比例用于增加专业学位研究生。国务院学位办负责人表示,此举是为了培养应用型人才。参见郭少峰:《明年减少学术型硕士招生人数》,载《新京报》2009 年 11 月 11 日,第 A37 版。另见郭少峰:《教育部:今年硕士研究生扩招 5%——博士研究生扩招 2.5%;坚决限制社会需求不足学科和专业招生规模》,载《新京报》2010 年 2 月 7 日,第 A03 版。

② 2010 年 5 月,教育部下发《关于开展研究生专业学位教育综合改革试点工作的通知》,提出引导不同类型研究生合理定位,改变研究生专业学位教育学术化倾向等改革目标。教育部选择部属高校和地方高校各 30 所左右确定为综合改革试点单位。希望试点单位能在研究生专业学位教育培养模式创新和管理体制改革方面实现较大突破,以积累可推广的成功经验。教育部除了给予一定的经费支持,还会适当增加专业学位研究生推荐免试生名额和招生计划。参见郭少峰、刘昶:《专业硕士教育将“去学术化”:教育部提出选择 60 所高校试点改革》,载《新京报》2010 年 5 月 9 日,第 A11 版。同月,国务院学位委员会又通过了金融、应用统计、税务、国际商务、保险、资产评估、警务、应用心理、新闻与传播、出版、文物与博物馆、城市规划、林业、护理、药学、中药学、旅游管理、图书情报以及工程管理等 19 种硕士专业学位设置方案。参见周逸梅:《硕士专业学位新增 19 种》,载《京华时报》2010 年 5 月 21 日,第 5 版。从而在双轨制、去学术化的道路上走得更远。

中国近代法学已有数十年历史，就其内容与实质言，纵谓中国尚无法学文化，似亦非过当之论。盖中国法学文化大半为翻译文化、移植文化……中国法学之现实在另一方面为讲义文化、教科书文化及解释法学文化。[1]

教室的讲义几乎是千篇一律，法学书籍什九是刻板公式，法学论文中除了学究式的文章外，不是今人说古话，便是中国人传播外国人对外国人说的话。再不然，便会常常幼稚得难以形容。[2]

蔡先生认为这一时期的中国法学贫困的原因归结为三点，即将资格和学位等同于法学学问的"形式主义"、将留学等同于法学学问的"超形式主义"、将外语能力等同于法学学问的"唯外语论"。[3] 时光荏染，问题依旧。如果不对此加以重视，迟早有一天，中国的法学教育者也将面对美国人类学教授们在20世纪60年代遇到的困境："我们当教师的处境可以比作这样一个情景：一个矢志当牧师的，孜孜不倦、刻苦学习，经过多年的卧薪尝胆，寒窗苦读，正准备步出书房施展身手、向公众传教布道时却发现每一个人都已经变成了无神论者。"[4]然而，在另起炉灶、推出新的硕士学位项目的时候，有一系列问题并没有得到认真的思考和正面的回答：什么是学术？为什么学术倾向是一个要遭到否定和抛弃的教育目标？学术与实务究竟可不

① 参见蔡枢衡：《中国法理自觉的发展》，清华大学出版社2005年版，第25页。另见李贵连：《近代中国法制与法学》，北京大学出版社2002年版，第223页。唯后者与前文在个别字句和标点上有所出入。

② 参见蔡枢衡：《中国法理自觉的发展》，清华大学出版社2005年版，第90页。

③ 同上书，第95页。

④ 美国人类学家G.D.伯里曼语。王海龙：《导读二：细说吉尔兹》，载［美］克利福德·吉尔兹：《地方性知识——阐释人类学论文集》，王海龙、张家瑄译，中央编译出版社2000年版，第30页。

可以通约(commensurable)?

对第一个问题,钱钟书有句话可作回答:“大抵学问是荒江野老屋中二三素心人商量培养之事,朝市之显学必成俗学。”如是,则学术(或学问)事业注定要与现实生活存在一定的距离,处于一种相对超脱的境界。至于学术究竟有什么作用,法律思想网上的一句话说得很好:“学术的作用不大,但并非全无意义”。① 但就是这作用有限的学术却足以让教育受益良多。诺贝尔经济学奖得主默顿·米勒在1992年8月的芝加哥大学毕业典礼上致词时说道:将教学与研究结合在一起对教学质量的提高,足以抵消由此所增加的成本。他还指出:

> 仅仅是教师从事了研究活动,甚至是高水平的研究,还无法自动取得由教学质量提高所带来的收益。跳探戈还得要两个人。学生在这一过程中的作用同等重要。学生正在成为校园中无名无形的匆匆过客……如果教师能在教学中将学生引入有关的研究,这无疑正是学生们所渴望的。②

这段话可以算是给鼓吹中国法学研究生教育“去学术化”的观点提了个醒。不仅如此,美国大学工学院的曲折故事,更是提供了一个绝好的过度推崇“实务”的反面教材:在“通才教育”理念的引领下,美国的工学院原本十分重视技术科学的基础教育。但20世纪60年

① 载https://www.xianjichina.com/news/details_77414.html,最后访问日期:2018年7月10日。丁肇中先生在山东大学演讲时也曾说过一段话,大意是:“科学研究是满足人类的好奇心,你要问我这项研究有什么用,前景如何,谁又知道呢?”参见袁津琥:《当前高校流弊剖析》,载学术批评网:http://blog.renren.com/share/229020160/957181382/1,最后访问日期:2019年6月27日。

② [美]默顿·米勒:《大学应设有多少研究活动》,载《默顿·米勒论金融衍生工具》,刘勇、刘菲译,清华大学出版社1999年版,第263~264页。

代中期以后,包括麻省理工、伯克利加州大学在内的许多名牌大学的毕业生却受到产业部门的抵制。理由之一即是他们“连图纸都看不懂”。于是,美国涌现了很多专业性很强的“工程技术学院”(或第二工学院)。从那里毕业的学生虽然一进厂就能马上工作,但往往到了第三四年就显得后劲不足了。等到第五六年,升上去做领导者的都是按照“通才教育”(或曰“通识教育”,亦即“普通教育”,liberal education)模式培养的麻省理工、加州大学伯克利分校等大学的毕业生。20 年后,很多“工程技术学院”不是关闭就是归并了。[①]

法学教育去学术化的观点很大程度上源于对美国法学院自称“专业学院”(professional schools)的误读。然而,正如何美欢教授指出的,美国法学院提供的却是一个没有其他专业可以媲美的“无一不是学术性的教育”。它们向往博雅的、学术性的专业教育,所教授的也并非实务技能,而是判断分析等智能技能。对“专业学院”一词望文生义的理解,给中国法学教育造成了“不太美丽的误会”。[②] 代表美国法学最高研究水平的《法律评论》是由法学院学生编辑的事实恰恰说明,[③]美国的 J. D. 项目也并非以“去学术化”为己任。

当然,与其他学科不同的是,一方面,法学作为一门实践性极强

① 参见田长霖:《谈美国高等教育及对国内教改的意见》,载章玫编:《中国向何处去——海内外学者看中国改革》,湖南人民出版社 1989 年版,第 159、160 页。作此文时田长霖教授是美国伯克利加州大学副校长。

② 参见何美欢:《论当代中国的普通法教育》,中国政法大学出版社 2005 年版,第 75 ~ 79 页。

③ 据方流芳教授介绍,到 1995 年,美国已经有 800 家左右学生编辑的法律评论,每年发表论文总数为 5000 篇左右;参加美国法学院联合会(AALS)的 153 所法学院,每所法学院至少有 1 家法律评论,哈佛法学院则有 9 种学生编辑的期刊。这些由学生编辑的法律评论代表了美国法学的最高研究水平。100 多年里,无论是兰代尔、安曼斯、庞德等代表哈佛法学院声誉的教授,还是霍尔姆斯、沃伦、波斯纳这样名声显赫的法官,他们发表论文,无一例外要受法学院 2 年级和 3 年级学生编辑摆布,他们是否曾经被退稿无从逐一查考,但可以断定的是他们都按照学生编辑的要求修改过文稿。参见方流芳:《哈佛法律评论——关于法学教育和法学论文规范的个案考察》,载《比较法研究》1997 年第 2 期,第 169 页。

的学科,势必无法回避对现实问题(亦即实务)的持续关注。诚如苏力教授所说,“搞法律必须做经验研究”,“法学一定要注重生活,我们要知道法律到底是解决什么问题的,又怎样能够解决好”。[①] 将法学的学术研究与实际工作对立起来的说法恰恰暴露了论者认识上的局限。另一方面,中国的法学教育的确存在国务院学位办在《关于开展法律专业硕士学位试点工作的通知》中所说的“对实务性注重不够”“专业划分过细”“培养规格单一”的问题。究其根源则是我国自1952年开始从苏联移植的专才式高等教育模式——这种模式强调实用知识和技能,重理轻文,试图通过不断细化和强化专业划分,培养立即能够使用的“现成的专家”。[②] 若就此来看,几十年前的法学教育与法律硕士项目所追求的目标颇为相似。仿效苏联“专才教育模式”的中国法学应在培养实务型人才方面大有作为才是,但实际并非如此。由于长期受法律虚无主义影响,法学教育凋敝,无论是培养研究型人才还是培养实务型人才的目标都没有实现。1954年9月,重新建立的北京大学法律学系即以培养法院、检察署、律师团体、公证所以及其他国家机关、企业部门的法律人才为目标。当时的指导思想和教学计划的特点是“学习苏联先进经验,与中国实际相结合”。[③] 1955年,高教部《高等院校法律专业(五年)教学计划草案》将北京大学、中国人民大学法律系法律专业的培养目标定为“法学家”。按照

① 《北大法律人》记者:《如何理解法学·如何理解苏力——近访朱苏力》,载学术批评网:http://www.acriticism.com/article.asp? Newsid=6296&type=1003,最后访问日期:2019年1月20日。

② 参见杨瑞春:《大学加速转型苏式教育走向终结》,载《南方周末》2003年1月16日,第A4版。但实际的情况可以用杨振山教授一句精辟的话来概括:“解放以来,除去文革期间法学教育被撤销之外,几十年中教育目的虽时有变化,但其宗旨一直未改,‘培养专政人才’和‘掌握刀把子人才’的观念始终主宰着高等法学教育。”杨振山:《中国法学教育沿革之研究》,载《政法论坛》2000年第4期,第143页。

③ 李贵连、孙家红、李启成、俞江编:《百年法学——北京大学法学院院史(1904~2004)》,北京大学出版社2004年版,第226~227页。

《高等院校法律专业(四年)教学计划草案》,其他综合大学法律系和政法学院则负责培养"法律高级专门人才"。1957 年以后,各政法院系普遍对教学计划进行了调整,培养目标一般不提"高级法律专门人才"和"法学家",而改为"政法工作干部"。1959 年 8 月,北京大学法律学系的培养目标再次改为"政法研究人材与师资"。1977 年恢复高考以后,北京大学法律系重又延续了 1959 年的培养目标,其教学计划中提出,"培养德智体全面发展,能从事法学研究和政法实际工作的专门人才"。[①] 这与当时"文化大革命"刚刚结束,法学师资缺乏有一定关系。1989 年、1990 年北京大学法律系再次修改了教学计划。1990 年的教学培养要求为"具有良好的从事政法实际工作、法学研究工作、法学教育工作以及与法律有关的各项工作的心理和素质,具有较广泛的适应能力。"[②]直到此时,培养研究型人才和实务型人才的目标才得以并举。

既然法学教育的问题已然明确,那么为什么不能够在既有的法学硕士项目的框架下,通过局部调整的方式加以解决,而一定要另起炉灶呢?法律硕士教育项目培养出的学生真的就克服了上述法学教育的局限,达到培养"实务型""宽口径""复合型"人才的目的了吗?恐怕未必。没有证据表明,在"法律硕士"项目推出之前,培养出来的法学硕士不适合从事实际工作,或者大多从事了"学术研究"。相反,有资料显示法学硕士和法律硕士研究生(非在职攻读)的就业领域并非分别与学术、实务工作相对应。表 9 是对清华大学法学院 2003 届研究生毕业去向的初步分析。它显示,无论是国家机关、司法系统等"实务"机构,还是教育、研究机构录用的人员中,都既有法学硕士也

① 李贵连、孙家红、李启成、俞江编:《百年法学——北京大学法学院院史(1904 ~ 2004)》,北京大学出版社 2004 年版,第 236 ~ 237、259 页。

② 同上书,第 278 页。

有法律硕士研究生。可见,毕业生的去向并未因其取得的是法学抑或法律硕士学位而有显著差别,加之该校法学硕士毕业生基数大,其在律所、保险、银行等领域中的就业比重还略占优势。[①]

表9 清华大学法学院2003届研究生毕业去向分析

单位:人

毕业去向	学生类别			合计
	博士研究生	法学硕士研究生	法律硕士研究生	
教育、研究机构	6	6	3	15
	75%	10.3%	10%	15.6%
国家机关	—	7	7	14
	—	12.1%	23.1%	14.6%
律所、会所	—	7	4	11
	—	12.1%	13.3%	11.5%
司法系统	—	2	2	4
	—	3.4%	6.7%	4.2%
读博	1	5	1	7
	12.5%	8.6%	3.3%	7.3%
出国	—	1	—	1
	—	1.4%	—	1.0%
报社、出版社	—	—	4	4
	—	—	13.3%	4.2%
金融保险业	—	3	1	4
	—	5.2%	3.3%	4.2%

① 当然,法律硕士生人数并非始终都比法学硕士生人数多。以北京大学法学院为例,1996~2003年2类学生的入学人数分别为:59人、167人,70人、172人,58人、134人,59人、131人,90人、142人,180人、130人,265人、127人,302人、124人。可以看出,直到2001年该校的法律硕士入学人数才超过法学硕士。参见李贵连、孙家红、李启成、俞江编:《百年法学——北京大学法学院院史(1904~2004)》,北京大学出版社2004年版,第295页。

续表

毕业去向	学生类别			合计
	博士研究生	法学硕士研究生	法律硕士研究生	
银行业	—	1	—	1
	—	1.7%	—	1.0%
房地产业务	—	2	—	2
	—	3.4%	—	2.1%
其他公司	1	8	1	10
	12.5%	13.8%	3.3%	10.4%
其他	—	16	7	23
	—	27.6%	23.3%	24.0%
合计	8	58	30	96
	100%	100%	100%	100%

注：博士生“读博”指博士生在获得博士学位后，进入博士后流动站或博士后科研工作站进行研究。

资料来源：清华大学法学院网：http://www.law.tsinghua.edu.cn/ts_web/xydt.asp。

除了对“学术”的拒斥以外，人们就“法律硕士”谈论最多的还是“宽口径”“复合型”人才的培养问题。应当看到，上述话题并非空穴来风，它们触及了法学研究的软肋：缺乏独立的分析工具。对此，冯象先生的话可谓一语中的：“法律不能提供分析自身的学术工具（用从立法归纳或引申出来的原则和学说分析、比较立法，是典型的循环论证），必须借助其他学科（文史哲及经济、政治、社会、语言、心理等）的理论和研究方法，才能提出有意义的学术问题。”①冯先生还进一步主张：“这些相关学科尤其人文学科的基础训练远较法律复杂长久，最好从本科开始”。但问题是，一个学习了2个专业的人是否就

① 冯象：《法学院往何处去》，载《清华法学》2004年第1期。

能算是“宽口径”“复合型”人才?[①] 法律学习与其他学科的结合究竟如何进行,究竟该在怎样的一种层面上展开?教育能完成培养“实务型”“应用型”人才的使命吗?如果是,这种教育又是如何进行的?教育者如何预知学生未来的职业取向?现有的法学师资、教材、教学方法,以及法律知识体系是否与法律硕士教育项目的预期目标相适应?

笔者认为,所有的变革都是要花费时间的,因而指望在短期内培养出异质的实务型学生来是不现实的,尤其是在绝大部分教师都是法学硕士或者法学博士教育序列出身的情况下更是如此。不容忽视的是,目前对高校教师(包括法学教员)的评价标准仍然是以“科研”成果,即在所谓核心期刊上发表论文的多少、专著的数量、承担的科研项目为主要甚至是唯一的评价标准。这种局面很难确保教师有动力去全身心地钻研“实务”倾向浓厚的课程的教法。[②] 加之同一教员群体还要同时针对法学本科、法学硕士、法学博士以及法律硕士等不同类型、层次的学生开设课程,如何确保教员能始终牢记各种教育项目的边界,在其间游刃有余地因材施教,也颇成问题。北京大学法学院陈兴良教授对法律硕士课程设置的困惑很具代表性:“给本科生上

---

① 20世纪60年代的统计显示,美国法学院新生中通常有1/5原来的专业是经济或贸易;1/5原先的专业是政治学或政府管理;1/5来自历史系或其他社会学专业之一;1/10的人是英语或其他外语;1/10的大学专业是理工科;最后还有1/5出自大学文科中的某一个专业。当时的加利福尼亚大学法学院院长爱德华·L.巴内特认为,“有些理工科学生不能处理模糊和歧义的情况;如果这些学生总是确信2+2等于4,那么他们必将被法律课程搅乱头脑。”[美]马丁·梅耶:《美国律师》,胡显耀译,江苏人民出版社2001年版,第101~102页。

② 高校重视科研远甚于教学的宿疾在媒体最近报道的一件事中被放大了。上海交通大学电子信息与电子工程学院教师晏才宏老师2005年3月12日因肺癌去世。生前晏老师的教学水平和师风师德就广受赞扬,但由于没有论文,所以直到去世他还只是个讲师。参见李柯勇、刘丹:《你们是我未能完成的艺术品——一位大学讲师的“最后一课”》,载正来学堂网:http://culture.people.com.cn/GB/40462/40465/3305829.html,最后访问日期:2019年6月27日。

课，我知道应当讲些什么；给法学硕士上课，我也知道应当讲些什么；就是给法律硕士上课，我不知道应当讲些什么。"①

人们喜欢用"中国的 J. D."这样的词句来形容法律硕士项目。②但首先需要明确的是，美国的 J. D. 项目普遍兴起是在 20 世纪 60 年代中后期，以取代原来的"LL. B."法学学士学位。而促成该转变的一个社会原因是，当时的医学院毕业生被授予 M. D.（医学博士）学位，既然律师与医生同为"professionals"，对法学院的毕业生自然也应一视同仁了。③ 当然也有资料显示，20 世纪早期就有一些美国大学设立了 J. D. 项目，如：芝加哥大学（1902 年）、纽约大学（1902～1903 年）、斯坦福大学（1905 年）、加州大学伯克利分校（1906 年）、西北大学（1919 年）。④ 密歇根大学的法律博士（J. D.）学位项目始于 1909 年（当时还是密大法律系），法学硕士学位始于 1890 年，而法学博士学位（Doctor of Judicial Science，or ScientaeJuridicae Doctor，S. J. D.）创设于 1925 年。1920 年 10 月 5 日，吴经熊在美国密歇根大学法学院注册，1921 年 6 月 30 日毕业，获得法律博士（J. D.）学位。⑤

美国的 J. D. 和中国的 J. M.（法律硕士）的一个明显不同是，美国法学院以"法律博士"（J. D.）教育为中心来安排课程，很少开设专

① 邱春艳、肖玲燕、周映萍：《2006 中国"法学院"这一年》，载《法制日报》2006 年 12 月 31 日，第 14 版。

② 但也有批评者指出，中国的法律硕士相当于美国的 L. L. M.，而法学硕士才相当于美国的 J. D.。

③ 参见陈忠诚：《法苑译谭》，中国法制出版社 2000 年版，第 294 页。另见陈忠诚、吴幼娟：《词语翻译丛谈续编》，中国对外翻译出版公司 2000 年版，第 209 页。在此之前，美国只有个别学校（如印第安那大学法学院）一向给法科毕业生以 J. D. 学位（旨在吸引生源）。

④ 参见王伟：《中国近代留洋法学博士考（1905～1950）》，上海人民出版社 2011 年版，第 55 页。

⑤ 参见李秀清：《吴经熊在密歇根大学法学院》，载华东政法大学法律史研究中心编：《法律史的世界》（下），法律出版社 2011 年版，第 342、344、345 页。但该文称密歇根大学设立 J. D. 是在 1910 年，现采王伟 1909 年说，参见王伟：《中国近代留洋法学博士考（1905～1950）》，上海人民出版社 2011 年版，第 46 页。

门面向法学硕士(Master of Laws,LL. M.)和法学博士(S. J. D.)的课程。后两者多与J. D. 学生一起听课。[①] 作为J. D. 入学条件之一的LSAT(Law School Admission Test)考试(其他条件详见表10)包括阅读理解、逻辑推理、分析推理、写作4种题型,却并不含有任何有关法律的内容,[②]这与中国法律硕士项目的考生必须在正式开始接受正规的法律硕士课程之前,通过自学熟悉联考的相关专业科目,以通

---

① 参见何家弘:《美国法学教育方法》,载《域外法学之珍:法律出版社影印图书》,中国法律图书有限公司,第45页。

② LSAT考试由位于美国宾西法尼亚州的法学院入学考试委员会(LSAC)主办,现已获得全美国及加拿大各大学法学院的认可。LSAT考试的考试时间为3小时50分。其中作文部分不记分,仅作录取时的参考。另外,在前3部分中还有一些题目是测试题。这些题目也不计分,仅为来年出题时提供难易度方面的参考,但这些题目都隐藏在试卷中,无法辨认。LSAT考试的最低分为120分,最高分为180分。美国法学院的平均录取线一般在160分左右,其中耶鲁、哈佛在170分左右。参见刘会军:《LSAT一个不为大家所熟悉的考试》,载https://www.24en.com/p/97775.html,最后访问日期:2019年6月27日。另见朱伟一:《LSAT——科举在美国的翻版》,载《法学家茶座》2005年第7期。据考过LSAT的旅美华人高歌介绍,一般申请法学院,截止日期在2月1日左右。LSAT考试主要考察学生的阅读能力和逻辑思维。其最低可能得分是120分,满分是180分,如能得到165分以上就算是不错的成绩。但要想上全美前10名的法学院,一般要考至少170分。许多法学院的招生办公室都有自己的公式,把本科的成绩平均分和LSAT成绩乘以不同的系数,加在一起,得出一个"总分"。总分高于一定标准,就自动录取;总分低于一定标准,就自动拒收。总分处在这两个标准之间的申请者,则由招生办公室的工作人员逐个审查。许多顶尖的法学院,像斯坦福、伯克利、哥伦比亚等,都用这种方式来决定申请者的命运。LSAT的题量很大。如果考生认为考得不理想,可以在考完之后48小时内把考分注销,不让该次分数在自己的成绩单上出现。当然,考生也可以选择再考一次,但大多数法学院在计算成绩时会用前后两次考试的平均分。在报名时,报名早的考生还有机会选择考场。拿到成绩后,考生可以同时申请多所法学院。但要负担每所大学50~70美元不等的申请费,这还不算LSAT考试报名费108美元以及邮寄费。参见高歌:《步步惊心:我只能强忍着眼泪——报考哈佛法学院》(亦作《报考哈佛法学院的经历》),载http://www.23book.com/510000/501343.shtml,最后访问日期:2019年6月27日。高歌11岁时随父母从北京到美国,2001年从耶鲁大学毕业,到德国波茨坦大学任教一年后,担任美国OS Earth培训公司经理,后就读于哈佛大学法学院。1980年之前,美国联邦政府只有教育办公室或教育局。1980年才升格为教育部。参见《南方周末》2009年11月5日,第A2版。里根时代的教育部长(Secretary of Education)是Terrell Bell。参见[美]梅尔·奥廷格、艾德里安娜·普赖斯(Mal Oettinger, Adrienne Price ed.)编:《掌握航向——美国是怎样制定政策的(Steering the House: Policymaking in the United States)》(英汉对照),中国对外翻译出版公司译,美国新闻处(香港)校订,美国驻华大使馆文化处出版,第23页。

过入学考试并取得入学资格的做法形成鲜明对比。[1]

表10 美国法学院入学条件

美国J.D.入学条件	录取考虑因素
(1)LSAT成绩单 (2)大学期间的成绩单 (3)入学申请表 (4)2~3封推荐信 (5)个人自传 (6)非英语国家学生要提供托福成绩	·LSAT考试成绩 ·本科学习成绩 ·本科学习的课程 ·本科学习的学校 ·本科期间活动 ·种族背景 ·个人性格特点 ·推荐信 ·个人自传 ·工作经历 ·学习法律的动机 ·曾经克服过什么困难 ·入学前的准备情况

资料来源:陈大钢:《中外高等法学教育比较研究》,上海交通大学出版社2003年版,第85页。

按照法律硕士专业学位研究生入学全国联考考试大纲的说法,设置这种"自学—考试"的目的是要"科学、公平、有效地测试考生掌握相关学科一般概念、原理和制度的基本知识及基本方法的水平,测试考生运用这些知识和方法分析、解决实际问题的思维能力和法律语言表达能力","选拔具有从事法律工作潜质优秀考生","为依法治国、建设社会主义法制国家培养高层次、复合型、实践型法律人才"。[2] 但令人担忧的是,这样的学习可能导致先入为主、做成"夹生

① 类似地,不问自己面临的现实问题及其根源,在已有法学教育模式之外,单纯模仿照搬美国模式而陷入困境的,还有日本。参见江利红:《论新世纪日本的法律教育改革及其问题——以美国式法科大学院制度的导入为中心》,载何勤华主编:《外国法制史研究》(第16卷·2013年),法律出版社2014年版,第128~139页。

② 《法律硕士专业学位研究生入学全国联考考试性质》,教育部高校学生司、教育部考试中心制定:《2005年法律硕士专业学位研究生入学全国联考考试大纲》,中国人民大学出版社2004年版,第1页。

饭”的结果。在有限的法律硕士面试以及授课经历中，[①]笔者已然明显感到这方面的问题：一方面，为了保证面试的公平性，学校往往倾向于选用考试大纲规定的要点作为考察内容，而考生由于本科专业的局限，涉猎的法律读物通常不会超出指定参考书的范围，因而回答问题时就不免带有明显的背诵教科书的倾向，而这可能给习惯于考察学生(尤其是研究生层次的学生)学术能力的教授留下不好的印象；另一方面，顺利通过初试、复试层层筛选的考生在入学后又容易产生自己对法学已经有了充分了解的错觉，从而对教员按照法硕教学大纲讲授的课程内容感到厌倦甚至不满。[②]

此外，美国的法学教育被定位为研究生层次上的专业教育(相应地，美国的法学院就是研究生院)，其本科教育则旨在提供一种“通才教育”(general education)。据张光直先生介绍：

其目的是训练学生作为一个社会上有知识的人，即所谓“educated person”。所以他们虽然有专业，但专业不是职业性的，只是比较深入的研究。通识教育有核心课程(core currriculum)，这是

① 这些经历包括：2004 年春季学期给北京大学深圳研究生院 2003 级法律硕士讲授民法分论课程。2004 年秋季学期担任该班班主任。2003 年至 2005 年，担任包括北京大学法学院本部和深圳研究生院在内的 2001 级和 2002 级共 11 名法律硕士的毕业论文指导教师。以答辩委员身份参加了若干同等学力申请硕士学位论文及法律硕士论文答辩会。2004 年秋，北京大学法学院在 2003 级法律硕士内部进行专业划分，参与深研院 2003 级法硕金融法方向的面试工作。

② 钱伟长的经历表明，入学考试成绩对于一个人后来的专业塑造未必是必要条件。1931 年夏，18 岁的钱伟长报考清华大学，中文和历史两门学科 100 分，其余数学、物理、化学和英文 4 门课，却总共考了 25 分。其中物理只考了 5 分，英文从没学过，考了 0 分。入学后不久，“九·一八”事变爆发，钱伟长毅然决定从文学院转到物理系，并于 1935 年从该系毕业。受中英庚款会资助，于 1940 年 9 月中旬抵达加拿大多伦多大学，1942 年即获博士学位。后在美国加利福尼亚州理工学院喷射推进研究所任研究员。1955 年被选聘为中国科学院学部委员。参见方正怡：《钱伟长：桑榆匪晚奔驰不息》，载清华大学新闻网：http://news.tsinghua.edu.cn/new/news.php? id = 17485，最后访问日期：2019 年 6 月 27 日。

相信知识里面有中心的、核心的东西，每个学生都应该掌握的。核心课程分成五组，包括历史、科学、文学和艺术、社会分析和道德伦理以及外国文化。任何专业的学生都必须在五组里选8门课才能毕业。在专业课里一般选12门。除了专业、通识以外，还有其他很多的选择，4年大约共修32门功课。所以美国的大学生毕业以后，一般的常识比中国的大学毕业生要广泛得多，但在专业方面的深度远不如中国的学生。①

以哥伦比亚学院（哥伦比亚大学的本科生学院）为例，如表11所示，其本科教育的核心部分是所谓“核心课程”。在大学的前2年，每个本科生必须先修完文学人文（C1001～C1002，西方文学与哲学名著选读）、现代文明（C1101～C1102，现代文明入门）、艺术人文（C1121，西方艺术名著鉴赏）和音乐人文（C1123，西方音乐杰作鉴赏）等4门基本课，之后还要完成世界主要文化、科学、外语（英语，C1007，逻辑与修辞）、作文和体育等课程。② 而目前中国的本科教育却是专业化的。因此，如果要使美国的法学研究生教育模式成为中国法硕项目的模本，就势必先在本科（非法律专业）教育上与之看齐。

① 参见陈星灿：《通识·契合·敞开·放松——张光直先生访谈录》，载《读书》1994年第12期。

② 参见程星：《细读美国大学》，商务印书馆2004年版，第235～236页。另据美国大学理事会克里斯托弗·拉哲罗博士介绍，在美国，申请大学的材料包括：学生所学课程学分（GPA）、推荐信、所修课程类别和水平（是不是荣誉课程）、个人陈述、标准化考试的成绩（SAT或ACT）、高级选修课程（AP）或国际学士学位（IB）课程的成绩、班级排名、课外活动、面试等，其中有些是必须提交的。通过学生提交的申请材料，招生人员进行评价，而不是单独看其中的某一份材料。GPA是一个长期连续的结果，很合适用于对学生进行评价。在标准化的考试中，尽管学生可以参加几次，但完全可能因一些特别的原因而表现不佳。因此根据学生一次或几次标准化考试的成绩来评价并不可靠。美国的大学在录取学生的时候，不会根据其中单独的某个指标来作决定。学生的学习能力、基本的学术水平、认知能力、进取心、主动性都很重要。参见章建石：《美国大学的考试与招生系列访谈（一）——访美国大学理事会克里斯托弗·拉哲罗博士》，载《教育测量与评价》（理论版）2010年第2期。

表 11　美国哥伦比亚大学本科核心课程

现代文明(C1101 ~ C1102):现代文明入门
英语(C1007):逻辑与修辞
人文(C1001 ~ C1002):西方文学与哲学名著选读
人文(C1121):西方艺术名著鉴赏
人文(C1123):西方音乐杰作鉴赏外语、体育、科学和非西方文化

资料来源:程星:《细读美国大学》,商务印书馆 2004 年版,第 236 页。

但是,这样做是有困难的。除了前面提到的苏联教育理念的遗传外,中国近代以来法学教育所固有的日德色彩也难以在短期内彻底祛除。也许东吴法学院该算是个例外,她开创了仿效英美法传统的先河,但其“早期和过渡时期的学生对中国法律了解有限”,他们并“没有为在他们自己的社会里从事法律实务做好准备”。[①] 庞德曾就此指出:“现在中国法最麻烦的问题来自这个本质上是大陆法的法律体系中引入的对英美法的借鉴……”[②]而回顾一个世纪以来的中国法

① [美]康雅信(Alison W. Conner):《中国比较法学院》,张岚译,贺卫方校,载高道蕴、高鸿钧、贺卫方编:《美国学者论中国法律传统(修订版)》,清华大学出版社 2004 年版,第 598 页。

② Roscoe Pound,“Law and Courts in China:Progress in the Administration of Justice”, 34 A. B. A. Journal,275(1948). 转引自高道蕴、高鸿钧、贺卫方编:《美国学者论中国法律传统》(修订版),清华大学出版社 2004 年版,第 639 页。1935 年 8 月和 1937 年 2 月,罗斯科 · 庞德两度以私人身份来华做学术访问。后一次,其由当时的司法行政部长王用宾陪同,在南京的法官训练所和中央大学做了“司法之功能”和“法律之理想运动”的学术演讲。1946 年 7 月 1 日,庞德再度来到南京,受聘为国民政府法律顾问。参见王健:《庞德与中国近代的法律改革》,载《现代法学》2001 年第 5 期。何济翔则提道:“1948 年,司法行政部成立司法调查团,由政府聘请美国哈佛大学庞德博士(杨兆龙的恩师)为客卿,任司法调查团团长;杨兆龙为副团长。我仍然以司法官身份调部里办事,参加了司法调查团,调部办事的推事检察官共七八人,组队出发调查京、沪、杭以及浙江绍兴、宁波等地法院及监所的情况,供司法改革之用。调查团的解散,已在南京国民党政府摇摇欲坠之时。”参见何济翔:《沪上法治梦》,北京十月文艺出版社 2001 年版,第 23 页。从后来的批判文字中也可以略微窥见当时的一些情况,但其真实性仍有待核实。“庞德那时已有七十多岁,一个月的顾问薪水(按币值折算美金)约有三万六千多元,相当于一个规模较大的地方法院全年的开支。他的办公费从汽车汽油至文具纸张,都专立项目,随意开支……据那时担任杭州地方法院院长的章洪烈说:1948 年庞德夫妇曾由杨兆龙等陪同来到杭州……庞德在杭州十多天,只是吃喝玩乐,高地两院始终未去,连监狱亦未去看过……庞德在中国住了一年多。”参见裘孟涵:《CC 渗透的国民党司法界》,载中国人民政治协商会议全国委员会文史资料研究委员会编:《文史资料选辑》(第 78 辑),文史资料出版社 1982 年版,第 95 页。

学教育，德日法学教育模式则是其间挥之不去的幽灵。以北京大学法律系为例，在20世纪30年代蒋梦麟校长推行的改革引进了欧美的教学经验以前，北京大学的法学课程设置和教学模式的日德色彩一直非常浓厚。[①] 20世纪80年代以来法学教育所接续的仍然主要是20年代的衣钵。笔者认为，中国法学教育的问题症结不在于对德日抑或英美路径进行取舍，而是要在刻意仿效外国的教育模式和切实考察、研究和回应中国的现实情境这两条路径间作出抉择。

在教学培养环节上，百余年来美国法学院的J. D.教学一直采取的是判例教学模式。这种由哈佛法学院院长克里斯托弗·兰德尔(Christopher Langdell)于1870年率先开创的教学法，很快便将处于二流的法学教育提升到与传统学科同样的地位。[②] 而在中国内地，正如冯象先生曾批评的那样：国内书店宣传出售的法律书刊，多半是统编教材或普法手册式的，内容以法条的文字和“学理”解释为主。或者虽然也编写案例，却是用来说明法条的“正确适用”的。[③] 有道是“巧妇难为无米之炊”，法硕教育改弦更张采用案例教学的难度也就可想而知了。[④]

① 参见李贵连、孙家红、李启成、俞江编：《百年法学——北京大学法学院院史(1904～2004)》，北京大学出版社2004年版，第186～187页。

② Steven Riess, *Diary of an American Lawyer: Principles and Exercises for Understanding the American Legal System Really Works*, Nanjing, Jiangsu Education Publishing House, 2006, p. 2.

③ 参见冯象：《政法笔记》，江苏人民出版社2004年版，第3页。

④ 案例教学的精髓没学到，但由学生对教师进行教学效果评估的做法倒是被引进来。Steven Riess 写道，在学生成为法律教育的消费者的情况下，学生可以对教学效果进行评估，评估结果与教师的聘用及晋升挂钩，影响了教师的教学方法。一些教师只是借助判例教学法单纯地讲解法律原理，这已类似于19世纪中期的法学教学法。See Steven Riess, *Diary of an American Lawyer: Principles and Exercises for Understanding the American Legal System Really Works*, Nanjing, Jiangsu Education Publishing House, 2006, p. 2.

(二)真实意图

如果说中国的法学教育应当开辟自己的道路,那么提出"培养高层次、复合型、应用型、实务型法律人才"的目标不正是恰到好处吗?可惜事实并非如此。在冠冕而笼统的目标背后,其实隐藏着更为具体的诉求。这里不妨先列举几个官方文件的条文:

法律专业硕士的**招收对象主要为**具有大学本科学历、年龄在45岁以下的**在职人员**,同时也适当招收应届本科毕业生。完成学业者,可发给研究生毕业证书和专门的法律专业硕士学位证书。①

要遵循高层次人才的培养规律,总结近年来法学研究生教育在培养应用型人才方面的经验,着力改变法学研究生教育上存在的偏重学术性而对实务性注重不够,专业划分过细,培养规格单一的状况,根据法律专业工作领域和职位(岗位)的需要确定培养目标,探索一个适合国情的、规范的、能成批培养合格的应用型高层次法律人才的新型法学研究生教育模式。

试点工作应在充实现有法学研究生教育的同时,开辟新的培养途径,拓展培养渠道,**以满足我国立法、司法、行政执法、法律服务与法律监督以及经济管理、社会管理等方面补充高层次法律人才和提高现有专业队伍和管理队伍素质的需要。**

法律专业硕士……学位获得者应达到**胜任政法系统和法律服务部门中等以上(含中级)专业与管理职务的任职要求**;德才兼备,具有良好的法律实务知识,具有宽口径、复合型、外向型的知识与能力结构,要求能够综合运用法律、经济、管理、科技、外语和计算机等方面

① 国务院学位委员会办公室《关于在我国设置和试办法律专业硕士学位的意见(征求意见稿)》(1995年4月)。

的专业知识，独立地从事法律实务工作和有关管理工作。①

我国**立法、司法、行政执法和法律服务部门**以及工商企事业单位、管理部门都**急需大批高层次应用型**法律专门人才。为适应这种需要，尽快提高我国法律从事人员素质和水平，国务院学位委员会与司法部研究决定，从1998年开始开展在职攻读法律硕士专业学位工作。②

法律硕士专业学位是具有特定法律职业背景的专业学位，是为实际部门培养德才兼备的、适应社会主义市场经济和社会主义民主、法制建设需要的高层次的复合型、应用型法律专门人才。③

为什么实务部门，尤其是“政法系统”对法律硕士异常青睐呢？下面一组数字或许能给出一些提示：

(1994年)法院系统的本科生为5.6%，研究生为0.25%；检察院系统的本科生为4.09%，研究生为0.15%。截至1994年年底全国共有律师83,619人，其中硕士、博士608人，占1.49%，本科10,343人，占25.39%，大专18,760人，占46.06%。法官队伍和律师队伍的整体素质较差，专家型、复合型法律人才屈指可数。④

① 国务院学位委员会办公室《关于开展法律专业硕士学位试点工作的通知》(1995年4月)。

② 《国务院学位委员会、司法部关于开展在职攻读法律硕士专业学位工作的通知》(1997年)。

③ 全国法律硕士专业学位教育指导委员会秘书处《法律硕士专业学位研究生指导性培养方案》(1999年)。

④ 《法律硕士专业学位试点工作会议纪要》(1995年8月)。另据《全国政法系统学历结构现状及到2000年对法律人才的需求情况表》(霍宪丹：《不解之缘：二十年法学教育之见证》，法律出版社2003年版，第385页)，截至1993年年底，法院系统干部总数24.74万人，具有研究生学历的771人，占0.28%，其中法学专业的628人，占0.25%；本科2.09万人(8.4%)，其中法学专业1.4万人(占5.6%)；专科9.3万人(占35.73)，其中法学专业6.87万人(占26.31)；检察院系统干部总数10.73万人，有研究生学历者247人(占0.14%)，其中法学专业200人(占0.11%)；本科学历1.31万人(7.4%)，其中法学类0.77万人(占4.32%)，专科学历7万人(占39.49%)，其中法学类4.97万人(占28%)。

可以看出其中的内在逻辑：由于学历低，所以“公、检、法”人员素质差，所以缺少专家型、复合型法律人才。而既有的法学硕士项目受国家计划限制，招生人数少，更没有考虑这些部门中有相当多人员没有接受过法学本科教育的现实情况，①如果不对在职人员与应届本科生加以区别，显然不利于前者学历和“素质”的提高（当然，既有的法学教学体制也并非没有问题；相反，批评者所说的“不重视实务”“专业划分过细”等问题还相当严重）。因此，“政法系统”诸部门才有如此动力另起炉灶，积极推动法律硕士专业学位（后来是“在职攻读法律硕士专业学位”）的建设。也唯有如此，才能合理解释权威文件中有关接受了法律硕士项目教育的学生就是“复合型”“应用型”“实务型”人才的说法。简言之，有关部门最初创设法律硕士项目的初衷，很大程度上是为了提升有关“政法部门”中工作人员的学历层次，使之有升学的机会和途径。最高人民法院早在1993年5月6日印发的《全国经济审判工作座谈会纪要》也可以为这种解释提供支持：

在新时期，各级人民法院必须高度重视、大力加强经济审判工作。办案力量不足的要适当增加审判人员，尽可能配备一些懂法律和懂经济、金融、贸易、科技、外语等专业的人才。要加强经济审判队伍自身的建设，对经济庭现有人员，采取多层次、多渠道、多方式进行

① 比如，最高人民法院、最高人民检察院分别与北京大学联合举办现代远程（网络）法学专升本教育，以使本系统人员取得本科学历。2004年10月毕业的2001级学员中，上述两系统各有7000多人和4440多人取得了毕业证书，其中又分别有641人和507人因成绩优异、符合国家规定的授予学位的条件而被授予北京大学法学学士学位。“专（科）升本（科）”的比例如此巨大，法、检两系统人员的学历教育层次由此可见一斑。参见《2001级法院系统学员毕业典礼暨学位授予仪式隆重举行》，载北大法律信息网：http://edu.chinalawinfo.com/news/detail/one.asp? id=226。参见《2001级检察系统学员毕业典礼暨学位授予仪式隆重举行》，载北大法律信息网：http://edu.chinalawinfo.com/news/detail/one.asp? id=225。

培训,不断提高其政治、业务素质。

然而,法院、检察院系统内部具有研究生学历的人员比例偏低很大程度是由于当时全国培养的法学硕士数量有限,并不能据以得出法学硕士毕业生都去从事教学了的结论。至于造就中国的 J. D. ,则也只是一种粉饰。

实际上,专门为政法部门培养应用型人才的教育活动很早就已经开始。20 世纪 80 年代以后,为满足政法部门对"高层次应用型"法律人才的迫切需要,司法部依托部属政法院校积极举办第二学士学位教育。[①] 同时,司法部、教育部、最高人民法院、最高人民检察院还委托司法部所属政法院校和北京大学法学院、中国人民大学法学院、武汉大学法学院和吉林大学法学院试办实体法和程序法的研究生班。1988 年 12 月上述部、院还联合下达刑法、民法、国际经济法 3 专业的硕士生(应用类)参考培养方案,要求体现以培养法律实务人员为目标。[②] 该项目俗称"应用型"研究生。[③]

---

① 1994 年的资料显示,吉林大学经济法和行政管理 2 个专业试行双学位制。修读第二学位的教学计划规定总学分为 60 学分,其中必修课约 50 学分(包括毕业论文 8 学分),选修课约 10 学分。《关于双学位制的规定》,载吉林大学毕业生分配办公室主办《毕业生之友》1994 年 3 月 15 日,第 4 版。笔者记起,大二时的《民法原理》等课程就是和经济法专业第二学士学位(1994 年秋入学,1996 年毕业)学生一起上的。与当下很多大学开办的针对本校在读本科生的二学位项目不同,当时的第二学士学位项目针对的是已(外校)获得第一学士学位的毕业生。更早一些,20 世纪 80 年代初开始各地还大张旗鼓地建立地方政法干部学校,以满足当时司法干部轮训之需。参见司法部《关于加强和建立地方政法干部学校的请示报告》(1980 年)。

② 参见霍宪丹:《中国法学教育反思》,中国人民大学出版社 2007 年版,第 146 页。

③ 比如,1997 年 9 月 14 日吉林大学举行了 1997 级应用型研究生开学典礼。当天共有 143 名(估计这也是该校当年该项目的招生人数)应用型研究生出席了典礼。法学院的马新福教授作为教师代表在典礼上讲了话。吉林大学研究生院研究生管理处:《研究生院举行九七级应用型研究生开学典礼》,载《吉林大学报》1997 年 9 月 25 日(第 467 期),第 1 版。据此可以推知,其中包含了法律专业的"应用型研究生"。但上述"应用型"研究生项目如何同在职法硕项目衔接的,或者说后者如何替代前者的,笔者尚不清楚。也许存在这样的可能:在停止"应用型"研究生的同时,其留下的空间由在职法硕项目自动弥补了。

除了对高学历的盲目崇拜外，“法律硕士”学位教育项目的异军突起也与对数字的迷信（一方面推崇统计数字，另一方面又不对其进行认真的计量和复核）有关。这种迷信的经典表现是：别人有多少多少，我们目前只有多少，到××时候，我们应有多少多少。例如：

据有关部门的规划，我国律师队伍在20世纪末要由目前（1995年）的6.6万人发展到15万人，公证队伍由现在的1.6万人发展到3万人，也就是说从现在起到2000年要新增律师8万多人，公证专业人员1.4万人。①

法院、检察院两系统2000年需要法律人才总数分别为12.56万和15.975万人，其中研究生、本科生、专科生分别为500、450，2.51万人、2.23万，10万和3.7万人。②

目前（1995年）我国每年只能培养出约300名③法学硕士……美

① 国务院学位委员会办公室《关于在我国设置和试办法律专业硕士学位的意见（征求意见稿）》（1995年4月）。2016年3月，第九次全国律师代表大会传出的消息称，全国执业律师人数已超过29.7万人，律师事务所达到2.4万多少家，比4年前分别增长了38%和20%。参见李万祥：《全国职业律师人数超29.7万人》，载《经济日报》2016年3月31日，第3版。1979年5月29日中央政治局讨论刑事诉讼法草案。邓小平说：“冒叫一声，司法人员要一百万人。转到这方面一百万人非常有利。这就是就业门路，军人复员也可以到这方面来，办学校训练。”参见《彭真传》编写组：《彭真传（1979～1997）》（第4卷），中央文献出版社2012年版，第1361页。

② 《全国政法系统学历结构现状及到2000年对法律人才的需求情况表》。参见霍宪丹：《不解之缘：二十年法学教育之见证》，法律出版社2003年版，第385页。至于这些需求数字是如何推算出来的，表中则未予说明。截至2011年年底，中国内地共有执业律师21.5万人，律师事务所1.8万多家。2012年年底的粗略数字是律师23万多人，律所近2万家。参见孙琦子：《600家协会会费收入调查》，载《经济观察报》2013年7月29日，第6版。

③ 《关于在我国设置和试办法律专业硕士学位的意见（征求意见稿）》中给出的数字为每年500～600人。霍宪丹教授提到1993年之前全国法学研究生的招生规模维持在每年300人左右，直到1993年才增加到600人。参见霍宪丹：《中国法学教育反思》，中国人民大学出版社2007年版，第146页。因此相较而言，后一组数字更可信一些。另一个辅助性的证据是，1993年吉林大学向75人授予了法学学科的硕士学位。从1984年至1996年历年该校法学学科授予硕士学位（包括政治学、国际政治和社会学）的人数分别是16人、24人、36人、34人、73人、83人、47人、117人、55人、75人、68人、69人、136人，加上1984年以前的11位，合计844人。该校自1991～1995年共授予14人法学博士学位。参见于庚蒲主编：《吉林大学研究生院》（庆祝吉林大学建校50周年宣传材料），卓一设计有限公司1996年7月印制，第14、15页。

国目前每年培养的法律职业博士(J. D. ,相当于我国的法学硕士层次)就达3.5万人。[1]

2005年,法律硕士的总规模和试点院校的数量要分别从1万和28所提高到2万和35所,到2010年则要达到5万和50所。[2]

国人素有的厌讼心理也不会在短期内发生改变。[3] 而律师的生存取决于案源。[4] 按照国家的号召,培养为数甚重的律师,怎样确保他们都有足够的案源,用以糊口?再有,每年通过司法考试(2018年变更为法律职业资格考试)的人数是有限的,如何实现律师数量的大跨越?

如果律师职业不足以吸纳众多的受过硕士层次教育的毕业生,那么其他司法以及政府机构是否能担此重任呢?答案仍是不容乐观的。前面曾提到,每年在职攻读的法律硕士的招生人数、入学人数以及在读人数都大于“法律硕士”。不难想见,如果法院、检察院等司法实务机关的现有人员都通过“在职攻读法律硕士专业学位”或者“同

① 国务院学位委员会办公室《关于设置法律专业硕士学位的几点原则意见》(1995年5月12日)。

② 全国法律硕士专业学位教育指导委员会《工作总结报告》(2001年7月11日)。事实上,2003年9月试点院校的数量就已经达到了39所,提前完成了2005年的目标。

③ 当然,国人究竟是厌讼还是惧讼,还需要更为详尽的分析,因为经验常识表明,尽管普通人有遇事私了的习惯倾向,但也同样存在某些地域民风彪悍、喜讼,以及在一些个案中当事人或其亲属表现出“舍得一身剐,敢把皇帝拉下马”的精神,不惜倾家荡产也要兴讼控告的事实。

④ 当然,马丁·梅耶的书中也提到,美国的律师也不都是靠律师费谋生,他们其实也做保险和房地产业务。参见[美]马丁·梅耶:《美国律师》,胡显耀译,江苏人民出版社2001年版,第13~14页。

等学力申请”的方式取得了硕士学位①——从而也迅速提升了所在单位甚至系统的人员学历水准(所谓“高层次”人才比重)——那些统考上来的“法律硕士”就很难到这些部门就业了。到头来人们仍不免要问:付出那么大代价培养出来那些“高层次、复合型、应用型”的法律人才,到底有何用?②

将司法实务部门人员学历层次低(接受法学教育的时间短)和素质低画等号未免过于武断。洪昭文曾对中国(西北)某县级法院进行

① 二者的区别在于,“在职攻读法律硕士专业学位”属于“法律硕士学位”,而“以同等学力申请硕士学位”人员获得的则是“法学硕士学位”。国务院学位委员会第16次会议决定对同等学力人员申请硕士学位增设综合水平考试。从1999年起,取得相应学科的综合水平全国统一考试合格证书成为以同等学力申请硕士学位人员获得硕士学位的必要前提。国务院学位委员会办公室编:《同等学力人员申请硕士学位法学学科综合水平全国统一考试大纲及指南》(第2版),高等教育出版社2000年版。《国务院学位委员会关于授予具有研究生毕业同等学力人员硕士、博士学位的规定》(1998年6月18日)第7条规定,同等学力申请人应参加学位授予单位组织的课程考试和国家组织的水平考试(包括同等学力人员申请硕士学位外国语水平全国统一考试和同等学力人员申请硕士学位学科综合水平全国统一考试),并取得《全国统一考试合格证书》。

② 现实对这一问题给出了最好的回答。2003年,中国人民大学法学院《法苑》杂志关于法律硕士教育现状的一份问卷调查中,在校的法律硕士在被问及对法硕教育的总体感受和评价问题时,只有2.25%的被调查对象感觉很满意,感觉良好的占17%,而感觉一般和不好的却分别占到41.1%和39.7%。对于认为社会可能对法律硕士做出何种评价的问题,67.3%的被调查者选择一般,25%的认为较差,只有7%多一点的认为很好或好。邱春艳、肖玲燕、周映萍:《2006中国“法学院”这一年》,载《法制日报》2006年12月31日,第14版。2006年7月16日,共青团中央学校部和北京大学公共政策研究所联合发布的《关于大学生求职与就业状况的调查报告》显示,2006年应届本科毕业生中,法学专业的就业率仅有37.85%。这项始于4月的调查涉及清华大学、北京交通大学、首都师范大学、吉林大学、哈尔滨工业大学等全国16所大学的应届毕业生,共发放4000份调查问卷,回收3475份。参见郭少峰:《六成本科生月薪定位一两千》,载《新京报》2006年7月17日,第A7版。2007年预期的高校毕业生将达495万人,同期在校研究生则达110万左右。2007年1月21日,参加全国研究生统一入学考试的考生共128.2万人,比上年仅增长0.5%,是近10年来首次下降。参见彦升:《考研热降温探秘》,载《第一财经日报》2007年1月25日,第C7版。上海、重庆等地的报名人数甚至都低于去年。参见《考生冷静对待考研》,载《第一财经日报》2007年1月22日,第A3版。据权威统计,最高人民法院2008年拟招160名公务员,报名人数是4522人;最高人民检察院拟招20名公务员,报名人数是282人;公安部拟招29名公务员,报名人数是1358人;司法部拟招10名公务员,报名人数是439人。其中,最高人民法院的一个综合行政职位供求比例达1:759,司法部基层工作指导司一个职位的供求比例是1:933。

了调查。从他的调查日志中可知，该法院大部分法官都是“半路出家”；每年有50% ~60%的案件通过调解结案。此间法官大多采用“说一说、训一训、骂一骂”的方式。据法官解释，主要是因为这是“基层”，“不比上面，当事人素质都较低”。类似地，法官判决不写理由，也主要是出于把纠纷处理好，如何“摆平理顺”的技术、策略考虑。甚至故意使用模糊词语也是为了避免当事人纠缠不清。日志中还特别记述了一位复转军人出身的F庭长。由于经验阅历丰富，他在该法院被认为是业务尖子。在一个案子中，两家的院墙靠着，一家莫名其妙地被水浸塌了。F庭长实地勘察，发现有一级台阶踩上去底下的声音像是空的，原来是另一家在下面挖了个水槽，把水排在受害人的墙下。当时村里几百人围观，都对F庭长佩服得不得了。[①] 这种在中国古代颇为常见的妙判故事[②]刚好印证了美国霍姆斯大法官“法律的生命不在逻辑，而是经验”（Life of the law has not been logic：it has been experience）[③]的名言，也充分说明，司法实务工作人员的素质问题其实是一个需要与当事人素质相互动的话题。抛开中国社会的实际情况，不考虑当事人的因素，片面强调提升司法实务人员的“素质”，不仅无助于推进中国法治的进程，反而容易把人们的注意力吸引到旁枝末节的所谓人员学历层次上面去。

该调查日志还涉及一个更深层次的问题：为什么大学法律专业

---

① 参见洪昭文：《法庭调查一周志》，载葛洪义主编：《法律方法与法律思维》（第2辑），中国政法大学出版社2003年版，第329～330、334～335页。另据报道，江西省石城县法院有编制52人，70%是本科毕业。但其中绝大多数是在工作后自考获得学位的。通过由赣州地区捆绑式招考，然后分配到区县基层法院的方式，该院于2005年和2006年分别引进了4名和2名本科生。参见张悦：《切断法院经费与诉讼费的关联：官司不再高收费，法院粮草何处来》，载《南方周末》2007年1月25日，第B12版。

② 梁治平先生曾经作文讨论过“妙判”的问题。参见梁治平：《法意与人情》，中国法制出版社2004年版，第177～188页。

③ Holmes, *The Common Law*（[1881] Howe ed. 1963）p. 5. C. f. Grant Gilmore, *The Death of Contract*, Columbus, Ohio: Ohio State University Press, 1974, p. 33.

(本科或研究生)毕业生不能充实到基层司法机关?① 是他们过于留恋大城市的生活吗?法院等司法机关在如何用待遇留人等方面是否也存在需要完善的地方?廖永安和李胜刚对湖南省中部某县法院的调查显示,该院现有在编工作人员141人,2004年7月全院干警人均工资894.19元,最高的1207元,最低的580元。一位工龄20年的干警的全年收入不超过1.3万元。最近5年内已有9名优秀法官调离,到沿海发达地区系统工作。2004年4月该院通过省人事厅统一组织,面向社会招录4名审判人员,竟无一人报名。② 上述调查也披露了该县法院2000~2003年的预算、支出情况:2000年预算支出349.1万元,实际支出409.94万元;2001年预算支出298.6万元,实际支出455.98万元;2002年预算支出418.4万元,实际支出650.22万元;2003年预算支出442.8万元,实际支出503.55万元。4年累计赤字高达510.79万元,目前尚有法院搬迁前期欠款247万余元。③

① 以甘肃省定西市为例,该市所属各县区法院共有328名法官,其中本科学历162人,占49.4%,正在参加本科学历教育的66人,占20.1%。市中院59名法官中本科以上学历占59.3%。由此可知,该市中院的法官接受过本科教育的法官比县区法院多。参见定西年鉴编纂委员会编:《定西年鉴(2005)》,第115页。此外年鉴还提到了一个有趣的现象:2004年全国司法考试中,全市法院工作人员通过率为17.4%,比2002年提高16%,比2003年提高5.4%。比当年全市司法考试通过率高出9.1%。全市12名通过者中8名是法院工作人员,市中院6名参考人员中有3名通过。

② 参见廖永安、李胜刚:《我国民事诉讼费用制度之运行现状——以一个贫困地区基层法院为分析个案》,载《中外法学》2005年第3期。2014年3月《新京报》记者向50名北京市基层法院一线法官进行问卷调查,其中17名是城区法官,33名为郊区法官。调查显示,有33名法官月工资在5000元以下,且不同程度地面临工资低、考核多的双重压力。17名城区法官中,仅有5人的月收入超过5000元,最高的也仅为7000元,最低的只有3700元。郊区法官中有21人月收入低于5000元。另有2人未透露收入情况。参见张媛、张玉学、卢漫、刘洋:《50名受访法官33人月入不足5000元》,载《新京报》2014年3月13日,第A09版。

③ 参见廖永安、李胜刚:《我国民事诉讼费用制度之运行现状——以一个贫困地区基层法院为分析个案》,载《中外法学》2005年第3期。为缓解西部省区基层法院法官缺乏的问题,最高人民法院将在贵州、四川、重庆等12个西部省区市800余家基层法院试行法官助理制度。法官专司审判,法官助理负责案件开庭前后的各项辅助性工作,书记员负责庭审记录。参见《最高法院部署西部法官助理制》,载《京华时报》2007年12月14日,第A02版。

由司法机构推荐甚至资助在职人员攻读学位的设计在这些机构连年的财政赤字面前能否顺利推行，值得怀疑。[①] 凡此种种恐怕是法律硕士教育项目设计者当初所始料未及的。

三、小结

以上分析显示，在今日中国，政府部门仍然主导着法学教育的进路。与此同时，既有的法学（本科—法学硕士—法学博士）教育模式存在的问题被过于简单的“去学术化”的对策有意无意地掩盖了。其实，“法学的学术”“法学教育的方式与目标”倒真是些该在推出新式项目之前就展开研究和讨论的话题。

法律硕士专业学位项目向何处去？叫停，然后退回去吗？经过多年的发展，法律硕士专业学位项目已经获得了一定的社会认同，不仅众多考生对其寄予期望，一些法律院校也靠它来改善财政状况。看来回头路并不好走。[②] 那么停掉双轨中的另一条，缩小甚至停办法

① 国务院《诉讼费用交纳办法》于2007年4月1日起实施。最高人民法院于1989年和1999年制定的《人民法院诉讼收费办法》和《〈人民法院诉讼收费办法〉补充规定》同时废止。新办法规定，取消其他诉讼收费和执行实际支出费用，实行先执行后收费。按照新规定，江西省石城县法院收到的诉讼费将比原来减少2/3。

② 2006年12月28日，全国法律硕士专业学位教育指导委员会主办的法律硕士教育创办10周年纪念大会上，国务院学位委员会委员兼副秘书长、办公室主任杨玉良院士代表教育部和国务院学位委宣布，全国法律硕士专业教育：“经过十年试点，证明是成功的，试点工作结束，转入正式实施。”王健：《中国法律硕士教育的创办、发展与成就：1996～2006》，载《法制和社会发展》2007年第5期。由此看来，退回去是不可能的了。不仅如此，后来的情况表明，本章初作时的估计还是有些保守了的。2010年9月，教育部公布了2011年硕士研究生专业学位招生类别，将有38类专业学位招收全日制硕士研究生。其中，金融、应用统计、税务、国际商务、保险、资产评估、警务、应用心理、新闻与传播、出版、文物与博物馆、市场规划、林业、护理、药学、中药学、旅游管理、图书情报以及工程管理等19类专业为首次招生。参见缪晨霞：《解读专业硕士扩招》，载《新京报》2010年9月13日，第D01版。

学本科项目[①]又会怎样？在本科教育急速扩张的大背景下，这一点显然难以在短期内做到；而法学硕士项目本身更不可能被单独裁撤，否则将意味着大量法学本科毕业生失去提高“素质”的机会。目前唯一可行的，似乎只有限制非法学本科毕业生报考法学硕士项目。而这除了使“双轨制”变得更彻底一些以外，根本就没有触及更没有解决法学教育和学位“双轨制”及其所带来的问题。

从长远来看，淡化高考填报的本科专业志愿以及本科专业的划分应是未来的大趋势。北京大学从 1993 年开始，本科生进校后选专业，学满两个专业学分的可取得双专业毕业文凭。与此同时，还再次修订了教学计划，贯彻“加强基础，淡化专业”的精神，加强了基础课比重。[②] 从 2001 年开始，该校设立了“元培计划”实验班，在一二年级只分文理，到三年级才根据学生个人兴趣转到各个院系。2005 年该计划的第一批毕业生中有 60% 改变了进校时所选的专业。据北京大学许智宏校长介绍，该计划的“核心是将通识教育和宽口径的专业教育，有计划的自由选课制和教学资源许可下的自由选择专业结合

① 冯象先生在《法学院往何处去》一文中明确提出了停办法学本科的意见。持类似观点的还有贺卫方教授。他在演讲中多次提到过这一看法。2006 年 7 月 17 日，在第三届中外大学校长论坛(上海)上，厦门大学校长提出应当取消法律本科专业的设置。参见《教育部酝酿明后年取消部分本科专业，管理、法律专业可能被“砍”》，载《兰州晨报》2006 年 7 月 19 日，第 A16 版。此言一出，即遭到批评。张志铭先生认为该建议缺乏“足够的智识品质”。因为“高等院校法律本科”是一个被诸多法律、制度固化了的“专业”，取消它会使法律职业者养成制度失序混乱。“取消法律本科专业”的话题已超出了国家教育当局的权能范围，应由多部门协同、社会主体广泛参与、国家最高权力当局决定。参见张志铭：《关于“取消法律本科专业”的建议缺少智识品质》，载北大法律信息网：http://www.pkulaw.cn/fulltext_form.aspx/pay/fulltext_form.aspx？Db = art&Gid = f29dbe8902 ee338eb7cb06b008f56504bdfb。另外的批评可见姜发根：《取消法学本科之谬》，北大法律信息网：http://article.chinalawinfo.com/Space/SpaceArticleDetail.aspx？AID = 34072&AuthorId = 126821&Type = 1。

② 参见李贵连、孙家红、李启成、俞江编：《百年法学：北京大学法学院史院(1904 ~ 2004)》，北京大学出版社 2004 年版，第 280 页。

起来，培养同学对学习的兴趣和自主学习能力，推进素质教育。”①就法学学科而言，其研究生层次教育双轨制的最终消除也有赖于这一转变。

不过，本科专业划分分明的现实依然严峻，而硕士研究生的多重“双轨制”又日渐复杂。其间，法律硕士项目与所谓“学术型”法学硕士项目究竟有何实质差异的问题仍然有待回答。在不彻底废除的情况下，该如何对法学硕士项目定位？目前的法学教育能否弥合攻读法律硕士（法学）学位的法学本科毕业生和攻读法律硕士（非法学）学位的非法学本科毕业生在知识、能力、技巧等方面的差别？如果不能，将两者归拢在统一的“法律硕士”的大纛下，意义何在？法律硕士（法学）学位教育能否提供以及能够提供怎样一些与既有的法学硕士项目不同的训练，从而使原本都是法学本科专业出身的学生在经过2年不同的学位教育（法律硕士（法学）和法学硕士学位教育），得以发生脱胎换骨的变化？如果不能，那么在法学硕士之外另行增设法律硕士（法学），价值究竟又有多少？经历多年的实践，这些问题非但没有解决，反而变得更加突出了。

方流芳教授曾说过：

社会问题的解决方案的合理性、可行性受制度限制，从而是一个政治实践问题，而不是学术问题——一个社会针对它自身的问题应当采取什么样的解决方案，不是，也不应当由学者决定，社会科学研究的贡献在于展示和剖析真实的问题，一旦问题得到充分的认识、自由的表达，政策就会或多或少地受到影响，政策确定之后，即使一时

① 俊玲：《直面而行的元培计划》，载《北大人》2005年秋季刊（总第21期），第16页。

难以找到最好的解决方案，问题也能得到控制。①

显然，法律硕士教育项目（其实也是整个中国法学教育）的未来，就是这样一个让人无法回避却又难以简单回答的社会问题，一个真正的“问题”（problem）。因此，解决它也就要动员更多的力量，而不是仅仅靠一篇文章。②

---

① 方流芳：《〈公司法基础〉都提出了哪些理论？》，载［美］罗伯塔·罗曼诺：《公司法基础》，法律出版社2005年影印版，第16页。

② 2011年1月14日，从在北京召开的全国专业学位研究生教育综合改革试点工作会议上传出消息，我国积极调整研究生人才培养类型结构，调整硕士研究生的定位，逐渐将硕士研究生教育从培养学术型人才为主向以培养应用型人才为主转变。经教育部批准清华大学等64所学校为改革试点，其研究生的课题和训练必须来自实践，并与行业、企业的需求尽可能一致；论文答辩可以是项目完成报告，企业人士参与考核；学生毕业时，有条件的，争取获得三证，即毕业证、学位证和职业资格证。参见董洪亮：《我国调整硕士研究生培养定位：应用为主争取“三证”》，载《人民日报》2011年1月16日，第2版。2011年2月，有报道称，自1981年以来《学位条例》实施的30年间，全国共授予各类博士、硕士、学士学位：33.5万个、273.2万个、1830万个。截至2009年年底，全国博士、硕士、学士授予单位分别达347所、697所、700余所。在学研究生达140.5万人，其中博士生24.6万人。共招收各级各类专业学位研究生90多万人。参见赵婀娜：《学位条例实施30年我国授予博士硕士和学生学位逾2100万人》，载《人民日报》2011年2月13日，第2版。2011年10月，《人民日报》刊文提到，2011年全国招收的各类专业硕士将占研究生总数的三成，但在招考方面，仍然是“退而求其次”的选择，教学方面实现差异化培养并不容易，而且学生实习难找，由于学制短难以兼顾。参见杨彦、边晓璇：《专业硕士，步履太匆匆？》，载《人民日报》2011年10月10日，第12版。

我国复合型法治人才培养机制创新：基于供需结构均衡的分析

杨　松* 闫　海**

党的十八届三中全会《中共中央关于全面深化改革若干重大问题的决定》作出全面深化改革战略部署，明确要“推进法治中国建设”。党的十八届四中全会《中共中央关于全面推进依法治国若干重大问题的决定》（以下简称《决定》）提出“加快建设社会主义法治国家”。“国以人兴，政以才治”，基于“人”的因素的重要性，“创新法治人才培养机制”已被列为“加强法治工作队伍建设”的重要内容之一。我们认为，“全面推进依法治国”“国家治理现代化”是“法治人才”概念首次提出的时代背景，亦凸显“法治人才”较传统“法律人才”具有更高的“复合型”的要求。因此，须全面、深入地分析我国复合型法治人才的现实需求，深刻、准确地检省我国复合型法治人才供给既有模式，通过培养机制创新，实现复合型法治人才的供需结构均衡。

一、我国复合型法治人才培养的需求侧分析

“到2010年，设置法学本科的高等院校达640所、在校本科生约35万人，加上各类研究生近50万之众，但平均就业率却在文科各类

* 辽宁大学法学院院长，教授。

** 辽宁大学法学院副院长，教授。

专业中排位靠后。据悉,法科毕业生的年平均司法考试合格率设定在大约10%,但司法合格者中却只有半数从事律师、法官、检察官工作;法务低端市场的人才供应严重过剩,但法务高端市场的人才却极其匮乏。不得不承认,法学教育的投入、产出与需求之间关系是失衡的。"[①]数据虽然已经滞后5年,但基本判断仍是准确的:(1)即使法学本科生数量略有减少,但研究生数量持续增加,法科毕业生数量大体维持不变;(2)鉴于国家、地方各级教育管理部门频频向法学专业亮"黄牌"甚至"红牌",官方统计的法科毕业生平均就业率偏低亦属实;(3)尽管《决定》提出"健全从政法专业毕业生中招录人才的规范便捷机制",但是法科学生毕业直接进入公检法系统及选择做律师的比例并不高。但是,我们认为尚有两点应进一步厘清:一是何为"法务高端市场的人才"?二是法科学生在法律职业外的就业是否均属于就业失败?

我们认为,所谓"法务高端市场的人才"就是"卓越法律人才"。"所谓卓越,就是卓尔不群,拒绝平庸,说到底,卓越法律人才就应当是优秀的法律人才。"[②]法学不是社会科学中的一个封闭独立领域,与其他分支学科相隔绝,亚拉伯罕·弗莱克斯纳指出,"如果我们的律师和法官不仅在先例方面博学,而且还极为精通历史学、伦理学、经济学和政治学,那么紧张关系就会得到缓和、社会进化的实现也会伴随更少的摩擦,这种情况难道不可能吗?"[③]可资佐证的是,美国联邦最高法院前大法官弗兰克福特也曾指出,出任司法高位者,必须具有哲学家、历史学家和先知的素质。[④] 与之对照,有学者亦指出,"所

① 季卫东:《我国法学教育改革的理念和路径》,载《中国高等教育》2013年第12期。

② 王利明:《卓越法律人才培养的思考》,载《中国高等教育》2013年第12期。

③ [美]E.博登海默:《法理学:法律哲学与法律方法》,邓正来译,中国政法大学出版社1999年版,第507页。

④ 参见贺卫方:《中国法学教育之路》,中国政法大学出版社1997年版,第120页。

谓高端的，就是顶尖的法律人才，目前表现得最明显的是国际国内经济事务上的法律人才，但是在未来，很可能还会欠缺参与治理国家决定对内对外政策的高端法律人才。一个明显的例证是，有关国家的经济问题的立法，往往扮演主要角色的是一些经济学家，包括中青年一代的经济学家，却较少看到法律家的影子。最高人民法院的一些有关经济、商业的判决往往引发了重大的经济争议。在一些重大的社会问题上，由于现代学术体制割裂了决策和决策责任之间的联系，法律人似乎也缺乏对决策后果的足够考量。有些司法改革的措施不仅不到位，往往还带来了更大的问题。法律人在当代中国大陆，似乎更多扮演的是一种社会活动家和改革推动者的角色，而较少具备实际贯彻并取得可欲后果的技能。"①在我国，法律调整的社会关系日趋复杂，由此产生的法律问题所涉其他学科或行业的专业知识与一般常识之间的距离势必越来越大，法律问题的公正、有效解决，有赖于兼具法学和非法学专业知识及经验的"复合型"法治人才。"作为法律人，在面对日益完善和纷繁的法律关系、法律规定和法律制度时，不仅要掌握法律专业知识，熟悉法条和诉讼程序，而且要理解和掌握法律规则和法律背后的法律意识、法律精神和法律价值，以及与之相联系的政治、经济、科技、历史、文化、社会、道德、伦理和传统等背景；不仅知道法律是什么，还要知道法律为什么如此，在此基础上，还要求具备进一步创新思维，提出法律应当是什么。"②近年来，金融、税收、房地产、环境资源及知识产权等领域的法律改革中，包括审判人员在内的法学专业人员的知识匮乏被频频提及。中国律师协会在传统刑事、民事、行政法之外，广泛地设置知识产权、环境、资源与

① 苏力：《当代中国法学教育的挑战与机遇》，载《法学》2006年第2期。

② 霍宪丹：《法律职业与法律人才培养》，载《法学研究》2003年第4期。

能源、信息网络与高新技术、建筑工程与房地产、财税法、反垄断等专业委员会。[①] 质言之,卓越法律人才是法治人才的核心群体,"复合型"应当成为其重要标签之一。

传统就业观念强调所谓的"专业对口",法科毕业生倘若无法进入公检法系统或从事律师职业,亦被认为低人一等或就业失败。但是,客观现实是,即便国内著名高校的法科毕业生的就业去向也存在较大比例的非法律专业职业,"就北大法学院近几年来的本科毕业生来看,其中62%进入了公司、律所和金融系统,进入国家机关(包括司法机关)和其他事业单位的约38%;而研究生的相应比例为48%和52%(包括高校任教)。"[②]反思之,这些吸纳庞大法科毕业生的非法律职业恰恰证明"依法治国"的可持续推进,这样的法治人才需求难道不值得我国法学教育予以承认、尊重吗?《决定》指出,"实现经济发展、政治清明、文化昌盛、社会公正、生态良好,实现我国和平发展的战略目标,必须更好发挥法治的引领和规范作用",在此意义上,"法治人才"的范畴远大于"法律人才",而且对复合型法治人才的要求更为迫切。每个时代对人才的需求无不客观地反映那个时代的脉络和特征,我们可以切身体会到,随着社会分工越来越细,法律正以迅猛的速度不断地渗入现代社会的方方面面。在面对、处理现实问题时,多多少少需要法律知识的应用,人才需求呈现专业化和多样性并存的特征,每一行业都需要具备一定法律知识的人才,甚至诸如医生兼律师、会计师兼律师等"两栖类"人才将在社会各行各业大显身手。既要为政法部门服务,更要为社会各部门服务,我国法学教育的现代任务具有二元性,即不仅为法律职业培养人才,而且应面向全社

① 参见《中华全国律师协会机构设置一览表》,载中国律师网:http://www.acla.org.cn/jigou.jhtml.,最后访问日期:2018年9月1日。

② 苏力:《当代中国法学教育的挑战与机遇》,载《法学》2006年第2期。

会培养法治国家的建设者和管理者，培养各行各业需要的法治人才。[①]

人才市场是买方市场，法律高端市场、法律拓展市场均存在旺盛的复合型法治人才需求，那么，作为供给侧的我国法学教育如何应对？

二、我国复合型法治人才培养的供求侧分析

经历近60多年风风雨雨，“一方面，法学教育表现出空前繁荣、欣欣向荣的大好形势；另一方面，它的背后正隐藏着一些深层次的矛盾。这些矛盾，有些已充分暴露，有些矛盾仍在形成之中。”[②]甚至于，“法学教育已经从改革开放后建设法治国家的显学，沦落为今天文科专业中的一大鸡肋。”[③]“说法学人才供大于求过于片面。现实情况是，一方面，法律人才市场日趋饱和，而且我国的法律服务领域遭遇洋律师来抢滩，律师业竞争非常激烈；另一方面，高层次、高素质的卓越法律人才严重缺乏。如何产销对路才是根本问题。”[④]我们认为，我国法学教育的人才培养不是供过于求，而是供需的结构性失衡。“我国现行法学教育的模式，基本上是沿用前苏联那一套即所谓‘对口教育’、‘专才教育’……旧的教育观念和模式的根本缺陷，就在于它专业口径过窄，是‘深井式的蛙式教育’只能是计划经济的产物及其在教育上的体现。”[⑤]我国法学教育的“对口教育”“专业教育”

① 参见霍宪丹：《法律职业与法律人才培养》，载《法学研究》2003年第4期。

② 徐显明：《在“强化专业学科建设，提高法学教育质量”研讨会闭幕式上的讲话》，载《中国法学教育研究》2006年第3期。

③ 强力、杨为乔：《“教学中立”理念在卓越法律人才教育培养中的运用初探》，载岳彩申、盛学军主编：《卓越法律人才教育培养研究》，法律出版社2012年版，第1～10页。

④ 王文华：《卓越法律人才培养与法学教学改革》，载《中国大学教学》2011年第7期。

⑤ 李龙：《论中国法学教育的改革》，载《中国法学》1997年第6期。

定位，影响颇深，即使近年来倡导的“法律职业教育”亦难脱其窠臼。

诚然，我们的教育管理部门及一些院校已感受来自需求端的复合型法治人才要求。例如，2011年国家教育部、中央政法委联合发出《关于实施卓越法律人才教育培养计划的若干意见》（以下简称《意见》），《意见》指出，“提高法律人才培养质量成为我国高等法学教育改革发展最核心最紧迫的任务”，“培养应用型、复合型法律职业人才，是实施卓越法律人才教育培养计划的重点。适应多样化法律职业要求，坚持厚基础、宽口径……提高学生运用法学与其他学科知识方法解决实际法律问题的能力”，此外，“把培养涉外法律人才作为培养应用型、复合型法律职业人才的突破口”。“具有国际视野、通晓国际规则，能够参与国际法律事务和维护国家利益的”卓越涉外法律人才属于“复合型”法治人才的范畴，而且远超出“法律＋外语”的基本要求，《意见》还提供“国内—海外合作培养”等机制。但是，《意见》中实施高校与实务部门人员互聘“双千计划”、建设法学实践教学基地等显然是偏重于对应用型法律职业人才培养的要求，《意见》整体上缺乏对复合型法律职业人才培养的有效机制设计。

一些法学院系亦在功能定位上走分化和差异化的路线，结合本校办学特色，提出特色型法治人才培养模式，例如法商人才、[①]“经济学＋法学”复合型人才[②]或经济法律复合型人才、[③]建筑复合型法律

① 参见龚志军：《卓越法律人才培养的“五维一体”、“法商结合”模式研究》，载《湖南商学院学报》2013年第2期。

② 参见余劲松、梁红英：《“经济学＋法学”复合型人才培养模式初探》，载《浙江金融》2009年第3期。

③ 参见史卫民：《经济法律复合型人才培养模式的构建》，载《教育评论》2005年第6期。

人才、[1]新闻—法学复合型人才、[2]信息法学人才、[3]复合型法律英语人才[4]等。但是,大多处于构想或实验阶段,尚未形成具有普遍适用性的有效模式,以致目前复合型法治人才远无法满足需求侧的要求。

需求决定供给,需求侧决定"培养什么样的人",供给侧须以"怎样培养人"的改革予以回应,我国法学教育应当以复合型法治人才培养为己任,积极推进法学教育理念和机制的改革。我国法学教育应当树立"大法学教育"的新理念,"大法学教育"之"大"首要乃是专业与学科对应关系的突破。专业是教育教学的范畴,学科是学术研究的范畴,以"学科建设"为主导的培养体系设计混淆二者的区别,以致投入、产出难以与需求结构相匹配。我们认为,我国法学教育应当关注复合型要求,基于"大法学教育"理念着手以下两项培养机制的改革:(1)改革法学本科课程体系,构筑包括法学知识在内的多元知识供给体系;(2)培养重点亦不局限于法科学生,还可通过对法律硕士(非法学)等培养方案进行改革,拓宽复合型法治人才培养渠道。

三、基于复合型法治人才培养的法学本科课程体系改革

复合型法治人才培养须按多元知识体系的要求重构法学本科课程体系。我们认为,我国法学本科教育应当是通识教育和职业教育的结合,课程体系包括博雅课程和专业课程。

"通识教育是某种形式的课程实践,但更是一种教育理念。通识

---

① 参见刘莉、尚涛:《学科融合角度看复合型法律人才的培养——以建筑复合型法律人才的培养为例》,载《煤炭高等教育》2013 年第 1 期。

② 参见张文祥、陈绚:《新闻—法学复合型人才的培养模式与路径——基于对国内外高校新闻传播与法学学科教学科研融合做法的分析》,载《中国大学教学》2013 年第 1 期。

③ 参见熊志海、陈纯柱:《理工科高校本科法学教育模式探索——兼论重庆邮电大学信息法学人才培养》,载《重庆邮电大学学报》(社会科学版)2012 年第 1 期。

④ 参见冯彦、王居峰:《复合型法律英语人才培养模式的构建》,载《社会科学战线》2011 年第 9 期。

教育是对高等教育专门化导致人的片面发展的一种矫正和超越，其终极目的指向人的充分自由的发展。”①法律是规范人们行为和社会现象的准则，隔离和过滤各种行为和现象的复杂性、多样性。法学知识乃是舍弃了其所规范对象本身知识的规范知识，运用法学知识解决现实问题，必须对法律规范知识和与行为本身相关的一般社会科学知识乃至自然科学知识有一定程度的了解，唯此才能准确理解和运用法律。德国慕尼黑大学就要求法科学生应当掌握一定的历史、社会、经济、政治等相关知识。② 相反地，“一个知识分支的主旨和意思，会随传授给学生的与之相配的其他知识的不同而不同。如果学生读书只囿于一门学科，那么这种劳动会助长片面追求某种知识的倾向，这样做会限制学生心智的发展。”③对法律理解的片面势必影响法律职业能力的养成，美国在 20 世纪 80 年代后，由于过度重视职业能力的训练而轻视人文素养导致律师及法务人员的职业素质倒退。“如果一个人只是个法律工匠，只知道审判程序之程规和精通实在法的专门规则，那么他的确不能成为一流的法律工作者。”④通识教育有助于改变“工匠式人才”培养模式，为法治人才培养奠定“宽口径、厚基础”。辽宁大学已经启动通识教育，博雅课程设计强调公共性、贯通性和综合性，主要由素质教育、思想政治教育、专项教育三部分构成。其中素质教育是通识教育平台的核心环节，主要在第一

① 杨春梅：《关于通识教育的路径》，载《教育评论》2002 年第 4 期。

② 《慕尼黑大学关于以第一次国家考试作为结束考试的法学学习规则》第 2 条规定，“以第一次国家考试作为结束考试的法学学习的目标是通过学生对法律的理解和运用以及对历史、社会、经济、政治和法哲学等相关知识掌握的证明……”参见韩赤风：《当代德国法学教育及其启示》，载《比较法研究》2004 年第 1 期。

③ ［英］约翰·亨利·纽曼：《大学的理想（节本）》，徐辉、顾建新、何曙荣译，浙江教育出版社 2001 年版，第 21 页。

④ ［美］E. 博登海默：《法理学：法律哲学与法律方法》，邓正来译，中国政法大学出版社 1999 年版，第 506 页。

学年开设,各院系选派知名教授、学术带头人、优秀教师等教学科研一线教师承担教学任务,现已开设200余门课程,包括以下5个模块:(1)社会科学模块。通过学习和掌握社会科学的相关知识和方法,培养探知和解决现代社会问题的基本能力;(2)人文学科模块。通过学习和掌握人文学科的知识与方法,正确认知人类社会发展中所积累的历史智慧和普遍经验;(3)公共艺术模块。通过学习和掌握人类生活经验的艺术表达形式,培养审美意识和鉴赏能力;(4)自然科学模块。通过学习和掌握自然科学的知识与方法,提高科学素养和理性思维能力;(5)应用技术模块。通过学习和掌握与应用技术相关的知识与方法,培养适应社会发展变化的应用能力。诚然,通识教育尚不能全面完成复合型法治人才培养的任务,但可以拓宽法律人才的知识视野,提供复合型法治人才未来自我生长的可能性。

由教育部确定法学核心课构成我国法学教育专业课程体系的主干。毋庸置疑,法学核心课程有助于提高我国法学教育准入门槛和课程设计的科学化,但近年来一些负效应日益显现。从14门到16门,核心课的"板凳"不断加长,以核心课为中心的法学课程体系渐趋僵化,加之《决定》关于"组织编写和全面采用国家统一的法律类专业核心教材"的要求,不免令人产生千校一面的担忧,亦无法完成复合型法治人才培养的要求。我们认为,可以考虑将法学核心课进一步细化,分为基础课程和基础拓展课程。区别基础课程和基础拓展课程,并非贬低后者的重要性,更非给教师们的重要性或者工作价值进行"排序",只是基于法学知识体系的特点而有所侧重而已。[①](1)基础课程包括法理学、宪法、民法、刑法、行政法、国际公法、诉讼

① 参见葛云松:《法学教育的理想》,载《中外法学》2014年第2期。

法等，是法科学生的必修课。教育管理部门可制定统一教学大纲，甚至组织编写统一教材、设定教学人员的资质要求等，以规范我国法学教育。(2)基础拓展课程则包括经济法、商法、知识产权法、劳动和社会保障法、环境资源法、国际经济法等，这些往往具有知识复合型，属于交叉或边缘学科，因此不宜予以全国性整齐划一的要求，应当鼓励各法学院系结合自身特色对高级课程外部体系模块、内部教学内容予以丰富多彩的安排，提高复合型法治人才培养的针对性和有效性。例如，将“环境资源法”改为跨学科的“环境资源管理与环境资源法”课程，甚至可以考虑进行课程群的教学设计，例如“企业管理与企业组织法”“保险原理和法律”“资本市场与证券法学”等商法课程群，以及“税收原理与国际、国内税法”“国际商务实践与法律”“竞争的经济与法律”等经济法、国际经济法课程群。

四、基于复合型法治人才培养的法律硕士(非法学)教育改革

除了传统法学教育课程回应复合型法治人才的需求外，一些院校还尝试建立更为系统化的培养机制。美国的 J. D. 是典型代表，并且被各国广泛地借鉴，即使大陆法系的日本、韩国亦建立了与之相似的法科大学院或法学专门研究生院，只是除面向非法学本科毕业生招生外，还招收法学本科毕业生。1995 年，国务院学位委员会通过了《关于设置法律专业硕士学位的报告》，开始“法律专业硕士学位研究生”的培养试点工作，1996 年“法律专业硕士学位”更名为“法律硕士专业学位”(Juris Master，JM)，以区别于传统法学研究生教育层次上的“法学硕士”。参考美国 J. D. 的法学教育，我国法律硕士的首批招生乃是面向非法学专业本科毕业生，进行三年全日制学习，即法律硕士(非法学)，之后又陆续增加以下类型：面向法律事务部门工作人

员的三年制在职法律硕士，即法律硕士（在职）；面向法学本科毕业生的二年制全日制法律硕士，即法律硕士（法学）；政法干警招录培养体制改革试点、面向法学本科的二年制全日制法律硕士，即法律硕士（政法干警）。随着我国法学教育改革逐步推进，各种类型法律硕士皆遭遇尴尬：法学本科职业教育化的发展，让面向法学本科毕业生或法律事务工作者招生的在职、法学、政法干警类型的法律硕士存在定位重复的窘境；而法律硕士（非法学）则缺乏达成应用型、复合型法律人才培养目标的有效手段。

我们认为，所谓“复合”，是指不同学科知识的交叉、融合与渗透，要在复合性知识基础上具有复合性思维，法律硕士（非法学）所具备“非法学本科 + 法律研究生”的学历背景不足以自动完成复合型法治人才养成。作为我国法律硕士（非法学）仿效对象的美国 J. D. 教育近年来亦面临加强复合型法治人才培养的挑战。纽约大学法学院院长 John Sexton 在 2000 年应邀在全美律师协会法学教育委员会成立 100 周年的庆祝大会上，作题为“新千年的法学教育”的重要发言，他指出法律职业“近年来专业化以令人眩晕的速度发展。今天，没有一个律师能够期望掌握所有的法律问题，面对所有的挑战。其结果是：越来越多的律师成为技术人员，他们高度专注于某一领域的知识、技能，而缺少了与其他领域专家的协作。”由此，“划分成不同专业领域的 LL. M 课程将越来越受到欢迎，而不分专业的传统的 J. D. 则面临改革的压力。法学院不得不提供更多的专业课程，从而将彻底改变法学教育的通识性，不断增加其专业性。”①

目前我国法律硕士（非法学）培养方案近乎于法学二学位，难以

---

① 冯玉军：《论国外法学教育改革的经验与借鉴》，载《中国大学教学》2013 年第 6 期。

体现法律硕士的应用型、复合型的要求。我们建议各个法学院系应当结合本校特色优势学科及培养对象进行协同创新的项目制培养。所谓协同创新的项目制是指法学院开门办学,与相关专业院系合作、与相关领域实务部门协作,共同确定法律硕士(非法学)方向。在协调创新的项目制下,须改变“眉毛胡子一把抓”的重量轻质的传统招生模式,应当结合项目予以方向性招录,例如,环境资源法、知识产权法方向优先考虑具有理工科背景的报考者,甚至限定某些特定专业,又如,医事法学法律硕士必须有医科背景。协同创新的项目制法律硕士应当重新设计培养方案,为避免法学院唱“独角戏”,除法学基础课和专业课外,须按不同项目制要求开设法学、非法学课程及二者交叉课程。此种培养方案将对师资提出较高要求,虽然我国法学院系难以按美国法学院的方式设置经济学等非法学的教席,但大学内部更为紧密的院系联系是我国的优势,可以在协同创新的项目制下实施跨院系的合作培养。协同创新的项目制还可以采取《意见》中实施高校与实务部门人员互聘、建立法学实践教学基地等应用型人才的培养手段,但须开拓合作对象,纳入政府机关、金融机构、企业组织、社会团体等,乃至进行“订单式”培养,确保法律硕士(非法学)培养的供需衔接顺畅。

五、结语

强调法治人才的复合型需求,并非排斥应用型的要求,应用型同样是来自需求侧的要求,“复合型的应用法治人才”或“应用型的复合法治人才”才是真正适应需求侧要求的培养机制创新的目标。通过法学本科课程体系、法律硕士(非法学)教育模式等改革,以回应对复合型、应用型法治人才的培养要求,二者并行不悖,但目前我国法学教育可能更需要复合型为导向的“查缺补漏”。同时,法学教育仅是法治人才培养的一个环节，我们亦须明确法学教育在复合型法治人才培养机制的定位，建立与大学前教育和入职教育、继续教育的衔接关系。

我国法学实践教学存在的问题及对策*

房绍坤**

在法学教育职业化的背景下,法律职业技能训练已经成为提高法律人才培养质量的关键,因此,法学实践教学受到了教育主管部门、司法实务部门的高度重视,各法律院校也在积极进行法学实践教学改革,采取各种措施以提高法学实践教学的质量。但不可否认的是,从总体来看,法学实践教学的效果与质量并不理想。这主要体现为法科学生在毕业后普遍缺乏基本的问题分析能力及法律适用能力。造成这种情况的原因是多方面的,既有体制机制的原因,也有社会环境的原因;既有教师方面的原因,也有学生方面的原因。因此,如何进一步提高法学实践教学的质量,还需要我们做更进一步的思考,付出更大的努力。笔者认为,从总体来讲,我国法学实践教学存在以下需要解决的问题:

一、法学实践教学的定位不够清晰

关于法学实践教学的定位,涉及两个方面的问题:一是法学实践教学与理论教学之间的关系,二是法学实践教学所要实现的基本目标。

法学专业是实践性很强的专业,法科学生毕业后大多要从事与

* 本文原载《人民法治》2018 年第 16 期。

** 吉林大学法学院教授,教育部“长江学者”特聘教授。

法律相关的职业,因此,法学教育被定位为职业教育。这就决定了法学教育必须要进行相应的实践教学,以适应法律职业的需要。但是,如何处理理论教学与实践教学之关系,长期以来一直是法学教育讨论的重点。目前,在法学教育界,“传道”与“炼术”之争是对理论教学与实践教学之间关系的经典概括。对此,存在两种倾向:一是重实践教学、轻理论教学。这种做法主张,法学人才是应用型人才,因此,法学教学应当加大实践教学力度,重点讲授案例分析和实践操作技能,缩减理论教学课时、减少课堂知识的灌输;二是重理论教学、轻实践教学。这种做法主张,高等教育的主要任务是使学生掌握某一方面的专业知识,而不是教会学生掌握某种职业技能,特别像法律职业这种经验型的职业而言,只能在实际工作中经过长期积累才能获得相应的技能,而非仅靠四年的大学教育即可获得。

笔者认为,上述两种倾向都存在一定的问题,正确的做法应当是理论教学与实践教学并重。毫无疑问,法律作为社会治理的手段或调整社会关系的工具,其具有自身的理论体系,法律制度的构建是以该理论体系为基础的;同时,法律的生命在于适用,其具有很强的实践性,“徒法不足以自行”,这需要法律人能够掌握适用法律的技能,正确地适用法律。因此,在法律教育中,理论教学及实践教学均不可偏废。当然强调二者并重并不是说安排同量的教学任务或课时,而是要将二者放在同等的地位对待。应当说,理论教学与实践教学是相辅相成、不能相互取代的,理论教学是实践教学的基础,实践教学是理论教学的依归,二者均是法学教育中不可分割的环节。一方面,理论教学指导实践教学。通过理论教学,可以使学生理解和掌握法律的基本概念、基本知识和基本制度,并在此基础上培养学生的法律理念、法律精神、法律信仰、法律思维能力。只有通过理论教学使学生系统掌握了法学理论知识,培养起良好的理论思维能力,才能为实践教学奠定良好的基础，也才能使学生认识到法律职业的特殊性。另一方面，实践教学是对理论教学的落实和深化。通过实践教学，不仅巩固了学生所学的法学专业知识，而且能够培养学生的实践能力和职业道德，使学生对法律职业有一个初步的认识。基于上述认识，在设计法学人才培养方案时，要严格遵循法学教育规律，合理设置理论教学和实践教学的课程和学时。对此，《法学本科专业教学质量国家标准》对理论教学课程和实践教学课程都提出了明确要求，其中实践教学累计学分不少于总学分的15%。应当指出，这一规定仅是对学分设置的要求，并不意味着实践教学的地位低于理论教学。

尽管我们强调，在法学教育中，尤其在法学本科教育中应将理论与实践并重。但是，也应清醒地认识到，实践教学本身所欲达到的目标，并非在于通过四年的本科教育即可使法科毕业生在毕业后成为"成熟"的法律人。换言之，我们并不能期待本科毕业生在参加工作后即可熟练地处理各类法律问题。因此，法学实践教学应以本科毕业生可在毕业后具备基本的法律分析和法律适用能力为目标。过度提高法学实践教学的目标，既不科学，也不现实。诚如霍姆斯所言，"法律的生命在于经验，而非逻辑"。因此，法学实践教学只是在其所可达到的功能限度内给予学生更多的法律思维训练，但这并不等同于法科毕业生在毕业后可完全熟练地掌握法律适用的全方位技能。其法律技能的进一步提高，在相当大的程度上，是需要在其工作之后的实践中不断积累和养成的。对于法律精神的充分领悟以及全方位的法律分析能力，是与法律人的阅历不可分割的，这也符合法律所具有的实践性特征。

二、法学实践教学的课程设置缺乏体系性

目前，法学理论教学的课程基本上已经形成了系统化的体系，核

心课、限选课、任选课都已基本定型。而且一些法院院校还开设了诸多特色的课程,如“法律+外语”“法律+金融”“法律+会计”等。而就法学实践教学而言,各法律院校虽然进行了多年的改革,但课程设置尚缺乏体系性。目前,就法学实践教学的课程设置而言,主要有课堂案例讨论、模拟法庭训练、法律诊所教育、毕业实习等。由于这类课程大多处于辅助地位,教师普遍对这类课程重视不够,缺乏对这些课程的研究,从而导致这类课程没有形成完整的体系。

笔者认为,加强法学实践教学,应当强化对实践教学课程体系的研究,应当根据学生实践技能的形成和发展规律来设置实践教学课程。构建一个由单一到综合再到实战的紧密衔接的实践教学体系,并在教学安排上加以落实,是我们在当下法学实践教学中必须完成的一项基本任务。《法学本科专业教学质量国家标准》对实践教学课程已经提出了明确要求,主要包括:(1)实践教学环节。在理论教学课程中应设置实践教学环节,强化案例教学,增加理论教学中模拟训练和法律方法训练环节;(2)实验、实训和专业实习。根据专业教学的实际需要,利用模拟法庭、法律诊所、专业实验室、实训基地和校外实习基地,独立设置实验、实训课程,组织专业实习(不得低于10周);(3)社会实践,不得低于4周;(4)毕业论文(设计),可以采取学术论文、案例分析、毕业设计、调研报告等多种体裁形式完成。各法律院校应当按照上述要求,设置实践教学环节,并结合本校实际开设特色实践教学课程,探索实践教学的新模式。

三、法学实践教学的训练方法缺乏科学性

众所周知,法学实践教学的目的在于训练、提升学生的实践技能,而学生实践技能的形成并不是一朝一夕即可实现的目标,它依赖于科学恰当的训练手段。只有采取科学恰当的训练方法,才能达到

提高学生实践技能的目的。但目前我国法学实践教学的训练方法尚不成熟,还缺乏科学性。例如,实践教学的案例往往并不是现实生活中所发生的案例,而是教师为说明某一问题而编制的,案例中所表述的事实往往也是没有异议的,只需要学生对案件的定性作出判断即可,缺乏对学生事实认定、证据质证方面的训练。同时,答案也往往是唯一的,缺乏对学生思辨能力的训练。再如,法律诊所训练,只是教师带领学生参加一些简单案件的处理,主要是为教师做一些辅助性工作,学生没有真正介入到案件处理当中。此外,学生的毕业实习大多是走过场,学生在实习单位往往都是干一些杂活,如装订卷宗等,很难学到真正的实践技能。

笔者认为,针对实践教学的训练方式,应当注意解决以下问题:其一,按照学生能力的成长规律设置实践教学课程,构建一个由单一到综合再到实战的紧密衔接的实践教学体系。单一型实践教学主要是依托理论课程而开展的实践教学活动,目的是验证理论知识和启发学生能动思考,培养学生对法律原理的理解力;综合型实践教学是以训练学生综合实践能力和操作技巧为教学目标的实践教学环节,一般以独立开设实践课程为宜;实战型实践教学是通过学生亲身参与法律实践以检验和进一步提升学生法律实务操作能力、社会沟通表达能力的教学模式。其二,按照学生法律技能形成规律采用不同的教学方法,以达到循序渐进地训练学生相应实践技能的目的,如案件示例法、角色模拟法、仿真实习法、实战演练法等。其三,应当将学生的法律职业伦理培养作为一个重要目标,要通过法学实践教学,使学生亲身体会到不同的法律职业角色所承担的社会责任。例如,当学生扮演律师的角色时,就要使学生体会到保守当事人秘密、禁止虚假陈述等有关律师从业的道德规则,这种体验对于学生的法律职业伦理的养成无疑具有潜移默化的作用。可喜的是,《法学本科专业教学质量国家标准》设置了“10 + X”的法学专业核心课程体系，其中，“10”指法学专业学生必须完成的10门专业必修课，其中就包括了法律职业伦理。其四，在法学实践教学中，应尽量选取现实案例并在案例分析中充分展现请求权基础的分析方法和法律关系的分析方法，使法科学生可以真切地领悟到法律适用方法的科学性和规范性，并能够熟练地使用这些方法。

四、法学实践教学的考核机制不健全

在我国传统高等教育中，考核方式一直备受诟病，各学校也都在不断地进行改革，取得了一定的成绩。但是，就法学实践教学而言，其考核方式并没有太大的改变，仍沿袭传统的考核方式，科学、合理的考核机制并没有建立起来。例如，毕业实习、社会实践等实践环节的考核主要是依靠单位鉴定，但这种鉴定基本都是形式上的，很少有实质内容，而且可靠性也很低；再如，实训课程因缺乏统一的考核标准，考核的内容通常也是笼而统之。正是由于法学实践教学的考核机制不健全，因此，各方参与的热情都不高。一方面，由于实践教学需要教师投入相当大的时间、精力，而现有职称评定、津贴待遇等大多以科研成果为衡量标准，使教师难以在此方面投入充足精力。另一方面，受应试教育的影响，很多学生不愿意花费时间和精力参与实践教学，即使参与也往往是应付了事。

笔者认为，加强实践教学，提高教学质量，考核方式必须要改革，要健全各种考核机制，使教师、学生的付出得到相应的回报，使学生能够真正提高实践技能。其一，建立学校与实务部门联动的考核机制，不能仅靠实习单位、实践部门的一纸鉴定就给定成绩，要结合学生的工作投入、工作效果、工作报告等多方面业绩评定相关成绩。其二，设置合理的考核因素和方案。如对模拟法庭，应当综合考虑工作投入、合作精神、工作难度、竞赛成绩等因素合理评定成绩。其三，合理算定指导教师的工作量，使教师的投入有所回报，而且在职称评定、津贴待遇等方面占一定的权重。如此，才能充分调动学生及教师参与实践教学的积极性，强化实践教学的效果，形成以考核促效果的合理机制。

五、教师不能为学生提供优质的实践教学服务

经过多年的发展，我国高校的法学师资队伍建设取得了令人瞩目的成绩，博士研究生比、海归比都大幅提高。但不可忽视的是，法学师资队伍中普遍存在一个现象，即法学教师普遍“能力不足”。应当说，学校之所以培养不出优质法律人才，在某种程度上，不是学生出了问题，问题出在教师身上，没有优质的教师，是无法培养出优质的学生的。教师的能力不足主要体现以下两个方面：一是知识结构有缺陷。例如，从事实体法教学的教师，往往对程序法不熟悉；而从事程序法教学的教师，一般对实体法不太了解。本来，法律的实体与程序是一体的，所有的实践问题都是包括实体与程序两个方面。但由于教师的知识结构不合理，教学中只能是就程序论程序，就实体论实体，学生解决问题的能力当然会出问题。二是缺乏实践能力。目前，法律院校的师资大都是法学博士，至少也是法学硕士，学识虽然很深，但因没有实践经验，导致实践能力普遍缺乏，从而使导致实践教学效果不佳。尽管中央政法委、教育部共同实施了法学师资的“双千计划”，但效果并不理想。一方面，派出的教师参与度不高，锻炼机会有限，无法深度参与一线实践；另一方面，派入的实务人员缺乏积极性，经常处于被动应付的局面。

笔者认为，针对法学师资能力不足问题，应重点采取以下几项措施：一是继续完善“双千计划”，出台更为具体的措施，在职称、职位、

待遇、员额等方面保证各方人员不受影响，使他们都能安心工作，真正发挥相互促进的作用；二是打破现有体制的限制，引进具有实践经验的实务专家充实到法学师资队伍中来。《法学本科专业教学质量国家标准》已经明确要求，法学专任教师队伍中应当包括一定比例的实务部门的专家，实践性强的课程的主讲教师应具有实务工作背景或实务经验。如果这一要求能够得到落实，将对法学实践教学质量的提高起到极大的促进作用。三是加强现有法学师资队伍建设，通过不同途径提高教师的实务能力和知识结构，并通过制度设计使为实践教学贡献力量的教师得到应有的回报。

新时代中国法学实践教学的社会维度分析

孙明春*

一、中国法学实践教学的探索和推进

近代中国法学是“西学东渐”影响下的产物,近百年来,来自不同地域、不同派别的西方法学在不同时期影响了中国高校法学教育的面貌。民国时期,随着清末大规模修律的仓促收场以及清王朝的覆亡,绵延数千年的“中华法系”走向解体,国人对自身固有制度、文化评判得更加猛烈。由此,不少学人将西方法学奉为圭臬,在当时中国法学界,西方法学流派诸如分析法学、社会法学、历史法学、现实主义法学等都在中国有自己的市场,民国法学权威人物中既有留学欧美的王宠惠、王世杰、杨兆龙、钱端升、吴经熊等,也有留学日本的江庸、戴季陶、章士钊、居正、张君劢等,他们各执一说,都企望依靠自己所掌握的西方法学知识来改造中国。中华人民共和国成立后,域外法学对中国的影响并未因此削弱,正如刘小平所指出:“由于历史原因,英美的影响戛然而止,转而面向前苏联学习其法律制度和法学理论。而在1978年以后,同样由于时代的转折,西方的法律思想才又得以重新进入中国。”①这样的结果就是,以取法西方为代表的“法律移植主义”在中国大地颇为盛行,研读西方不同法学流派的所谓经典著作

* 首都经济贸易大学理论法学研究中心副研究员,法学博士。

① 刘小平:《法学中西之间:西方法学在中国法学理论体系建构中的贡献和定位》,载《法制与社会发展》2012年第6期。

也成了不少法科学子的不二选择,而实践和实操被不少人认为是无足轻重或毕业以后的事情。

进入21世纪后,为了使法学教育更加突出中国本土的主体地位,进一步破解“重理论轻实践”的育人弊端,在积极推动中国“入世”并与世界接轨的同时,国家对于如何推进依法治国以及改进法学人才培养出台了若干文件,教育主管部门和各高校也在实践教学方面展开了一系列探索。2011年12月23日,教育部、中央政法委联合出台了《关于实施卓越法律人才教育培养计划的若干意见》(以下简称《意见》),《意见》直陈我国高等法学教育仍存在“不能完全适应社会主义法治国家建设的需要,社会主义法治理念教育还不够深入,培养模式相对单一,学生实践能力不强,应用型、复合型法律职业人才培养不足”等问题,为此,《意见》将“培养应用型、复合型法律职业人才”作为实施卓越法律人才教育培养计划的重点,并拟实施“双千计划”,即选派1000名高校法学骨干教师到实务部门挂职1~2年,参与法律实务工作;选派1000名法律实务部门具有丰富实践经验的专家到高校任教1~2年,承担法学专业课程教学任务。在强化法学实践教学环节,《意见》要求开发法律方法课程,搞好案例教学,办好模拟法庭、法律诊所等,充分利用法律实务部门的资源条件,建设一批校外法学实践教学基地。① 由此可见,此处的法学实践教学带有鲜明的职业维度取向,即预设所有法科学生将来的职业选择都是进入法律实务部门,要求他们在掌握好法学理论知识的同时还应多参加与提高法律实务技能相关的实践。

在这一《意见》的带动下,不少法学教育工作者也就将实践教学

① 参见《教育部、中央政法委员会关于实施卓越法律人才教育培养计划的若干意见》,载教育部官网:http://www.moe.edu.cn/srcsite/A08/moe_739/s6550/201112/t20111223_168354.html,最后访问日期:2018年10月12日。

内容限定在了解决各类争议的法律实务领域，比如，梅龙生认为："法科学生实践教学内容主要是运用法律基本概念、基本原理和基本制度于法律实践之中，重点是将具体法律规范运用于法律实践之中，分析和解决各类法律关系争议。"①实践教学的形式和载体也是紧紧围绕法律实务技能的提升。② 现实操作中，大多数高校在法学人才培养方案中对于实践教学部分也基本是按照这份《意见》来设计和开展的。

党的十八大以后，全面推进依法治国成为"四个全面"战略布局之一，2014 年 12 月 23 日通过的《中共中央关于全面推进依法治国若干重大问题的决定》要求依法治国、依法执政、依法行政共同推进，法治国家、法治政府、法治社会一体建设，对于法治人才培养也延续了以往职业维度的取向，提出"健全政法部门和法学院校、法学研究机构人员双向交流机制，实施高校和法治工作部门人员互聘计划"，并"建设通晓国际法律规则、善于处理涉外法律事务的涉外法治人才队伍"。③

二、职业维度取向的优势与不足

在法学人才培养中引入职业维度的实践教学，致力于提升法科学子的法律实务技能，可以在很大程度上缓解法学教育"重理论轻实践"的弊病，而且这对于将来有志于从事法律实务工作的学生来说确有必要。在实务技能提升方面，中国人民大学法学院行动较早，成效

---

① 梅龙生：《论法学实践教学体系的完善》，载《河南教育学院学报》（哲学社会科学版）2016 年第 6 期。

② 参见刘坤轮：《我国法学类专业本科课程体系改革的现状与未来——以五大政法院校类院校为例》，载《中国政法大学学报》2017 年第 4 期。

③ 参见《中共中央关于全面推进依法治国若干重大问题的决定》，载中国共产党新闻网：http://cpc.people.com.cn/n/2014/1029/c64387-25927606-3.html，最后访问日期：2018 年 10 月 12 日。

显著。该院在中国人民大学物证技术实验室(前身为创建于1953年的中国人民大学刑侦实验室)的基础上于2005年成立了中国人民大学法学实验实践教学中心,中心下设三个部门:立法实验教学部、司法实验教学部、法律实践教学部,学生不仅可以通过物证技术实验、诊所教育课堂学习实务实践技能,同时还可以通过对外的物证技术鉴定中心、诊所对外的接案系统来提供社会服务,在提供社会服务的过程中不断提高实践水平,将志愿服务与法学实践教育有机结合,不少学生表示从中受益良多。一位曾在中心服务的同学这样谈道:“我的收获远超出了我自己的预期。在诊所值班的过程中,我不仅有机会与形形色色的当事人接触,锻炼了我的应变能力、沟通能力和处事能力,而且在向当事人提供专业的建议的过程中,我的专业素养也得到了极大的提升。法律诊所为我提供了一次极其奇妙的专业体验”。①

以职业维度为取向的实践教学固然可以在大学期间就能让学生具备一定的法律实务问题处理能力,但若将实践教学仅局限在职业这一个维度则也存在一些不足,这些不足主要体现在以下两点:

第一,单一职业维度的实践教学难以克服客观条件制约的不足。法学院毕竟不同于法院、检察院、律所等法律实务部门,其一方面不能完全复制法律实务部门的硬件设施和办公环境;另一方面也不能保障具有丰富法律实务经验指导人员的充分供给,因此,不少高校设置的法律诊所、模拟法庭往往形式大于内容,其所起到的育人效果也经常会大打折扣。对此,于志刚曾指出:“模拟法庭被众多法学院所奉为实践教学的标志,但在开展时却放手以‘绝对信任’的方式让没

① 参见刘昱含:《课堂内外的法学教育实践——记中国人民大学环境法律诊所》,载中国人民大学法学实验实践教学中心网:http://www.law.ruc.edu.cn/lab/ShowArticle.asp?47665.html,最后访问日期:2018年10月13日。

有任何实务经历、经验的年轻教师甚至是高年级学生指导低年级学生，让学生‘自娱自乐’，教师更多地充当起‘评委’、‘观察员’角色，缺少教师理论指导尤其是缺少实务指导，整体规划的模拟法庭更多的不再是一种教学活动，更多的成为一种实践活动。同样的问题在实践实习、法律诊所等方面均较为突出。”①这些现象不得不引起我们的反思。

第二，单一职业维度的实践教学难以培养学生“情理法”兼备的知识结构和法治素养。中国古代传统司法智慧讲究“天理、国法、人情”的协调统一，鲜有情、理、法割裂现象的出现。近代以来，随着中华法系的解体，在很长一段时间里中国固有的传统礼法体系受到了否定和批判，在立法领域“法律移植主义”盛行，在司法领域无视社情民意的情况时有发生。经过多年的发展，法律职业群体也形成了一种精英化、团体化的自我闭合倾向，如果我们在实践教学中仅对学生强调职业这一个维度，就难以让这些未来法律职业人具有“情理法”兼备的知识结构和法治素养，无法实现“德法兼修”，也就不能在将来很好地扭转法治与国情、民意脱节甚至抵牾的局面。

因此，这就要求我们在设计、开展法学实践教学时除了职业维度外还应引入其他维度，而作为孕育、承载法学和法治的“社会”理应成为实践教学中的一个重要维度。

三、新时代法学实践教学不能缺失社会维度

2017 年在中国发展史和法学教育史上都将是一个具有里程碑意义的年份，因为在这一年，中共十九大做出了中国特色社会主义进入

① 于志刚：《法治人才培养中实践教学模式的中国探索：“同步实践教学”》，载《中国政法大学学报》2017 年第 5 期。

新时代的科学论断,并对全面依法治国提出了新的要求和部署;这一年,习近平总书记考察了中国政法大学,对我国法治建设和法学教育发表了一系列精辟论述。我国的法学教育和法学实践教学也应基于新时代的新要求引入新维度、注入新内涵,以便为新时代造就更多优秀的法学人才。

2017 年 5 月 3 日,在五四青年节来临之际,在中国政法大学建校 65 周年前夕,习近平总书记考察了中国政法大学,并对我国法治建设和法学教育发表了一系列精辟论述。在法学学科体系建设上,习近平强调我们要立足中国历史文化和国情,注重中国智慧、中国实践的挖掘和运用。他提出,我们有我们的历史文化,有我们的体制机制,有我们的国情,我们的国家治理有其他国家不可比拟的特殊性和复杂性,也有我们自己长期积累的经验和优势,在法学学科体系建设上要有底气、有自信。要以我为主、兼收并蓄、突出特色,深入研究和解决好为谁教、教什么、教给谁、怎样教的问题,努力以中国智慧、中国实践为世界法治文明建设作出贡献。在法学教育上,习近平重点强调了法学学科的实践性,主张法学教育要处理好知识教学和实践教学的关系,打破高校和社会之间的体制壁垒,将实际工作部门的优质实践教学资源引进高校,加强法学教育、法学研究工作者和法治实际工作者之间的交流。[①] 习近平这次考察中国政法大学的讲话指向性强,意义重大,正如卞建林教授所说:"总书记提出了法治人才培养的明确目标,指引着法学教育的长远发展。"习近平在讲话中关于立德树人、德法兼修、抓好法治人才培养的论述,湖南省浏阳市人民法院院长李波深认为,这一要求需通过实践的路径来落实。他提出:"法

① 参见《习近平在中国政法大学考察》,载新华网:http://news.xinhuanet.com/politics/2017-05/03/c_1120913310.htm,最后访问日期:2018 年 10 月 15 日。

治实践也是法治人才培养的重要一环。法学学生从校园走上工作岗位,必须在工作中做到法理并重、德法合一,在广泛深入的实践中成长成才。”①

2017 年 10 月 18 日,中国共产党第十九次全国代表大会召开,大会基于十八大以来国内外形势变化和我国各项事业的快速发展,做出了中国特色社会主义进入了新时代的科学论断,并指出这是我国发展新的历史方位。党的十九大报告作为一份指导中国未来发展全局的纲领性文件,其虽未直接对如何开展法学实践教学做出规定,但其对我国法治建设和法学教育发展的目标和方向做出了明确规定,即将全面推进依法治国作为中国特色社会主义的本质要求和重要保障,要求必须坚定不移走中国特色社会主义法治道路,坚持依法治国和以德治国相结合,努力提高全民族的法治素养和道德素质。②

通过上文介绍我们发现,在 2017 年,党和国家对于法治建设和法学教育做出了一系列重要论述和重大部署,这就要求我们必须重新审视和调整法学实践教学的目标、任务、内容和形式。本文认为,单纯以掌握熟练法律实务技能作为法科人才培养目标以及仅将职业需求作为法学实践教学的单一维度已不能完成适应新时代对法治人才的发展要求。本文建议,未来我国法学实践教学在坚持职业维度取向的同时还应引入社会维度,即将课堂教学与中国社会现实紧密结合,引导学生在社会实践的大舞台中感知国情社情,沟通民心民意,探寻实现良法善治之道,激励更多法科学子立志于为世界法治文明建设贡献中国智慧和中国方案。

---

① 参见陈菲等:《为全面依法治国培养更多优秀人才》,载《人民日报》2017 年 5 月 5 日,第 2 版。

② 参见习近平:《决胜全面建成小康社会 夺取新时代中国特色社会主义伟大胜利——在中国共产党第十九次全国代表大会上的报告》,人民出版社 2017 年版,第 22 ~ 23 页。

四、社会维度法学实践教学的实施路径分析

以往不少高校法学实践教学基本是围绕职业维度这一取向来展开，其载体和形式基本包括在学院内部组建法学诊所、模拟法庭以及在法律实务部门设立实习和实践基地等。社会维度的法学实践教学虽然在之前被提及、研究的较少，但其实不少高校在实际工作中已有相应的探索和设计。尽管如此，在大家对法学实践教学的概念界定以及实现方式尚未达成共识的大背景下，社会维度的法学实践教学自然也就难以得到应有的重视。

以中国政法大学为例，在其新修订的《本科培养方案》(2017 年版)关于法学专业(法学人才培养模式改革实验班)学分分配中，实践教学学分共计 36 学分，占到学生需修学分总数的 17.6%。这 36 学分的具体构成情况是：军训 1 学分、公益劳动和志愿服务 1 学分、社会实践 2 学分、学年论文 3 学分、读书报告 3 学分、法律诊所 5 学分、专业实习 5 学分、毕业/学位论文 16 学分。可见，在新版法学专业本科培养方案中，能被中国政法大学认可的实践教学形式包括军训、公益劳动和志愿服务、社会实践、学年论文、读书报告、法律诊所、专业实习和毕业/学位论文。其中法律诊所和专业实习属于传统意义上职业维度取向的法学实践教学方式，军训、公益劳动和志愿服务则是带有通识性质的人才培养方式，学年论文、读书报告以及毕业/学位论文严格来说都不能算作是真正意义上的法学实践教学方式。可以称得上是社会维度法学实践教学方式只有其中的社会实践了，但只占有 2 学分，规定时长为 4 周，可见比重之小、分值之低。

本文认为，结合已有育人载体和实现方式，社会维度的法学实践教学主要有两种：一种是上文提到的与法学教学和研究紧密相连的社会实践；另一种则是相关兴趣小组或研究团队运用所学法学专业

知识为了研究破解某一社会现象或问题而参加的学术或学科竞赛。下面逐一进行介绍。

社会实践是目前在高校中被大家广为接受的一种育人方式，刘晓东等认为，大学生社会实践是指大学生在高等学校结合其培养目标的引导下，以大学生为依托，以社会为舞台，开展的接触社会、了解社会、服务社会，并从中接受教育、培养综合素质的一系列有组织、有计划的活动的总称。① 其在中国最早起源于20世纪80年代团中央召全国大学生在暑期开展的“三下乡”活动（有关文化、科技、卫生方面的内容知识让农村知道，促进农村文化、科技、卫生的发展），所以，在大多数高校中，共青团组织成了社会实践的牵头和组织单位。也正因如此，社会实践“活动性”明显，“教学性”不足，不少高校法学院在实践教学开展中与社会实践结合不够，这也成了长期以来法学实践教学社会维度缺失的原因之一。

不过，这种现象在当前已有一定改观。以首都经济贸易大学为例，学校党委近年来在“大思政”的视域下来推动全校实践育人工作的协同创新，要求课堂讲授的重点、难点与社会实践的内容、形式紧密结合；校团委也鼓励青年教师发挥专长，积极参与学生实践项目的选题策划和实践开展，取得了较好成效。该校劳动经济学院纪韶教授带头指导学生社会实践的做法得到了习近平总书记的高度赞扬，法学院青年教师陈寒非指导的《村规民约在新型旅游乡镇中的治理作用》实践项目获得首经贸2017暑期社会实践风采奖一等奖。

以往法学院学生参加的学科或学术竞赛可谓种类繁多，但多侧重职业维度取向，诸如北京市大学生模拟法庭比赛、WTO模拟法庭

① 参见刘晓东主编：《大学生社会实践理论与实务》，高等教育出版社2014年版，第2页。

竞赛、辩论赛等。如果要说侧重社会维度且在全国范围有较大影响的竞赛则当属“挑战杯”全国大学生系列科技学术竞赛。自1989年首届竞赛举办以来,“挑战杯”竞赛始终坚持“崇尚科学、追求真知、勤奋学习、锐意创新、迎接挑战”的宗旨,在促进青年创新人才成长、深化高校素质教育、推动经济社会发展等方面发挥了积极作用,在广大高校乃至社会上产生了广泛而良好的影响,被誉为当代大学生科技创新的“奥林匹克”盛会。在以往竞赛中,理工科学生参与热情高且获奖概率大,近年来,鉴于该赛事拥有较大影响力且比赛规则具有较强的实践指向和现实意义,也获得了越来越多包括法科学子在内的人文社科学生的青睐,在大赛中也多有不俗表现。

比如,在2017年举办的第十五届“挑战杯”全国大学生课外学术科技作品竞赛的39件特等奖中,法学类作品有5件,分别是北京师范大学的《资源型村庄的权力结构及治理的变迁——基于对山西省T村历史的实证研究》、华东政法大学的《农民专业合作社运行现状与利益联结机制研究——基于鲁、皖、浙三地合作社实地调研》、温州医科大学的《最好的告别:安乐死的社会意愿及合法化路径探究——以浙江省为例》、华中师范大学的《从“愁城难解”到“城人之美”:基于武汉市流动摊贩的全民自治模式探究》以及中南大学的《法律规制视角下历史遗留重金属污染防治的风险分析与对策选择调研报告》。虽然这5件作品在特等奖中所占比重不是很高,但考虑在以往“挑战杯”获奖中基本被理工科学生“一统天下”,现在能有5件法学类作品跻身全国特等奖行列,这一数量已实属不易。而且与上一届的3件法学类特等奖作品相比,这届5件已有一定进步,这也让我们看到了其良好的发展态势。

综上所述,为法学实践教学引入社会维度是新时代中国法学发展的必然要求。各高校在法学人才培养中应尽快纠正单一职业维度取向实践教学的偏差，以更开放的视野和更大的力度来扎实开展社会维度法学实践教学，推动法学课堂讲授与社会实践、相关学术竞赛的有机融合，力争在新时代培养出更多会通中西、德法兼备的优秀法学人才。

新型工业化时代法学教育的理念形成与实践展开

——北航法学院 20 年建设思考

龙卫球[*]　初殿清[**]

序言

与我国国家工业化三段进程相对应，我国的高等教育发展模式在不断探索中也经历了三个阶段。第一阶段：有计划的工业化阶段，教育模式上照搬苏联模式，通过院系调整、强化工科、大批院校归专业部门等措施，把普通高等教育体系改造为高等职业教育体系。综合性大学数目大幅减少，单科院校数量增加；专业设置上，工科专业比重急剧上升，文、法、商科专业比重下降。第二阶段：市场导向的工业化阶段，教育模式上以学科建设为核心的高校办学理念日渐盛行，高等教育体系全面“去职业化”，重建大学与社会发展的边界，具体表现为强调学术教育和理论教学，职业教育和实践教学相对弱化，学生理论知识扎实但动手能力差，高等教育与社会经济发展逐渐脱节。第三阶段：21 世纪初至今的新型工业化阶段，科技创新成为经济结构调整和持续健康发展的决定性力量，在人才需求上体现为对富有创

* 北京航空航天大学法学院院长，教授。
** 北京航空航天大学法学院副院长，副教授。

新精神、实践能力强、学科交叉融合的高层次技能人才的需求。①

新型工业化阶段仍然是市场导向的,与第二阶段主要区别在于突显信息化在工业化进程中的变革性影响。与发达国家相比,我国工业综合实力存在较大差距,第三次工业革命通过数字技术、个人电脑、互联网使人类社会从机械化生产时代走进自动化生产的电子时代和信息时代,而信息技术和智能制造的到来给我们带来了迎头赶上、弯道超车甚至是革命领跑的历史机遇。在世纪之交的路口,党的十六大提出走新型工业化道路,“坚持以信息化带动工业化、以工业化促进信息化”,与传统工业化道路不同,强调信息化在工业化过程中的核心作用,与此并行的是信息技术对社会经济生活的全面渗透。经过10余年的发展与探索,党的十八大进一步丰富了新型工业化道路的内涵,提出信息化与工业化深度融合,以创新驱动发展,强调科技创新是提高社会生产力和综合国力的战略支撑,自此我国国家工业化战略从“追赶战略”转向“创新驱动发展战略”。

相应地,在高等教育发展政策上,《国家中长期教育改革和发展规划纲要(2010~2020年)》(以下简称《纲要》)强调了两个层面的内容:一是旨在提高学生创新能力、就业能力的交叉培养与联合培养机制;②二是旨在强化高校科研资源智库功能的联合科研与资源共享机制。③ 而今,以无人驾驶、人工智能、新型材料、3D打印、5G通信等

① 参见周光礼等:《国家工业化与现代职业教育——高等教育与社会经济的耦合分析》,载《高等工程教育研究》2014年第3期。

② 《纲要》中要求“促进多学科交叉和融合”“强化实践教学环节”“创立高校与科研院所、行业、企业联合培养人才的新机制”“重点扩大应用型、复合型、技能型人才培养规模”。

③ 《纲要》中要求“充分发挥高校在国家创新体系中的重要作用,鼓励高校在知识创新、技术创新、国防科技创新和区域创新中作出贡献”“以重大现实问题为主攻方向,加强应用研究”“促进高校、科研院所、企业科技教育资源共享”“高校要牢固树立主动为社会服务的意识,积极参与决策咨询,主动开展前瞻性、对策性研究,充分发挥智囊团、思想库作用”。

为标志的第四次工业革命势将席卷全球,深度影响人类社会生产生活的各个角落。[①] 数字化、智能化革命不但深刻改变着生产组织方式和世界经济格局,也改变着人类的生存状态和学习方式,高等教育领域面临着自观念到模式再到具体制度的新一轮风暴洗礼。

一、基本理念:建一所新时代的法学院

(一)新型工业化时代对法学教育的要求

法学教育需以服务于社会发展为其导向,以法律人才培养和法学研究成果为建设更好的社会秩序体系提供智识支持。新型工业化时代社会经济发展的标志性特征是信息技术在新一轮工业化中的关键作用,而人类社会信息底层结构的改变将引起法律、法律职业以及法学教育的转型。信息底层结构在很大程度上决定了我们有多少法律,法律有多复杂,法律的改变有多频繁,以及什么人有责任和知识上的能力就法律提供意见。[②] 在这场史无前例的技术大变革之中,法学院可能无法选择保持站立于其传统模式中原地不动,许多国际知名高校的法学院已经在这一宏伟社会转型过程中探索改变教学理念、课程体系和课程内容,比如哈佛大学、牛津大学、哥伦比亚大学、

① Larry Elliott, *Fourth Industrial Revolution Brings Promise and Peril for Humanity*, https://www. theguardian. com/business/economics-blog/2016/jan/24/4th-industrial-revolution-brings-promise-and-peril-for-humanity-technology-davos, June 20, 2016.

② 人类已经经历了信息底层结构的4个阶段:口头时代、书写时代、印刷时代、通信信息技术时代。第五个时代即将到来,三四十年后,纳米技术、机器人技术、基因技术、信息技术将融为一体。目前,我们正从基于印刷的工业社会进入基于互联网的信息社会。参见[英]理查德·萨斯坎德:《法律人的明天会怎样?——法律职业的未来》,何广越译,北京大学出版社2015年版,第182~183页。

斯坦福大学、麻省理工大学、纽约大学、乔治城大学、杨百翰大学等。[①]

法学院应研究和规划法律行业和法学教育的远景,至少思考以下两方面问题:第一,新型工业化社会需要什么样的法学人才?第二,培养上述人才需要法学教育在哪些方面进行改革?

首先,新型工业化社会需要什么样的法学人才?近年来,我国法学专业毕业生的就业率处于低迷状态,引发了法学教育界诸多思考,是不是我们法律相关职业的市场真的已经供大于求?还是我们培养的法学毕业生供不“应”求(此处“应”字作“回应”解,指我们向社会输出的法学毕业生难以回应社会发展对法律职业人能力的需求)。类似的问题在其他国家同样存在。有研究表明,目前世界各地的法学院都遭到批评,认为其录取的学生人数远远超过了法律职业所需求的数量;研究者认为关注的重点并不在于法学院是否招生过度,而在于这些教育机构是否真正教了应该教的东西,在于法学院是否能够让法律学生对未来的法律市场做好充分准备。[②] 2012 年,美国律师协会修订其《职业行为模范规则》中有关律师能力要求的相关条款,对执业中会涉及的科技相关问题的了解也被列为能力要求之一。[③]

---

① 在哈佛大学、斯坦福大学、牛津大学等大学中,学习计算机技术、网络技术以及相关发明创造对社会发展的影响已经成为一项主流学习内容,哈佛大学博克曼中心的法律实验室所研制的法律管理软件系统已经被部分州使用,杨百翰大学法学院在 20 世纪 80 年代便开始了电子案卷课程的早期尝试,麻省理工大学法学院将科技元素融入法学教育改革的做法影响力不断扩大。See Oliver R. Goodenough,“Developing an E-Curriculum:Reflections on the Future of Legal Education and on the Importance of Digital Expertise”,88 *Chi.-Kent L. Rev.* 845,869 – 876,2013. 哥伦比亚大学法学院的“数字时代法律诊所”以及乔治城大学法学院的“科技、创新与法律实务”研讨班也同样取得了教学成果。See Ronald W. Staudt and Andrew P. Medeiros,“*Access to Justice and Technology Clinics*:*A 4% Solution*”,88 *Chi.-Kent L. Rev.* 695,723 – 724,2013.

② [英]理查德·萨斯坎德:《法律人的明天会怎样?——法律职业的未来》,何广越译,北京大学出版社 2015 年版,第 152 ~ 153 页。

③ 律师应当及时了解法律执业中的发展变化,包括伴随科技而产生的利益与风险。See Rule1.1,ABA Model Rules of Professional Conduct.

在新型工业化社会，具备以下两方面素质和潜力的法学人才在未来就业环境中会具有较强竞争力：一方面，能够应对信息社会给传统法律行业领域带来的挑战，对新环境下的新问题具有较强的应变和处理能力；另一方面，能够敏锐发现和及时把握新兴技术带来的机遇，使其为法律行业领域所要实现的核心价值（公正、平等、秩序、效率等）提供增量。据此，除了具备扎实的法学基础知识和清晰的法学思维之外，法学毕业生在以下方面的能力会被强调：第一，实践能力，并非仅仅是传统意义上的法律实务技能，而是包含着迅速感知并融入既有法律职业的新变化以及新兴法律行业领域[①]的能力。第二，创新能力，主要来自其跨领域知识结构。第三，持续学习能力，我们生活在一个信息爆炸的时代，知识正在以几何倍数急速增长，并且经常体现出学科交叉的面向，高等教育给予我们的知识储备很可能在毕业短短几年后便不再能够满足社会生存需要。我们不停歇地成为新的菜鸟。[②] 所以，未来社会评价人才的标准并不仅仅关注其已经具备的知识体量，而是更为关注其持续吸收知识乃至创造新知识的能力。所以，相当意义上，学习方法的讲授比知识本体的讲授更为重要。

其次，培养上述人才需要法学教育在哪些方面进行改革？相关改革可以从宏观和微观两个层面来观察。宏观层面包括拓宽专业口径和相关资源的结构性调整。前者比如近年来许多高校在尝试探索，而其法学院系也参与其中的大类招生和通识教育，又如通过学科

① 关于法律人的新工作，许多法学教育界的专家尝试过举例，比如法律知识工程师、法律技术专家、跨学科法律人才、法律项目管理师、在线纠纷解决师等。

② 凯文·凯利在《必然》一书中指出，未来的科技生命将会是一系列无尽的升级，而迭代的速率正在加速，我们永远都会是菜鸟，并永远因此保持虚心。永远是菜鸟是所有人的新设定，这与你的年龄，与你的经验，都没有关系。参见［美］凯文·凯利：《必然》，周峰等译，电子工业出版社2016年版，第5页。

融合助力复合型人才培养等。后者则涉及解构并重新整合教育资源,继而重构法学人才培养框架,包括科研与教学资源共享、院系之间资源共享、高校与实务部门资源共享等。微观层面涉及法学院的课程体系、课程内容、授课方式等具体环节。近年来,国外法学教育界兴起的对信息时代法学教育的若干探讨便主要集中于微观层面的具体改革研究。

下文便以北京航空航天大学法学院(以下简称北航法学院)近年来的教育改革为个案,谈谈我们对新型工业化法学教育的理解。

(二)北航法学教育模式的基本理念

北航法学院以开创和发展现代新型法学教育为基本目标,同时注重服务国家建设新型工业化法治战略需求,牢固树立法学人才培养的中心地位,逐步形成了“科学基础、人文素养、实践能力、国际视野”协调发展的法学人才培养体系。结合新型工业化时代的社会发展需求,北航法学教育在办学理念上呈现出三方面特点:

第一,战略性。北航法学院始终以探索和践行现代新型法学教育为目标,谋求“全球视野、长效发展”,结合我国全面建设法治国家的背景,充分融合北航现代科技教育战略优势,主动服从国家新型工业化道路的重大战略需求,打造体现时代特征的新型、卓越法学教育模式。以国家与社会发展需求为先导,强化基础性、前瞻性和战略性科研与教学,致力于智库建设与法学教学之间的良性互动。

第二,协同性。多年来,北航全面实施“空天信融合、理工文综合、产学研结合”战略,把法学学科作为精品文科的重点建设领域,构建“优势工科、扎实理科、精品文科”的学科发展生态,构建学科协同发展的世界一流大学。这使北航法学院自始便生长于一个关注和强化协同创新的教育环境之中。这里的协同,既包括与本校其他学科之间的协同,也包括与校外相关实务部门的协同。

第三，务实性。“尚德务实、求真拓新”是北航遵循的办学理念，“德才兼备、知行合一”是北航师生共同践行的校训。北航法学院注重学生实践素质的培养，通过实践教学，要求学生一方面具备宽广的视野，了解发展中的社会对法律从业者有哪些需求，进而调整自己的知识结构，而不是将关注点仍放在过去、倒行着走进未来；另一方面，落实于扎实的行动，锻炼工作环境适应能力和自我学习能力。

2018 年年初，响应党的十九大“坚定不移贯彻新发展理念”的政策指引，北航法学教育下一步的建设思路，明确定位于坚持新发展理念与法学教育紧密融合，将战略办学、开放办学、动态办学作为北航法学教育的基本政策：

1. 坚持“战略办学”。北航法学院以服务国家战略为人才培养和学术科研的重要指针，以国家与社会发展需求为先导，强化基础性、前瞻性和战略性科研与教学。北航法学院的战略办学模式体现于价值性和地域性两个层面：在价值性层面，法学教育战略办学致力于将“创新、协调、绿色、开放、共享”的新发展理念有机融入法学教育模式革新之中，探索、回应相关领域法治需求为法学人才培养和法学科研创新提出的新课题与新挑战。在地域性层面，法学教育战略办学将扎根于中国大地，致力于服务我国国家治理与社会经济发展现实需求，为建设“科技强国、质量强国、航天强国、网络强国、交通强国、数字中国、智慧社会”提供有力支撑。

2. 坚持“开放办学”。新发展理念背景下，需要对法学教育体制进行结构性调整，通过开放办学、师资协同、资源协同等方式，解决培养力度不足、回应社会力度不足的问题。北航法学院的开放办学模式主要体现于三个方面：一是校内开放协同。以北航强化协同创新的教育环境为依托，加强与本校计算机学院、电子与信息工程学院、航空学院等在课程、培养项目和师资等方面开展深度合作，协同各方资源，建设跨学科的教学科研师资团队。二是校外开放协同。加强与校外相关实务部门的联合科研、人才培养，建立协同共建战略合作关系，加强校内外实质化联合培养，探索“高校—实务部门”联合培养新形式，着力实现“教育资源社会化、司法资源教育化”。使法学院在信息时代承担起“知识中心”功能，有效地将科研、教学和实务融为一体。三是国际开放协同。持续巩固和提升国际化办学平台，密切对外交流，深入发掘国际合作潜力，探索与国际组织、国外实践基地合作开展项目，增效应用型、复合型人才培养。

3. 坚持“动态办学”。北航法学院坚持动态办学模式，紧跟时代发展脚步，结合社会发展新需求，不断调整建设举措，使我院的法律人才培养和法学研究成果为国家治理体系和社会经济发展及时提供智识支持。新时代社会经济发展的标志性特征是信息技术的关键作用，而人类社会信息底层结构的改变将引起法律、法律职业以及法学教育的转型。在当前的加速信息化时代，科技升级与知识迭代呈几何倍数急速增长。在这一新形势下，“及时调整”与“有效回应”将成为未来法学教育发展的关键词。

二、实践开展：前两个10年的探索

北航法学院兴起于20世纪90年代我国高等教育大转型的浪潮之中，回望走过的20年，北航法学教育从无到有，从系到院，从创建到崛起，历经萌芽、开办、独立办学、快速发展、腾飞发展等发展过程。其间，北航法律人亲历了梦想与实践，付出了努力与艰辛，穿越了创业与兴盛，创造演绎了“现代法学教育北航模式”的壮怀与激情。

北航法学教育模式的形成，迄今经历了“两个10年”、三个阶段。

（一）基础搭建阶段（1997～2007年）

建校初期，北京航空航天大学就成立了政治教研室，其中有数位法学教师。1987年,学校组建社会科学系,并成立法律教研室。1995年,学校组建北航法学研究所。1997年,北航整合法律教研室、专利研究所和北航法学研究所等单位,在人文学院设立法律系;同年,开始招收法学本科生。2002年正式成立法学院。北航法学院具有注重特色发展和交叉研究的传统,在初步发展时期便有所体现,先后成立"知识产权与科技法研究所"(1997年)、"外层空间法研究所"(2000年)等体现特色领域优势的教学研究机构。2000年起,北航法学院取得民商法学硕士学位授予权;2002年起,正式招收民商法硕士研究生;2003年起,开设法学二学位项目;2005年,取得法学一级学科硕士学位授予权。

(二)框架形成阶段(2007~2012年)

2007年,学校决定加速发展法学学科,启动"快速发展战略",法学院短时期内在师资队伍、学位点、学术研究、人才培养等方面取得重大提升;2010年,学校启动"理工文综合"和"精品文科"战略,法学院成为文科建设重点。此间,又一批面向国家战略需求的教学科研机构成立,即"航空法研究所"(2007年)、"法律与科技中心"(2007年)、"频谱法律与标准研究所"(2010年)和"科技证据法律与实验中心"(2010年)等。与此相应,形成了若干特色课程。2011年,北航法学院取得法学一级学科博士学位授予权,并在所有二级学科(民商法、宪法与行政法、法理与法律史、刑事法、诉讼法、国际法等)设立博士点,同时在航空航天法、网络法、知识产权等特色学科开设特色培养方向。同年,北航以文科为试点开始探索大类招生、通识教育、书院制改革,并同步启动完全学分制及培养方案改革,拓宽专业口径,关注全人培养。北航法学院在本次大转型中承担了核心工作,发挥了关键作用,法学院自身的课程体系也在本次改革中进行了结构性调整。2011年年底,北航法学院"国家空管法规标准中心"获批国务院、中央军委空管局重大科研基地，成为当前国家空管法律政策设计的唯一智库单位。2012 年，教育部高等学校法学学科教学指导委员会、中国法学教育研究会与北航法学院成功联合举办了“新型工业化时代法学教育高峰论坛暨法学院 15 周年庆祝大会”，中国人民政治协商会议全国委员会、全国人民代表大会常务委员会、最高人民法院、最高人民检察院、工业与信息化部的领导以及来自海内外知名法学院校领导、机构代表、校友代表共计 300 余人参加了此次盛会，一同对新时期法学教育模式转型与建设相关问题进行了研讨，取得了重要成果。

（三）全面拓展阶段（2012～2018 年）

北航法学院在教学与科研领域同步推进新型工业化法学教育模式，人才培养与智库建设协同并举、互为支撑。一方面，于 2012 年成功获批建设“国家卓越法律人才培养基地”（全国 58 家之一）和“国家大学生校外法学实践教学基地”（全国 20 家之一），与最高人民法院、工业与信息化部、北京知识产权法院、中航工业集团等京内外近 30 所实务单位协力探索“高校—实务部门”联合培养模式，着力体现“教育资源社会化、司法资源教育化”。另一方面，依托学校在国家工业信息化进程中的独特优势，密切结合国家管理战略需求和产业发展需要，致力开创工业和信息化战略法学，范围涉及网络信息法、航空航天法、频谱与通信法、知识产权和科技法、建筑工程与金融法、产业监管法等领域，新建“网络信息安全与法治研究中心”（2014 年）、“建筑工程与金融法研究中心”（2015 年）；整合组建“北航工业和信息化法治研究院”，于 2015 年获批工业与信息化部首批重点实验室（工业和信息化法治战略与管理重点实验室），联手“千人计划”北航计算机学院蔡维德教授、芬兰坦佩雷大学信息科学学院李兴安教授等国内外专家学者共同推进计算法律学、区块链、智能合约等跨领域科研和人才培养工作。同一时期,整合组建“北京科技创新中心研究基地”,2016 年成功获批“北京市人文哲学社科基地”。2017 年成功获批“德国国别与区域研究中心”。2018 年成功获批国家互联网信息办公室、教育部“网络空间国际治理人才培养教育基地”(全国 10 家之一)。在 2017 年公布的教育部第四轮学科评估排名中,北航法学院位居全国法学院校第 15 名(并列)。

三、基本要素:目标、机制、效果

(一)目标

经过多年探索与总结,北航法学专业人才培养目标定位逐渐形成了“培养目标—培养标准—核心能力”三阶层描述体系。

1. 培养目标。人才培养目标上,北航法学院紧密围绕国家法治人才需求,依托学院法学教育资源基础,同时结合北航工业和信息化学科特色优势,致力于培养德才兼备、法学专业知识扎实、法学实践素质突出、具备交叉研究意识和基础能力的卓越法治人才。

2. 培养标准。该培养目标具体体现为以下培养标准:第一,坚守社会主义法治理念和法律职业精神,公益素质高,社会责任感强,德才兼备;第二,体现新型工业信息化法学教育特色,服务国家战略需求,了解领域前沿,具有交叉研究意识与基础能力;第三,专业基础扎实,思辨能力强,熟悉国情民情,解决实际问题能力突出;第四,具有国际视野,通晓国际法律规则。

3. 核心能力。上述培养标准又进一步分解为以下核心能力:(1)德法兼修,正确理解现象与问题的能力;(2)扎实的法学专业知识,突出的法学专业实践能力;(3)较为广泛的知识结构与终身学习能力;(4)了解国家战略和领域前沿,具备交叉研究的意识与基础能力;(5)敏锐发现和准确把握问题的洞察力;(6)独立思考和独立判断能力;(7)思辨、批判与创新能力;(8)有效沟通、全面组织协调与团队合作的能力;(9)较为开阔的国际视野,参与处理涉外法律事务的基础能力。

(二)机制与成效

在新型工业化时代,"与科技融合的法律教育"①已经从特色发展逐渐成为了主流发展。依托独特的理工学科资源和浓郁的高科技氛围,北航法学院探索建立"标准化的常规培养"与"定制化的特色培养"相结合的人才培养模式,形成培养具备新型工业化背景的"法学与科技产业结合"复合型法律人才培养机制。具体内容包括:

1. 课程体系结构性调整和教学方法改革

经过"长城行动计划"等一系列重大教学改革,北航法学院本科人才培养课程体系经历了结构性调整,目前的课程体系包括大一阶段的通识教育和书院制培养,大二阶段开设大多数核心专业课程,大三大四高年级阶段安排特色化选修课,设有专业特色课程、专业实践课程、专业研讨课程等课程模块,通过结构化学分设计,引导学生在基本课程框架下,形成兼而体现学院培养特色和个人发展方向的个性化学习计划。

借助学校推进完全学分制的一体化改革平台,北航法学院与其他学院建立课程融合、课程互选机制。如表 1 所示体现科技与法律融合的课程分布于低年级通识课和高年级选修课之中,相关通识课程比如"法律与科技""全球工业信息化法治思维""航空航天概论"等,旨在拓展视野和思路,了解领域前沿发展和国家战略需求;同时

① 这是一个科技时代,我们的法律不再是飘在天上的白云,它要落到技术上。科技和制度(后者就是法律文明)都是第一生产力,两者要结合起来。参见龙卫球:《理工类院校兴办法学院的定位与目标》,载徐卫东、赵海峰主编:《理工类院校法学专业人才培养模式探析》,哈尔滨工业大学出版社 2009 年版,第 33 页。

在高年级选修课中保持并增加“空天信”法学特色课程的比重，例如航空法、外层空间法、知识产权法与专利检索、信息法、科技证据、建设工程法等选修课程①；此外，与北京知识产权法院、中航工业集团、中航勘察设计研究院、中国互联网协会等实务部门联合开展实践类课程。

表1 “科技与法律融合”在课程体系中的体现

“科技与法律融合”在课程体系中的体现	低年级通识课	如法律与科技、全球工业信息化法治思维、航空航天概论等课程
	高年级特色化选修课	如航空法、外层空间法、知识产权法与专利检索、信息法、科技证据、建设工程法等课程
	实践类课程	与北京知识产权法院、中航工业集团、中航勘察设计研究院、中国互联网协会等实务部门联合开展

如表2所示，法学专业毕业必需的学分中，以下方面体现出新型工业化法学教育的指向：第一，学生需修满各类通识课至少35.5学分。全校所有学院都可以开设通识课程，包括科技文明、社会科学、人文素养、经典研读4大板块，全校学生均可选择，其中有若干与自然科学、信息革命等内容相关的课程。第二，学生必修高等数学3学分、计算机基础2学分，培养与科技特色融合的基本条件和能力。第三，设置专业特色课程模块，进行结构性学分要求，至少选修1学分。第四，其他跨专业课程至少选修2学分。

① 上述课程对学生研究方向的影响从近年来本科论文选题中可见一斑，比如互联网股权众筹、P2P网贷监管、个人信息遗忘权、遥控驾驶航空器系统对第三人的损害赔偿责任、境外卫星电视节目落地监管、国家空间活动立法、国际空难事故中的承运人责任、信息化侦查与隐私保护、网络司法拍卖、比特币、第三方支付平台沉淀资金、克隆银行卡等领域的法律问题作为研究主题。

表 2　体现新型工业化法学教育指向的准出标准

体现新型工业化法学教育指向的准出标准(毕业必需)	通识课:35.5 学分,4 大板块,各学院开设,全校通选
	基础能力课:高等数学 3 学分、计算机基础 2 学分
	特色课程模块:至少 1 学分
	跨专业选课:至少 2 学分

在教学方法改革方面,北航法学院近年来在以下方面进行了探索。一是"互联网 +"背景下的教学信息化建设。"互联网 +"推动了信息技术与教育领域的融合发展,对教育变革产生了深刻影响,北航法学院以教学信息化建设助力教学方法改革,尝试以时代脉搏引领教育观念和教育实践,具体教学实践包括课程中心、智慧教室等。自 2014 年起,推行"全生命周期课程"管理模式,健全从课程申报、课程"上课"、课程评价到课程"下课"的一整套管理实施方案。[①] 所有教师均需建设所教授课程的"课程中心",课程全程在线化管理。本年度开始探索启用智慧教室。[②] 二是在数据库之外,将教学软件平台引入实践类课程。例如,法律实务综合模拟平台、法律诊所案件管理系统等,使学生通过软件平台上的电子案卷渐渐熟悉案件的电子化管理形态。[③] 一两种软件的学习并不能够使学生掌握未来法律工作中所可能面对的所有技术软件,但教学操作的目的在于培养学生的时代意识,感知法律行业正在信息技术驱动下发生重要转型,从而对未来工作环境有所准备,而且某些基本使用方法具有通用性,使学生

① 课程需经课程网站建设和开课申报,评审通过后才能纳入开课目录;满足选课人数,才能进入排课表;正式上课后,采取优胜劣汰机制,课程评价结果不合格的,课程"下课"。

② "智慧教室"是一种新型的教育形式和现代化教学手段,致力于教育与信息技术的深度融合,教学方面可实现课程全程多角度录像、课堂考勤、随堂互动、实时反馈等师生实时高效互动等效果。

③ 国外若干法学院在课程中引入 Hotdocs,A2J Author 等软件系统,其立意与本文所言类似。See Ronald W. Staudt and Andrew P. Medeiros,"*Access to Justice and Technology Clinics*:*A 4% Solution*",88 *Chi. -Kent L. Rev.* 695,716,2013.

未来在工作中能更快上手。

2. 复合型人才的联合培养

(1)网络安全高级人才班

面向国家网络安全重大需求,北航法学院与国家计算机网络应急技术处理协调中心(National Internet Energence Center,CNCERT)合作举办"网络安全高级人才班",联合培养硕士研究生,双方共同制定培养方案,设置覆盖计算机网络与通信、公共与经济管理、法学等多学科交叉的专业课程,北航法学院与CNCERT各为学生配备一名导师。学生除在北航完成基础课程的学习外,还将深入参与CNCERT相关课题研究或赴CNCERT实习,CNCERT根据学生参与科研和实习工作的程度,提供助研金。学生毕业后参加CNCERT的应届毕业生招聘,有机会获得优先录用。

"网络安全高级人才班"体现了卓越法律人才培养计划下复合型人才培养与应用型人才培养双轨并进的探索。首届硕士研究生已在双方导师指导下顺利开题,并已于2015年毕业就业,前往CNCERT工作,取得了良好的培养效果。

(2)空间法律与政策硕士项目

该项目下的培训班由联合国附属空间科学与技术教育亚太区域中心(中国)、亚太空间合作组织和北京航空航天大学联合主办,得到联合国外空事务司、亚太空间合作组织、中华人民共和国外交部、中华人民共和国工业和信息化部、中国国家航天局等国际组织和政府职能部门的大力支持。

培训班以"空间技术应用与法律"为主题,聘请了来自美国、加拿大、德国、法国、瑞典、中国内地及香港特别行政区相关领域学者、专家、律师、政府及国际组织官员担任授课教师。世界知名的4大外空法专业研究机构——加拿大麦吉尔大学航空法与外层空间法研究所、美国国家遥感与航空航天法研究中心、德国科隆大学航空法与外层空间法研究所以及荷兰莱顿大学国际航空法与外层空间法研究所均派出专家参与课程设计和授课工作。培训班学员包括外方学员和中方学员(中方学院系来自北航法学院及其他高校法学院的学生)。培训内容涉及国际法与空间法,国际外层空间法的基本框架与体系,国家空间立法,国家空间政策,外空软法,与遥感、全球卫星导航系统、卫星通信有关的法律问题,空间资源开发的法律制度,空间商业发射服务卫星中的法律问题及空间环境保护等。培训环节包括专家讲座、实践课程、技术参观和学员交流等环节。

(3)跨学院联合培养博士研究生

2015 年开始,北航法学院与计算机学院联合培养博士研究生,毕业后学生获得法学博士学位,研究方向为网络信息安全。目前相关培养有序推进,学生不但需要研习法学课程,还需要前往计算机学院完成相关课程学习;与此同时,学生深度参与“工业和信息化法治战略与管理重点实验室”中两院联合开展的课题研究活动,比如区块链的法律应用研究、计算法律学、智能合约相关研究等,已分别与法学院、计算机学院的导师发表《网络安全立法的七个重点问题》《两种选择、两种结果——the DAO 事件的反思》《英国国家战略新部署——区块链技术的新应用》等跨领域研究文章。北航法学院网络信息安全方向博士研究生赵精武的论文《网络安全漏洞挖掘的法律规制研究》被《新华文摘》全文转载。

(4)为“空天信”行业实务人员继续教育提供平台

《国家中长期教育改革和发展规划纲要(2010～2020 年)》将继续教育纳入区域、行业总体发展规划,鼓励职前教育和职后教育有效衔接。终身学习的政策导向与新型工业化社会发展下知识迭代和交叉增长速度激增的特点相契合。北航法学院通过为用人单位量身打造“定制培养”，助力“空天信”特色人才培养。例如，中航工业系统法学硕士和法律硕士班、空管法律硕士班等。

3. 智库建设与教学改革联动

跨领域协同培养需以师资团队、交叉科研成果等资源为基础，北航法学院通过智库建设平台将上述基础资源加以整合，科研先导、反哺教学、服务社会。如表3所示，目前，北航法学院拥有5个国家级、省部级重点科研基地和战略智库，即“国家空管法规标准中心”（国务院、中央军委空管局重大科研基地，目前为国家空管法律政策设计的唯一智库单位）、“工业和信息化法治战略与管理重点实验室”（工业和信息化部首批部属重点实验室）、“北京科技创新中心研究基地”（北京市人文社会科学基地）、“北京航空航天大学德国研究中心”（教育部国别与区域研究中心）、“网络空间国际治理人才培养教育基地”（国家互联网信息办公室、教育部在全国范围共建设10所）。

表3　北航法学院省部级以上智库基地

智库名称	获批年份	主管部门
国家空管法规标准中心	2011年	国务院、中央军委空管局
工业和信息化法治战略与管理重点实验室	2015年	工信部
北京科技创新中心研究基地	2016年	北京市
北京航空航天大学德国研究中心	2017年	教育部
网络空间国际治理人才培养教育基地	2018年	国家网信办、教育部

北航法学院亦与最高人民法院中国应用法学研究所、北京知识产权法院等实务部门达成战略合作框架协议，联合培养创新型高端法学人才，共同建设中国司法建设高端智库、决策建议信息港。以智库建设为依托，一方面，加强与校外相关实务部门的联合科研、人才培养；另一方面，加强与本校计算机学院、信息工程学院、航空学院、航天学院、飞行学院在课程、培养项目和师资等方面开展深度合作。

协同师资力量，建设跨学科交叉研究师资团队，聘任蔡维德（北航“千人计划”特聘教授，研究方向为计算法律学）、李兴安（芬兰坦佩雷大学信息科学学院研究员，研究方向为数据挖掘与犯罪预防）、丁道勤（中国互联网协会互联网法治工作委员会委员，研究方向为电子商务与网络信息安全）等多位跨学科研究专家加盟本基地教学科研团队。

联合科研成效通过课程、讲座、论坛（比如北航互联网法治论坛、北航建设工程法律与金融论坛等特色论坛）等多元载体具化到人才培养领域，学生深度融入课题研讨。鼓励学生特别是研究生通过参与频谱立法、航空产业立法、空管立法、网络安全立法等大型科研项目，提升学生科技领域的法律研究与实践能力，鼓励研究生从事现代高科技与法律相结合的跨学科研究。中航工业集团、中航勘察设计研究院、国家计算机网络应急技术处理协调中心、中国互联网协会、工业和信息化部国家无线电监测中心等校外实习基地亦为该模式提供了体验环境。在2015年教育部对法律硕士的评估中，分析北航法学院近年来毕业生就业去向结构，就业于航空、能源、工程、电信等国家战略行业法务领域的，占法律硕士就业总人数的41%，体现出本基地培养新型工业化时代复合型法律人才的特色和优势，并获得校外评审专家认同。

四、趋势与推广：中国法学教育转型的一种时代选择

（一）开放性的协同思路和战略规划布局

早在2004年，我国便有法学教育专家指出，我们缺乏懂软件、懂网络、懂生物技术的法律人才，缺乏知识产权专家，更缺乏满足法律全球化需要的人才；而有条件、有能力培养高层次法律人才的法学院

系和师资又相对偏少。① 10余年之后的今天，状况并未从根本上获得改善，前文已表，法学就业率近年来持续走低，也许并不能够完全归咎于招生过度。伴随新型工业化社会发展脚步日益加快，复合型高级法律人才需求与学校培养力度不足的矛盾越发凸显。信息技术不可阻挡地加速崛起，“信息处理变得越来越像是水、电一样的公共基础资源”②，这一切使法律人对若干问题需要重新思考和定位。否则，可能我们还在把学生培养成20世纪的法律职业人，而不是21世纪的法律职业人。我们认为伴随新一轮工业革命的到来，法学教育的出路在于“思变”③，在于对法学教育体制进行结构性调整，进一步拓宽专业口径，通过师资协同、课程资源协同等方式解决培养力度不足的问题，通过加大实践课程比重、加强校内外实质化联合培养等方式使学生了解当前的社会发展对法律行业的改变和人才需求。

（二）以智库建设增效人才培养环境

高校的科研与科研机构的科研之间较大不同在于前者以服务教育、引领教学、反哺教学为其重要目标之一。北航法学院以服务国家战略为人才培养和学术科研的重要指针，致力于国家智库建设，且所建均为交叉学科综合性战略智库。智库建设使跨领域师资协同、交叉科研引领下的研究型教学成为可能，智库部分研究成果通过多元渠道进入人才培养领域，使基地培养的法律人才政治敏锐性强，视野开阔，紧跟前沿，并且更加注重知识的转化应用，智库建设与卓越法律人才培养互动互生的协同发展路径日显成效。有研究者认为，法学院有机会在信息时代承担起“知识中心”功能，具体方法是借鉴自

① 参见张文显：《法学教育》，法律出版社2011年版，第34页。

② ［英］理查德·萨斯坎德：《法律人的明天会怎样？——法律职业的未来》，何广越译，北京大学出版社2015年版，第19页。

③ 创新的本质是“思变”，而“变”的内容能够给社会发展中我们所倡导的价值带来增量才是真正的创新。

然科学学科的实验室建设，有效地将科研、教学和实务融为一体，每一个具体的科研项目都既为社会问题提供解决方案，也创造新的知识，同时培养学生。① 这一理念与北航法学院近年来开展的智库建设不谋而合。

（三）人才培养模式创新：类型元素交叉

自获批教育部卓越法律人才培养教育基地以来，北航法学院一直结合时代发展要求和自身发展特色，在培养模式创新上进行新的尝试。我们探索将卓越法律人才培养的类型关键词"应用型""复合型""国际化"加以元素交叉，即"做乘法"的思路，衍生出更为体现北航特色且更具战略性、竞争力的卓越法律人才培养模式新类型，即新型工业化时代下的"复合+应用"型法律人才模式、"复合+国际"型法律人才培养模式。"复合+应用"型法律人才培养至少体现于两方面：一是越来越多地倾向于选择具有复合型元素的实务部门作为实践教学合作单位，比如北京知识产权法院、中航工业集团法务部、国家计算机网络应急技术处理协调中心等；二是所建交叉学科综合性战略智库的教学研究团队中不但有来自不同学科的学者，也有来自实务部门的专家。"复合+国际"型法律人才培养模式的特点主要体现于与国际相关组织合作开展复合型人才培养，比如前文中所举例的与联合国附属空间科学与技术教育亚太区域中心共同开展的空间法律与政策硕士项目。

（四）信息化元素体现于教学内容和形式

北航法学院在教学内容和形式上均注意结合时代发展，融合工业信息化元素。本文第三部分中的"（一）课程体系结构性调整和教

① Vern R. Walker, A. J. Durwin, Philip H. Hwang, Keith Langlais, and Mycroft Boyd, "*Law Schools as Knowledge Centers in the Digital Age*". 88 *Chi. -Kent L. Rev.* 879, 916, 2013.

学方法改革”已经对此作了详细描述，这里着重谈谈法学教学中融入具体的科技性实际操作内容的必要性。日新月异的科技变革至少已经影响了法学教育40年，早期始于20世纪70年代的LEXIS数据库使用，随后不断有科技创新并应用于法学教育和法律实务领域。曾经人们难以想象法律从业能力包括会使用计算机，也并不要求法学教育过程中把计算机作为教学工具，但现在已经难以想象法律从业者不会使用计算机。如果说，计算机只是成为了法律人日常使用的一般工具，法律从业者的核心技能并未在实质上发生太大变化，那么，当前某些技术兴起所带来的新型工具（比如 e-discovery, document assembly, legal project management, predictive coding, AI tools 等）却预示着科技将开始实质性地影响法律人的从业类型、工作方式和工作内容，进而对其在能力上提出新要求。如果这些工具如预想那样在未来法律服务中占据主导地位，法学院便有责任帮助学生做好胜任未来工作的准备。

财经院校法学教育的挑战、机遇与改革路径

张献勇* 刘亚丁**

近年来,我国财经院校法学教育取得了令人瞩目的成就,办学层次和人才培养质量逐步提升,截至目前,在全部54所财经院校中,有44所院校设置了法学专业,占全部财经院校的81.5%,其中6所院校拥有法学一级学科博士授予权,另有22所院校拥有法学一级学科硕士授予权。① 但目前我国财经院校法学教育依然存在一些挑战,如何更好地把握财经院校法学教育发展的机遇,进一步提升人才培养的质量,是绝大多数财经院校法学专业所面临的共同课题。

一、财经院校法学教育的挑战

(一)外部支持相对不足

一个专业的发展,离不开政府、社会和学校等各方面的外部支持。在当前国内高校普遍开设法学专业的背景下,财经院校法学专业若能获得较多的外部支持,则将在激烈的竞争中占得优势。然而,

* 山东工商学院法学院院长、教授。

** 山东工商学院法学院副院长、副教授。

① 6所拥有法学一级学科博士授予权的学校分别是中南财经政法大学、对外经济贸易大学、西南财经大学、上海财经大学、浙江工商大学和江西财经大学;22所拥有法学一级学科硕士授予权的学校分别是北京工商大学、首都经济贸易大学、中央财经大学、天津商业大学、河北经贸大学、山西财经大学、东北财经大学、吉林财经大学、哈尔滨商业大学、上海对外经贸大学、南京财经大学、浙江财经大学、安徽财经大学、山东财经大学、河南财经政法大学、广东财经大学、云南财经大学、湖南商学院、贵州财经大学、南京审计大学、天津财经大学、西安财经学院。

无论从政府、社会还是学校层面来看，大多数财经院校的法学专业面临外部支持不足的困境。

在政府层面，随着依法治国战略的逐步推进，政府越来越重视法学教育并加大了教育投入，如2012年教育部启动“卓越法律人才教育培养计划”，将“以提升法律人才的培养质量为核心，以提高法律人才的实践能力为重点，加大应用型、复合型法律人才的培养力度，培养、造就一批适应社会主义法治国家建设需要的卓越法律职业人才”作为目标定位，确立了58个“应用型、复合型法律职业人才教育培养基地”，22个“涉外法律人才教育培养基地”和12个“西部基层法律人才教育培养基地”。但这些投入的主要受益者是那些传统综合性院校，广大财经院校尤其是地方财经院校难以获得直接的政策和资金扶持。以上述“卓越法律人才教育培养计划”为例，在58个“应用型、复合型法律职业人才教育培养基地”中，财经院校仅有9所，而综合性院校则多达40所；22个“涉外法律人才教育培养基地”中，财经院校仅有4所，综合性院校多达13所；12个“西部基层法律人才教育培养基地”中，财经院校只有1所。

在社会层面，对财经院校法学专业的认可度始终比较低。传统上，我国法学教育主要以综合性院校和专门政法院校为主体，无论是专业开设的年限还是人才培养的数量，都要明显早于和多于其他类型的院校。相比之下，在绝大多数财经院校中，经管类专业有着较长的办学历史和较大的人才培养规模，法学教育起步则相对较晚，人才培养数量也较少，以至于在社会上形成一种偏见，认为法学教育的质量首推综合性院校和政法院校，这种偏见削弱了财经院校法学专业的社会支持，对其师资建设、招生与就业等诸多方面产生了明显的负面影响。即使近年来不少财经院校的法学专业建设已经取得了长足的进步，但社会对财经院校法学教育的这种偏见并未得到明显的改观，制约了财经院校法学专业的进一步发展。

在学校层面，虽然目前财经院校众多，但不同学校的学科发展定位大同小异，除中南财经政法大学、对外经贸大学、河南财经政法大学等少数财经院校外，大多都是以经济管理学科为主，法学学科属于支撑学科或者边缘学科。这种学科发展定位的偏向性，使法学专业获得的校内支持处于明显的劣势，不仅在资金投入、人才引进、招生规模等方面受到明显的限制，而且在硕士、博士布点问题上有面临牺牲法学专业发展的机会来确保和扶持优势专业发展的可能。

（二）人才培养目标定位与培养实践的矛盾突出

法学是一门理论性与实践性并重的学科，因此法学教育人才培养的基本目标是，培养具有较为深厚的法学专业知识功底，具有创新精神与创新能力、实践能力，能胜任各种类型法律工作的应用型、复合型专门人才。但由于高校扩招所带来的专业竞争压力，迫使许多法学院系根据本校学科发展的布局来寻找特色的人才培养目标定位。由于大多数财经院校的优势学科为经管学科，因此这些学校的法学院系也围绕着学校性质及学科布局特点，大多将法学本科人才培养的目标定位为“既精通法律又兼懂经济管理”的应用型专门人才。① 为实现上述目标，一些财经院校（如中央财经大学、对外经济贸易大学、南京财经大学等）的法学专业都开设了数量不等的经济管理类课程。② 尽管如此，目前不少财经院校法学本科人才培养目标定

① 根据对全国44所设有法学专业的财经院校的不完全统计，在法学专业的人才培养目标中，强调既精通法律又兼懂经济管理的学校包括中央财经大学、对外经济贸易大学、山西财经大学、上海财经大学、上海商学院、南京财经大学、湖南商学院、铜陵学院、湖北经济学院、吉林财经大学、北京物资学院、天津商业大学、天津财经大学、河北金融学院、河北经贸大学、东北财经大学、哈尔滨商业大学、上海对外经贸大学、南京审计大学、浙江财经大学、安徽财经大学、江西财经大学、山东财经大学、河南财经政法大学、广东金融学院、广西财经学院、兰州财经大学等27所。

② 参见各学校法学院或教务部门网站公布的人才培养方案。

位与培养实践依然存在较为突出的矛盾。

首先,师资与招生规模制约了人才培养目标的贯彻。财经院校法学专业依托本校经管类专业的学科优势,将法学本科人才培养目标定位为“既精通法律又兼懂经济管理”,通常能争取到更多的校内支持。但部门法调整的对象不全是经济管理类社会关系,因此对于财经院校法学专业而言,上述本科人才培养目标只是一个结合学校性质而做出的可选项。正因如此,一些师资力量较强或招生规模较大的学校如江西财经大学、中央财经大学、对外经济贸易大学、南京审计大学等,在法学专业中进一步细分方向,设置专门的财经法学专业来实现这一目标。然而对于不少地方财经院校的法学专业而言,虽然确立了“既精通法律又兼懂经济管理”的人才培养目标,但受师资匹配、招生规模有限等因素的影响,难以在法学本科专业中再进一步细分方向,单独开设财经法务或管理法务方向并有针对性地将经管类课程融入教学计划之中。

其次,专业总学分控制与法学课程大而全的矛盾限制了经管类课程的安排。目前不少财经院校法学本科专业人才培养计划的总学分被控制在160学分左右,与此同时,学校在应用型人才培养的目标下,加大了法学本科专业实践课程的学分比重,由此导致的结果是,专业理论课程的课时数量被挤压。与上述现实相反的是,不少财经院校法学专业的课程编排却依然力求大而全,除法学学科教学指导委员会明确规定的16门专业主干课程之外,还尽可能开设若干专业方向课程,形成了专业总学分的有限性和专业理论课程大而全的矛盾。为了解决上述矛盾,一些院系采取了少排甚至不排经管类课程的策略,使“既精通法律又兼懂经济管理”的本科人才培养目标徒留形式。另外,虽然有一些学校的法学专业将少量经济管理类课程纳入通识选修课的范围,但由于这类课程的学习难度要远远大于其他人文社科类选修课程，使这些非必修课程难以受到学生的青睐，同样限制了"既精通法律又兼懂经济管理"的本科人才培养目标的实现。

最后，即使对于已经开设经济管理类课程的学校而言，目前人才培养实践中也存在脱节的问题。一个较为普遍的情况是，各门课程的授课教师往往并不具备必要的跨学科知识储备，经济管理类课程的授课老师往往只负责教授经济管理类知识，法学课程老师也只负责教授法学知识，难以使法学知识与经济管理类知识融会贯通，导致专业课授课和学习过程中容易出现"两张皮"现象。

（三）法学教育发展不平衡加剧

从我国财经院校法学专业的办学历史来看，有的学校如中南财经政法大学、对外经济贸易大学、上海财经大学等办学历史较为悠久，法学专业实力雄厚，也有不少学校如河北金融学院、广西财经学院、湖南商学院等，则是自 1999 年大学扩招后才新设的法学院系，办学历史较为短暂，这使我国财经院校的法学教育存在着先天的不平衡。再加上区域经济发展的差异及专业发展过程中的政策扶持力度不同，导致我国财经院校法学教育发展的不平衡有加大的趋势。

第一，地域发展不平衡明显。在学校数量上，目前 44 所设有法学专业的财经院校中，东部 10 省市有 24 所，其中北京 5 所，上海 4 所，浙江 3 所，天津、河北、山东、江苏、广东各 2 所，辽宁和福建各 1 所，占全部院校的 54.55%；中西部 21 省市总计才 20 所，其中河南、湖北、安徽各 2 所，陕西、江西、湖南、广西、重庆、四川、贵州、云南、山西、内蒙、甘肃、新疆、吉林、黑龙江各 1 所，西藏、青海、宁夏、海南 0 所，只占全部院校的 45.44%。在办学层次上，东部省市财经院校法学专业的办学层次存在明显的优势，在全部 28 所具有法学一级学科硕士学位授予权的学校中，东部有 16 所，西中部只有 12 所，在各自区域财经院校中的占比分别为 57.14% 和 42.86%。

第二，部属与省属发展不平衡。在目前44所设有法学专业的财经院校中，部属院校5所，全部为211院校，有4所院校拥有法学一级学科博士授予权；[①]地方院校39所，没有一所是211院校，拥有法学一级学科博士点的学校只有浙江工商大学和江西财经大学2所。

二、财经院校法学教育发展的机遇

（一）全面推进依法治国的治国方略为法学教育提供了更好的发展机遇

依法治国是国家治理现代化的重要体现，从党的十五大报告中的“建设社会主义法治国家”，到党的十六大报告中的“全面落实依法治国基本方略”，到党的十八大报告中的“全面推进依法治国”，再到党的十九大报告中的“坚持全面依法治国”“深化依法治国实践”，表明党和国家越来越重视依法治国的治国方略。[②] 党的十九大报告不仅明确了全面推进依法治国的总目标是“建设中国特色社会主义法治体系、建设社会主义法治国家”，而且将依法治国视为国家治理的一场深刻革命，在坚持“科学立法、严格执法、公正司法、全民守法”新十六字方针的基础上，指出了未来深化依法治国的若干重点方向，即（1）加强宪法实施和监督，推进合宪性审查工作，维护宪法权威；（2）推进科学立法、民主立法、依法立法，以良法促进发展、保障善治；（3）建设法治政府，推进依法行政，严格规范公正文明执法；（4）深化司法体制综合配套改革，全面落实司法责任制；（5）加大全民普法力度，建设社会主义法治文化。

---

① 这4所院校分别为对外经济贸易大学、上海财经大学、中南财经政法大学和西南财经大学。

② “依法治国”一词在党的十八大报告中出现了5次，在党的十九大报告中则出现了19次之多。

党的十九大关于“坚持全面依法治国”“深化依法治国实践”的上述报告表明，“依法治国”不是一句口号，而是要将其贯彻落实到包括立法、司法、执法、守法在内的法律运行的各个环节之中。这一治国方略的全面推行和深化实践，必将要求培养更多的复合型法律人才，从而为进一步繁荣我国的法学教育提供了坚实的政策基础。

（二）国内外经济发展的新形势为财经院校法学专业的发展提供了动力

当前我国国内经济总体上依然处于工业化后期向后工业化转型的发展阶段，但经济发展出现了一些引人瞩目的新形势，尤其是新经济得到了快速的发展。一方面，随着新一代信息技术、生物技术、新材料技术、新能源技术等新技术的出现，以及一些新经济行业的快速增长产生的良好示范效应带来的社会资源重新聚集，再加上地方各级政府对新经济的高度重视，使我国未来将出现新经济发展的一波浪潮；另一方面，受国际需求下降、生产要素成本上升等诸多因素影响，东部地区产业出现持续向中西部转移趋势，这种趋势不仅带动中西部经济增长，促进了区域经济的协调发展，同时也为新经济发展带来了有利支撑。[①] 国际上，虽然世界经济复苏缓慢、需求不振，尤其是贸易保护主义抬头，反全球化思潮泛滥，世界经济的复杂性和不确定性日益增加，但美国经济复苏、欧洲经济回暖、全球需求增加等因素，使我国经济发展的外部环境机遇大于挑战。[②] 特别是秉承共商、共享、共建原则的“一带一路”建设的持续推进，将使我国的对外投资在促进国际产能合作，推动形成面向全球的贸易、投融资、生产、服务网

① 高辉清：《我国新经济发展形势分析》，载国家信息中心网：http://www.sic.gov.cn/Column/81/0.htm，最后访问日期：2018年3月30日。

② 王成仁：《2016国际国内经济形势分析与2017展望》，载《经济研究参考》2017年第8期。

络，更好地服务于开放创新、包容互惠的共同发展前景等方面提供更多的动力。①

与上述机遇相对应，党的十九大报告在“创新、协调、绿色、开放、共享”的新发展理念基础上，指出要坚持“推动新型工业化、信息化、城镇化、农业现代化同步发展，主动参与和推动经济全球化进程，发展更高层次的开放型经济，不断壮大我国经济实力和综合国力”，从而从中央政策层面对经济发展的新形势给予了支持。

国内外经济发展的新形势及党的十九大报告的政策支持表明，除了传统的经济法律问题，未来我国将面临越来越多的新型经济法律问题亟待解决，对财经院校法学专业而言，如何利用好财经法学教育的平台培养出更多适应经济发展新形势的高素质人才，无疑是一个巨大的机遇。

（三）财经院校法学专业之间的沟通和交流日益加强

一个专业的发展，固然需要通过加强师资队伍和教学科研能力建设来苦练内功，但更要走出去，加强沟通和交流，只有这样才能更清醒地认识到自己的不足，才能博采众长，更好地促进自身的发展。财经院校法学专业在人才培养的宏观环境和学校平台方面有着高度的相似性，为这些学校法学专业之间的交流奠定了良好的基础。

近年来，各财经院校法学专业之间的交流和沟通越来越频繁，特别是2008年开始举行的“全国财经高校法学教育论坛”，迄今为止已经举办了9届，历届论坛围绕“财经特色法学教育”“财经高校校内外卓越法律人才培养机制”“财经高校法学课程体系与专业建设”“财经高校研究生教育”“财经高校人才队伍建设”“复合型法律人才

① 参见国家发展与改革委员会：《中国对外投资报告》，人民出版社2017年版，第2页。

和涉外人才培养改革”等议题展开了广泛而深入的交流,取得了一系列丰硕的成果。正是在这一论坛交流的促推下,一些财经院校的法学专业不断调整和完善人才培养目标及课程设置体系,使财经法学教育的特色更为鲜明。此外,从第八届“全国财经高校法学教育论坛”开始举行的“法律职业技能大赛”,得到了各财经院校法学师生的热烈响应。通过大赛,不仅激发了财经院校法学专业学生的学习积极性,而且极大地锻炼了其思考和解决问题的能力,有利于促进财经法律人才培养质量的提升。

(四)财经类高校法学师资力量明显增强

由于过去我国法学教育整体发展缓慢,再加上大多数财经院校法学教育起步较晚,导致很长一段时间内,除中南财经政法大学、对外经贸大学、上海财经大学等极少数学校之外,我国财经院校法学专业的师资水平整体偏低。但随着近年来我国法学教育水平的飞速发展,财经院校法学师资力量得到了明显增强。根据我们对全国44所财经院校法学专业的师资统计,在职称比例上,有24所学校的高级职称比例超过了50%,占全部财经院校的54.55%,其中有9所学校的高级职称比例超过了70%,占全部财经院校的20.45%。在专任教师中的博士研究生和在读博士研究生比例上,有19所学校超过了50%,占全部财经院校的43.18%,其中对外经济贸易大学、中央财经大学等学校甚至超过了90%。[①] 在师资国际化背景上,越来越多财经院校法学专业的教师具有海外留学或访学背景,甚至如上海财经大学、对外经济贸易大学等学校还引进了国际师资。

以上统计表明,目前我国大多数财经院校法学专业有着一支经验丰富、教学科研能力较强的师资队伍,并且可以预见,随着我国法

① 笔者根据各财经院校法学院官网数据统计而成。

学教育的进一步发展和教育国际化程度的进一步提升，我国财经院校法学专业的师资队伍将会变得更加强大，这将为进一步提升财经院校法学专业人才培养的质量奠定坚实的基础。

三、财经院校法学教育的改革路径

我国财经院校法学教育面临上述一系列发展机遇，因此我们需要且要善于把握机遇，进一步提升人才培养的质量，为我国的法治建设做出更多的贡献。

（一）进一步精确定位并贯彻实施人才培养目标

专业人才培养目标如同专业发展的一面旗帜，人才培养目标恰当与否，不仅直接影响到课程体系设置的合理性，进而影响人才培养质量，也会影响到专业的声誉及发展前景。鉴于目前不少财经院校人才培养目标与培养实践的矛盾，这些学校有必要在新的形势下重新审视自己在法律人才培养方面的优缺点，有针对性地调整人才培养目标与具体方案。

在人才培养目标定位问题上，虽然财经法学方向的目标定位容易得到学校层面的政策扶持，但人才培养目标定位除了需要考虑依托学校的性质外，还会受到学校的区位特征、法学学科内部的优势尤其是学科和学术带头人的学术优势等因素的影响。一方面，就学校的区位优势而言，若同一区位有两所甚至多所财经院校，且各院校之间的办学实力差距较大，如果两所学校都以单一的财经法学为培养目标，对于实力较弱的学校而言，可能会处于比较明显的弱势地位；另一方面，据调查，在一些财经院校法学专业的师资团队中，部门法专业团队力量差距明显，且最强的并非财经法学团队，而是法理学、宪法学与行政法学等部门法学方向，在这种情况下，如果采取单一的财经法学培养目标定位，无论是社会资源的争取还是教学特色的贯彻，都很难得到有效的保障。

因此我们认为，即使从学校支持的角度来看，需要将“既懂法律又兼懂经济管理”的财经法人才作为培养目标，但也不一定是唯一的目标。对于办学层次不高、师资团队力量相对薄弱的财经院校而言，应该结合学校的区位优势及师资团队构成等因素，实现分方向招生，不同方向设置不同培养目标，除了财经法学方向之外，还可以设置一般法学，甚至可以结合法学二级学科的团队优势设置诸如地方政务、刑事侦查等方向。即使无法实现分方向招生，也应该尽可能在招生之后，在法学专业内部的不同高年级班级中进行不同的方向设置。只有这样，才能既做到争取更多的外部支持，又能最大限度地发挥师资团队的资源优势。

与目标定位的调整相对应，在具体的人才培养方案中，也需要针对不同的方向设置不同的课程，除一般法学方向设置传统的法学课程之外，复合型人才培养目标就应该设置复合型的课程，如财经法方向可以考虑设置经济学和企业管理学课程、地方政务方向可以考虑设置政治学和公共管理课程、刑事侦查方向可以考虑设置公安方向的课程，等等。此外，还应该针对新经济形势开发有针对性的法律课程，真正实现与时俱进的复合型法律人才的培养目标。

在实习环节，要注意拓展多元化的实习基地，既要有一定数量的公检法部门和律师事务所等传统法律实习基地，也要开辟一些政府部门和企业作为实习基地，从而确保不同专业方向的学生均能有足够的实习条件。

（二）进一步加强财经院校之间法学教育的交流与沟通

近年来财经院校之间法学教育交流的加强，尤其是“全国财经高校法学教育论坛”的连续举办，已经取得了初步的成效，未来在人才培养、师资培训和课程体系等方面应进一步加强财经院校之间法学教育的交流和沟通。

在人才培养交流方面，首先，应该继续利用好财经院校大学生法律技能大赛这一学生交流和展示技能的平台，促进各校学生之间的交流与沟通。其次，在本科、硕士、博士人才培养目标合理对接的基础上，积极鼓励财经院校的本科生报考财经院校的研究生，实现财经类院校高素质复合型法律人才培养的体系化。最后，建立财经院校的学分互认制度，允许学生之间跨校进行学期或年度交流学习，让学生感受不同学校的教学理念与学习氛围。

在师资交流方面，首先，应该定期举行财经院校部门法课程的师资培训班，进一步提高教师的教学科研水平；其次，加强财经院校之间兼职教授的互聘工作，定期以讲座的形式为学生授课；最后，应该建立财经院校之间部门法任课教师的外聘制度，即由师资力量雄厚的财经院校向师资力量相对薄弱的财经院校派出部门法任课教师，全程给本科生进行课堂授课。

在课程体系建设方面，应该加强财经院校法学专业课程体系的标准化建设。首先，应该建立财经类院校复合型法律人才培养总学时的指导意见。复合型法律人才培养，意味着法学专业学生不仅要系统地学习各个部门法知识，还要兼习经济管理类或政务类课程，若一概依从各学校教务部门的总课时规划及实践课时安排，则难以实现上述目标。教育部于 2018 年 1 月发布了《普通高等学校本科专业类教学质量国家标准》，对法学本科专业的课程体系进行了改革并设置了最低标准要求，以此为基础，各财经院校可以考虑共同建立复合型法律人才培养总学时的指导意见，将总学分控制在不低于 165 学分为佳，并以此作为各校教务部门教学实施的指导意见。其次，应该建立法学专业不同类型培养方向课程实施方案的指导意见。2018 年《普通高等学校本科专业类教学质量国家标准》，将法学专业的核心课程设置为“10 + X”模式，以此为基础，各财经院校可以针对法学专业不同专业方向的X课程及相关选修和跨专业课程安排作出指导性意见，并建议各校法学专业在此基础上根据自己的特色再进行调整。最后，应该组织编写调整新经济关系的法律教材。财经院校的法学专业若要真正体现财经法的优势，就应该与时俱进，针对经济发展所出现的新形势，集中师资力量编写适合新经济发展的新教材，从而进一步凸显财经法学的优势。

（三）进一步加强师资队伍建设

一个强大的师资团队是确保人才培养质量的基本保障。虽然目前国内财经院校的师资团队建设相比以往有了长足的进步，但依然还有不少亟待加强之处。

首先，进一步提高专任教师的博士研究生比例。根据统计，目前仍有超过半数的财经院校法学专任教师的博士研究生比例在50%以下，个别学校的博士研究生比例甚至不到10%，明显制约了这些学校法学专业的发展。未来应该通过积极鼓励既有专任教师中符合博士研究生报考要求的青年教师攻读博士研究生学位或引进青年博士研究生乃至具有博士研究生学位的高职称人才来优化师资结构。

其次，切实提高“双师型”教师队伍的比例。自国家“卓越法律人才教育培养计划”实施以来，不少财经院校的法学专业，无论其是否属于“卓越法律人才教育培养计划”的培养单位，均开始注重“双师型”教师的培养，官方给出的数据也比较可观，但实际上各个学校的统计标准不一，有的将所有具有职业资格证书的老师均视为“双师型”教师，有的将具有短暂挂职经历的老师视为“双师型”教师，而根本不问这些教师是否真正具有实践经验，导致不少所谓的“双师型”教师根本无法胜任实践性教学工作任务，因此，未来应该积极鼓励教师到实务部门长期挂职锻炼后再回到教学岗位，或者积极鼓励教师到律师事务所等实务部门兼职,从而切实提高“双师型”教师队伍的比例。

最后,围绕人才培养的特色方向打造优秀的教学科研团队。一个专业既然确定了人才培养的目标,就应该围绕这一目标打造一支优秀的教学科研团队。也就是说,如果以“既精通法律又兼懂经济管理”为人才培养目标,就应该打造一支既精通法律又兼懂经济管理的师资团队;如果以地方政务为培养目标,就应该打造一支既精通法律又兼懂行政管理和政治学基本理论的师资团队等。只有这样,才能更好地将跨学科知识融会贯通于课堂,消除目前跨学科教学实践中“两张皮”的现象。

四、结语

本文虽然总结了目前大多数财经院校法学教育发展所普遍存在的一些挑战和机遇并给出了一些发展建议,但每个学校的法学教育各有各的特色,各有各的困境,也各有各的机遇和发展选择。无论如何,任何一个财经院校法学专业的教师们都应该正视本专业所面临的困境和机遇,并通过不懈努力探寻合适的发展之道,只有这样,财经院校的法学教育才能有更好的发展,才能为社会主义法治建设奉献更多的力量。我们有理由相信,通过努力,我国财经院校法学教育的明天一定会更加美好。

改革开放以来中国知识产权本科教育之嬗变[*]

张惠彬[**]　吴运时[***]

40年前，党的十一届三中全会拉开了我国改革开放的序幕，我国科学与教育事业的春天就此展开。“科学技术是第一生产力”是邓小平同志的经典论述，作为生产力的科学技术不是停滞不前的，而是需要不断创新。我国历届政府和领导人都相当重视创新的作用。[①] 作为对创新的激励，知识产权制度是创新原动力的基本保障。在市场经济背景下，与经济效益直接联系的知识产权作为智力成果于理于法都应该得到制度的尊重和保护。习近平同志在党的十九大报告中强调，倡导创新文化，强化知识产权创造、保护、运用，更好地为我国知识产权事业的未来提供了根本遵循和行动指南。改革开放40年来，我国知识产权制度不仅获得了重生，更是以惊人的速度追赶了西方国家100年的脚步。究其根本，除了执政党的重视和引导外，离不开我国知识产权高等教育的发展。截至2018年3月，我国已有61所高

---

* 本文原载《中国法学教育研究》2018年第3期。

** 西南政法大学副教授，法学博士。

*** 重庆知识产权保护协同创新中心研究人员。

① 邓小平同志曾经说过，“必须发展我们自己的创造，必须坚持独立自主、自力更生的方针。”江泽民同志在1995年全国科学技术大会上提出，“创新是一个民族进步的灵魂，是国家兴旺发达的不竭动力。”胡锦涛同志在2006年全国科学技术大会上首次提出建设创新型国家。2017年10月18日，习近平同志在十九大报告中指出，加快建设创新型国家。要瞄准世界科技前沿，强化基础研究，实现前瞻性基础研究、引领性原创成果重大突破。

校设有知识产权本科专业,32 家知识产权研究机构。这些高等教育机构为社会培养和输送了数量可观的知识产权人才①。但是目前,我国知识产权人才培养尤其是本科层次的知识产权人才培养还存在诸多问题,比如定位不明、多而不优、学难致用等。这些问题的解决对建设创新型国家、推动我国科技进步与经济发展具有深刻的意义。

一、改革开放与知识产权教育的兴起

(一)知识产权制度的重生

我国知识产权制度开端于清末修律的特殊时期。在西方列强的逼迫下,清政府先后发布了一系列有关专利、商标、版权的法律法规。② 因清王朝的坍圮,这些法律法规并没来得及实施,相关人才的培养更无从谈起。中华人民共和国成立后,我国颁布了一系列知识产权方面的行政法规。③ 但是这些法律法规却有着明显的计划经济体制的烙印,与现代市场经济体系缺乏协调性。因此,在中华人民共和国成立后至改革开放前一段时期,我国并未出台一部符合现代知识产权理念和制度的单行法律。④ 伴随改革开放政策的实行,我国知识产权制度得以重生。全球贸易市场上,我国领导人意识到遵守国

① 根据国家知识产权局发布的《知识产权人才"十三五"规划》,目前全国知识产权专业人才队伍 15 万余人,知识产权从业人员超过 50 万人,基本形成了梯次合理、门类齐全的知识产权人才队伍体系。

② 如《振兴工艺给奖章程》、《商标注册试办章程》和《大清著作权律》等。

③ 中华人民共和国成立初期,我国颁布的关于知识产权的行政法规如 1950 年《商标注册暂行条例》、《商标注册暂行条例施行细则》、《保障发明权与专利权暂行条例》和《书稿报酬暂行办法草案》;1954 年《有关生产的发明、技术改造及合理化建议奖励暂行条例》;1963 年《发明奖励条例》《商标管理条例》。

④ 参见齐爱民、盘佳:《新中国成立后知识产权专业发展沿革与展望》,载《西南民族大学学报》(人文社会科学版)2015 年第 1 期。

际知识产权规则的必要性。[①] 为顺应国际潮流，我国在 1979 年与美国签订了《中美科技合作协定》和《中美贸易协定》，这两个协定规定了我国对知识产权实行保护的义务。在借鉴国际条约和发达国家立法的基础上，我国相继制定了《商标法》《专利法》《著作权法》《反不正当竞争法》等一系列法律法规，[②]组建了国家知识产权局、商标局、版权局等知识产权行政管理部门，设立了专门的知识产权审判庭和法院。特别是《国家知识产权战略纲要》实施以来，[③]我国知识产权事业突飞猛进。2017 年，我国发明专利申请量为 138.2 万件，连续第 8 年居世界首位；我国商标累计注册 1237 万件，连续 16 年居世界首位。与此同时，我国人民法院新收各类知识产权一审案件从 2013 年的 100,800 件持续上升到 2017 年的 213,480 件。[④]

（二）知识产权教育的兴起

作为一门为知识产权制度服务的学科，知识产权教育的发展是与知识产权制度的发展相始终的。[⑤] 20 世纪 80 年代初，我国知识产

---

① 邓小平同志于 1992 年深圳视察先科激光公司时，对于光盘的版权问题曾说过，“要遵守国际有关知识产权的规定”。参见童怀平、李成关：《邓小平八次南巡纪实》，解放军文艺出版社 2002 年版，第 223 页。

② 如 1982 年《商标法》获得通过并颁布，1984 年《专利法》颁布。1991 年《著作权法》历经曲折后，也得以颁行。我国《商标法》主要内容是对商标进行保护和管理；《专利法》的主要内容是保护发明、实用新型和外观设计相关权利；《著作权》主要内容是保护文学、艺术和科学作品作者的著作权，以及与著作权有关的权益；1993 年《反不正当竞争法》针对市场经济中的不正当竞争行为对经营者实务技术权益和依托商业标记而存在的商业信誉带来的损害进行了规制，这是该法与知识产权相关的内容。

③ 2006 年 5 月 26 日，胡锦涛同志在中央政治局第 31 次集体学习时提出，“要加强知识产权专门人才的培养，特别是要加大知识产权高层次人才培养的力度。”2008 年 6 月 5 日，国务院颁布了《国家知识产权战略纲要》，正式将知识产权战略与科教兴国战略、人才强国战略并列为我国的三大国家战略。

④ 最高人民法院《2017 年全国法院新收各类知识产权一审案件突破 20 万件》，载央视网：http://news.cctv.com/2018/02/28/ARTI6AkwOeUusLY246TX4eX0180228.shtml，最后访问日期：2018 年 3 月 18 日。

⑤ 参见张惠彬：《商标权属于人权？——从欧洲人权法院判例谈起》，载《广州大学学报》（社会科学版）2016 年第 1 期。

权教育还没有走上制度化的轨道，很多时候是为了完成相关立法和培养师资而由相关部门组织人员进行短期的培训。① 后来，随着国家的重视，②知识产权教育迅速发展。（如表 1 所示）时至今日，我国知识产权教育呈现出一派蓬勃发展、欣欣向荣的局面。

表 1　知识产权本科教育大事记

时间	事件
1986 年	知识产权法被原国家教委列为第二学士学位的法学本科专业
1987 年	中国人民大学率先开设第二学位“知识产权法专业”
1987 年	《普通高等学校社会科学本科专业目录》发布，法学类专业项下增设“知识产权法专业”，知识产权法亦正式成为本科专业
1992 年	上海大学开设“知识产权”专业，隶属于法学本科与管理学本科专业
1993 年	北京大学成立首家知识产权学院，招收知识产权双学士学位
2004 年	华东政法大学知识产权学院开始招收知识产权专业本科生，是为教育部批准的全国第一家知识产权本科专业
2012 年	知识产权专业被正式作为法学类的特设本科专业列入《全国普通高等学校本科专业目录》（专业代码：030102T）

二、中国知识产权本科教育的现状

（一）知识产权教育机构情况

目前，我国已有 60 所高校设有知识产权本科专业，32 家知识产权研究机构。根据有关学者的统计，以院校主要专业性质，按照文

① 参见陈美章：《改革开放改变了我的人生轨迹——亲历知识产权教育的美好回忆》，载《知识产权》2008 年第 6 期。

② 如 2004 年教育部联合国家知识产权局共同发文《关于进一步加强高等学校知识产权工作的若干意见》，鼓励有条件的高校设立知识产权法学或知识产权管理学相关硕士点、博士点。2008 年，中国政府制定并发布《国家知识产权战略纲要》；2012 年，党的十八大提出“创新驱动发展战略”；2017 年 2 月，国家颁布《知识产权人才“十三五”规划》；十九大报告提出“强化知识产权创造、保护、运用”等一系列行动和精神都强有力地助推了我国知识产权教育的发展。

科、理工科、综合性的分法，60 所开设知识产权本科专业的院校如表 2 所示。

表 2　开设知识产权本科专业学校

文科院校（15 所）	理工科院校（19 所）	综合性院校（26 所）
华东政法大学、浙江工商大学、内蒙古财经学院、山东政法学院、河南财经政法大学、西南政法大学、辽宁对外经贸学院、哈尔滨金融学院、上海政法学院、甘肃政法学院、山东女子学院、北京电影学院、郑州成功财经学院、重庆工商大学、兰州商学院	华南理工大学、重庆理工大学、中国计量大学、浙江工业大学、福建工程学院、重庆邮电大学、大连理工大学、北京科技大学天津学院、安阳工学院、桂林电子科技大学、重庆交通大学、西南科技大学、兰州理工大学、天津科技大学、沈阳工业大学、青岛农业大学、河南科技大学、中原工学院、景德镇陶瓷大学	暨南大学、杭州师范大学、南昌大学、烟台大学、广西民族大学、中南民族大学、保定学院、石家庄学院、苏州大学、安徽大学、铜陵学院、淮北师范大学、宜春学院、河南师范大学、武汉东湖学院、湘潭大学、湖南师范大学、新疆大学、华中师范大学、池州学院、聊城大学、新联学院、衡阳师范学院、广州大学松田学院、宜宾学院、泰州学院

（二）知识产权课程开设情况

目前，各高校的知识产权本科专业都开设了法学和知识产权基础理论课程。① 除此之外，很多院校依托自身的专业优势开设了别具特色的课程。这在理工科院校与综合性院校中比较明显。如兰州理工大学法学院知识产权本科专业开设了高等数学、计算机技术基础、大学物理、生物工程概论、工程制图基础、机械设计基础；西南科技大学法学院开设了图形创意、工程制图；重庆理工大学知识产权专业就围绕“依托理工、法管融合”的专业特色，为其本科生开设了高数、工程制图、机械工程材料、机械设计基础等理工类课程；重庆邮电大学依托通信技术方面的专业优势，致力于培养具有法律专业知识和知

① 基础理论型课程包括面向法学类学生开设的“专利”“商标”“著作权”“商业秘密”等几大板块的课程。参见钱江：《比较视野下的中美知识产权教育》，载《消费导刊》2010 年第 7 期。

识产权学科知识、熟悉信息通信技术，能在电信、移动、联通等通信企业、网络服务企业、影视公司、软件公司就业的人才，[①]因此，其知识产权本科专业的培养方案中就设置了数字版权管理、网络技术应用、现代通信技术等课程；湘潭大学知识产权本科专业则开设有 C 语言程序设计、大学物理课程。

缺少理工专业支撑的文科院校则侧重于开设金融会计、企业管理与外语方面的特色课程。比如，兰州财经大学知识产权本科特色课程有西方经济学、管理学原理、无形资产评估等；内蒙古财经学院开设有品牌营销学等。综观当前知识产权专业的培养方案，国内知识产权本科教育主要是以法学基础课程为主，实务型、应用型课程较少，仅设有独立知识产权学院的几所高校设置了《知识产权案例分析》《专利审判实务》等少数课程，开设的课程也多为案例分析课。[②]

(三)知识产权学生就业情况

知识产权事业在我国方兴未艾，我国知识产权专业毕业生就业也处在黄金时期。根据 2016 年《全国知识产权人才需求分析报告》数据显示，可以得知以下情况：

第一，知识产权人才的需求量还相当大。2016 年 10 月全国共有 6698 家企业招聘 12,331 个知识产权职位，平均每家企业招聘 1.8 个职位。在这些招聘企业中，人员数量上单次需求量多数仅需 1 人，说明行业发展空间比较大。

第二，越是经济发达的地区，知识产权人才的需求量越大。2016 年 10 月，北京、广东、上海 3 地领跑，发布招聘需求的企业数量合计

---

① 参见《兰州理工大学法学院知识产权本科人才培养方案》《重庆理工大学/重庆知识产权学院知识产权本科人才培养方案》《重庆邮电大学网络空间安全与信息法学院知识产权本科人才培养方案》。

② 姜春林、张立伟、孙军卫：《中外高校知识产权课程设置比较及启示》，载《黑龙江教育》2013 年第 11 期。

占比约52%，其中北京地区发布招聘需求的企业数量最多，所占比率高达21%；江苏、浙江、四川等省需求量紧跟其后。这说明当前，经济发达地区需要大量的知识产权专业人才。而且，发展中的西部地区也是知识产权人才的潜在市场。

第三，企业对知识产权岗位的专业要求中，不限专业的职位占比高达85%；有明确专业要求的企业中，法律专业排首位，占比为8.26%，但整体占比并不高；指定要求知识产权专业的职位最少，仅7个，占比0.06%；理工科专业背景进入知识产权行业没有专业限制。这说明了当下知识产权专业人才的巨大缺口，但这组数据同时也传递出令人担忧的信息。知识产权岗位对人才的专业没有太大的限制，侧面说明了各个院校培养出来的知识产权专业人才并不完全符合企业的“口胃”，导致企业“不拘一格降人才”。

三、中国知识产权本科教育的困境

（一）定位不明，名言不顺

目前，知识产权专业是隶属于法学一级学科下的特设本科专业，已被列入《全国普通高等学校本科专业目录》。这使知识产权本科专业摆脱了“无名无分”的困境，不能不说是一个可喜的进步。但是，这并不能完全使知识产权本科专业从本质上摆脱“名义”上的困境。在实践中，该专业仍缺乏“归属感”，姓“法”还是姓“商”始终是一个令人费解的问题。教育部既然将“知识产权”作为法学一级学科下属的特设专业，那么国家层面的意思就是坚持知识产权专业姓“法”的，管理学、经济学与自然科学学科知识储备虽然对知识产权人才来说不可或缺且多多益善，但终究是处于辅助性地位。可是，很多高校并不能很好地贯彻教育部这一宗旨，无论从专业的归属划分或者是培养目标上，各行其道者并不少见。以某工商大学的培养方案为例，其通过知识产权与工商管理专业的结合，培养既懂知识产权，又懂工商管理的复合型人才并无可非议。但是它的课程设置很可能会导致学生对知识产权作为法学专业的认识不清，呈现出工商管理偏重的态势。此外，知识产权专业的定位不明也给毕业生报考公务员带来了一定阻碍。我国现行法律并没有要求各省公务员考试专业目录一定要与教育部所发布的专业目录一致。根据2012年版《全国普通高等学校本科专业目录》，知识产权专业代码为“030102T”，而以《广东省考试录用公务员专业目录（2016年版）》为例，知识产权专业代码又为“B030103”。专业代码不一致，往往会导致考生报考公务员时不能通过资格审查而被拒之门外的后果。

（二）多而不优，大而不强

在市场需求与国家政策的推动下，我国知识产权本科教育蓬勃发展。2012年，知识产权专业被编入《全国普通高等学校本科专业目录》的背景催生了多所高校为了“特色”而设立知识产权本科专业。截至今日，已有61所高校开设了知识产权本科专业，所谓“院系建设遍地开花，培训基地雨后春芽，人才培养前赴后继，知识产权千军万马”。仔细翻查这些学校的情况，就会发现“虚胖”的现象很严重，多而不优的问题很突出。首先，设置知识产权本科专业的高校实力参差不齐。在上述61所高校中，综合实力强、学术积淀深厚的综合性大学和传统政法院校为数并不多。很多高校是本身缺乏法学专业积累的二本、三本院校。其次，61所高校中知识产权专业的师资力量极不平衡，实力雄厚、基础好的院校，其知识产权教师大多为知识产权专业出身，并且大多具有博士研究生学位。而诸多二本、三本院校的知识产权专业老师是由大法学（包括马克思主义、思想政治）或者其他学科教师兼任。最后，就地域分布来看，东西部分布不均的状况很明显。61所院校中，东部沿海地区占了22所，中部地区占了24

所。西部地区主要集中在重庆、四川、甘肃3省市(其中重庆5所、甘肃4所、四川2所),诸多省份如青海、西藏、宁夏等经济欠发达地区没有1所高校设有知识产权本科专业。知识产权本科专业设置的初衷是适应社会经济的发展,为国家创新驱动发展战略提供人才支援。之所以导致知识产权本科教育“多而不优,大而不强”的困境,一个重要的原因就是很多高校过分追求“特色”专业,而没有重视基础的软件和硬件建设。特别是其中有一部分原来没有法学专业或者法学专业基础欠厚实的高校,意图借道知识产权法学本科人才培养,来实现其法学专业发展的目的。

(三)学难致用,供需脱节

知识产权专业呼唤复合型人才,不仅要有基本的法学基础,还要懂得经济学、管理学、工学等多学科常识。大部分开设知识产权本科专业的高校都意识到了这个问题,并且为解决该问题做出了努力。可是,综观全局,很多高校开出来的“药方”效果并不明显。知识产权本科毕业生“学难致用,供需脱节”的问题依然严重。大连理工大学知识产权学院院长陶鑫良教授坦言:我国大学培养出来的知识产权专业人才,企业往往用不上;而企业需要的知识产权人才,高校又未能对口培养出来。我国高校培养出来的知识产权人才,普遍存在“偏重法律轻经营,偏重理论轻应用,偏重概念轻实务,偏重模板轻特色”的现象。[①] 这就产生了一个非常矛盾的现象:社会需要大量的知识产权专业人才,但是高等院校培养出来的很多知识产权毕业生并不从事知识产权工作。[②]

① 参见陶鑫良:《法学人才要“瘦身减肥”,管理人才要“强身扩体”》,载搜狐网:http://www.sohu.com/a/222243022_221481,最后访问日期:2018年3月15日。

② 参见李芬莲:《知识产权教育之探索》,载《电子知识产权》2007年第10期。

四、中国知识产权本科教育的变革

（一）定位明确，培养知识产权人才

中国知识产权法学研究会会长刘春田教授认为，知识产权法制的运作，一直处于民法的阳光普照之下。离开民法的制度观照与理论滋养，知识产权的实践寸步难行。[①] 因此，学生必须在学好法学课程的基础上才能涉足其他的学科知识。《知识产权人才"十三五"规划》提出，"推动建立符合实际需要的知识产权学历教育和继续教育体系。推动知识产权相关学科专业建设，支持高等学校在管理学和经济学等学科中增设知识产权专业，支持理工类高校设置知识产权专业。"这样的表述还是建立在"以法学为主，以其他学科为辅"的知识产权人才培养基础上的。因此，针对当下知识产权本科教育存在的"定位不明，名言不顺的"问题，首先，要为知识产权本科专业"正名"，让其真正回归法学本位，与国家政策文件保持一致性。在课程的设置上，应当坚持法学核心课程的主干地位。一味突出知识产权本科专业的"特色课程"，而刻意压缩法学核心课程是舍本逐末的不明智之举。

其次，针对上文所提及的部分省市公务员招考中知识产权专业代码与教育部做法不一致的弊端，公务员招录管理部门应当整合教育部有关高校专业的目录规定，制定出适用于全国的《国家公务员考试录用专业（学科）指导目录》。[②] 由于社会经济的不断发展，各高校所设置的专业经常发生变动，因此教育部的专业目录也需要定期修订。此外，还应当建立公务员招录组织部门与高校、教育部之间的长

① 参见刘春田主编：《知识产权法》，高等教育出版社2010年版，第24页。

② 参见邢占军、曹东卿：《公务员考录资格审查的梳理与思考》，载《行政论坛》2013年第4期。

期联动机制，使三方都能及时知晓彼此的专业名称与目录变动情况，才不至于在出现问题之后才会同商讨解决方案。

(二)课程改革，以市场为导向

梁启超先生曾经说过，“纯理必借应用始圆满，应用必以纯理为其基据”。[①] 基础理论的学习很重要，它是开展实务的支撑。但是，过分重视理论而轻视实务能力的培养，就会在理论与实践之间形成难以逾越的鸿沟。之所以产生“学难致用”的困境，一个重要的原因就是课程设置不合理。很多高校知识产权本科人才培养方案都明言要培养适应市场需求的跨学科人才，但只是作为选修课象征性地设置了这一类课程，学生完全可以不选。即使有的高校将经济学、管理学以及工学之类的课程比重加大，或者设置为必修课，也没有一个统一的课程标准。高校的“随心所欲”导致了学生知识体系的“营养不良”。学生学了很多知识产权“实践课程”，但是实践能力并没有得到有效提升。[②]《知识产权人才“十三五”规划》也提出，“推动建立产学研联合培养知识产权人才模式，加强知识产权继续教育和培训工作，提高培训的科学性、系统性、针对性和实效性。”因此，加快推进知识产权本科专业课程改革，培养应用型知识产权人才刻不容缓。知识产权本科专业的课程中应当加大实务课程的比重，比如可以邀请具有实务经验的知识产权工作者到课堂上给学生教授具体的案例操作流程。有条件的院校还可以将课堂转移到知识产权实务现场，比如带领学生到企业、专利代理机构等场所切身感受在学校所学的知识是如何在实践中运作的。

① 梁启超：《先秦政治思想史》，商务印书馆2014年版，第12页。

② 在知识产权领域，主要有3方面的实践：第一，知识产权的申请和注册；第二，知识产权的诉讼；第三，知识产权的交易。高校知识产权专业实践课程有关介绍。参见王珍愚、单晓光：《略论中国大学知识产权教育的发展与完善》，载《法学评论》2009年第4期。

（三）教学改革，善用网络手段

如今是一个互联网迅速发展的时代。互联网成了我们生活离不开的工具，也成了经济社会发展强有力的助推器。在这样的背景下，“互联网+”概念应运而生。① “互联网+”，指的是利用现代互联网技术与传统产业进行深度交融，让互联网技术渗透到生活各个方面。而“互联网+教育”就是将互联网技术手段在教育中加以应用，以使教育教学成果更有效、优质资源配置更均衡。②

“互联网+教育”打破了权威对课堂教学的垄断，也让知识产权本科教育从封闭走向开放。知识产权本科教育应当抓住这个契机，利用互联网推进教学方式改革。首先，可以利用远程教学推进文理学校之间知识产权专业特色教学资源共享，实现优势互补。如开设知识产权本科专业的院校共建共享优质网络课程，这样，文科学校的知识产权专业学生就可以听到理工科学校的特色课程，反之亦然。其次，可以通过网络引入知识产权实务教学，如观看庭审直播，开展远程讲座等。最后，学生在课后可以通过互联网增进与教师的交流。以高校在线课堂管理平台“课堂派”为例，通过“课堂派”的“私信”功能，学生可以直接跟老师或同学联系。③

① “互联网+”这一概念是由易观国际董事长兼首席执行官于扬在第五届移动互联网博览会首次提出。在2015年全国两会上，马化腾提交了一份《关于以“互联网+”为驱动，推进我国经济社会创新发展的建议》的议案，呼吁把“互联网+”提升为国家战略。同年3月，李克强总理在十二届全国人大三次会议上做政府工作报告时首次提出“互联网+”行动计划。

② 参见王磊、周冀：《无边界：互联网+教育》，中信出版集团2015年版，第3~4页。

③ 参见孙亚志：《在线课堂管理工具在高校教学中的应用——以课堂派为例》，载《黑龙江科学》2017年第13期。

论我国环境法学教材的历史发展与挑战创新

竺　效[*]　丁　霖[**]

一、传统环境法学教材30余年的发展历史与特征

环境法作为新兴的法学学科，在教材的编写上也继承了传统法学学科教材的特征，以理论阐述为主，追求逻辑自洽与体系完整。总结市面上的环境法学教材，可以分析传统环境法学教材呈现如下特征。

（一）环境法教材追求环境法体系的完整

传统的环境法教材均追求环境法体系的完整。环境法内容体系是指"由具有不同法律规范内容和功能的环境立法所构成的有机系统。依据法律规范内容和功能的不同，可以将中国现行环境立法分为环境基本法、污染防治法、自然保护法、物质能量循环和管理法以及环境综合行政管理法。"[①]因此，总结传统环境法学教材的编写体例可见，大部分环境法学教材将环境法分为总论与分论，总论对环境法的基础理论进行介绍，分论则按照环境法的内容体系分为污染防治法、自然资源保护法等。环境法教材的编写者，均试图通过总分的

* 中国人民大学法学院教授，教育部青年长江学者。

** 中国人民大学国家发展与战略研究院博士后，法学博士。

① 竺效主编：《环境法入门笔记》，法律出版社2017年版，第24页。

方式，既将环境法基础理论予以完整介绍，又将环境法的全部内容进行介绍，追求环境法教材内容的全面、完整。

如表1所示，笔者通过梳理我国自1986年以来出版的22部环境法（环境资源法）教材，总结发现环境法学教材编写除了对环境法学总论内容予以介绍外，不同编写者对于环境法分论的具体内容又有不同的侧重与划分。总结而言，主要分为四种类型。第一类，“总论+国际环境法”。梳理发现，22部环境法教材中，仅4部教材没有涉及国际环境法的内容。有2部环境法教材在编写环境法总论之外仅编写了国际环境法，如罗辉汉著《环境法学》与李明华、夏少敏主编《环境法学》。第二类，在上一类基础上增加污染防治法与自然保护法（包括生态保护与自然资源法）的内容。我国大部分环境法学著作均以此内容进行编写。在22部环境法学教材中，有18部教材均以污染防治法与自然保护法为重点内容予以阐述，其中有7部教材，仅按照总论、污染防治法、自然保护法来安排篇章结构。第三类，在第二类基础上，将环境法内容体系进一步精细化划分，如增加环境基本法（3部）、区域环境法（4部）、海洋环境保护法（1部）、循环经济法（1部）的章节。第四类，专章对环境行政责任、民事责任、刑事责任的重点论述。在22部教材中共5部教材对这3类环境法律责任进行专章论述，另有汪劲教授参与主编的2部教材对环境民事责任（环境侵权的法律救济）与环境刑事责任（环境的刑法保护）2类进行专章论述。

表 1　22 部教材除环境法总论内容外的重点篇章结构安排

编者	出版时间	国际环境法	污染防治法	生态保护法	其他	3 类环境法律责任
罗辉汉著①	1986 年版	√	—	—	—	—
李明华、夏少敏主编②	2013 年版	√	—	—	—	—
金瑞林主编③	1990 年版	√	√	√	—	—
王灿发主编④	1997 年版	—	√	√	—	—
金瑞林主编⑤	2000 年版	√	√	√	—	—
吕忠梅、高利红、余耀军编著⑥	2004 年版	√	√	√	—	—
张梓太主编⑦	2007 年版	—	√	√	—	—
周珂、高桂林、楚道文主编⑧	2013 年版	√	√	√	—	—
曹明德主编⑨	2016 年版	√	√	√	—	—
汪劲、田忙社编著⑩	2000 年版	√	—	—	—	民事、刑事
汪劲著⑪	2011 年版	√	√	√	—	民、刑
黄锡生、李希昆主编⑫	2002 年版	√	√	√	—	行、民、刑
蔡守秋主编⑬	2005 年版	√	√	√	—	行、民、刑
陈泉生主编⑭	2007 年版	√	√	√	循环经济法	行、民、刑

① 罗辉汉著:《环境法学》,中山大学出版社 1986 年版。
② 李明华、夏少敏主编:《环境法学》,法律出版社 2013 年版。
③ 金瑞林主编:《环境法学》,北京大学出版社 1990 年版。
④ 王灿发主编:《环境法学教程》,中国政法大学出版社 1997 年版。
⑤ 金瑞林主编:《环境与资源保护法学》,北京大学出版社 2000 年版。
⑥ 吕忠梅、高利红、余耀军编著:《环境资源法学》,科学出版社 2004 年版。
⑦ 张梓太主编:《环境与资源保护法学》,北京大学出版社 2007 年版。
⑧ 周珂、高桂林、楚道文主编:《环境法》(第 4 版),中国人民大学出版社 2013 年版。
⑨ 曹明德主编:《环境与资源保护法学》(第 3 版),中国人民大学出版社 2016 年版。
⑩ 汪劲、田忙社编著:《环境法学》,中国环境科学出版社 2001 年版。
⑪ 汪劲著:《环境法学》,北京大学出版社 2011 年版。
⑫ 黄锡生、李希昆主编:《环境与资源保护法学》,重庆大学出版社 2002 年版。
⑬ 蔡守秋主编:《环境资源法学》,湖南大学出版社 2005 年版。
⑭ 陈泉生主编:《环境法学》,厦门大学出版社 2007 年版。

续表

编者	出版时间	国际环境法	污染防治法	生态保护法	其他	3类环境法律责任
黄锡生、史玉成主编①	2015年版	√	√	√	—	行、民、刑
赵哲伟主编②	2017年版	√	√	√	—	行、民、刑
史学瀛主编③	2006年版	√	—	√	环境保护法	—
王权典主编④	2004年版	√	√	自然灾害防治法	特定区域生态环境保护与建设法	—
张璐主编⑤	2010年版	√	√	√	特殊区域保护法	—
吕忠梅著⑥	2008年版	—	√	环境要素保护法	中国环境保护基本法、特殊区域环境保护法、环境与发展综合决策性法律	—
周训芳主编⑦	2000年版	√	√	陆地生态资源法	环境基本法、区域环境法、海洋环境保护法	—
徐祥民主编⑧	2005年版		√	√	环境纠纷的处理	—

由此可见，现有的环境法教材均试图对环境法领域的所有内容进行系统阐述，致力于追求环境法体系的完整，且环境法教材的编撰

① 黄锡生、史玉成主编：《环境与资源保护法学》（第4版），重庆大学出版社2015年版。

② 赵哲伟主编：《环境资源法学》，对外经济贸易大学出版社2017年版。

③ 史学瀛主编：《环境法学》，清华大学出版社2006年版。

④ 王权典主编：《现代环境法学概论》，华南理工大学出版社2004年版。

⑤ 张璐主编：《环境与资源保护法学》，北京大学出版社2010年版。

⑥ 吕忠梅著：《环境法学》（第2版），法律出版社2008年版。

⑦ 周训芳主编：《环境法学》，中国林业出版社2000年版。

⑧ 徐祥民主编：《环境法学》，北京大学出版社2005年版。

也有向精细化发展的趋势。同时,随着环境法理论、教学实践的深入,以及环境法立法、司法、执法的发展,环境法内容不断增加、扩展,环境法教学也逐渐向纵深、精细发展,如部分院校不仅开设环境法的课程,还开设了国际环境法、污染防治法等课程。因此,新时期的环境法教材若仍然关注于内容体系的完善,则教材内容庞大复杂,一本环境法学教材将无法全面囊括环境法领域所有内容,一门环境法的课程也将无法全面讲授环境法领域的所有知识。故环境法教材在追求环境法体系完整的同时,也将需顺应时代发展,重新考虑环境法学基础教材的编写体系与内容。

(二)环境法教材追求环境法理论的完善

与传统法学教材一脉相承,环境法学教材也基本以理论教学为主。然而,环境法作为一门新兴的、处于不断发展完善之中的法学学科,其理论也在不断地发展完善之中,也存在较多的理论争议。编写者在编写教材时,均或多或少将理论靠近自身的观点。因此,环境法教材中会出现对待同一问题,不同教材有不同见解的情况,这或多或少增加了环境法学习者学习、理解的难度。

以环境权为例,环境法学者们对于环境权的定义、内涵、外延,以及是否有必要入宪等问题有不同的见解,存在争议,以至于不同编者在编写环境法教材时,对环境权的态度以及对环境权的解释也不尽相同。在笔者梳理的22部教材中,有6部教材以专门章节对环境权进行阐述,有1部教材以“节”对环境权进行介绍,另外15部教材未对环境权理论进行重点阐述,而其中,周训芳主编的《环境法学》以“环境权利”、[①]蔡守秋主编《环境资源法学》以“公民环境权”、[②]汪劲

① 周训芳主编:《环境法学》,中国林业出版社2000年版,第20~22页。
② 蔡守秋主编:《环境资源法学》,湖南大学出版社2005年版,第123~127页。

著《环境法学》以“公民的环境权益”[①]对涉及环境权益的内容进行介绍,回避了“环境权”这一内容暂未确定、内涵暂不清晰的名词。

可见,环境法的基础理论尚处于不断发展完善之中,有较多新的理论提出,也有理论受到争议。环境法学教材不断追求环境法理论的完善,但同时却缺乏对教材学习者的接受能力与需求的考量。环境法入门者或环境法律实务人员可能无须掌握部分发展中的环境法理论,而环境法教材中对于理论的长篇论述可能会使对环境法感兴趣的初学者望而却步。

二、环境法学教材编写面临的挑战

随着信息技术的发展,人们获取信息的方式不再局限于传统的书本、纸质媒体,不受时间、空间的限制。随着移动互联网的普及,自媒体的发展,使人们能够轻易获取自己需要的信息,能够随时随地迅速获取信息,“信息碎片化时代”[②]已经到来。面对信息碎片化时代的冲击,环境法学教材也面临着前所未有的挑战。

(一)环境法内容繁杂、体系宏大

环境法虽然是一门新兴学科,其理论还处于发展之中。然而,环境法学不仅涉及法理学、民商法学、行政法学、经济法学、刑法学、诉讼法学、国际法学等多个法学学科的理论知识,更涉及环境伦理学、环境经济学、环境科学、生态学等多个学科的交叉知识。这一特点决定了环境法学教材内容繁杂、体系宏大。

但是,环境法本科教学却常常课时不足,无法在一门课程之中详

① 汪劲著:《环境法学》,北京大学出版社 2011 年版,第 58~65 页。

② 百度百科词条“信息碎片化时代是指人们通过网络传媒了解阅读与以往相比数量更加巨大而内容趋向分散的信息。完整信息被各式各样的分类分解为信息片段,是信息爆炸的成因与显著体现。”载百度网:https://baike.baidu.com/item/信息碎片化时代/3014167,最后访问日期:2018 年 10 月 25 日。

尽教授环境法学的所有内容。因此，为了尽量能适应相对而言课时明显不足的本科教学，各种环境法教材也只能无奈地选择偏重理论。对于环境法初学者而言，偏重理论的环境法学教材，无法引起其学习兴趣，更不能帮助他们快速了解环境法基本概况、快速掌握环境法基础理论、快速寻找其所需要的环境法知识。

(二)环境法的不断更新、发展

近年来，随着环境问题频发，环境法立法不断地调整、修改、完善，新的环境治理措施层出不穷。环境公益诉讼、生态环境损害责任党政同责、环境影响评价区域限批、按日连续处罚等新的制度与措施，是传统环境法学领域从未涉及的，对传统环境法学提出了新挑战。我国环境立法以及环境法理论一直处于动态的发展之中，这无疑增加了环境法学教材的编撰难度，同时也增加了环境法教师的教学难度。

尤其是党的十八大以来，环境保护、生态文明受到社会各界的关注。中央提出“绿水青山就是金山银山”的生态文明理念，要求建立系统完整的生态文明制度体系，实行最严格的生态保护制度，环保领域立法全面“升级”，2012 年以来，全国人大常委会制定或修订《环境保护法》《大气污染防治法》《水污染防治法》《海洋环境保护法》《环境影响评价法》《野生动物保护法》《环境保护税法》《核安全法》等有关生态文明建设的法律案近 20 部。① 党的十九大报告更是全面阐述了加快生态文明体制改革、推进绿色发展、建设美丽中国的战略部署。在此背景下，2018 年又有 4 部环境相关法律列入全国人民代表大会的立法计划，“包括继续审议《土壤污染防治法》、制定《原子能

① 张雪：《十二届全国人大及其常委会五年工作综述：立法稳步推进监督注重实效》，载中国经济网：https://baijiahao. baidu. com/s? id = 1594081746711151614&wfr = spider&for = pc，最后访问日期：2018 年 10 月 25 日。

法》、修改《土地管理法》和修改《固体废物污染环境防治法》及相关法律”①。

与此同时,环境法理论也在不断发展完善。“近十年来,我国环境法学研究聚焦生态文明环境法治建设、生态环境损害赔偿、生态补偿以及《环境保护法》立法目的、环境行政管制与环境行政法律责任、按日连续处罚、公众参与和信息公开、政府环境责任、《环境保护税法》的立法、环境司法专门化、环境公益诉讼、环境保护党政同责与督察制度等热点问题的研究。”②由此可见,环境法立法、理论也处于不断发展变动之中。环境法学教材以纸质书本为媒介,动辄修订则带来人力、财力、物力的大量消耗,实则称不上“环保”。而如若环境法学教材不能反映环境立法最新动态,环境法律制度的最新发展,环境法学理论的前沿,如何能给予读者启迪,引导读者思考,满足读者对环境法知识获取的需求?

(三)环境法受到社会各界的关注

环境问题关乎公民的身体健康,关乎每个人的切身利益。随着环境问题的凸显与恶化,随着人们对于清洁空气、优美环境的需求越来越强烈,环境法受到社会各界的关注。在百度搜索指数③,以“环境保护法”为关键词的搜索指数在 2014 年第二季度开始大幅增加,并至今一直受到关注(如图 1 所示)。

---

① 《四部环境资源法律列入今年立法计划》,载中国日报网:https://baijiahao.baidu.com/s? id = 1598619819429977090&wfr = spider&for = pchttps://baijiahao.baidu.com/s? id = 1598619819429977090&wfr = spider&for = pc,最后访问日期:2018 年 10 月 25 日。

② 柯坚、刘志坚:《我国环境法学研究十年(2008—2017 年):热议题与冷思考》,载《南京工业大学学报》(社会科学版)2018 年第 1 期。

③ 百度百科词条百度指数(Baidu Index)是“以百度海量网民行为数据为基础的数据分享平台,是当前互联网乃至整个数据时代最重要的统计分析平台之一,自发布之日便成为众多企业营销决策的重要依据。”载百度网:https://baike.baidu.com/item/百度指数/106226? fr = aladdin,最后访问日期:2018 年 10 月 25 日。

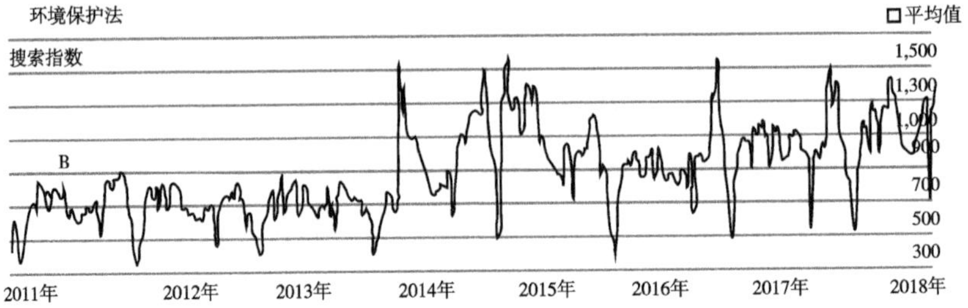

图1 “环境保护法”为关键词的百度搜索指数年度变化

在2014年前，对于环境法的关注还多限于环境法学者自身对环境法理论的探讨。无论是立法、司法还是行政机关，均欠缺对环境法的关注，也欠缺环境法学专门人才。法律实务中，律师、公司法务等法律实务人员，也不太关注环境法。但是，由于环境立法、司法、执法在最近几年得到长足的发展，环境立法增多，环境司法专门化以及环境公益诉讼制度设立，环境执法权力加强，都使立法机关、司法机关以及行政机关工作人员急需对环境法进行学习和了解。生态损害责任党政同责、地方政府环境责任的落实，使各级党政领导、工作人员均重视环境问题，具有学习环境法的需求。随着环境公众参与的普及、环境公益诉讼的发展，律师、法律实务人员、企事业单位、社会组织以及社会公众均有环境法的学习需求。因此，环境法学教材除了满足法科学生的学习需求外，还需要满足社会各界对环境法的学习需求。

三、环境法学教材的创新与探索

面对信息碎片化时代以及环境法的发展现状，传统的环境法教材已经不能满足社会对于环境法的学习需求，需要一种新型教材对传统环境法学教材予以发展，使环境法学教材不仅保留环境法的体系完整与理论深度，还需要通俗易懂、满足不同主体的学习需求。这种新型环境法教材需要在形式与内容上对传统环境法学教材予以发展。

（一）新型法学教材应当适应碎片化知识获取的学习方式

如前文所述，信息碎片化时代到来，人们获取信息的方式发生巨大变化，利用碎片化的时间，在任何地点撷取有用信息。对待知识的学习也是如此。随着网络课程普及，人们在移动端即可进行学习，获取知识。为了适应碎片化知识获取的学习方式，适应学习方式的转变，环境法教材应当更简明扼要，更突出重点，更方便阅读者快速高效获取有用信息。另外，信息碎片化时代也是“读图时代”，人们感兴趣的信息，不再限于文字信息，更重要的是图片信息。

以《环境法入门笔记》为例，其以知识点为轴线，“将传统教材理论内容进行拆分重构，以知识要点的形式进行列举。知识点文字精简，部分配以图表辅助理解，力求准确明确、简单易懂、易于掌握。”并以4类星级对知识点进行标记，对应教学目标中的4级难易程度。[①] 同时，以知识点结构图的方式，使各章和各重点节所包含的知识点之间的关联性更加一目了然。[②] 以便读者能够迅速了解环境法各知识点之间的逻辑关系，更迅速地了解环境法理论知识。以“知识点”来编辑环境法理论，也更便于阅读者随时随地，利用碎片化的时间，掌握环境法的内容。在对重点知识点的描述中，增加体系图、逻辑图等图片，以便读者能更加形象、立体地掌握知识点。

（二）新型法学教材应当尽量满足不同主体的学习需求

面对社会各界对环境法学习的需求，新型环境法教材应当全面考量不同读者的特性，尽量满足不同主体的学习需求。首先，环境法

① 参见竺效主编：《环境法入门笔记》，法律出版社2018年版，编写说明。

② 同上，修订说明。

学教材应当满足高校师生的需求。一方面,不同类型的高校学生,对环境法教材有不同的需求。法学本科生需要通过环境法教材对环境法的概况、基础理论有全面的了解和学习;有攻读环境法学硕士意向的学生,需要根据环境法教材的指引,进一步深入了解环境法相关理论前沿;法律硕士以及需要进行法律职业资格考试的学生,需要通过环境法教材的学习,了解法律职责资格考试的动态,掌握"法考"的重要知识点。另一方面,环境法教材不仅是高校学生学习环境法的"敲门砖",更是高校教师教授环境法的必备工具。大部分初登环境法讲台的教师,急需尽快进入角色,新型环境法教材也应当对环境法教师有一定的教学指导,提高其教学效率,缓解其备课压力。

其次,环境法学教材应当满足法律实务人员的需求,包括立法者、法官、检察官、环境行政工作人员、公安环境案件侦办人员、律师、公司法务人员等。随着环境立法、司法、执法工作的深入开展,全国各级人民代表大会、政府、法院、检察院、公安机关的工作人员均需要掌握和了解相关环境法律法规,需要一本既贴近实务又有理论支撑的环境法教材帮助其快速入门。随着公益诉讼的发展、社会对企业环境责任的关注,律师、公司法务人员、环保组织工作人员等也需要了解环境法,才能更好地保障公民、企业的环境权益。

以《环境法入门笔记》为例,为了满足不同主体对环境法的学习需求,在编写体例安排上对传统教材予以发展。首先,为满足高校教师的教学需求,《环境法入门笔记》设计了教学大纲参考,分别以 2 学分、3 学分和 4 学分为例,为不同课时、学分设计了环境法课程每周教学内容的选取与编排,为环境法教师提供了教学大纲的推荐方案。其次,为满足高校各类学生以及环境法初学者的学习需求,《环境法入门笔记》以知识点为核心,每一章节均围绕知识点细化教学目标,列举推荐参考资料、相关法条、案例或事例、延伸阅读推荐篇目,使不同读者根据自己的需求进行选择与阅读、学习。再次,为满足法律职业资格考试备考者的备考需求,《环境法入门笔记》总结了近年与环境法相关的司法考试真题附表,并对真题进行解析,列明每道真题涉及的本书中的知识点及所涉及的主要环境法律条款,也相应地在各章的相关知识点后标记司法考试的年份与题号,使司法考试真题与本书知识点相互链接,方便备考人员查阅。复次,为满足环境法研究生备考需求,《环境法入门笔记》每一节均设置了延伸阅读,列举了与本节知识点相关的推荐深化理解或扩大阅读的有关文献,方便对本节知识点有兴趣进行深入学习、研究的读者根据延伸阅读的提示,查找相关文献,进行后续学习研究,以期为备考考生提供知识深化途径的提示。最后,为了满足环境法实务人员的学习需求,《环境法入门笔记》总结了各节知识点的相关法条,分为"必读法条"与"延伸法条"。"必读法条"列举与各节知识点直接相关的重要法条,让读者无须再通过别的途径搜索或查找法条,这一类型的法条绝大多数已详细列于书中各章节,这也表明这些是必须了解和掌握的入门性法条。"延伸法条"则列举了与各节知识点相关的其他国内外重要法条,供读者进一步检索、学习作参考。

(三)新型法学教材应当及时回应法学理论与实践的新发展

鉴于环境法学理论以及环境立法、司法、执法实践的不断更新发展,环境法教材也应当及时回应法学理论与实践的新发展。因此,新型环境法教材应便于编写者灵活修改。传统的法学教材以理论为主,且编排具有体系性、逻辑性,任何的删减、修改均需要保持与前后文逻辑一致、体系完整,一次修改耗时较长。例如,中国人民大学出版社出版的"21 世纪法学系列教材"周珂教授所著的《环境法》于 2000 年出版第 1 版,2005 年修订第 2 版,2008 年修订第 3 版,2014 年修订第 4 版;北京大学出版社出版的"普通高等教育'十五'国家级规划教材”汪劲教授所著的《环境法学》，于2006年出版第1版，2011年修订第2版，2014年修订第3版。可见，传统教材修订的频次并不高，无法做到及时回应社会热点，囊括环境法前沿理论与最新法律制度。

而以知识点串联环境法基础理论的新型教材，可以直接对其中的知识点以及法律条文进行删减与修改，并不影响整体结构框架与体系，可以迅速修订，回应环境法前沿理论、立法成果与司法实践。如此，环境法入门者通过一部教材即可获取最新的理论与实践知识，节省其研究时间与学习精力。

四、结论

在信息碎片化时代，法学教材的阅读者也变得更加广泛。在传统重视逻辑严谨、体系完整与理论完善的传统教材之外，还需要一种新型法学教材来满足不同主体的阅读学习需要，引导其快速入门。随着国家、社会对环境问题的重视程度不断提高，环境法成为法学本科教学的核心课程，各大高校法学院纷纷开设了环境法课程。在环境法越来越受重视、受关注的同时，在环境法教学、学习与现有教材之间需要一种类似桥梁的新型教学工具，将厚的教材变薄，方便读者快速入门。这种新型教材应当将知识点与案例讲授相结合，引发入门者的学习兴趣，触发其学习的好奇心与探索欲；应当将厚厚的教材浓缩提炼成足够薄的小册子，帮助入门者从浩如烟海的环境法学知识和法律知识中找到快速入门的“通行证”；应当将博采众长各门派环境法教材的精华，为入门者提供最新近、最完整、最权威的解读集锦。因此，新型的环境法教材应当是适应读者碎片化阅读习惯，及时回应环境法学理论、立法、执法、实践最新动态，在传统环境法学教材基础上，提供不同主体迅速入门并全面了解环境法的基础性知识的“敲门砖”似的新型教材。

改革开放40年中国国际组织法教学的回顾与展望

黄 瑶[*] 伍俐斌[**]

国际组织法是第二次世界大战以后逐渐发展形成的一个新的国际法学科分支。① 中国是联合国创始会员国和安理会常任理事国,也是众多其他国际组织的成员国。改革开放后,中国国力日益增强,中国在国际组织中的作用越来越重要,影响力越来越大。中国国际组织法学科顺应时代潮流,在改革开放之初就进入法学课堂,并蓬勃发展,为国家培养了一批优秀的国际组织法人才。中国特色社会主义新时代需要更多的高层次国际组织法律人才,以适应中国在国际社会的地位和发展之需。新时代为中国国际组织法学科带来了新的发展机遇。

一、历史回顾

改革开放后,北京大学在全国率先开设了"国际组织法"课程,武

* 中山大学法学院教授,院长。

** 中山大学粤港澳发展研究院副教授。

① 国际组织不仅是国际法学的一个研究领域,还是国际政治学、国际关系学的重要研究领域,甚至经济学、历史学等学科也涉足国际组织相关问题的研究。在我国学科分类中,国际法学可分为国际公法学、国际经济法学和国际私法学三大次级学科方向。国际组织法属于国际公法学的一个分支,但在国际经济法学中,国际经济组织如世界贸易组织等是重要研究和教学领域。本文对改革开放40年中国国际组织法教学的回顾与展望仅限于国际公法学的国际组织法教学,不涉及国际政治学、国际关系学、国际经济法学等学科领域的国际组织法教学。

汉大学法学院等重点法学院系也相继开设了“国际组织法”课程。40年来，经过不懈的努力，中国国际组织法教学在学科建设、教学资料编纂、人才培养等方面有了较大的进步，为中国有效参与国际组织做出了积极的贡献。概括起来，国际组织法教学取得了以下成绩：

（一）国际组织法学科体系逐渐完善，学科建设成绩显著

在我国法学教育中，国际组织法作为国际法学的一个新分支领域，其形成和发展离不开两位国际法前辈——梁西先生[1]和饶戈平先生[2]，他们对国际组织法学科的形成和发展做出了卓尔不凡的贡献。梁西先生是武汉大学法学院的著名教授。梁先生为国际组织法学科作出了开创性贡献，创建了具有特色的国际组织法学科体系，构建了国际组织的法理学，并提出和阐述了一系列创新的学术观点，大大提高了国际组织法学的理论深度和学术价值。梁先生自20世纪60年代初开始，潜心钻研国际组织问题。“文化大革命”期间，梁先生与王铁崖先生等老一辈法学家组成一个编译组，从事对联合国资料的收集、翻译和研究工作，同时梁先生又独自积累了大量有关国际组织的中外文资料。至20世纪70年代后期，梁先生在北京大学任教期间，在我国首先开创了“国际组织法”这门课程，将国际组织法学科从无到有地建立起来，对国际组织法学科的建立作出了重大贡献。因此，可以说梁先生是我国国际组织法学科的开拓者和奠基人。[3] 1983年梁先生调入武汉大学后，于当年秋季学期开始在武汉大学法学院国

① 梁西，别名梁宋云，号容安，武汉大学法学院教授，1924年生，湖南安化人。1950年毕业于武汉大学法律系，1953年至1982年执教于北京大学，1983年起执教于武汉大学。

② 饶戈平，北京大学法学院教授，1948年生，湖南沅江人。1982年毕业于北京大学并留校任教，曾长期担任中国国际法学会常务副会长、北京大学国际法研究所所长。他出版的国际组织法著作主要有：《国际组织法》（北京大学出版社1996年版）、《国际组织通览》（世界知识出版社2004年版）、《全球化进程中的国际组织》（北京大学出版社2005年版）、《国际组织与国际法实施机制的发展》（北京大学出版社2013年版）等。

③ 参见曾令良：《梁西与国际法》，载《武大国际法评论》（第16卷）2013年第2期。

际法专业讲授专业必修课“国际组织法”。[1] 梁先生早在 1984 年就出版了专著《现代国际组织》,此后梁先生不断吸收国内外国际组织法研究成果,并结合自己对国际组织法的思考,对该书多次进行修订。在该书第 4 版中,梁先生提出了“结构平衡论”这一揭示现代国际组织发展规律的新理论。“结构平衡论”认为国际组织网的形成和国际社会的组织化趋势是当代国际结构中两种社会力量的平衡与调和的结果。这两种力量一种是“分力”,即国际社会无法将它们完全融为一体的众多分散的国家权力;另一种是“合力”,即各国希望通过国际合作来实现本国利益和共同利益的向心力。国际组织的形成与发展,恰恰是这两种力量的平衡与调和的必然结果。[2]

另一位中国国际组织法学科的开拓者和奠基人是北京大学法学院教授饶戈平先生。从 20 世纪 80 年代末开始,饶先生将研究重点转入国际组织法等领域。自 1990 年起,饶先生在北京大学法律系讲授国际组织法课程,并先后为研究生讲授了“联合国与国际组织法”“国际法和国际组织法专题研究”等课程。饶先生长期致力于国际组织法学科体系建设,并与时俱进地对国际组织法学科进行反思和新的研究。比如,饶先生最新提出国际组织法学科体系是由组织机构法和组织法律秩序两大部分组成:前者,即国际组织机构法,其构成包括组织的基本文件、法律地位、机构及其职能、程序规则、成员资格等;后者,即国际组织法律秩序,包括组织内各机构造法、决策职能及决策程序的正当性、合法性,国际组织决议的法律地位与法律效力,司法审查机制,组织对成员国义务的监督实施机制、制裁惩罚机制、

① 参见谢石松:《我从梁西老师那里学到的教育理念》,载《武大国际法评论》(第 16 卷)2013 年第 2 期。

② 参见梁西:《国际组织法》(第 4 版),武汉大学出版社 1998 年版,第 407 ~ 410 页;参见曾令良:《梁西先生著〈国际组织法〉修订第 4 版读后》,载《法学评论》1999 年第 2 期。

争端解决机制等。[1] 在晚近的观察与思考中,饶先生还提出:国际组织法的研究对象不应仅聚焦于协定性政府间国际组织,还应同时关注集团性国际组织、条约机构、协定性国际组织具有对外职能的内部机构、国际组织间联合机构等其他多边合作的组织形态;国际组织法的研究范围应重点关注国际组织的内部法与外部法、国际组织机构法与实体国际法、国际组织法与国际法发展等三对关系;国际组织法包括规范意义的国际组织法和学科意义的国际组织法,前者指用以规范、调整政府间国际组织的建立和运作的所有原则、规则、章程和制度的总称,后者不仅包括每个国际组织的个别法,也包括适用于国际组织的国际法规则。[2]

在梁西和饶戈平两位先生和诸多同人的共同努力下,国际组织法学科体系如今已经基本建立,国际组织法课程和研究方向在一些实力较强的法学院系也已常年设立。同时,在两位先生的培养和带动下,国际组织法教学已形成了比较合理的师资梯队,一批中青年学者陆续走上国际组织法课程讲台。例如,武汉大学法学院的余敏友、杨泽伟、黄德明、黄志雄等是国际组织法教学和研究的主要学者,北京大学法学院的年轻学者易平、陈一峰也开设了国际组织法相关课程,开始崭露头角。

(二)国际组织法教科书具有较高专业水准,教学参考资料日渐丰富

就教科书而言,以"国际组织法"作为书名,且较为经典的有两本,分别是梁西教授的《国际组织法》系列和饶戈平教授主编的《国

① 参见饶戈平:《走出国际组织法的迷思——试论何谓国际组织法》,载《北京大学学报》(哲学社会科学版)2016年第6期。

② 参见饶戈平:《本体、对象与范围——国际组织法学科基本问题之探讨》,载《国际法研究》2016年第1期。

际组织法》。1984 年,梁西教授出版了准备多年的 23 万字的著作《现代国际组织》,这是国内首次较全面系统阐述国际组织法的一本专著。该书既注意基本理论的阐述,又不脱离国际交往的广泛实践;既博采东西方主要观点,又重点说明了我国有关外交政策的主旨。梁西教授的这本专著,在理论及科学体系上,均有自己的独到见解,反映了本学科的先进水平。该书于 1988 年 1 月经国家教委评为全国高等院校优秀教材。[①]《现代国际组织》分五编共十五章。第一编(导论)分两章阐述了国际组织的概念、形成和历史发展。第二编介绍了国际联盟。第三编分七章介绍了联合国。第四编、第五编论述了区域性国际组织和专门性国际组织。1993 年《现代国际组织》增订成第 2 版,并改名为《国际组织法》,获国家教委优秀著作二等奖。梁西教授的《国际组织法》(第 3 版)还以繁体字竖行本在我国台湾地区出版发行。该书第 4 版于 1998 年出版,获国家教委优秀教材一等奖。2001 年,梁西教授的第 5 版《国际组织法》出版,被教育部推荐为研究生教学用书。2011 年《国际组织法》第 6 版更名为《梁著国际组织法》出版,并被教育部推荐为研究生教学用书。

饶戈平教授主编的《国际组织法》出版于 1996 年。虽然该书出版较早,迄今未作修订再版,但它的理论性、框架结构的科学性,使该书仍是学习和研究国际组织法难得的学术精品。该书广泛吸收、引用了当时国际学术界的最新研究成果,在国内奠定了国际组织法的基础性框架和学科体系,将国际组织法研究纳入国际法体系,并突出了国际组织法律研究的理论性和学理性。

随着国际组织法学科体系的建立和发展,国际组织法教学参考资料也逐渐丰富。20 世纪 80 年代,梁西教授为《中国大百科全书》

① 参见刘文敏:《梁西教授》,载《武汉大学学报》(社会科学版)1988 年第 3 期。

法学卷撰写了“国际会议”“国际联盟”“联合国维持和平部队”“国际托管制度”等关于国际组织的全部重要条目。[①] 1988 年新华社国际资料编辑室编辑出版了大型工具书——《国际组织手册》,[②]列入了 3600 多个国际组织总部所在地、成立日期、宗旨、机构、主要负责人、主要活动、成员、刊物、与中国关系等条目;1998 年,《国际组织手册》修订再版,[③]删去了第 1 版中已过时或使用价值不大的国际组织,大量增加新成立的和活动日益频繁的全球性或区域性国际组织,在名称上增附了法文名和一些原使用的名称、增添了机构的外文地址和电话、电传、文传号码等信息,并对国际组织宗旨和主要活动条目进行了修正。2004 年,饶戈平教授主编的《国际组织通览》出版,[④]这是我国第一部系统介绍国际组织的大型辞书,总共精选、收录了 5700 多个附有网站的各类国际组织,是了解和研究国际组织的便捷工具书。[⑤] 在改革开放的进程中,中外学术交流蓬勃发展,一批颇具价值的外文国际组织法教科书被引入国内。国家图书馆、北京大学图书馆及北大法学院图书馆、武汉大学图书馆及其法学院图书馆等重点图书馆几乎已馆藏所有的经典外文国际组织法教科书。譬如,欧洲国际组织法教科书或综合性著作的代表作《鲍维特国际机构法》、[⑥]

---

① 参见中国大百科全书总编辑委员会:《中国大百科全书·法学》,中国大百科全书出版社 1984 年版。

② 新华社国际资料编辑室编辑:《国际组织手册》,中国对外翻译出版公司 1988 年版。

③ 参见杨永泉、夏德富:《国际组织手册》,中国对外翻译出版公司 1998 年版。

④ 参见饶戈平、张献:《国际组织通览》,世界知识出版社 2004 年版。

⑤ 关于该书的特色,可参见黄瑶:《通向国际组织的桥梁和指南——大型工具书〈国际组织通览〉评介》,《武大国际法评论》(第 5 卷),武汉大学出版社 2006 年版。

⑥ 《鲍维特国际机构法》第 1 版出版于 1963 年,后经多次修订和重印,目前最新一版是塞恩茨和克莱恩修订的第 6 版(Philippe Sands & Pierre Klein, *Bowett's Law of International Institutions*, 6th ed., Sweet & Maxwell, 2009)。

谢默思和布洛克的《国际机构法》、[①]克莱伯思的《国际组织法导论》、[②]塞耶斯泰德的《国际组织共同法》、[③]阿莫拉辛格的《国际组织机构法原则》[④],美国国际组织法教科书或综合性著作,如柯吉斯的《法律背景下的国际组织》、[⑤]阿尔瓦雷斯的《作为造法者的国际组织》、[⑥]贝内特和奥利弗的《国际组织:原则与问题》[⑦]等均可以在国内图书馆找到。

(三)国际组织法人才培养硕果累累,后继有人

梁西教授应是国内最早开始培养国际组织法硕士和博士研究生的学者。从1986年起,经国务院学位委员会评选批准,梁西教授开始招收博士研究生。自1983年以来,梁西教授在国际组织法学科领域培养了14位法学硕士和17位法学博士。[⑧] 饶戈平教授自1989年起开始独立指导硕士研究生,自1998年起开始招收博士研究生,先后培养了60余位硕士研究生和20余位博士研究生。[⑨] 两位先生培

① 谢默思和布洛克的《国际机构法》第1版出版于1972年,目前已修订至第5版(Henry G. Schermers&Niels M. Blokker, *International Institutional Law*, 5th ed., MartinusNijhoff,2011)。

② 《国际组织法导论》于2002年出版第1版,目前最新版是2015年的第3版(Jan Klabbers, An *Introduction to International Organizations Law*, 3rd ed., Cambridge University Press,2015)。

③ Finn Seyersted, *Common Law of International Organizations*, MartinusNijhoff,2008.

④ Chittharanjan Felix Amerasinghe, *Principles of the Institutional Law of International Organizations*, 2nd ed., Cambridge University Press,2005.

⑤ Frederic L. Kirgis, *International Organizations in Their Legal Setting*, 2nd ed., West Pub. Co., 1993.

⑥ Jose E. Alvarez, *International Organizations as Law-Makers*, Oxford University Press, 2005. 该书已翻译成中文([美]何塞· E. 阿尔瓦雷斯:《作为造法者的国际组织》,蔡从燕等译,法律出版社2011年版)。

⑦ LeRoy Bennett, James K. Oliver, *International Organizations: Principles and Issues*, 7th ed., Prentice Hall,2002.

⑧ 参见马冉、谢晓庆:《梁西及其国际法思想述评》,载《武大国际法评论》(第7卷)2007年第2期。

⑨ 参见黄瑶、陈文学、李赞编:《未名飞鸿——饶戈平教授从教四十周年纪念文集》,北京大学出版社2018年版,第6页。

养的国际组织法人才或留在高校任教，成为国际组织法等学科领域的教学和科研骨干，或进入国际组织出任要职，或在国家政府部门担任公职，为国家和社会做出了重要贡献。

当前，国内许多知名法学院系已开设国际组织法课程，或在研究生招生中设立了国际组织法方向。据不完全统计，经问卷调查和查询重点法学院系招生简章，目前在博士研究生招生简章中设立了国际组织法方向的有北京大学、武汉大学、中南财经政法大学、华东政法大学等；在硕士研究生阶段当前或曾经开设了国际组织法课程的有北京大学、武汉大学、西南政法大学、中南财经政法大学、华东政法大学、中山大学、厦门大学、复旦大学、南京大学、浙江大学等；武汉大学、华东政法大学等还在本科生阶段开设了国际组织法课程。

综上所述，在我国国际法学者的努力下，国际组织法学科在我国高校已经建立起来，并逐渐完善。国际组织法教科书体现了较高的编写质量，教学参考资料、外文教科书等的逐渐丰富对辅助和改进国际组织法教学提供了帮助。国际组织法人才培养取得了较丰硕的成果，国际组织法教学在国内高校已形成多点开花之势，反映出这一学科较强的发展后劲。

然而，在肯定和总结改革开放40年来国际组织法教学取得较大成绩的同时，也应清醒地认识到国际组织法教学在发展过程中存在的若干问题。一是国际组织法师资仍需增强。对教学而言，师资力量至为重要。但当前国际法师资不足是我国法学院系面临的普遍性问题，各大高校在国际法学科的"三国法"(国际公法、国际私法、国际经济法)教师中，普遍存在国际公法老师最缺最少的现象，而且在不少法学院系，对于国际公法这门核心课程，由非国际公法老师授课的现象屡见不鲜。国际公法师资不足，专门从事国际组织法教学和研究的师资更是如此。二是高水平国际组织法教科书仍较缺乏。在绝大多数法学院系的本科教学中，国际组织法是作为国际公法的一个章节来讲授。一些院系，即使专门开设了国际组织法课程，可选择的高水平教科书迄今仍只有梁西教授和饶戈平教授的国际组织法教材，其他高水平国际组织法教科书尚未面市。三是高校开设国际组织法课程的连续性待加强。在本科和硕士研究生阶段教学中，常年开设国际组织法课程的仅有北京大学、武汉大学等少数几家高校，其他高校法学院系的国际组织法课程因师资问题或选课学生不足等原因时断时续，甚至干脆停止开设。鉴于现实情况，要求所有法学院系全部开设国际组织法课程并不现实，但重点法学院系有必要将国际组织法课程常年开设。当然，国际组织法教学在40年发展过程中面临的问题并不止上述这些，但这些问题已成为妨碍国际组织法学科的深入发展和不利于国际组织法人才培养的因素之一。

二、未来展望

进入新时代后，中国正在大力推动构建人类命运共同体，推动建设相互尊重、公平正义、合作共赢的新型国际关系，推动实施“一带一路”倡议。这一时代要求和历史使命，迫切需要一支较具规模的深谙国际法规则、能胜任国际组织工作的人才队伍。新时代新形势，既为中国国际组织法学科带来了新的发展机遇，同时也对中国国际组织法教学提出了新的更高要求。

（一）新时代为国际组织法学科提供了新的发展空间

《党的十九大报告》强调中国秉持共商共建共享的全球治理观，支持联合国发挥积极作用，继续发挥负责任大国作用，积极参与全球治理体系改革和建设。国际组织是国际法的重要主体，是国际关系和国际事务的重要参与者。据统计，20世纪初的1909年，各类国际组织只有213个，到“冷战”结束时的1990年猛增到26,656个；1998

年，国际组织总数已达48,350个，比1990年增长了81%。① 据《国际组织年鉴》统计，至2013年，各种类型的国际组织总数已达67,139个，遍布世界200多个国家和地区，每年还在以1200个左右的速度在增加。② 国际组织数量的急剧增加，表明国际社会的组织化程度在增加，一个庞大的国际组织体系已经形成，没有国家能够脱离国际组织单独地存在和发展。以联合国为核心的众多国际组织发挥积极作用，将有利于新全球治理观的推广和实施，有利于全球治理体系的改革和建设。

推动"一带一路"建设，构建人类命运共同体和参与全球治理体系改革和建设，需要发挥中国在国际组织中的积极作用，扩大中国对国际组织的影响力。目前我国已加入100多个重要的国际组织，推动和主导建立了上海合作组织、金砖国家开发银行、亚洲基础设施投资银行等国际组织。习近平主席指出，中国是联合国创始成员国和安理会常任理事国，中国将坚定维护以联合国为核心的国际体系，坚定维护以联合国宪章宗旨和原则为基石的国际关系基本准则，坚定维护联合国权威和地位，坚定维护联合国在国际事务中的核心作用。③

发挥中国在国际组织的积极作用，扩大中国对国际组织的影响力，离不开一支通晓国际法律规则、善于处理国际法律事务的国际法律高层次人才包括国际组织法人才队伍。因此，可以预见，在中国特色社会主义新时代，国际组织法学科将迎来新的春天和广阔的发展

---

① 参见郑启荣主编：《国际组织》，高等教育出版社2017年版，第2页。

② 《国际组织年鉴》(Yearbook of international Organization)由国际组织联合会(Union of International Association 编写，目前在线版已出版至第19版(19th Online Edition 2018)，印刷版已出版至第55版(55th Print Edition 2018－2019)，但两个版本均非免费获取，购买费用超2000欧元。

③ 习近平：《共同构建人类命运共同体——在联合国日内瓦总部的演讲》，载《人民日报》2017年1月20日，第2版。

空间。

(二)新时代对国际组织人才提出了新的需求①

改革开放40年来,我国国际组织法人才培养取得较丰硕的成果,但并不能完全适应改革开放以来中国国际地位的上升,也不能完全适应中国特色社会主义新时代对国际组织人才的需求。目前,中国在国际组织任职的人较少,担任要职的更少,导致在重大国际议题上中国的话语权与国际地位不相匹配。以联合国为例,中国缴纳的联合国会费在2016年已达7.92%,居第3位。但截至2017年年底,在联合国秘书处具有地区地位的3005名工作人员中,中国仅有81人,属于任职人员严重不足的国家,低于美国(357人)、德国(143人)、法国(141人)、英国(138人)、意大利(127人)、加拿大(96人)等。其中,担任D级(主任)以上高级管理职务的仅有9人,低于美国(45人)、英国(23人)、法国(14人)、德国(13人)等。②

在国际组织中任职的中国籍人员偏少的现象已经引起国家重视,国家有关部门陆续出台了多个鼓励赴国际组织任职的政策性文件。例如,在2017年,教育部印发了《关于开通使用"高校毕业生到国际组织实习任职信息服务平台"的通知》和《关于促进普通高校毕业生到国际组织实习工作的通知》,国家留学基金委印发了《国家留学基金资助全国普通高校学生到国际组织实习选派管理办法(试行)》。2018年8月,教育部、财政部和国家发展改革委联合印发的《关于高等学校加快"双一流"建设的指导意见》明确指出,为了增强服务重大战略需求能力,应"加强国家战略、国家安全、国际组织等相

① 国际组织人才不仅包括国际组织法学科培养的人才,还包括国际政治、国际关系等学科培养的国际组织人才。国际组织法人才是国际组织人才的重要组成部分。

② 北京大学中国与世界研究中心:《国际公务员制度与中国》,载《研究报告》2018年第3期。

关急需学科专业人才的培养”。这些政策性文件的出台说明国家越来越重视国际组织，对能胜任国际组织工作的高素质人才的需求将越来越大。

（三）适应新时代要求，推动中国国际组织法教学深入发展

中国国际组织法教学应从战略发展的高度，深度思考如何顺应新形势需要，如何满足国家发展的紧迫之需，如何为国际组织输送更多的高素质的中国国际组织法人才。

中国国际组织法学科建设和教学科研在中国特色社会主义新时代的深入发展，一方面有赖于国家的重视和有关部门的支持，另一方面应依托高校，进一步重视和改进国际组织法教学，提升国际组织法人才培养的质与量。具体而言，针对国际组织法教学在40年发展过程中所面临的问题和未来发展的需要，中国国际组织法教学可从如下方面进行改进和提升：

第一，从国家层面完善国际组织法学科和教学的顶层设计。国际组织人才培养涉及国家主权、国家利益和国际话语权。国家应把这类人才的培养列入国家急需高端人才发展的人才战略规划，从体制机制、政策师资、经费等多方面加大加强有关教学和培养工作，以尽快适应我国推动“一带一路”建设、构建人类命运共同体的发展需要。

第二，应进一步提高国际法和国际组织法学科的重要性。国际法和国际组织法教学地位下降的原因之一是认知的偏差。在新的发展时期，我国正从国际规则的被动接受者向积极的参与者、引领者和制定者转变，从国际组织的被动参与者向积极的参与者、主导者转变。在这个转变过程中，国际法和国际组织法的重要性更趋明显。因此，建议国家应适当提高国际法在统一法律职业资格考试中的分值和比例，以此引导学生重视国际法的学习和法学院系对国际法教

学的重视。并建议在国际法教材中增加国际组织法的比重,或将国际组织法在本科教学中单独作为一门课程。

第三,切实加强国际法和国际组织法师资队伍建设。加强国际法和国际组织法师资队伍建设,需要从三个方面入手。一是鼓励国际法和国际组织法教师加强对国际关系、国际政治等学科理论知识的学习。可以考虑在法学院系增加国际关系学科或跨学科背景的师资。二是增加国际组织法方向研究生培养力度。目前国内国际组织法方向的博士研究生导师偏少,未来可能会出现国际组织法方向博士研究生导师紧缺的现象。国家有关部门和有关高校应高度重视这一情况,采取措施确保国际组织法师资后继有人。三是增加师资的实务经验,加强高校与涉及国际法和国际组织法的实务部门的人员互动。高校法学院系可派遣教师到外交部等涉外实务部门或联合国、世界贸易组织等国际组织挂职,增加对国际法和国际组织实务工作的认识;涉外实务部门的专家可以利用兼职授课、讲座、指导实习等方式多方面参与到教学活动中。

第四,丰富国际法和国际组织法的教学内容。一是需要在国际法和国际组织法教学中适当增加国际关系、国际政治等学科的内容。鼓励国际法专业的研究生积极参加模拟联合国竞赛。二是在教学中适当增加案例教学,与最新国际实践紧密结合。如在国际组织法教学中可以增加美国退出联合国教科文组织、南非等国退出国际刑事法院等案例,将理论与案例相结合,使教学更加生动。三是逐步推广双语教学,并鼓励和支持学生学习英语以外的第二外语。

第五,针对新问题、新实践和国家的新需要,应及时编写最新的国际组织法教科书。可以由中国国际法学会牵头,组织全国对国际组织法有深入研究的学者,编写出版反映国际组织法理论最新发展,并体现最新国际实践的国际组织法教科书。

总而言之,中国特色社会主义新时代为中国国际组织法学科和教学带来了新的发展机遇,对国际组织法人才提出了更多需求和更高要求。未来中国国际组织法学科应顺应国家需要,从体制机制、思想认知、师资、教学内容和教科书等方面着手改进,提升国际组织法教学的质量,为国家培养更多高素质的国际组织人才。这是中国作为大国之需,也是中国未来在联合国和其他国际组织中发挥重要作用所必需。

改革开放 40 年来 我国体育法学科建设回顾与展望*

徐　翔**

从 1978 年党的十一届三中全会到今天，改革开放已然走到第 40 个年头，我国的民主法治经历了历史性的变革，从最初的革新到现在逐渐完善，彰显出新时代中国特色社会主义法治国家的优越性。这 40 年间，我国的法治建设成就显著，体育法作为法治建设的一个环节，也逐渐从萌芽走向稳步发展，进而带动了体育法学科的从无到有。这 40 年间关于体育法治和体育法学科建设的成就是值得我们认可的，但体育法学科的构建要比体育法治的发展还要滞后些，需要我们加大力度通过多条路径积极构建我国新时代下的体育法学科，完善法学学科体系。

一、改革开放 40 年来我国体育法学科建设从无到有

（一）体育法治萌芽新出

1978 年党的十一届三中全会的召开，逐渐推开了我国改革开放的大门，并且在新时期社会主义现代化建设过程中秉持以发展社会主义民主、加强社会主义法制为基本方针和重要任务。这次具有重要历史意义的革新，推动了我国各项事业的飞速发展，对法治建设进

* 本文原载《武汉体育学院学报》2018 年第 8 期。

** 武汉大学法学院博士研究生，助理研究员。

程的推进也起了重要作用。为了紧跟国家整体发展大局,体育行业在党和国家新时期发展战略的指引下,也提出了专门的体育法制建设计划。随后便开始在诸多事件和政策的引导下不断推进我国体育法治建设的进程。

通过表1我们可以清晰得知,改革开放初期我们中央政府就已然有三次公开明确的提及要推进体育立法的建设,可见体育法制建设在改革开放初期就已经受到了我国立法部门的重视。而且改革开放带动了包括体育事业等各类事业的恢复和发展,在这些事业的恢复、改革和发展中,加强立法和依法管控体育领域的各项事务的需求日趋明显,体育法治萌芽逐渐迸发。

表1　1979~1984年激发体育法治萌芽的重要事件概览

时间	重要事件	意义
1979年	我国奥委会合法地位得以恢复	促使我国体育在世界各国之中具有更强的开放地位,全球体育法治化进程也被我国体育管理层逐步认可
1980年	尽快草拟出我国的第一部体育法草案的想法在这个时期得以提出	为了更好地贯彻落实该要求,我国领导层和相关专家学者开启了学习域外经验之路,对国外体育法制情况研究的萌芽出现
1983年	制定体育法的要求在国务院批转《国家体委关于进一步开创体育新局面的请示》中被进一步提及 我国第一次在洛杉矶奥运会上取得突破性的佳绩	对我国体育法制建设的政策指引起到了强有力的巩固作用,为后期《中华人民共和国体育法》的出台起到铺垫作用 使体育运动在社会中的影响力飞速提升,与此同时也促使中央政府对体育法治进程的进一步重视
1984年	党中央发布《关于进一步发展体育运动的通知》,加快我国体育事业发展步伐,全国人大常委会委员长强调尽快起草体育法	

随着改革开放的开始,我国法学研究飞速发展,尤为突出的便是与法学相关的交叉学科的展开,例如,教育法学、科技法学、卫生法学等相关学科的研究都有所体现,而体育与法学交叉便衍生了体育法学这一新兴研究学科,但这时的体育法学科还只是初露头角,只是在早期国外体育立法研究的基础上展开了些许研究,研究成果数量较为有限。当时基于 1980 年早期提出的尽快草拟我国第一部体育法草案的要求,原国家体委政策研究室组织了一批专家学者团队开启了对域外诸多国家体育法的翻译及研究工作,以更好地借鉴国外体育法相关的经验。随后在 1 年的时间里,该研究团队共编印了 10 个国家的《外国体育法选编》,该成果以内参的形式上交给原国家体委领导和有关部门供他们参考,同时也开始着手我国体育法草案的草拟工作,在这样的加紧落实立法要求的背景下,我国《体育法》提要终于在 1982 年被草拟出来。1984 年在我国体育法研究领域算得上突破性成果的便是我国域内第一篇体育法论著——《体育法学》,由天津体育学院的石刚在期刊上公开发表,其对后期体育法学研究的蓬勃发展具有极其重要的意义。1984 年后,在我国慢慢形成了较大范围的体育法问题研究,并伴随《体育法》的制定进一步推进了体育法相关问题的深入研究。①

(二)体育法治稳步前行推进体育法学科从无到有

在改革开放初期的各类政策和研究的积极推动下,体育法治的发展渐渐步入正轨,并得到了步发展。

① 曲志东:《制定〈体育法〉的动因与指导思想》,载《体育文史》1995 年第 4 期;于善旭:《改革开放以来我国体育法学研究的进程与评价》,载《河北师范大学学报》(哲学社会科学版)2012 年第 6 期;吴礼文:《介绍一门新学科——体育法学》,载《体育与科学》1987 年第 4 期;陈华荣:《体育法学路向何方——兼对中国体育法学发展现状与趋势的思考》,载《搏击(体育论坛)》2013 年第 7 期;赵毅:《以民法为中心的体育法——对意大利体育法教学与研究的初步观察》,载《体育与科学》2014 年第 5 期;高岩:《我国商校体育法课程开设现状与分析》,首都体育学院 2014 年硕士学位论文。

从表2中可以看出我国体育法治在改革开放40年间是稳步前行的，体育法治的稳步前行对体育法学科的兴起起到了积极的引领作用。体育法学科的出现是基于体育相关法律法规的出现和发展演变，伴随体育法治的稳步前行和体育法学研究的兴起，而从无到有的。体育法学学科研究对象主要是体育领域中的法律事件及规律、现象，该学科的出现充实了现有法学专业学科体系，使法学学科体系得到新发展。该新兴学科在我国出现的时间较晚，但这并未影响大家对其研究的热衷度，其刚出现时就引起了一些学者的关注，并逐渐产生了一定数量的科研成果。北京体育大学的吴礼文教授早在1987年便发表了《介绍一门新学科——体育法学》一文，介绍了体育法学这一新兴学科的研究对象和内容等问题，并且提出了需要重视我国体育法学学科建设方向问题、建立我国体育法学学科体系问题研究的建议。除此之外，为了进一步推动该学科的发展，一些高校也逐渐开始开设体育法课程，将其作为本校教学内容的一部分。早期开设体育法课程的高校主要是以北京体育大学为首的几所体育专业类院校。除了开设课程以外，在体育法学科研方而的机遇也越来越多，国家级科研基金项目申报指南中也多次列出了体育法学相关的内容。随即体育法学科的建设也逐渐发散至各大法学院校，如武汉大学法学院、中国政法大学、河南财经政法大学等学校以必修和选修课的方式开设了体育法专业或者进行体育法课程教学，具体的体育法学科建设现状将在下文展开介绍。

表 2　1985～2018 年推动体育法治稳步前行的重要事件概览

时间	重要事件	意义
1985～1988 年	体育理论专家学者提出制定《体育法》的对策意见；学者们开启《中国体育法制建设的若干问题》的项目研究；体育领域管理层在这期间成立了《体育法》起草工作小组，该团队涉及体育院校的学者和体育管理人士	为制定《体育法》提供充实的前期准备和理论依据；在起草时贯彻了理论与实践相交融、体育与法律相融合
1988～1998 年	当时全国体育行业的“二五”普法中专门增添了体育相关的法律法规教育宣传；原国家体委为了更好地促进《体育法》的立法工作开展了体育法规体系和体育立法规划的探讨与研习；这段时期里《体育法》终于在多年的研究与规划中予以颁布实施；体育法学被确定为体育学下设的二级学科，同时教育部也明确提出体育法学成为一门正式的课程	《体育法》的颁布实施对体育法学研究和学科建设具有划时代的意义，以成文法律的形式推动了体育与法律相关的诸多研究
1998～2008 年	2001 年开展了足球领域的打假风潮；2008 年北京奥运会的成功举办	足球领域的打假风潮引发诸多体育赛事领域刑事犯罪的问题研究；北京奥运会的成功举办也带动了体育法领域的诸多研究，提升了体育法的学科地位
2008～2018 年	2009 年新一轮足坛反赌打假风暴和司法介入处理的法制现实；2009 年和 2016 年全国人大常委会两次对《体育法》做出部分修改	进一步助力体育法研究成果推陈出新，为后期提升和巩固体育法学科地位提供更多的理论支撑；2009 年和 2016 年对《体育法》的两次修改，虽然是对极少部分的条文修改，但对《体育法》以及体育法治的意义也是空前的，毕竟是多年来进行的两次修改

（三）体育法学科建设现状

体育法学科建设在我国诸多高校早已有之，而且已经逐渐由本科教学向硕士研究生或者博士研究生教学发展,走的是自下而上的路线,也有些高校选择的是自上而下的路线,即先建设博士研究生的体育法学科课程,然后逐渐向硕士研究生、本科生发展。

就目前我国体育法学科建设现状而言,虽然已经逐渐在各大高校展开,但还是以体育专业类院校为主,而且大部分是基于某个专业学科下设的体育法研究方向,真正设立体育法专业学科研究的还是少数,体育专业类院校一般是将体育法学设立在体育人文社会科学专业下,而法学院校则是以国际法、刑法、人权法、宪法与行政法专业下设体育法方向为主,例如,中国政法大学、清华大学法学院便是在宪法与行政法专业中招收体育法方向的研究生。而武汉大学法学院在这方面走在了各个学校的前列,2009 年武汉大学开始在法学一级博士点下自主设立“体育法学”二级博士点,并向教育部备案,2009 年至今将近 10 年的时间,已经陆陆续续为我国体育法领域输出了数名体育法专业博士研究生,为体育法学科建设输送了诸多专业性人才,不过值得注意的是,武汉大学法学院的体育法与国外体育法课程固定属于某个教研室不同,例如,在意大利的米兰大学,体育法课程是依托于民法教研室,武汉大学法学院的体育法则无专门的教研室,而且基于国际法、刑法、人权法 3 大法学研究进行体育法的研究与教学。

法学院校中除了上述院校外,笔者还了解到有北京师范大学法学院曾经设置了体育法课程,但仅是在 2012 年基于学校特殊支持的情况下针对全院研究生开设了一次“国际体育法”课程,后来并未延续开设,也再未系统化建设该学科。除了现有开设体育法课程的学校以外,还有一些学校正走在开设体育法课程的路上,例如,中国人民大学法学院,在 2017 年 11 月特意邀请中国法学会体育法学研究会(中国体育法学研究会)会长刘岩先生、清华大学法学院体育法专家田思源教授、北京冬奥组委对外联络部综合处周玲处长、北京冬奥组委总策部研究室张国峰副主任等专家学者在其学校召开了体育法课程建设研讨会,并在会上建议成立体育法研究机构,整合中国人民大学法学院专业师资,一起建设体育法学科和课程;清华大学法学院也于2018年开始在宪法与行政法专业内招收体育法方向的博士研究生;苏州大学也于近期开设了专门的体育法课程供广大学生选修,这些体育法学科建设的后起之秀都将为我国体育法学科建设输入更多的新鲜血液。①

二、新时代体育法学科建设缺陷及完善必要性

(一)新时代体育法学科建设缺陷

1. 体育法学科基础理论有待充实

理论对于学术研究的重要性是不可忽视的,进而对于一个学科的建设更是重中之中,基础理论是学科建设的基石,正如美国社会学家赖特·米尔斯(Charles Wright Mills)所言:“没有资料的理论是空洞的,没有理论的资料是盲目的。”这句话虽然是针对具体的理论与学术研究之间的关系而言的,但在理论与学科的关系上也同样适用。理论支撑起了研究,并且逐步提升研究的层次,扩充出更多的研究成果也有利于建设更完善的学科体系。就我国体育法学科中基础理论的充实程度而言,有学者通过对2002~2012年278篇体育法学CSSCI核心期刊论文的2250个法学类引注分析了体育法研究中涉及的法学理论概况,从而发现在法学类引证中,体育法学学科的内部

① 《我院召开体育法课程建设座谈会》,载中国人民大学法学院网:http://www.law.ruc.edu.cn/article/?53375.html.,最后访问日期:2019年6月27日;杨雪冬等:《中国政治研究:田野经验与理论范式(笔谈)》,载《华东师范大学学报》(哲学社会科学版)2017年第1期;张健:《论法学二级学科对体育法学研究的影响——对278篇CSSCI核心期刊体育法学论文引证的调查》,载《武汉体育学院学报》2013年第6期;陈荣梅、孙国友:《我国体育法学理论生成方式研究》,载《天津体育学院学报》2014年第3期;韩勇:《体育与法律:体育纠纷案例评析》,人民体育出版社2006年版。

有效引证总数是403个，占总引证的17.91%。诸多法学专业中，法理学、国际法学、诉讼法学3个学科的引证数排在前列，分别占法学引证的18.36%、16.04%、15.42%。而民商法学、知识产权法学、行政法学、刑法学相对较少，分别比例为8.58%、7.82%、6.62%、6.04%。经济法只有71个，仅占总数的3.16%。这便反映出体育法学科建设中的理论结构还不够合理，基础理论薄弱等问题。

再者，我国体育法学科内的理论形成与发展主要是通过借鉴相互交叉的其他学科的理论研究成果以及国外先进成果为基础，才逐渐形成了我国体育法学内的理论体系，并不像一般学科的理论是通过由粗到精、由零碎到系统而建设的。在这样的理论架构过程中，我国体育法学研究起初主要是集中研究体育法制建设总框架方面的理论支撑内容，针对体育领域发生的具体纠纷问题研究的还有所匮乏，到了近期才逐渐发散至各类体育领域具体的法律问题研究及理论建树，但至今还未形成系统化的体育法理论基础，正如浙江大学光华法学院的张健博士调研结果那样，体育法中与法理学、国际法学、诉讼法学研究相联系的理论要比经济法的充实些。并且现如今我国体育法学理论体系主要是基于西方传统法律体系理论所构建，大量借鉴了西方有关体育法研究方面的理论、原则等来对我国的体育法理论加以充实，这恰恰暴露出我国体育法理论基础自身的"短板"，还需要积极增强与完善。

2. 体育法学科开设普遍性不强

虽然体育法学科在改革开放这40年里从无到有，从少到多，但普遍性较之其他常规法学学科或者体育学学科而言还不够普及。只是在少数体育院校和法学院系设置，尤其是在法学院系设置的情况可谓凤毛麟角。通过上文关于体育法学科开设的现状可以发现，专业类法学院院校中目前只有中国政法大学、武汉大学法学院、河南财经政法大学法学院开设了体育法课程,体育院校中也仅是以北京体育大学为首的七大体育专业类院校开设了体育法专业课程,而且还多以选修课而向本科生开设为主。而据教育部发布的《2017 年正规大学名单》得知,截至 2017 年 5 月 31 日,全国高等学校共计 2914 所,其中有普通高等学校 2631 所(含独立学院 265 所),成人高等学校 283 所。如此之多的高校中,撇开 265 所独立学院和 283 所成人高等学校,全国高校共计 2366 所,但开设了体育法课程的学校在这么庞大的基数中可谓是凤毛麟角。再缩小一下范围的话,据统计,截至 2017 年,全国开设法学专业的高校有 628 所,开设体育专业的高校有 305 所,二者合计是 933 所高校。由此可见,就在设有法学专业和体育专业的高校中设置体育法学科教育的潜力都是不可估量的,进一步表现出我国当前体育法学科开设的普遍性还不够。①

3. 当前体育法学科设置合理性欠缺

有些学校仅有体育法专业高层次人士培养模式,即只有硕士研究生或者博士研究生的培养,却缺少体育法专业本科的培养,这是存在学科教育断层的表现。虽然一个学科的建设存在基础教育培养和科研教育培养之分,研究生类的高层次人才培养模式想必是后者的学科建设形式,但笔者认为如果仅有高层次人士的培养、教学模式,可能会引发一个学科建设的根基不牢固,受教群体缺乏相关学科的教育基础,不利于高层次的深造培养。

(二)新时代体育法学科完善之必要性

第一,践行依法治国理念的不二体现。从党的十八届三中全会

① 贾文彤:《再论我国体育法体系的建构——软法视角切入》,载《南京体育学院学报》(社会科学版)2010 年第 2 期;《2018 年全国最新开设体育教育专业大学名单都有哪些院校》,载有途网:http://www.ccutu.com/69529.html,最后访问日期:2019 年 6 月 26 日;贾文彤、马国强、郝军龙:《构建我国体育法学理论体系的若干问题研究》,载《河北师范大学学报》(自然科学版)2007 年第 6 期;刘献君:《论高校学科建设》,载《高等教育研究》2000 年第 5 期。

开始再次强调依法治国理念开始，引起了全国上下的法治化快速发展，党的十九大上习近平总书记再次强调了依法治国不仅是党领导人民治理国家的基本方式，还是我们特色社会主义的本质要求和重要保障，更是实现国家治理体系和治理能力现代化的必然要求。这就彰显出我国各项事业都需要法治化的管理和支持，体育行业的诸多事宜亦是如此。而依法治国的前提是要有法可依，就依法治体而言，我国现在是有了成文的《体育法》，但该法自 1995 年至今紧紧修订过两次，而且都是很小部分的修改，这与快速发展的新时代中国社会相比无疑是滞后的。完善体育法学科建设不仅是对一个学科的逐渐优化，还可以带动该学科的诸多与时俱进的科研发展，科研理论成果的充实，也就会为立法、执法等内容提供充实而科学的理论支撑，形成相互促进的良性循环。因此，完善体育法学科建设就是为了更好的依法治体、依法治国，是践行依法治国理念的一大体现。

第二，新时代体育强国的助推力。党的十九大报告中，习近平总书记 2 次提到体育相关内容，并且明确提出加快推进体育强国建设。在推进体育强国建设中必然要对体育事业和技术无比重视，将体育事业融入实现“两个一百年”奋斗目标大格局中，需要培养新的体育法专业性人才，为新时代体育强国的推进提供法学专业人才保障，与体育事业和技术的发展形成双效路径，共同为构建新时代体育强国贡献力量。

第三，完善法学学科体系建设的必要选择。当前法学专业作为一个大众学科，在各个院校的建设已然日趋完善，但随着社会经济的快速发展，不断延伸出新兴法学问题，并逐渐形成研究热点，这便促使一个新兴学科的诞生。体育法学科便是如此。当体育法问题逐渐成为理论研究和实践过程中常发纠纷时，便需要重视该学科的建设，对体育法学科的建设也就是对法学专业整个大学科体系的建设和完善，弥补法学学科体系建设的漏洞和滞后性。[①]

三、新时代体育法学科建设展望

（一）充实体育法学科基础理论与普及基础理论教育并举

科学建设一个新兴学科，对其基础理论的巩固和充实是极其重要的，理论根基打不深，学科建设必然不牢固，很难实现长远发展。体育法学的应用性很强，但理论与实践是不可分离的，需要理论引导实践，因此在充实体育法基础理论的基础上，可以对已有理论观点进行补充与扩展，深刻把握其交叉学科的理论观点，对其他相交叉学科理论观点予以借鉴和延伸，同时还需要对这些理论进行认真鉴别，合理吸收，不能仅是拿来主义。除了充实体育法学科基础理论外，还要重视对体育法学学科发展的引领、对体育法律现象的解释、提供体育纠纷的具体解决方案等。除此之外，还要逐渐重视运用实证调研的方法，理论指导实践也源于实践，通过实证调研的方式充实理论基础也是一种科学的研究方式。充实体育法理论基础时，还要借鉴国外先进经验和理论成果，但借鉴的同时也要去粗取精、去伪存真并联系具体国情加以采纳。

在充实理论基础的同时，还需要积极普及基础理论教育，基础理论的作用不仅可以在研究上推陈出新，然后形成理论指导实践、实践回馈新的理论的良性循环，将其运用在学科教育上，还可以对培养体育法人才起到积极作用，对体育法人才的理论水平予以大幅提升，形

① 彭庆文：《对综合性普通高校体育学科建设的若干思考》，载《体育学刊》2011年第6期；贾文彤：《再论我国体育法体系的建构——软法视角切入》，载《南京体育学院学报》（社会科学版）2010年第2期；肖永平：《体育法学：一个正在形成中的法学部门》，载《武汉大学学报》（哲学社会科学版）2008年第4期；韩勇：《在路上：中国体育法学向何处去?》，载《体育与科学》2014年第6期；姜山：《体育法学的学科发展之路》，载《东北师大学报》（哲学社会科学版）2012年第6期。

成更大的良性循环,最终建设完善新时代体育法学科。

(二)推进各大院校体育法学科建设范围

在坚持体育理念的情况下,应推动各类体育运动和体育产业协调发展,还要重视以人民群众为主体的发展即全民健身事业发展,对北京冬奥会相关的各项筹办工作也要加以重视。在重视体育事业本身的建设与提升过程中,体育法学科的建设可以为相关事宜提供助推力,在这些体育事业发展过程中,难免会发生法律纠纷,这便需要更多的法律专业人士参与其中提供专业的法律建议与对策,体育法学科的建设便可以培养出越来越多这样的专业法律人才。扩大各大院校体育法学科建设范围主要是针对当前体育法学科建设整体以体育专业类院校居多,法学专业类院校较少的现状提出的。

体育法学本身是法学专业和体育专业的交叉学科,在两类高校中开设都无可厚非,但在笔者看来,体育法学科地位若想得到更大的提升,就应该在扩大各个院校建设体育法学科的同时,重点在法学专业类院校建设该学科。因为体育法虽然是体育与法的结合,但重点应该放在"法"上,在我国新时代的法治国家建设进程中,依法治国的理念得到普及,依法治体亦是如此,体育法就是为了更好利用法律解决体育领域的相关问题,因此对"法"的重视程度应当更高一些。而且在体育学院开设的体育法,主要是以普法为主;针对法学院的本科生,受到教学时间的限制,也可以普法方式进行,但法学院校的研究生层面而便可以增加诸多体育法律问题讨论类的教育模式,以更好地把握体育法学的理论知识学习。

除此之外,在推进各大院校体育法学科建设的路径中,可以选择以基地、研究中心为依托的模式,这也是当前我国很多院校采用的模式之一,即建设体育法研究中心。这种方式可以利用基地、研究中心的高精尖平台,产出更多含金量高的前沿性科研成果,正验证了"学科基地是学科建设的依托,项目是学科建设的载体"这句话。现代学科的建设确实难以和学科基地脱离,世界各国一流大学在学科建设方面,对高水平的学科基地构建都是非常重视的,这在理工科方面体现的最明显,我国设立了诸多国家重点实验室、国家专业实验室、国家工程中心等。就法学专业而言,各大高校也都逐渐构建了诸如刑事法学研究中心、国际法所、反恐怖主义研究中心之类的专业类研究基地,体育法研究中心也在一些院校逐渐设立开来,但其也需要扩大范围和影响力,另外,还可以利用知名大学的体育法研究中心去体育法学科建设相对落后的学校建设分基地、分中心,依托这些体育法研究中心申报学科内的前沿性、高级别课题,组织跨学科学术研讨等方式,带动体育法学科建设迈向更远方。

(三)完善体育法本科、硕士、博士学科合理建设

完善体育法本科、硕士、博士学科合理建设主要是强调将本科、硕士、博士3个阶段关于体育法学科教育予以普及,尽量避免断层式学科建设。想要完善3个阶段的体育法学科建设主要有2种模式,一种是自下而上的本科、硕士、博士逐级普及深化,另一种就是先建立博士的体育法学科教育再逐级向下普及的自上而下的模式,武汉大学法学院便是先在博士研究生群体中开设体育法学科教育,但至今还未向硕士研究生、本科生普及。相比较而言,笔者更加倾向于自下而上的学科构建模式,即从本科教育到硕士研究生、博士研究生这样顺势地提升式教学机制,有了本科专业教育的基础,对后期硕士研究生、博士研究生等高层次培养、教育的发展可以起到积极的引导作用。自上而下的学科建设模式可以在某个特殊阶段予以采用,该特殊阶段主要是指一个学科刚刚兴起,急需大量高层次人才参与到相关的科研活动当中,进而尽快的提升该学科的地位。但是,体育法学科的从无到有已经经历几十年的洗礼,已经从特殊阶段脱颖而出,是

时候回归到自下而上的学科建设模式之中了，而先前在特殊阶段采用了自上而下的学科建设模式的高校，也应当开始从高层次人才教育逐渐向硕士研究生、本科生教育普及，进而完善体育法学科的整体性。

在完善本科、硕士、博士 3 个阶段的体育法学科建设的同时，也要区分重点培养对象，这时候可以将研究生教育定为重点培养环节，而且可以尽量多培养跨学科的体育法人才。在体育法专业硕士或者博士研究生招生时，可以适度考虑学生的体育专业背景和法学专业背景，由此可以更加有利于为体育法学科建设充实人才，具体而言如果是体育类院校招收体育法专业的硕士、博士研究生时，可以多考虑学生的法学专业背景，这样招收学生后，可以利用学生的法学基础结合体育院校的体育专业强势地位，提升自身体育法学科的科研成果和整体地位；而法学院专业类院校在招收硕士、博士研究生时，可以适度考量学生的体育专业背景，这样可以利用学生掌握的体育专业背景，结合法学院校强有力的法学专业背景，同样可以提升体育法学科在法学院校中的构建，最终同样可以实现各大院校体育法学科的普及和快速发展。

（四）遴选学科带头人，建立长效的组织管理机制

学科带头人在一个学科的建设和发展中起着至关重要的作用。之所以称之为学科带头人，就是因为这样的人才在学科建设中能够起到带动团队长远发展的作用，这样的人才具有长远的眼光、深厚的理论功底，进而容易形成较为庞大的科研团队。在学科建设中，教师的作用是极其关键的，尤其是大师级的专家，在学科建设与发展过程中一个常见的现象是学科带头人在哪里，一个地方就能拥有对应的强势学科。学科带头人很容易就可以将其学科提升至精品化研究，进而扩大该学科影响力。对学科带头人必须审慎挑选，因为这类人才往往少而精，可以采用本校培养和从外引进的双效路径，有了学科

带头人,组织相应的学科骨干队伍就可以顺水推舟,有的从外引进的学科带头人甚至可以直接把他的科研团队一并带来,这都为本校的学科建设提供了绝佳的机会。当体育法学科中形成这样一个绝佳的科研团队后,需要的就是对竞争和激励机制的完善,由此才能激励团队积极为该学科做出更多贡献,培养出一代又一代的学科内人才,这样长此以往,体育法学科的地位必然会顺势得到提升。

四、结语

改革开放40年间,我国的法治建设进程大步迈进,诸多领域都与时俱进的配套完善了相关法律,《网络安全法》《反恐怖主义法》出台,以及生态环境保护的相关法律等都得到了飞速发展。体育法在这40年间也逐渐从无到有、稳步发展、推陈出新,体育法学科建设逐渐兴起,硕果累累。但体育法学科建设相比法学专业内其他学科的建设还处于起步阶段,其基础理论还不够扎实、在各大院校的开设普遍性不够、学科设置欠缺合理性。党的十九大报告中提出推进体育强国建设,并且明确我国中国特色社会主义已进入新时代,在新时代下,构建体育强国必不可少的就是相关法律和法治辅助条件的完善。为此,我们有必要加强完善体育法学科建设,为依法治国理念下构建体育强国提供法律和法律技术支持。将充实体育法学科基础理论与普及基础理论教育并举,以建设学科基地为依托地推进各大院校体育法学科建设,完善体育法本科、硕士、博士学科合理建设,重视自下而上的学科建设模式,再辅之遴选学科带头人,建立长效的组织管理机制的路径可以为完善我国体育法学科建设加快速度。长此以往,相信未来我国体育法学科肯定会成为法学专业以及体育专业学科中的一颗快速发展的新星。

后　记

2018年是我国改革开放40周年。40年来,中国法学教育事业取得了一系列重大发展成就。为全面回顾40年来波澜壮阔的伟大历史进程,纪念改革开放40年来中国法学教育的蓬勃发展与深刻变化,深入总结改革开放和社会主义现代化建设新时期各法学院校、法学教育工作者的改革新成果和法学教育新思路,中国法学会法学教育研究会、全国法律专业学位研究生教育指导委员会向各法学院校广大法学教育工作者和社会法律实务工作者开展主题为"改革开放40周年与中国法学教育发展"的征文活动,征文办公室设在中国法学会法学教育研究会、全国法律专业学位研究生教育指导委员会秘书处,先后收到60余篇主题文章。

经遴选,中国法学会法学教育研究会、全国法律专业学位研究生教育指导委员会决定出版《改革开放40年与中国法学教育发展》。本书是在主题征稿的基础上汇编而成,同时收录了部分相关文章。收录的论文具有学术创新和问题意识,既有历史梳理又有理论深度,既具学术价值又有现实意义,很好地回顾和总结了改革开放40年来中国法学教育所取得的成就,对于如何进一步改革和发展中国法学教育这一重大问题进行了积极探索和思考。论文集的内容涉及社会主义法治国家建设与中国法治40年的历史、轨迹和经验,中国法学教育改革的理念与创新,中国法学本科教育的转型与中国法律硕士专业学位教育的发展,复合型法治人才培养机制创新与法学实践教学的对策,新时代法学教育在工科院校、财经院校的实践与发展,改革开放以来我国知识产权教育、环境法教材建设、国际组织法教学和体育法学科建设等。

本书的出版得到了广大主题征文作者的支持。由于篇幅有限未能收录全部征文，在此对作者们的支持和理解表示感谢。同时，还得到了法律出版社法治与经济分社社长沈小英、编辑陈妮、编辑贾方武的大力支持，在此也表示感谢。

中国法学会法学教育研究会

2019 年 3 月 1 日

图书在版编目(CIP)数据

改革开放40年与中国法学教育发展 / 中国法学会法学教育研究会编. -- 北京 : 法律出版社, 2019
ISBN 978-7-5197-3653-8

Ⅰ. ①改… Ⅱ. ①中… Ⅲ. ①法学教育-中国-文集 Ⅳ. ①D92-4

中国版本图书馆CIP数据核字(2019)第142595号

改革开放40年与中国法学教育发展
GAIGE KAIFANG 40 NIAN YU ZHONGGUO FAXUE JIAOYU FAZHAN

中国法学会法学教育研究会 编

策划编辑 沈小英
责任编辑 贾方武
装帧设计 汪奇峰

出版 法律出版社
总发行 中国法律图书有限公司
经销 新华书店
印刷 北京虎彩文化传播有限公司
责任校对 李景美
责任印制 吕亚莉

编辑统筹 法治与经济出版分社
开本 710毫米×1000毫米 1/16
印张 25.25
字数 310千
版本 2019年9月第1版
印次 2019年9月第1次印刷

法律出版社/北京市丰台区莲花池西里7号(100073)
网址/www.lawpress.com.cn
投稿邮箱/info@lawpress.com.cn
举报维权邮箱/jbwq@lawpress.com.cn
销售热线/400-660-8393
咨询电话/010-63939796

中国法律图书有限公司/北京市丰台区莲花池西里7号(100073)
全国各地中法图分、子公司销售电话:
统一销售客服/400-660-8393/6393
第一法律书店/010-83938432/8433 西安分公司/029-85330678 重庆分公司/023-67453036
上海分公司/021-62071639/1636 深圳分公司/0755-83072995

书号:ISBN 978-7-5197-3653-8
定价:168.00元